# 应用文写作与口才训练教程

主　编／赵　明／王长春／傅　瑶

副主编／张鹏飞／孙艺超／李舒慧／刘景双

辽宁大学出版社
Liaoning University Press

## 图书在版编目（CIP）数据

应用文写作与口才训练教程/赵明，王长春，傅瑶主编. —沈阳：辽宁大学出版社，2020.8
ISBN 978-7-5698-0084-5

Ⅰ.①应… Ⅱ.①赵…②王…③傅… Ⅲ.①汉语—应用文—写作—职业教育—教材②口才学—职业教育—教材 Ⅳ.①H019②H152.3

中国版本图书馆 CIP 数据核字（2020）第 137950 号

**应用文写作与口才训练教程**

YINGYONGWEN XIEZUO YU KOUCAI XUNLIAN JIAOCHENG

出 版 者：辽宁大学出版社有限责任公司
　　　　　　（地址：沈阳市皇姑区崇山中路 66 号　　邮政编码：110036）
印 刷 者：沈阳市第二市政建设工程公司印刷厂
发 行 者：辽宁大学出版社有限责任公司
幅面尺寸：185mm×260mm
印　　张：20.5
字　　数：500 千字
出版时间：2020 年 8 月第 1 版
印刷时间：2020 年 8 月第 1 次印刷
责任编辑：胡家诗
封面设计：韩　实
责任校对：张　吴　郝　任

书　　号：ISBN 978-7-5698-0084-5
定　　价：49.80 元

联系电话：024-86864613
邮购热线：024-86830665
网　　址：http://press.lnu.edu.cn
电子邮件：lnupress@vip.163.com

# 序 言

　　应用文写作之所以能成为公共基础课，主要是由这门学科自身的特性所决定的。作为写作学的一个分支，应用文写作首先是一门具有综合教育功能的学科，它不仅仅是应用文写作格式的简单讲授，还是对学生语言理解能力、鉴赏能力、运用能力的全面培养，这门课程的学习效果将直接影响到学生对知识、技能的理解和掌握。随着《国家职业教育改革实施方案》的深入落实，为适应新形势下职业院校人才培养目标的需要，我们组织编写了这部融应用文写作与口才训练为一体的教材。

　　我们主要在以下几个方面进行了创新尝试：一是突出应用文写作能力的培养。根据以往的教学经验，我们把教学的重心调整到培养和提高学生的实际写作能力方面，通过课堂讲授和实践训练，让学生能够有效掌握常用应用文的格式和基本撰写要求，清楚区别相近文体，较为熟练地运用常见的写作技巧，最终形成较强的应用文写作能力。二是引入学岗交融教学模式。主动对接学生就业岗位对应用文写作的能力需求，突出职业适应能力培养，力争让各专业的学生在校所学都能与未来工作所需直接对接，达到教有所为、学有所用、用有所长的效果。例如我们设置了关于铁路专业常用应用文的专门篇章，针对学生就业后所面临的铁路岗位实际需求作重点讲解，特别是在范例方面也精心选取了近年来铁路行业企业的经典案例，指导性和实用性更强。三是强化学生综合能力培养。高职阶段语文教学的本位，必须定位在发展学生听、说、读、写等实际运用语言的能力上。本书在编写过程中，有目的地加入书信类、会议类、宣传类等常用应用文，同时安排了专门的口才训练课程，希望以此来促进学生的语言表达能力、分析判断能力、科学决策能力和审美感知能力等综合能力的提升。四是探索应用文写作文化影响力发挥的有效途径。如果文体格式是应用文的"骨架"，恰如其分表达则是应用文的"血肉"，较高水平的语言应用能力包括口语表达能力，就需要在实际生产和生活中不断地锤炼、研磨，其"骨架"才会更加结实，其"血肉"才会更加丰满，而这一过程，就是对中国文化和语言运用的再体会、再感悟。我们对此也做了一些有益的尝试。

　　本教材分为上下两编。上编为应用文写作部分，由王长春、傅瑶、李舒慧、刘景双四位同志编写，下编为口才训练部分，由赵明、孙艺超、张鹏飞三位同志编写。以上几位同志既有从事职业教育二十年以上的中年骨干，又有具备企业、事业单位工作背景的青年才俊，应该说形成了较为合理的编写人员配置。在成书过程中，我们得到了学校领导和广大一线专业教师的大力支持，这些领导和同志在本教材的撰写过程中给予了我们无私的指导和帮助，也使得本教材的内容既具有较高的理论水平，同时更具备了非常宝贵的实用价值。对此我们表示感谢。此外，本教材的内容还参考和引用了教育界同仁的有关成果，在此也深表谢意。

　　由于我们水平有限，加之成书时间仓促，书中难免存在错误或疏漏之处，敬请大家批评指正，以便我们及时修订、完善。

编者

2020 年 5 月

# 目　　录

## 上编　应用文写作

# 下编 口才训练

# 上编

## 应用文写作

# 第一篇 应用文写作基本知识和理论

## 第一章 应用文写作概述

### 第一节 应用文的含义及发展历史

#### 一、应用文的含义

应用文是机关、团体、企事业单位和个人在日常工作、学习和生活中用以处理事务、交流情况、传递信息、沟通联系、表述意愿，具有直接使用价值和某种惯用格式的一类文体的总称。

"应用文"一词最早出现在宋朝。苏轼在《答刘巨济书》中有这样的表述："向在科场时，不得已作应用文，不幸为人传写，深为羞愧。"这里的应用文含义还不是现代意义上的文体概念。"应用文"成为文体概念，最早由清朝学者刘熙载在《艺概·文概》中提出："辞命体，推之即可为一切应用之文。应用文有上行、有平行、有下行。重其辞所以重其实也。"徐望之在《尺牍通论》中对应用文的含义和包含的文种作了进一步阐述："有用于周应人事者，若书札、公牍、杂记、序跋、箴铭、颂赞、哀祭等类，我名之曰：'应用之文'。"20世纪20年代，关于应用文的著作相继出版，对应用文含义的阐述更加清晰。之后，应用文随着时代的发展变化，逐渐成为人们日常工作和生活中所必需的一种文体。

#### 二、应用文的发展历史

##### （一）启蒙期

如对应用文进行溯源，早在文字产生之前中国就有了应用文，殷墟出土的商周时期的甲骨卜辞在某种意义上来说就是我国有据可查的最早的应用文。此外，上古时期的结绳记事、契刻线条等均是日常应用而产生的，具有应用记事的功能。郑玄的《周易注》中有这样的记载："结绳为约，事大，大结其绳；事小，小结其绳。"

我国最早的文章总集——《尚书》分为《虞书》、《夏书》、《商书》、《周书》四大部分，收录了夏、商、周三代的祝辞、誓词、诰言、法令，也有登记土地和财务的会计文书，以及诸侯之间的盟约之书等。这些都具有应用文的性质。《尚书》中的文章分为六种体式：典、谟、训、诰、誓、命。其中，"典"用于记述上古时期的典章制度；"谟"是议政的策论；"训"是进行教诲开导的论说文；"诰"是进行训诫的文告；"誓"是军队出征的誓词；"命"

是君主的命令和诏书。这些文体跟现代的命令、决定、决议、指示、布告、公告、通告、通报、报告等都有一些近似之处。

### （二）成型期

秦始皇统一天下后，下令统一文字、统一文书体制，使得应用文在秦汉时期基本成型。"公文"的称谓正是在这一时期出现的。"制"、"诏"等都是皇帝的命令，朝臣上书为"奏"。例如，《史记·秦始皇本纪》记载："命为'制'，令为'诏'，天子自称曰'朕'。"应用文的体式也有较明确的规定，以前的公文书一律直书，不提行，不空格，君臣如一；到秦始皇，行文中再提及尊号（如"皇帝"、"始皇帝"）时则要另起一行，顶格书写。为了提高公文的办事效率和可靠程度，还制定了现在仍在沿用的"抬头"、"用印"等制度。

汉代的公文体式主要有书、议、策、论、疏、诏、制、敕、章、奏、表等。其中，皇帝对臣下使用的文体主要是诏、令、策、敕、诰，其中"诏"和"令"用于对下发布命令；"诰"专门用来封官赐爵；臣下对皇上则主要用章、奏、表、议、疏等。这一时期，已有了大致固定的下行文和上行文的区分。同时，在表达和结构上，也有了一些相对固定的格式，撰写制度也更为完善。这一时期经典的应用文有李斯的《谏逐客书》、贾谊的《论积贮疏》、司马相如的《上书谏猎》等。

### （三）发展期

到了三国时期，由于统治者的重视，应用文得到了充分发展。曹丕在《典论·论文》中说过的"经国之大业，不朽之盛事"，是对应用文写作的深刻认识和精辟论述。这部专著对不同文体风格作了规定，比如将文章分为四类八种："奏议宜雅，书论宜理，铭诔尚实，诗赋欲丽。"

魏晋六朝时期是应用文的发展期，当时的人们对应用文写作有了比较自觉的认识，形成了自己的应用文体理论与观念。这一时期主要的应用文有曹操的《求贤令》、诸葛亮的《出师表》等。《文心雕龙》是我国第一部文学理论著作，奠定了我国古代应用文写作理论的基础，成为应用文写作发展的里程碑。

### （四）成熟期

到了唐宋时期，随着国家在政治、经济、文化上的发展，"政事之先务"占据着应用文写作的主导地位，促使应用文进一步发展完善，并走向成熟。

这一阶段是中国古代应用文走向成熟的时期。我们所熟知的"唐宋八大家"，他们的很多成名作品就属于应用文一类。南宋张侃在《拙轩集·跋陈后山再任校官谢启》中提到："骈四俪六，特应用文耳。"认为应用文宜采用"四六之言"。这一时期主要的应用文有韩愈的《祭十二郎文》、柳宗元的《段太尉逸事状》、欧阳修的《答吴充秀才书》、刘禹锡的《陋室铭》等。

### （五）稳定期

元、明、清时期成为应用文发展的稳定期，应用文的文体分类更加详细，以清朝刘熙载《艺概·文概》为代表。此外，沈括的《梦溪笔谈》、海瑞的《治安疏》、龚自珍的《与吴虹生书》等亦是上乘之作。

### （六）繁荣期

辛亥革命以后，中国近代社会发生了巨大的变革，这一时期也是应用文的巨大变革期。

在这一时期封建色彩减少，民主意识增强，文言文变为白话文，以白话文为中心的新文种和公文程式产生；语体形式更加贴近生活；反映经济文化生活的文体大量产生。1912年，南京临时政府颁布了第一个公文程式条例，确立了新的公文体式，要求官吏间互称官职，民间互称先生，并要求用白话写作公文，使用新式标点符号。1921年，中国共产党成立后，很快有了自己的公文体式。第一批公文就是中国共产党全国代表大会所产生的决议、纲领和宣言。1931年，瞿秋白同志代表中共中央起草了《文件处理办法》。1942年，陕甘宁边区政府发布了《新公文程式》，规定了公文种类、行文关系和有关制度，这些都推进了公文改革。

新中国成立后，标志着我国应用文写作进入了一个崭新的时期。为适应全国政权统一和国际交往的需要，中央人民政府政务院颁布了《公文处理暂行办法》，对公文的草拟、格式、处理程序等作了统一规定，为我国公文体裁的确立奠定了基础。此后又发布了一系列文件，使我国公文走上了规范化道路：1981年2月27日，国务院办公厅发布《国家行政机关公文处理办法》；1993年又对《国家行政机关公文处理办法》进行修订，并于1994年1月1日起施行；2000年8月24日，国务院发布了新的《国家行政机关公文处理办法》，于2001年1月1日起施行；2012年4月6日，中共中央办公厅、国务院办公厅联合印发了《党政机关公文处理工作条例》，同时废止了1996年中共中央办公厅印发的《中国共产党机关公文处理条例》和2000年国务院印发的《国家行政机关公文处理办法》，并于2012年7月1日起施行。

## 第二节　应用文的分类及特征

### 一、应用文的分类

鲁迅先生曾说："凡有文章，倘若分类，都有类可归。"对现代应用文进行分类，目的在于认识各类文体在系统中所处的位置，将现代应用文写作知识条理化、系统化，加深对现代应用文写作的特点和规律的认识，建立一个多层次、系统化的现代应用文的分类体系。

由于应用文体种类繁多，使用面极广，且应用文体分类依据的标准不统一，因而目前学术界在应用文体的分类上呈现出"百花齐放"的局面。

（一）按社会功能和应用范围划分

1. 新闻文体：消息、通讯、特写等；

2. 理论文体：评论、学术论文、理论专著、教材等；

3. 记传文体：史书、传记、地方志、年鉴、回忆录等；

4. 实务文体：通用公文、通用事务文书、法律规章文书、社交公关文书、日常生活文书等。实务文体主要用于直接处理日常发生的公、私事务。

（二）按实用性划分

应用文可分为：新闻文体、史传文体、教学文体与学术论文、行政公文、机关事务文书、经济文书、司法文书、日常应用文等。

（三）按类型归类划分

应用文可分为：规定类、传知类、激励类、求助类、证据类、分析类、介绍类、新闻类、协约类、礼仪类。

**（四）按工作性质、内容要求划分**

1. 公务文书：行政公文、事务文书等；

2. 行业专用文书：经济文书、法律文书、教育科技文书、新闻出版文书、学术文书、外交文书、军事文书等；

3. 日常应用文书：书信、合同、协议等。

**（五）按照应用文的作用、性质、特点、使用范围、格式的不同划分**

1. 公务文书。公务文书或简称文件、公文。它是指机关、团体、企事业单位在处理日常事务活动中，按照特定的体式，经过一定的处理程序形成和使用的内容系统、种类较多的书面文字材料。公务文书的范围包括通用公文与常用公文。前者通行于各级各类组织、机关、单位之间，主要指行政公文；后者则指机关事务文书。

指挥性公文：命令（令）、决定、批示、批复；

报请性公文：报告、请示、议案；

知照性公文：公告、通告、通报、函；

记录性公文：会议纪要；

计划性公文：规划、计划、方案、意见、安排、思路、设想等；

调研性公文：总结、调查报告；

规范性公文：章程、条例、办法、规定、规则、细则、制度、规程、标准、须知、守则等；

会议性公文：讲话稿、开幕词、闭幕词、会议记录、会议提案、会议公报、会议议程等；

内务性公文：大事记、日志、公文发文专用单、公文收文处理专用单、各种表册等。

2. 行业专用文书。行业专用文书指由具有专门行业职能的机关，根据特殊需要而使用的具有特定内容和格式的公文。

法律文书：起诉状、民事裁定书、答辩状、辩护词等；

经济文书：市场调查报告、意向书、协议书、合同、招标书、投标书等；

新闻出版文书：新闻报道、消息、通讯、特写、人物专访等；

礼仪文书：贺信、颁奖词、讣告、欢迎词等。

3. 日常应用文书。日常应用文书是指满足人们日常生活、工作、学习或业余精神生活需要，处理公、私事务时经常使用的有习惯格式的一种文体。日常应用文书实用性很强，用途很广，种类繁多，写法各异。

书信类：证明信、介绍信、推荐信、求职信、慰问信等；

条据类：请假条、托事条、借条、收条、领条等；

告启文类：招聘启事、寻物启事、征文启事等。

## 二、应用文的特征

应用文同其他的文体比较，有共性，也有个性。其共性都是对客观事物的反映，都要谋篇布局、遣词造句、使用标点符号，讲究条理性、逻辑性等。其个性特征具体表现在以下几方面：

## （一）实用性

应用文的写作都有明确的目的，都是为实现一定的目标而写的。比如，文学作品的写作目的是反映社会生活，表现人们的思想感情；说明文的写作目的是说明某个事理或事物；议论文的写作目的是明确或澄清某些问题。

应用文的写作目的与它们都不同，应用文是为了处理工作和生活中的实际问题而写的。随着经济社会的不断发展和信息时代的到来，人们相互间的交往更加频繁，需要传递的信息日益增加，人们几乎随时随地都离不开应用文这个记录、传递信息或商洽、处理问题的工具。无论是党政机关、企事业单位、社会团体撰写的公务文书，还是人们在日常生活、学习、工作中撰写的事务类文书，其根本目的都是处理或解决实际问题，都是具有实用价值、为实现一定目的而写的。从这个意义上说，应用文具有直接的功用性和广泛的实用性。

## （二）真实性

真实性是指应用文的内容必须真实。应用文无论处理公务或私务，都要以诚信、诚实为基础，都要实事求是，遵守公德，讲求信誉，决不能弄虚作假，虚构编造。文学创作可以虚构，文学作品中的人物可以不等同于现实生活中的原型，故事中的情节也并非要照搬生活。但应用文作为解决实际问题的应用文体，它必须如实地反映客观现实，必须准确无误。例如，在写会议纪要时不能无中生有，张冠李戴；写调查报告时不能闭门造车，凭想当然来写。应用文为解决实际问题而写，强调的是方针政策的正确和客观事实的真实。一切从实际出发，按照客观规律行文，事实确凿可信、不虚构；统计数据准确无误、不夸张；有根据，这是应用文写作对真实性的基本要求。

应用文的写作目的是处理或解决实际问题，它的语言在准确得体的基础上必须做到简洁明快、通俗易懂，不能堆砌辞藻、滥用修辞。

## （三）规范性

规范性是指应用文的内容结构和文面格式有规范要求。不同于文学作品，应用文的写作格式具有程式化、规范化的要求，其内容结构一般都是约定俗成的。应用文的格式一般可分为两类：一类是已固化并被指定的规范格式，如公文格式、司法文书格式、合同格式等；另一类是惯用格式，虽没有严格的规定，但格式比较稳定一致，比如一些会议文书、财务文书和事务文书等各类应用文一般都有惯用的格式，这就是程式性。应用文在漫长的使用和发展过程中形成了相对稳定的规范格式和语言。各种文体都有特定的适用范围，不可随意交换使用。

## （四）时效性

应用文的性质和写作目的决定了应用文的时效性，应用文的各个文种都有时间限制，都是针对一定时间内要解决的问题、要应对的突发事件，迅速及时地传递信息情报，如果没有时间限制就失去了效用。因此，应用文要做到"三快"，即快写、快发、快办。应用文如不及时处理，就会贻误时机，错过解决问题的最佳时间，将会给工作、学习和生活带来诸多不利。此外，应用文的处理，即传递、阅读、办理的整个过程都要讲求时效。

## （五）协作性

在现实中，很多应用文是集体智慧的结晶，需要团队协作来完成。例如，一份公文需要经过行政领导或集体会议决策，有关部门提供材料，共同研究撰写提纲，分工执笔，最后还要领导审核签发才可完成。这与文学创作的独立性有着明显区别。要写好应用文也需要培养团队合作精神，妥善处理好上下级之间、平行单位之间以及人与人之间的关系，加强沟通合作。

### （六）针对性

应用文的针对性表现为两个方面：一是对象明确，二是指事明确。倘若内容的针对性不明确，就会引起麻烦和混乱。比如，铁路规章制度及各工种作业标准大大小小上千个，写作内容、对象必须体现出现实的、明确的针对性。

【知识扩展】

## 应用文写作与文学写作的不同

应用文写作与文学写作虽然都是人类思维活动的产物，在某种程度上虽然有一定的共通性，但区别也很明显。两者之间的不同点主要体现在以下几个方面：

1. 社会作用不同。应用文是人们为了处理公、私事务和解决实际问题而写作的，具有实际应用价值。其社会功用还体现在它有明确的阅读对象，写给谁看是确定的。文学作品不是为了处理公、私事务和解决实际问题而创作的，因而不具有实际应用价值。它是通过塑造人物形象、描绘景物、抒发感情对读者发挥潜移默化的感染、教育作用，间接影响人的行为，从而产生一定的社会效果。另外，它的阅读对象是不确定的，谁读都行。

2. 思维方式不同。应用文在思维方式上侧重逻辑思维，它主要通过既定事实或通过概念、判断、推理的方式，以逻辑的力量去说服人。此外，应用文所要表达的思想是直接告诉读者的，它只能有一种解读，不能有多种解读。文学作品在思维方式上侧重形象思维，它通过塑造形象、描摹生活画面去反映现实，表达思想感情、揭示事物的本质。文学作品的意义不是直接告诉读者的，而是通过形象表现出来的。它不只有一种解读，可以有多种解读。

3. 反映现实不同。应用文和文学作品反映现实都要求真实，但两者的真实是有区别的。文学作品的真实是一种艺术的真实，艺术真实反映的可以不是社会生活中实际有的人和事，但却是人们按社会生活的固有逻辑推断可能有的人和事，或按作家的情感和广大人民的意愿认为是应该有的人和事，因而文学作品是可以虚构的。在虚构中，以生活真实作为基础，通过概括集中、加工提炼、变形、想象等手法创造出具体生动的形象，表现社会生活的某些本质、意蕴和规律。应用文不允许像文学创作那样进行虚构，也不能凭主观想象、夸大其辞。应用文的真实表现在客观、实事求是地反映现实，所说事理不仅能反映历史的必然性，还要具有客观现实的实在性；所写的人和事都必须是实有的。

4. 表现形式不同。文学作品的表现形式、表现手法要求多样化，力图摆脱模式的束缚，提倡标新立异，独出心裁，以适应不同读者的审美需要。为达到与众不同，作家非常重视创新，最大的忌讳就是雷同。受功能、效率、严肃性、易识别性和易接受性等要求的影响，应用文在长期社会应用过程中形成了一定的格式和规范，写作者不能随意更改它。当然，强调应用文的格式并不是说应用文要千篇一律，而是说应在遵循这些模式的前提下，写作者要积极发挥自己的主观能动性，更好地表现自己的才思、文思。

5. 语言运用不同。文学作品的语言和应用文的语言都讲究美，但美的内涵不同。由于文学写作是通过形象反映生活，它必须描绘出丰富多彩、栩栩如生的生活画面，才具有艺术感染力，才能从感情上打动读者，因而它的语言相应地具有形象生动、凝练含蓄、新鲜多样和音乐性的特点。应用文写作由于重在实用，因而它的语言讲究务实、规范，具体说就是语言要求平实、准确、简洁、得体、规范，少用修饰性的词语。

**思考与练习**

1. 怎样理解应用文的含义？
2. 应用文的特征有哪些？

# 第二章　应用文写作基本理论

## 第一节　应用文写作的基本要素

### 一、应用文的主旨

#### (一) 应用文主旨的概念

所谓应用文的主旨，是指写作应用文的目的、用意或意义，是作者通过文章全部内容所表达出来的基本观点或中心思想。它是应用文的统率和灵魂，反映写作者的主要意图和基本观点。"主旨"在这里可以被当作"主题"的同义语看待。主旨也称为"意""中心论点""中心观点"等。如果没有主旨，作者的取舍材料、措置结构、遣用语言，甚至拟定标题、运用表达方式等都会失去依据。正是在这个意义上，我们说主旨是应用文的灵魂。

#### (二) 应用文主旨的作用

应用文的主旨是应用文写作的立足点，写作全程围绕主旨而展开。主旨是应用文的灵魂和生命，决定了应用文质量的高低、价值的大小、作用的强弱和影响力的深远与否。主旨一旦确立，就是应用文的中心，所有写作活动都要围绕它而进行。主旨处于应用文的支配地位，主旨统摄材料，材料为主旨服务；主旨决定结构，结构为主旨而设；主旨决定语言风格，语言风格必须符合主旨要求。

#### (三) 应用文主旨确立的原则

应用文主旨的确立要求做到正确、鲜明、新颖、集中。

1. 正确。正确就是指应用文要客观地反映现实社会的实际情况，正确地运用党和国家的方针、政策解决现实矛盾，解决广大人民群众迫切要求解决的问题。如果与客观实际不相符合，或出现某些微偏差，就难以发挥应用文的作用，从而不能使其成为治理社会、管理国家、服务人民的工具。

2. 鲜明。鲜明就是指作者要以鲜明的立场和观点表明对客观事物的看法，在评判相应事实时，旗帜鲜明、不绕弯子，不含糊其辞，不模棱两可，结论带有明确的倾向性。

3. 新颖。新颖就是指随着社会的不断发展和变化，应用文的主旨要与时俱进、富有活力，不能因循守旧。

4. 集中。集中就是指一篇应用文只能实现一个写作意图、表达一个基本观点，除了一些综合性的大型报告外，一般要求一文一事，一题一议，一个中心思想贯穿全文。

#### (四) 确立主旨的依据

确立主旨也被称为"立意"，应依据以下两点：

1. 以写作目的为立意依据。就通常情况看，一些应用文书是不需要由作者提炼主旨的，这些应用文书本身就是一种较为成熟的认识或决策。在这种情况下，写作目的就成为应用文的主旨。这个目的往往体现为机关领导的工作布置、上级机关文件的某种规定等。

2. 以材料本身的意义为立意依据。这需要作者对事实材料进行认真的分析研究，得出正确判断和结论后，再确定应用文的主旨。以材料本身的意义为立意依据不像以写作目的为立意依据那么简单，它需要作者从原材料中提炼主旨，而这个提炼是有一定难度的。

**（五）确立主旨的要素**

1. 中心思想要素。中心思想要素是指应用文中通过表达方式所表示的意见、要求、办法、措施和主张等内容。应用文是以解决现实存在问题为己任，为了解决问题，必须要有意见、要求、办法、措施和主张，而这些就是主旨的体现。

2. 原委、背景要素。应用文的原委、背景是指文件中通过叙述方式所提出的问题，也可以说是行文的原因或制文活动的出发点。一篇应用文主旨的产生，是现实的客观需求引起的，而这种需求正是一篇应用文产生的原委与背景。

3. 写作目的要素。应用文的写作目的是指文件中通过"自我说明"的方式所表达出的作者的写作目的。它一般是直陈文首，表露于外。

**（六）确立主旨的基本要求**

1. 一文一旨。一篇应用文以表达一个思想、提出和解决一个问题、沟通一个情况为宜，不要出现两个甚至更多的中心思想，防止主旨分散。

2. 篇前撮要。凡是有条件的均应在公文的开端用非常简明的文字提示出文章的主旨，明确该文的主要内容和中心思想，这样有利于主旨的明白显露。

3. 立足于法。一篇应用文主旨的确立，必须符合党和国家的方针政策，做到观点明确、符合原则。要保证主旨的正确性，作者必须严守法制，有正确的立场、观点和思想方法，所提出、分析和解决的问题，所反映的情况，所提出的主张，都必须符合法律、政策要求。否则，一份有错误内容的文件一旦制发出去，其后果是不堪设想的。

4. 行之有效。应用文中所提出的意见、要求、措施、办法和主张等，要立足于贯彻执行。否则，高谈阔论，夸夸其谈，不从眼下的实际工作出发，即使再好的主张，其结果也只能是一办不到，二行不通，都是无济于事的，也不符合公文实用性的要求。

5. 态度明朗。对应用文主旨的表达，应力求明确无疑，赞成什么，反对什么，允许什么，禁止什么，都要说得清清楚楚，毫不含糊。

6. 旨文相符。应用文的主旨是统率全篇的纲、是内容的精要，内容必须紧扣在主旨上，紧紧围绕主旨的要求去写作，半步也不离开这个中心线索。如果不是这样，就患了旨文不符症。

7. 与时俱进。反映客观情况及其规律的应用文主旨应当随着社会生活日新月异的变化而变化，万万不可停留在一个水平上。这就要求我们在确定总结、计划、工作报告、调查报告等文种的主旨时，要研究新形势，总结新经验，归纳新方法，提出新要求，做到与时俱进。只有这样，应用文的主旨才具有新鲜感，对今后的工作才有指导价值。

**（七）确立主旨的艺术**

1. 起句立意，开门见山。所谓"起句"、"开门"，即应用文的第一句话；所谓"立意"

"见山"，即表明主旨、点明中心。它们联结起来的意思是：阅读者一看公文的开头即首句，就明确意识到该文的主旨所在。这是指令性、法规性文件显旨的通常形态。在具体表现形式上，可以分为两类：一是以"为"、"为了"作为全文首句，直接引出行文目的、依据和总的要求；二是首句不用介词作句首，而是单刀直入，直接阐述意义、主张和基本观点。

2. 交代缘由，引出主旨。有些应用文不便起句立意、开门见山，往往采取在开端处先陈述制发文件的缘由，即背景，然后顺笔而下，自然而然地引出公文的中心思想、结论或行文的目的、依据、意义等，以显露文件的主旨所在。这是请求性、指令性文件显旨的主要形态。

3. 画龙点睛，点轴扇开。有些应用文在开端处不便深刻显露主旨，如综合性工作总结、调查报告、情况通报等陈述性的应用文，它们显露主旨的方法需要区别于指令性、请求性应用文，一般采用在开端处先使用对某一问题、工作、事件做出结论性的表述，然后在文中划层点题、分段设题、段头立句等方法，从整体的综合上显示全文的主旨所在。我们如果把开端处的结论性语言看作一把折扇的"轴"，那文中所点设的"题"与"段首句"就是折扇的骨架，其形态很像一把张开的折扇。

4. 头尾呼应，显示中心。一些内容比较复杂的决定、决议、讲话稿、意见、报告等，由于文字较长，要说明的问题较多，既有总的阐述，又有细致的说明，既涉及大政方针，又牵扯到具体的方法步骤，故这类应用文的显旨方法通常要采用头尾相互呼应的做法。例如，在首部先提出一个令人关注的问题，而在尾部对此作出明确回答，或在文件开端处对某一情况作出多种解释，而将其正确的结论置于文尾。

5. 标题显旨，一锤定音。在应用文中，除少数标题与主旨没有什么关系外，较多的应用文都是采用标题显旨的方式，而标题基本上又是一个短句，故形成"一锤定音"之势。

### （八）应用文主旨要注意回避的问题

1. 人云亦云显陈旧。老生常谈，了无新意，只会依葫芦画瓢，不能开拓创新。

2. 浅尝辄止显肤浅。此即不能由表及里、由浅入深、由果推因地审察事务，不能透过现象深入本质，经由问题揭示原因，经由形式洞察内涵。

3. 剑走偏锋显消极。大量使用网络语言，不遵从社会公认、服从真善美的标准等。

4. 贪多求全显盲目。不能集中在某一个主题上，中途转向另一个主题，从而使得已确立的主旨不能贯穿始终。

5. 就事写事不点睛。文章只是叙事，没有点睛句来升华文章主题等。

## 二、材料

### （一）材料的概念

材料是指作者为了某一写作目的而搜集的用于提炼、确立及表现主旨的事实和观念，以及写入应用文之中的一系列事实或依据。这里的"事实或依据"，包括作者在写作前搜集和积累的事实、数据、意见、观点、理论根据、科学定理，以及上级有关指示精神等。

### （二）材料的作用

材料是构成应用文内容的物质基础，是写作的前提。材料是引发感受、提炼观点、支持主旨的基础，如果没有材料的支撑，主旨根本无法确立；如果材料缺乏真实性，或运用得不恰当，就会动摇主旨的确立。

### （三）材料的分类

材料需要搜集整理，整理就必须给材料分类。根据使用的侧重点不同，材料可以分为以下几类：

1. 直接材料和间接材料。所谓直接材料，就是第一手材料，这些材料来源于工作实践、社会实践、生活实践和调查研究，它带有实录性、实物性和亲历性，多为作者直接获得。所谓间接材料，就是第二手材料，这些材料多为"他山之石"，是作者从各种文字资料、图片资料、网络信息资料等资料中间接获得的。

2. 正面材料和反面材料。所谓正面材料、反面材料，都是从材料内容本身来看的。前者多为贯彻执行党和国家的方针、政策、法律、法规的材料，先进人物和先进事迹的材料，正确反映客观事物并给人以鼓舞振奋的材料，实事求是地反映现实生活和人民群众需求、促进各项工作的材料。与之相反的材料，则可视为反面材料。

3. 原始材料和加工材料。所谓原始材料，就是带有素材性的材料，这些材料的获得近于直接材料，且带有原初貌，具有一定的含金量，稍事加工，就是所谓的加工材料。它在写作中多为阐述提供理论依据。

### （四）选择材料的原则

选择材料有以下四项原则：

1. 材料要真实确凿。所谓真实确凿，就是指写入应用文中的事实、数据不仅要确有其事，还要真实无误。

2. 材料要切题。所谓切题，即围绕主旨选择材料，就是根据表现主旨的需要来决定材料的取舍。对能够有力地说明、突出主旨的材料"放行"，和主旨无关的材料即使再生动、再精彩，也得忍痛割爱。

3. 材料要典型。所谓典型，就是指那些能够深刻地揭示事物的本质，具有广泛代表性和强大说服力的材料。任何好文章的材料，从来是"以一当十"的，之所以能够"当十"，就是因为它反映了事物的本质，是典型材料。

4. 材料要新颖生动。材料的选取要具有强烈的时代感，能表现客观事物的发展变化趋势，反映客观事物的最新面貌，以及现实生活中人们最关心的新人物、新事件、新思想、新成果、新经验和新问题。

### （五）筛选材料的标准

在搜集材料方面，既要多多益善，又要对材料进行分析、比较研究，以精为上。如果鉴别错了，就失去了其应有的价值，甚至会对写作产生不良后果。除了储存和鉴别材料之外，针对写作进行选材也是筛选材料工作中必不可少的环节，它不仅关涉把握材料关的问题，也影响到文章的质量和说服力。筛选材料的标准有五条，即切题、真实、客观、典型、概括。

1. 切题。因为选取的材料都是用来反映、阐述、论证应用文策见的，所以材料要与观点一致，要切合写作题意，不能离题。如果筛选出来的材料不符合题旨，不能说明观点，那么即使再真实、再客观、再典型，也是无用之材。

2. 真实。如果选用的材料不真实，那么用以说明或论证的观点也就缺乏可信的基础。要做到筛选材料的真实，从筛选者的态度上讲，应有实事求是的作风，要尊重事实，既要报喜也要报忧，要敢于反映客观事物的本来面目。从工作方法上讲，要认真地去鉴别材料的真伪，对来自不同渠道的材料，都要做"去伪存真"的工作，要尽可能地查对原始材料和第一手材料，花较大的精力，做大量的考证工作，考证其真伪程度，然后再决定取舍。例如，要在文中阐述工作中的某个问题，就不应该仅仅停留在对问题的理论阐述上，还要考察这一问题发生的背景情况、现实情况、性质、原因，听取相关专业人员的意见分析等，不能闭门造车。

3. 客观。材料内容是与真实情况密切相关的，即筛选的材料要客观。所谓客观，就是筛选者在筛选材料时切忌带有主观随意性。也就是不能根据筛选者本人的意愿、感受、喜好来决定材料的取舍，不能以偏概全。在筛选材料过程中，由于一些原因，本人可能对某份材料不喜欢，或者对这份材料所体现的观点不赞同，但如果这份材料真实准确，又典型新鲜，还是应该把它挑选出来，用之于写作中，这就是尊重了材料的客观性。

4. 典型。筛选的材料要具有典型性，也就是在材料切题、真实、客观的基础上，进一步挑选，好中选好。所谓材料的典型性，也就是材料的代表性。有代表性的材料才能反映事物的本质，才最有说服力。这就要求注意选用那些最具分量、最具代表性、最能说明问题、最能揭示事物本质的材料。

5. 概括。材料筛选的概括性，是说筛选出切题、真实、客观、典型的材料之后，不能将材料原原本本地引入文中，而是要加以提炼、融合，用概括的语言反映在文章的写作之中。应用文的语言贵在概括，在表述材料时亦然。反之，则会使文章变得冗长、拖沓，甚至会导致材料淹没观点，削弱应用文应有的作用。

（六）材料的使用

选材是解决用什么材料的问题，用材是解决如何运用这些材料的问题。用材要注意两点：

1. 恰当安排材料的先后顺序。对原材料叙述的先后，一般应遵循以下标准：或依照时间的先后；或依据材料的重要程度；或照顾事件之间内在的逻辑联系；或依从说理的顺序；或考虑行文的方便等。总之，原则只有一个，那就是要有利于为读者的思维习惯所接受。

2. 合理确定材料的详略程度。材料入选后，大多不能够按照材料的原本面貌去表现。每一项材料都有它的前因后果、来龙去脉，以及它与各方面的联系。因此，要注意掌握对材料详略处理的标准。

（1）根据主体的需要确定材料的详略，就是说对表现主旨的骨干材料宜详、对普通材料宜略；中心材料宜详、次要材料宜略；典型材料宜详、一般材料宜略。所有材料都要服从主旨的需要。

（2）根据文体的特点确定材料的详略。不同的体裁具有不同的特点：应用文的特点在于直言"说"明，故说明部分详写，议论、叙述部分略写；论文的特点在于以"理"服人，故说理部分（议论）详写，引述事例部分（叙述）略写；市场调查报告是以"事"显理，故叙述事实部分详写，议论、说明部分略写。

（七）处理材料的常用方法

1. 类化法。按材料的共同属性和特征把纷繁的材料进行梳理和归并，使之显出"类"的特点。

2. 筛选法。对材料进行反复鉴别、筛选，力求从纷繁的材料中找到最切合主旨的切合点。

3. 浓缩法。把有价值但又非常详尽纷繁的材料加以压缩，使之更为凝练，使材料的精华更加突出。

4. 截取法。选用一个完整事件的片断或一个完整事物中的部分来表现观点。

## 三、结构

### （一）结构的概念

所谓结构是指应用文内部的组织和结构。应用文的结构就是按照表现主旨的需要，将所有材料进行有条理、有系统的安排，形成一个有机的整体。

### （二）结构的作用

应用文的主旨决定了文章要"写什么"，材料选择解决了应用文"用什么写"，合理安排结构就是解决"如何写"的问题。应用文的结构就是让文种样式得以呈现，以恰当的结构把主旨和材料进行有机整合。

### （三）结构的原则和要求

结构是根据主旨的需要，合理地安排和展开材料，使文章成为一个有机的整体，亦叫谋篇布局、立格定局。由于应用文具有自己的特殊性，这就决定了应用文结构的原则和要求与其他文体有所不同。

1. 必须准确反映客观现象的内在本质和联系。所有现实社会活动，都有其发展过程和内在联系，社会活动的发展和内在联系是确定应用文组织结构的客观依据，也就是说基本是按照首先提出问题、然后分析问题、最后解决问题的顺序来安排的。一篇应用文结构的形成，不是对社会活动的机械反映，而是经过作者大脑的思维加工，是社会活动客观规律和作者组织全篇的思路在应用文中的有机统一和集中表现。

2. 必须服务于应用文主旨的需要。主旨是一篇应用文的灵魂。在起草应用文时，如何组织安排材料，包括先写什么、后写什么，材料的主次详略及相互联系，怎样划分层次段落，怎样过渡照应，开头结尾怎样交代等，都必须紧密围绕应用文的主旨或基本观点这条主线去组织安排，使结构更好地为应用文的主旨服务。

3. 必须适合应用文的不同体式。应用文的组织结构同应用文的不同文种具有一定关系。从应用文结构的整体分析，其外部结构形式一般是"开头—主体—结尾"，其逻辑形式表现为"总—分—总"，其内容的详略表现为"凤头猪肚豹尾"。这是就应用文组织结构的一般情况而言的，但由于应用文的内容繁杂，文种很多，在组织材料的时候，还必须从所写的内容实际出发，采用恰当的结构方式，以适应应用文不同文种的特点，做到内容与形式相统一。

例如，综合性的工作总结、工作情况报告、经验介绍等，一般是采取"基本情况概述—做法（经验或体会）—存在的问题和今后打算"的结构；通知、通报、指示等，一般是采取"提出问题—分析问题—解决问题"的结构；决定、规定、章程、条例、办法等法规性文件，一般是采取"总则—分则—附则"的结构；公告、通告一般采取先简要概括地提出问题，然后把解决问题的结果或意见分项列出的结构；批复基本是采取对解决问题的结果予以答复这样单一的结构。

4. 必须符合公务活动认识上的思维逻辑。主要是：一是有序。表达公文主旨应按照人们认识公务活动的一般规律，即由开端到结尾，由总到分，由远到近，由局部到整体，由特殊到普遍，由原因到结果，由过去到现在，由主到从。但是，无论按照哪种顺序表达应用文的主旨，必须要有条理地排列，防止忽远忽近、忽主忽从、忽前忽后，这样势必导致思路不清、结构混乱。二是连贯。在应用文的逻辑结构上，不但要讲顺序，还要注意结构的顺序（层次与层次、段落与段落、开头与结尾之间）具有必然性，使全篇思路畅通、前后衔接、语意连贯、浑然一体，千万要防止上下语意断止、跳跃和互相对立的现象出现。三是区别。对相反的意思，一定要区别开来，对相同的意思要加以集中，以做到界限清楚，避免混淆不清，妨碍主旨的表达。四是周密。在结构的安排上，要防止顾此失彼，要坚持两点论，切忌肯定一切或否定一切的倾向。

按照上述原则所形成的应用文，才有可能达到严谨、自然、完整、统一，即精当细密、顺理成章、匀称饱满、通篇和谐，更好地表达应用文的主旨。

（四）结构的内容

结构的内容有：标题、开头、层次、段落、过渡、照应、结尾等。

1. 标题。标题就是应用文的命名。鲜明、准确的标题能够给读者留下深刻的印象。主旨如果需要改动，整篇文章的选材、组织均需要相应改动，文章的标题可以多次改动而不影响正文。常见的应用文标题基本模式有公文式标题和一般式标题两种。

2. 开头。开头是应用文的首要部分，常用开头的方式有概述式、目的式、开门见山式、引述来文式四种。

（1）概述式。概述式是指概括叙述有关情况或背景材料的开头方式。常采用概述式开头的有报告、会议纪要、总结、述职报告、调查报告等文种。

（2）目的式。目的式是指将阐述发文的意义、宗旨等作为开头的方式。这种方式常用"为了"、"为"等介词构成的短语标明行文目的；也常用"根据"、"按照"等句式标明行文依据。常采用目的式开头的有通告、通知、计划、招标书、投标书等文种。

（3）开门见山式。开门见山式是指开篇直入内容或主题的开头方式。常采用开门见山式开头的有决定、意向书、招标书、投标书等文种。

（4）引述来文式。引述来文式是指引述对方来文、来电的标题与发字文号作为开头的方式。常用引述来文式开头的有函、批复等回复性公文。

3. 层次。层次是指思想内容的表现次序。它是作者思路展开步骤的体现，最能体现出作者逻辑思维的功力。常用的层次方式有总分式、并列式、递进式、因果式、时序式、三段式等。

4. 段落。段落是构成应用文的基本单位，是其思想内容在表达时由于转折、强调、间歇等情况所造成的文字停顿，俗称"自然段"。分段的目的在于有步骤地显示、表达主旨。在语言形式上是以开头和换行为标志的。

5. 过渡。过渡是指上下文之间的衔接、转换。过渡在应用文中起着承上启下的作用，使前后相邻的段落自然衔接，以使读者的思路由前者自然地过渡到后者，不存有间隙。

6. 照应。照应是指前后内容上的关照、呼应。照应并非简单的文字重复，而是根据事物的内在联系所作的有意识、有计划地强调和反复。它在一定程度上表现了内容的发展变化和思想的逐步深入，能够增强文章的整体感。应用文中常用的"特此公告""特此通报如下"等承启语都表现了思路上的照应。常用的照应方式有首尾照应、文题照应和前后文呼应。

7. 结尾。应用文结尾的目的是强化主题、明确任务，以达到预期的应用目的。常用的结尾方式有五种：

（1）强调式。强调式是指对正文中的主要问题作强调说明，以强化读者印象的结尾方式。

（2）期求式。期求式是指在正文结束后表达期求愿望的结尾方式。期求式结尾常用于应用文的上行文或函，如请示的结尾通常是"当否，请批示""以上内容，如无不妥，请批准各地执行"；报告的结尾是"请予指正"；请批函的结尾是"请予审批"等。

（3）希望式。希望式是指在正文结束后向读者提出要求、号召或希望的结尾方式，可用于各种应用文体。

（4）说明式。说明式是指在应用文结尾处补充说明某些内容的结尾方式。这种情况常在商务文书中出现。

（5）秃尾。秃尾是没有结尾的结尾，正文结束即告全文结束，也称自然结尾。

### （五）结构的要求

对结构的要求有以下四点：

1. 严谨。严谨包含两个方面的含义：一是指思维缜密、无懈可击；二是指组织严密、无破绽可查。

2. 自然。自然是指结构艺术如行云流水，无人工雕凿斧削痕迹。

3. 完整。完整是指结构主干饱满，首尾圆合。

4. 统一。统一是指形式和谐，通篇一贯。

### （六）常见应用文的体式

应用文的体式，即应用文的开头、主体、结尾在文面上的组合表现形式。常见的应用文的体式有以下八种：

1. 篇段合一式。全文只有一段，这一段就是一篇。这种体式主要适用于命令、公告，内容简单的决定、决议、函及批复、任免通知等。

2. 提要分条式。开头属篇头提要，概括全文中心内容，然后对所要解决的若干问题按照主次先后，形成若干条，并用数码序号标明。这种体式适用于通知、指示、通告、公告等。

3. 分列小标题式。把全篇内容分成若干条、段，把每一条、段的中心内容分别归纳成若干小标题，置于每一条、段之上，如指示性通知、调查报告、会议纪要、决定、决议、简报、通报、规划、纲要等多采用这种体式。

4. 全面性分块式。把全文划分为若干大块，各块相对独立，各自成章。采用这种形式的主要是工作总结、调查报告、指示型会议纪要、工作研究，以及内容复杂的决定、意见等。

5. 转发、转述式。用批转、转发、转述的形式，把下级或上级、平级的来文转印给下级单位，它的突出特征是以文载文，文后有文，诸如批转性通知、转发性通知、转述式通报、转发式简报等。

6. 章、条、款分列式。即全篇内容章下有条、条下设款，分条列目，款项清楚。它是法律、章程、条例、规定、规则、办法、细则等法规性公文的基本写法。

7. 条、段贯通式。把全文划分为若干条，标以序号，无单独的开头与结尾，或划分为若干自然段，段落不标序号。它是一些指示、指示性通知、内容比较简单的法规性文件及领导讲话材料常用的体式。

8. 并列句式。先以简要的文字作开头，开宗明义，正文用若干句子排列组合而成，有的还讲究押韵，类似诗词歌赋。这是守则、公约等规章制度类文件的基本写法。

### （七）常见应用文的内在结构

应用文的外在结构多种多样，但它的内在结构却万变不离其宗，存在着一条固有的基本规律，这就是"提出问题—分析认识问题—解决问题"。这是由党和国家公务活动的客观实践所决定的。公文的内在结构表现形式大体有以下五种：

1. 主要是对解决问题的结构予以答复或表态的单一的结构形式。例如，批复、指示、命令等。

2. 主要在于提出问题、分析问题，但不去直接解决具体问题的单纯结构形式。例如，情况简报、情况通报等。

3. 先提出问题，然后把解决问题的结果或意见表达出来，即"提出问题—解决问题"的简单结构形式。诸如公告、函、转发性通知及内容简单的决定、决议、通知、议案等。

4. "提出问题—分析问题—解决问题"的完整形式。例如，指示、指示性通知、指导性通报、指挥性会议纪要、工作报告、调查报告，以及专门性的决定、决议等。

5. 边摆问题，边分析与解决问题的特殊结构形式。它与前四点不同的是打乱了先提出、后分析、再解决问题的逻辑次序，而是将其糅合在一起，分列几个专门问题来安排结构，每个问题中既包括问题的提出，又有对问题的分析与解决。综合性的工作总结、调查报告、工作计划以及会议纪要，内容比较复杂的决定、决议，对重大问题所作出的具有指挥性的意见以及条例、规定等法规性文件，通常采用这种结构方式。

## 四、语言

### （一）语言的概念

语言是文章的细胞，是人类思想交流最重要的工具，是传达信息的物质媒介。语言是信息的载体，是思想的外衣，是交际的手段。离开语言便没有了应用写作。

语言可分为书面语言、口头语言、肢体语言、表情语言等。在应用文写作中，我们主要是运用书面语言。

### （二）语言的作用

语言是社会交际和表达思想的工具。在文章中，思想内容也要依靠语言来表达。文章的写作过程就是进行思维搭建的过程，而语言是把抽象的思维过程具体化、形象化地表现出来。如果没有语言，表达思想的目的就无法实现。

### （三）语言选择的要求

1. 语言要庄重。所谓庄重就是庄严、郑重。在使用语言时要多使用标准语言，如多用书面语言，少用口头语言；多用朴实语言，少用华丽语言等。

2. 语言要平实。所谓平实就是平易、朴实，即言之有理、言之有物，语言朴实无华。应用文中的叙事贵在求实、周全；说理贵在平易、严谨；说明贵在质朴、清晰。

3. 语言要准确。所谓准确就是精准、确切。准确是指用通顺的语言和恰当的表达方式，确切无误地传达思想和内容。准确是文章语言最基本的要求。语言的准确，涉及用词、造句、语法、逻辑、修辞等方面的要求。这也是应用文与其他非应用文类在表意上的区别。应用文语言要多用限制性的词语表示，多用数字明确表述事物，少用生僻字，不写错别字。

4. 语言要得体、生动。所谓得体就是语言要适合交际题旨和语境，生动就是语言要具体形象、新鲜活泼、有立体感和流动感，而不能干瘪无味、套话连篇、言之无物。

**（四）数字的使用要规范**

1. 数字书写需要使用汉字的情况

（1）应用文中作为定型的词、词组、惯例语、缩略语、具有修辞色彩的词语须使用汉字。例如，一方面、第三世界等。

（2）概数和约数使用汉字书写的有以下四种情况：

①邻近的两个数字，并列连用表示概数时，应使用汉字，并且两个数字之间不能用顿号隔开。例如，三四天、一二百套等。

②带有"几"字的数字表示约数，必须使用汉字。例如，几十年、几十万分之一等。

③整数一至十，如果不是出现在具有统计意义的一组数字中，也可以使用汉字，但要注意照顾到上下文的统一。例如，六辆车、八个百分点等。

④含有月和日，简称表示事件、节日和其他意义的词组须使用汉字。例如，七七事变、党的十八大等。

2. 需要使用阿拉伯数字的情况

凡是可以使用阿拉伯数字而且又很得体的地方，特别是当所表示的数目比较精确时，均应使用阿拉伯数字。遇特殊情形，可以灵活变通，但应力求保持相对统一。

（1）公历世纪、年代、年、月、日和时刻均使用阿拉伯数字。年份要写全数，不能简化省略。例如，公元前18世纪、20世纪80年代等。

（2）计数与计量和统计表中的数值。正负整数、分数、小数、百分比、比例等必须使用阿拉伯数字。例如，20、1/15等。

（3）代号、代码和序号。部队番号、文件编号、证件号码和其他序号均应使用阿拉伯数字。例如，G1238次列车、邮发代号37-1等。

（4）引文标注中版次、卷次、页码，除古籍应与所据版本一致外，一般均应使用阿拉伯数字。

3. 可以灵活变通掌握使用的情况

使用阿拉伯数字或汉字，有些情形的选择是唯一而确定的，如遇特殊情形，为避免歧解，也可以灵活变通使用。

（1）用"多、余、左右、上下、约"等表示的约数一般使用汉字。但是，如果文中出现一组具有统计和比较意义的数字，其中既有精确数字，也有约数时，为保持应用文局部体例上的统一，其约数也可以使用阿拉伯数字。

（2）标题涉及数字时，可以根据版面实际需要和可能，灵活使用阿拉伯数字和汉字。

**（五）常用应用文专门用语**

1.开头用语。用于说明发文缘由、意义、依据，或介绍背景材料及其他情况等。例如，为了、根据、由于、按照、遵照、依照、据了解、据查、据查实、兹、现、关于、业经、兹经、经等。

2.承启用语。用于连接开头语主体文部分，起承上启下作用的惯用语。例如，根据、依据、为了、鉴于此种情况、据此等。

3.引述用语。用于批复或复函。例如，悉、收悉、电悉、文悉、敬悉等。

4.批转用语。用于批转、转发、印发通知。例如，批示、阅批、审批、批转、转发、印发等。

5.称谓用语。对各机关的称谓。例如，我、本、你、贵、该等。

6.经办用语。表明工作处理过程或情况。例如，经、未经、拟、拟定、施行、执行、暂行、试行、审定、审议、审批等。

7.表态用语。用于上级答复下级。例如，同意、不同意、可行、不可行、照办、批准、原则批准等。

8.结尾用语。用于结束语，一般另起一行。例如，请批示、盼复、请审阅、特此通知、特此通告、特此通报、为荷、为盼、为要等。

9.祈请用语。用于希望引起重视。例如，希、希望、请、务请、希与、即请、希即尊办等。

10.模糊用语。用于表达不确切的事物。例如，表示时间：现在、曾经、过去、将来、同时、有时、适时、今冬明春、年年、一度、再度等；表示范围：有关、各、左右、上下、普遍等；表示程度：很、非常、一般、更加、显著、明显、极其、特别、进一步、逐步、基本上、总体上、大体上、何等、略微、总的来说、尽快、今早、尽最大的力量等；表示数量：许多、广大、几乎所有、多些、一些、某些、半数、接近半数、少数、个别等；表示频率：多次、屡次、经常、连续、不断、反复、再三、三番五次等；表示条件：按有关规定、符合一定条件者、在可能的情况下等。

# 第二节　应用文写作的基本思路及性质

## 一、应用文写作的阶段

### （一）准备阶段

1.领会上级意图。应用文中诸如总结的观点、调查报告的结论等，需要在调查研究中确立；准确领会上级的意图，才能着手组织材料进行写作。

2.明确文章主旨。主旨是应用文的中心思想和灵魂，要做到正确、鲜明、集中、深刻。

3.选用恰当文种。根据实际工作需要、写作意图、规定惯例等来确定文种。

4.收集选择材料。在确定行文目的要求后，就要进行调查研究，收集并占有丰富的材料，以解决"无米之炊"的问题。

（二）写作阶段

1. 拟写提纲。写作前先拟写一个合理的提纲，可以提高写作的质量和效率。一般的写作提纲包括四个部分，即标题、开头、正文、结尾。通常采用标列序号的方法撰写提纲。

2. 正式写作。按照提纲，选择恰当材料组织成篇。

（三）修改阶段

应用文完成写作后要反复修改，正所谓"字怕悬，文怕念"，"米淘三遍沙粒少，文改数遍质量高；千锤百炼出好钢，再三修改出华章"。修改时应把握以下几点：文种选择是否正确；主旨是否正确、单纯、统一；材料是否真实、必要；结构模式是否规范；语言是否得体、精确；标点符号是否准确；等等。

## 二、应用文写作的逻辑思路

应用文写作的逻辑思路主要是运用逻辑思维进行。

（一）递进思路

递进思路是认识事物或事理由浅入深、由表及里、由低到高、由小到大、由轻到重，层层递进、循序渐进的一种思维方法。

递进思路的作用是：可以深入地、清晰地阐释某些比较复杂的事理，说明某些比较复杂的关系，有助于深刻认识事物的本质属性，使文章达到一定的深度。

递进思路的顺序不能随意调换。

（二）并列思路

并列思路，即运用平等、平行、并列的思维方式认识和对待事物或事理而形成的思路。并列思路将事物或事理平等看待，横向发展。例如，通知、决定的诸多事项，规章文书的许多同类条文，许多体现的都是并列思路。

（三）比较思路

比较思路是运用比较和鉴别的思维方法而形成的一种思路，是应用文写作的惯用思路之一。采用比较思路时要注意比较的标准要一致，还要注意抓住事物的本质特征进行比较。同时注意比较的灵活性，根据实际情况和写作需要，从多角度、多方面对事物进行比较。

（四）归纳和演绎思路

1. 归纳。归纳是从两个以上个别的、特殊的事物或道理的共同属性中，推出同一类事物或道理的普遍性结论的推理方法。它是从个别到全体、从特殊到一般的思维方法。应用文写作运用这种思维方法便形成了归纳思路。归纳常有以下几种方法：

（1）完全归纳法，即穷究同类事物中所有个别事物的共同属性，推出普遍性结论的方法。这种方法不允许漏掉任何一个性质相同的个别事物。

（2）简单枚举法，即根据对某类事物部分对象的概括，推出一般性结论的方法。这实际上是不完全归纳法。

（3）科学归纳法，即由某类事物部分对象与某种属性具有的必然联系，而推出这类事物全都具有这种属性的方法。

2. 演绎。这是从普遍性的前提推出特殊个别性结论的思维方法。它与归纳的思维方向正好相反。在说理性较强的应用文中，较多地运用演绎思路。运用演绎法时，作为根据、前提的一般性结论必须正确无误，才能进行直接演绎。

归纳和演绎既是两种方向完全不同的对立的思维方法，又是互相依存的辩证统一体。

### （五）综合分析思路

综分思路是运用综合和分析两种思维方法形成的思路。综合的过程就是对实体事物组合、对抽象事物概括的过程；分析就是把事物的各个部分联合起来，从整体上加以考察，也就是由分到总，集散为整。文章要点面结合、铺陈展开，构思时要善于分析客观对象，在分析的基础上善于综合。

### （六）因果思路

因果思路是运用探因和寻果的思维方法形成的思路。在应用文写作中，根据写作意图和受众接受心理，常常采用由果溯因的思路。

因果思路要全面分析导致结果或现状的原因。抓住主要的、根本的原因，同时也不忽略次要原因，要深刻地分析产生结果的原因。

因因分析即深入分析，从原因中去探究产生原因的原因。

## 三、学习应用文写作的方法

### （一）应用文写作理论要联系生活、工作和学习的实际

1. 学习应用文的写作既要熟悉应用文写作的基础知识，包括应用文的种类、特点、适用范围、作用，以及掌握各文种的格式、明确各文种的写作规范等，又要加强理论修养，熟悉各项方针政策，提高思想水平。

2. 把所学理论紧密地结合自身的生活、工作、学习实际，如此，文章才能有血有肉。

### （二）多读、多写、多练是提高写作能力的关键

1. 阅读是写作的基础和前提，阅读的内容大致包括以下几个方面：回归文本，阅读文、史、哲，培养一定的理论素养，增加知识积累；阅读写作方面的书籍，揣摩名家的写作方法和技巧；阅读应用文范例；等等。

2. 写作是一种能力，能力要靠反复实践才能形成。应用文写作正如学游泳，站在岸上是学不会的。因此，只有多写、多练、多修改，应用文写作能力才能在这个过程中不断形成和提高。

3. 积极参与到课堂中来，在合作、互动、探究中学习写作应用文。在课堂上通过模拟情境，师生进入预设的情境角色，形成师生互动、生生互动、生组互动，在互动中完成应用文写作任务。如此，既解决"无米之炊"的问题，又充分调动学生学习应用文写作的积极性，促进其应用文写作能力在合作、互动、探究中不断提高。

## 四、应用文写作课程的性质

### （一）基础课

自 20 世纪 80 年代以来，应用文写作初步形成了自己的基本理论体系，并不断地发展完善。各类高校根据社会对各类人才兼备应用文写作能力的客观需要，纷纷开设了应用文写作

课程，并设为基础课。把应用文写作定性为基础课，理由如下：其一，应用文写作课对后续的专业应用文写作课程，如为经济类应用文写作、法律类文书写作、秘书写作等课程的学习起到铺垫和支持作用；其二，学会用文字工具去"务实理事"已然成为现代人的基本素质；其三，应用文写作已经成为管理的基础技术或常规工具。

## （二）技能课

应用文写作从其外在的物质形态看，是重要的思想交往工具，它以文本的形式作为交往的一种可靠凭证和依据而存在。应用文写作具有明显"实用性"的特点，也决定着要掌握这一工具，必须通过一定的训练才能达成这一目标。而从目前教学改革的"能力"取向来看，应用文写作课应当作为技能课在高校中普遍开设。

## （三）人文课

应用文写作是工具性与人文性的统一。应用文写作属于人文学科，为人写、由人写、写给人看、让人做事，这一过程始终贯穿着人文的内涵。从应用文写作的目的看，应用文是为处理大众的公务和个人的私务而写，即为人而写，这是人文思想的根本。从应用文工具性标志的模式中，不同程度地体现出人性化的内涵，也具有人文的意味。从应用文写作的效用看，应用文让受众得到不同程度的人文关怀，让人类社会的人文精神得到相应的提升。例如，人的思想行为的法律规范、人类品格的道德教化、人与人的相互沟通、人类文明的有效传承等。

**思考与练习**

1. 简述应用文写作的要素。
2. 简要分析应用文与文学作品的区别。

# 第二篇　公文写作

# 第一章　公文概述

## 第一节　公文的含义、性质、特点及格式

公文，是公务文书的简称，是人类在治理社会、管理国家等公务实践中使用的具有法定权威和规范格式的应用文。

### 一、公文的含义

公文的概念有广义和狭义两种理解。广义的公文，是指我国现阶段所有党政机关、社会团体和企事业单位在处理公务时所使用和形成的格式体例规范、内容系统完整的各种书面材料；狭义的公文，是指《党政机关公文处理工作条例》（中办发〔2012〕14 号，2012 年 4 月）中明确规定的种类、名称、性质、用途、效力、格式和办理程序的公务文书。

### 二、公文的性质

《党政机关公文处理工作条例》第三条规定：党政机关公文，是党政机关实施领导、履行职能、处理公务的具有特定效力和规范格式的文书，是传达贯彻党和国家方针、政策，公布法规和规章，指导、布置和商洽工作，请示和答复问题，报告和交流情况等的重要工具。

### 三、公文的特点

#### （一）鲜明的政治性

公文是随着国家的产生而出现的，是统治阶级管理国家、维护统治的工具。它的内容集中体现着统治阶级的意志，代表着统治阶级的利益，从而表现出鲜明的政治性。

#### （二）法定的权威性

公文反映着制发机关的意图，代表着制发机关所行使的法定职权，在法定的时间、空间内，具有法定的权威性和强制性。

#### （三）作者的法定性

所谓作者的法定性，是指公文必须以"法定作者"的名义来制作和发布。也就是说，只有根据国家的法律、法令和行政法规而成立的或被授权的，能以自己的名义行使职权和承担义务的组织和个人，可以制作和发布公文，而其他的单位和个人是无权制作和发布公文的。

### （四）特定的程式性

我国对公文的基本格式及各格式要素的内涵有严格的规定，从而形成了一个相对统一、规范的格式体例。这种统一、规范的格式体例，既是公文区别于一般应用文的重要标志，又是使公文具有合法性、有效性、正确性、完整性的必备条件，也是公文处理过程中避免错乱、提高效率的重要保证。

### （五）明显的时效性

由于公文是在公务活动中形成和使用的，是为推动机关工作而服务的，因而它明显受到时间的制约。

### （六）语言的庄重性

公文的语言是典雅、庄重的书面语，具有明确、规范、古朴、简洁的特点。它主要用逻辑思维，不用或少用形象思维。在构思和表达时，着重于对事物进行分析与论述，通过判断、归纳、综合，形成语义确定、逻辑严密、条理分明、直书不曲的文字材料，而很少用描写、抒情的手法。同时，公文重视使用专用词语，适当使用文言句式，恰当运用规范化的缩略语，呈现出典雅庄重、简洁洗练的语体风格。

## 四、公文的格式

公文的格式专指文种外在结构的组织与安排，以及公文的书写、字体、用纸的规格和样式等。公文的格式是公文具有法定的权威性和组织约束力在形式上的表现，是区别公文与一般应用文的重要标志，也是保证公文质量和提高办文效率的重要手段。

公文的格式具有规范性和相对确定性。这在《党政机关公文处理工作办法》中有专门的规定。同时，《党政机关公文格式》对公文的版头设计、版面安排、字体型号、字行字距、天头地脚、用纸尺寸与规格等也作出了具体要求。

### （一）通用公文用纸和印装规格

1. 公文用纸采用 GB/T 148 中规定的 A4 型纸，其成品幅面尺寸为：210mm×297mm。

2. 公文页边与版心尺寸：公文用纸天头（上白边）为：37mm±1mm；公文用纸订口（左白边）为：28mm±1mm；版心尺寸为：156mm×225mm（不含页码）。

3. 文字符号从左至右横写、横排。一般每面排 22 行，每行排 28 个字。

4. 公文应左侧装订，不掉页。包本公文的封面与书芯不脱落，后背平整、不空。

### （二）通用公文中各要素标识规则

公文的格式分为眉首、主体、版记三部分。

1. 眉首部分格式

眉首即文件头，包括公文份数序号、秘密等级和保密期限、紧急程度、发文机关标识、发文字号、签发人（会签人）、红色反线等要素。

（1）公文份数序号。亦称公文份号，是指根据同一文稿印制若干份时每份公文的顺序编号。一般秘密文件才制定份数序号。公文份数序号用阿拉伯数码顶格标识在公文首页版心左上角第一行，如果数字不足规定位数的，前面用"0"（零）补齐。例如，印制 100 份公文，其第一份的序号可写成"0001"，最后一份的序号写成"0100"。应根据公文的份数来决定编位数字，但至少应不低于两位，即"1"编为"01"。

（2）秘密等级和保密期限。需要保密的公文，应根据保密程度注明密级。密级分为绝密、机密、秘密三种。用三号黑体字，顶格标识在版心右上角第一行，两字之间空一字，如"机　密"；如需同时标识秘密等级和保密期限，也用三号黑体字，顶格标识在版心右上角第一行，秘密等级和保密期限之间用"★"隔开，如"机　密★一年"。

（3）紧急程度。紧急程度是对文件送达和办理速度的要求。紧急公文分为"特急""急件"两种。有的文件要求限时送达，则在文件封套上标注"限某月某日某时前送达"的字样。如需标识紧急程度，用三号黑体字，标注在秘密等级之下，两字之间空一字，如"急　件"。

（4）发文机关标识。亦称版头，是公文制发机关的标记。由发文机关全称或规范化简称后面加"文件"二字组成。发文机关标识一般使用小标宋体字，用红色印刷，所以人们常把法定公文称为"红头文件"。发文机关标识居中印在文件首页上端。若几个机关联合行文，主办机关名称排列在前，"文件"二字置于发文机关名称右侧，上下居中排布。发文机关标识的主要作用是：强调公文法定作者的归属，唤起受文者对公文权威性的警觉。

（5）发文字号。发文字号是一个机关同一年度制发公文的顺序号，简称"文号"（位于文件头的正下方）。发文字号的作用是为检索和引用该文件提供专指性很强的代号，并为统计和管理公文提供依据，它是由发文机关代字、年份和顺序号三个部分组成，如中共中央2010年发的第10号文件，其文号应写成"中发〔2010〕10号"。辽宁省教育委员会2010年所发的第一号文件的发文字号可写成"辽教委字〔2010〕1号"。发文字号位置有两种形式：一是平行文、下行文的发文字号应在发文机关标识下空2行，用三号仿宋体字，居中排布；二是上行文的发文字号应在发文机关标识下空两行，居左空一字排布。

注意事项：

①机关代字是机关最有代表性的字，它固定不变，又不能与其他单位的代字重复。例如，"京政"是北京市人民政府，"冀财"是河北省财政局，"京财预"则是北京市财政局预算处的代字。

②年份用阿拉伯数字，必须用全称，用六角括号〔　〕括入。

③序号不编虚位，如"5号"不编为"05号"；不加"第"字。例如，不可写为"第5号"。

④几个单位联合发文，只标明主办机关发文字号。

（6）签发人（会签人）。签发人（会签人）是指最后审定公文文稿签字印发的机关领导人。上行文须标识签发人，标注在发文字号右侧，即发文字号居左空一字，签发人姓名居右空一字。书写"签发人"和签发者姓名，是表示公文生效并对公文内容郑重负责的一个标志。签发人用三号仿宋体字，后标全角冒号，冒号后用三号楷体字标识签发人姓名。

联合上报公文时，文件主办机关的签发人姓名置于第一行，其他机关签发人的姓名按发文机关标识中机关名称的先后顺序排列次序，在第一行之下依次排列，此时下移红色反线，使最后一个签发人的姓名与左侧的发文字号处于同一行。

（7）红色反线。在发文字号之下4mm处。与版心等宽，即156mm，用于隔开文头和正文。

2. 主体部分格式

公文的主体部分包括公文标题、主送机关、正文、附件、发文机关、成文日期、印章、附注等几部分内容。这是公文的主体部分。

（1）公文标题

公文标题用于提示公文的主要内容，是公文主旨的高度概括。公文标题位于红色反线下空两行，用二号小标宋体字，可分为一行或多行居中排布。标题中除法规、规章名称加书名号以外，一般不使用标点符号。

公文标题的制作有三种情况：

①最基本的标题形式是"三项式"标题，即由发文机关、事由、文种三部分构成。例如：《国务院关于颁发〈会计人员职权条例〉的通知》。

②"两项式"标题。它或由事由、文种两部分构成，如《关于赴×××省旅游局学习考察的函》；或由发文机关和文种两部分构成，如《北京市人民政府令》《中华人民共和国主席令》等。

③仅以文种为标题。这种写法往往用于公开张贴的文告，如《通告》和《公告》等。

（2）主送机关

主送机关指发文机关要求对所发公文内容进行答复或处理的对方机关，也称"受文机关"，主送机关应当使用全称或者规范化简称、统称。在通常情况下，上行文（如请示、报告）、特指性下行文（如批复、通知）、平行文（如函、纪要）只写一个主送机关；普发性下行文（如决定、通知、通报、意见）写数个主送机关；周知性公文（如公告、通告）可以不写主送机关。

主送机关写在标题之下空一行处，靠左顶格用三号仿宋体字书写，后加冒号。多个主选机关之间的标点符号的用法是：同类机关、单位之间用顿号，不同类别机关、单位之间用逗号。联合行文时，主送机关名称按党、政、军、群的性质顺序排列。

（3）正文

正文是公文的主体和核心，用来表述公文的内容，位于主送机关之下、成文日期之上，采用三号仿宋体字。每一段首行一律空两个字书写，回行时顶格书写。正文中的数字和年份不能回行。

（4）附件

附件是正文的补充材料或参考材料，是公文的重要组成部分。

常见的附件有两类：一类是发布令和发布通知等发布、印发、转发、批转的公文。附件实质上是主件，而形式上的主件实际上只起报送、发布、按语、转发、函告作用。另一类是对正文的补充、说明或是正文的参考材料。常见的有图表、统计表、凭据等。

公文若带有附件，应在正文之下空一行，左空两字用三号仿宋体字标注"附件"，其后标全角冒号和附件的名称。如果附件不是一份，要在前面标上序号，上下排布；附件名称后不加标点符号；最后把附件与主件装订在一起。

（5）发文机关

公文的发文机关又称落款，是公文的法定作者。在正文之后偏右处，应用机关全称或规范化简称。几个机关联合发文，应将主办机关的名称排列在前。以领导人的名义发文，应在领导人的姓名前冠以职务名称。

（6）成文日期

成文日期是公文生效和查考的依据。成文日期通常位于发文机关名称之下，会议纪要、决定、决议等不标注主送机关的公文，成文日期可用括号标注于标题下方居中位置；统一用阿拉伯数字，将年、月、日标全，年份应标全称，月、日不编虚位。

确定成文日期应掌握以下原则：

①机关领导人或秘书长、办公厅主任签发的，以签发日期为准。

②联合行文，以最后一个机关签字日期为准。

③经会议讨论通过的，以通过的日期为准。

④须经上级机关或立法机关批准的，以批准日期为准。

（7）印章

印章是公文的生效标识。公文除"会议纪要"以外均加盖印章，要盖在机关名称和成文日期上，总的要求是"上不压正文、下要骑年盖月"。

区别不同情况有以下具体要求：

单一机关制发的公文在落款处不署发文机关名称，只标识成文日期。成文日期右空四字；加盖印章应上距正文一行之内，端正、居中下压成文时间，印章用红色。当印章下面无文字时，采用下套方式，即仅以下弧压在成文日期上；当印章下弧有文字时，采用中套方式，即印章中心线压在成文日期上。

当联合行文需加盖两个印章时，应将成文日期拉开，左、右各空七字；主办机关印章在前；两个印章均压成文日期，印泥用红色；只能采用同种加盖印章方式，以保证印章排列整齐。

两印章间互不相交或相切，相距不超过 3mm。当联合行文需加盖三个以上印章时，为防止出现空白印章，应将各发文机关名称（可用简称）按加盖印章顺序排列在相应位置，并使印章加盖或套印在其上。主办机关印章在前，每排最多排三个印章，两端不得超出版心；最后一排如余一个或两个印章，均居中排布；印章之间互不相交或相切；在最后一排印章之下右空两字标识成文时间。

当公文排版后所剩空白处不能容下印章位置时，采取调整行距、字距的办法加以解决，务使印章与正文同处一面；不得采取标识"此页无正文"的方法解决。

（8）附注

附注是指对公文内容或有关事项、要求的注释与说明，如需要加以注释的公文的阅读范围、使用方法、请示等上行公文的"联系人"和"联系电话"等，其格式如下：（此文发至县、团级）或（联系人：×××，联系电话：××××××）。附注的作用是方便公文的阅读、理解，以及文书处理部门对公文的分发处理，保证公文的安全。

如有附注，居左空两字加圆括号编排在成文日期下一行。

3. 版记

公文末页首条分隔线以下、末条分隔线以上的部分称为版记。

（1）版记中的分隔线

版记中的分隔线与版心等宽，首条分隔线和末条分隔线用粗线（高度一般为 0.35mm），中间的分隔线用细线（高度一般为 0.25mm）。首条分隔线位于版记中第一个要素之上，末条分隔线与公文最后一面的版心下边缘重合。

（2）抄送机关

抄送机关是指除主送机关外需要执行或知晓公文内容的其他机关。如有抄送机关，一般用四号仿宋体字，在印发机关和印发日期的上一行、左右各空一字编排。"抄送"二字后加全角冒号和抄送机关名称，回行时与冒号后的首字对齐，最后一个抄送机关名称后标句号。

（3）印发机关和印发日期

印发机关是指公文的印制主管部门；印发日期以公文付印的日期为准。印发机关和印发日期一般用三号仿宋体字，编排在末条分隔线之上，印发机关左空一字，印发日期右空一字，用阿拉伯数字将年、月、日标全，年份应标全称，月、日不设虚位（即"1"不编为"01"），后加"印发"二字。版记中如有其他要素，应当将其与印发机关和印发日期用一条细分隔线隔开。

（4）页码

页码是指按公文排列的逻辑顺序依次对公文编制的顺序号，保证公文不散页。页码一般用四号半角宋体阿拉伯数字，编排在公文版心下边缘之下，数字左右各放一条四号一字线，一字线上距版心下边缘 7mm。单页码居右空一字，双页码居左空一字。公文的版记页前有空白页的，空白页和版记页均不编排页码。公文的附件与正文一起装订时，页码应当连续编排。

**（三）公文格式其他要求**

公文的特定格式有三种，即信函式、命令式和会议纪要式，其中常用的是信函式和会议纪要式。

1. 信函式格式

与文件式公文相比，信函式公文主要有以下特点：

（1）发文机关标识不同。信函式公文的发文机关名称不用简称。比如，国务院文件式公文的版头为"国务院文件"，而信函式公文的版头应为"中华人民共和国国务院"。

（2）在发文机关名称 4mm 之下，有一条红色双线，在距离下页边 20mm 处，有一条红色双线。两线之间各要素的标识方法同于前述公文，其份数序号、秘密等级、紧急程度、发文字号等都在红线之下。发文机关名称及双线均用红色。

2. 会议纪要式格式

会议纪要式格式主要是针对国家行政机关的办公会议纪要而言的，至于用作公文种类的会议纪要，可用"文件式"或"信函式"公文形式来发，并在标题中显示。

在会议纪要式格式中，会议纪要眉首部分的"发文机关标识"处不是"××××文件"，而是由"××××会议纪要"组成，用红色小标宋体字。

在会议纪要式格式中，原前述公文发文字号处，并非固定的发文字号，它可以是主持会议的机关名称、会议日期，也可以是发文字号，字号由发文机关酌定。会议纪要可以写标题，也可以不写标题。会议纪要可以标主送机关，也可以不标主送机关。会议纪要与前述公文的不同之处还在于落款处不加盖印章，只标注成文日期。

其他格式要素的标识方法与前述公文相同。

【公文式样】

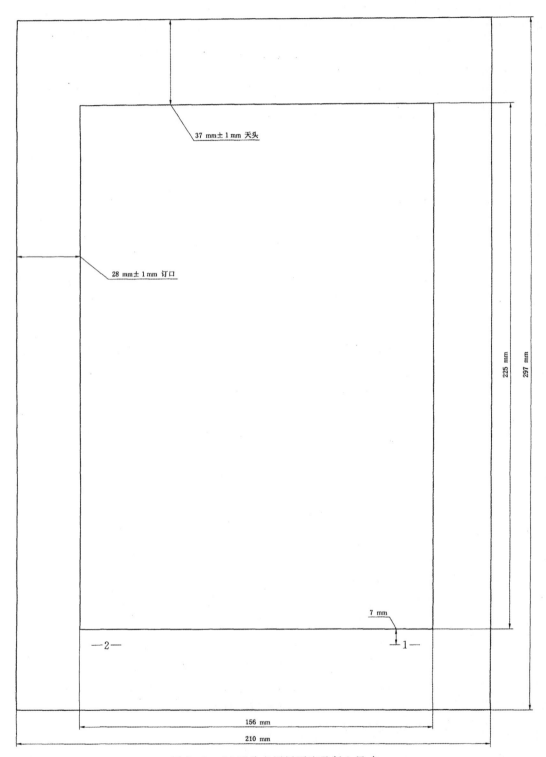

37 mm±1 mm 天头

28 mm±1 mm 订口

7 mm

—2—　　　　　　　　　　　　　　　—1—

225 mm

297 mm

156 mm

210 mm

图 2—1　A4 型公文用纸页边及版心尺寸

000001

机密★一年

特急

# ×××××文件

××× 〔2012〕10 号

## ×××××关于××××××的通知

××××××××：

　　××××××××××××××××××××××××××××××××××××××××××××××××××××××××××××××××××××××××××××××××××××××××××××××××××××××××××××××。

　　××××××××××××××××××××××××××××××××××××××××××××。

　　××××××××××××。

　　××××××。××××××××××××××××××××××××××××××××××××××××××××××××××××××

— 1 —

图 2－2　公文首页版式

注：版心实线框仅为示意，在印制公文时并不印出。

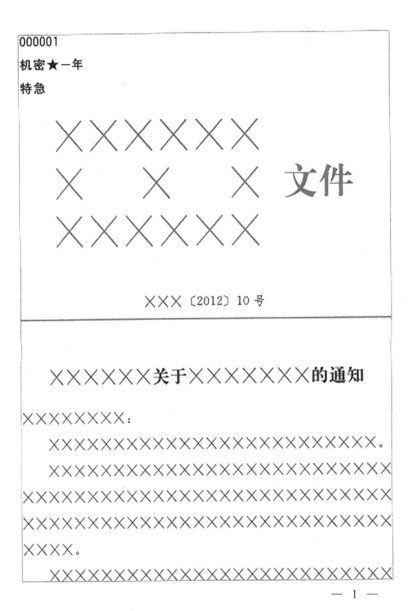

图 2—3　联合行文公文首页版式 1

注：版心实线框仅为示意，在印制公文时并不印出。

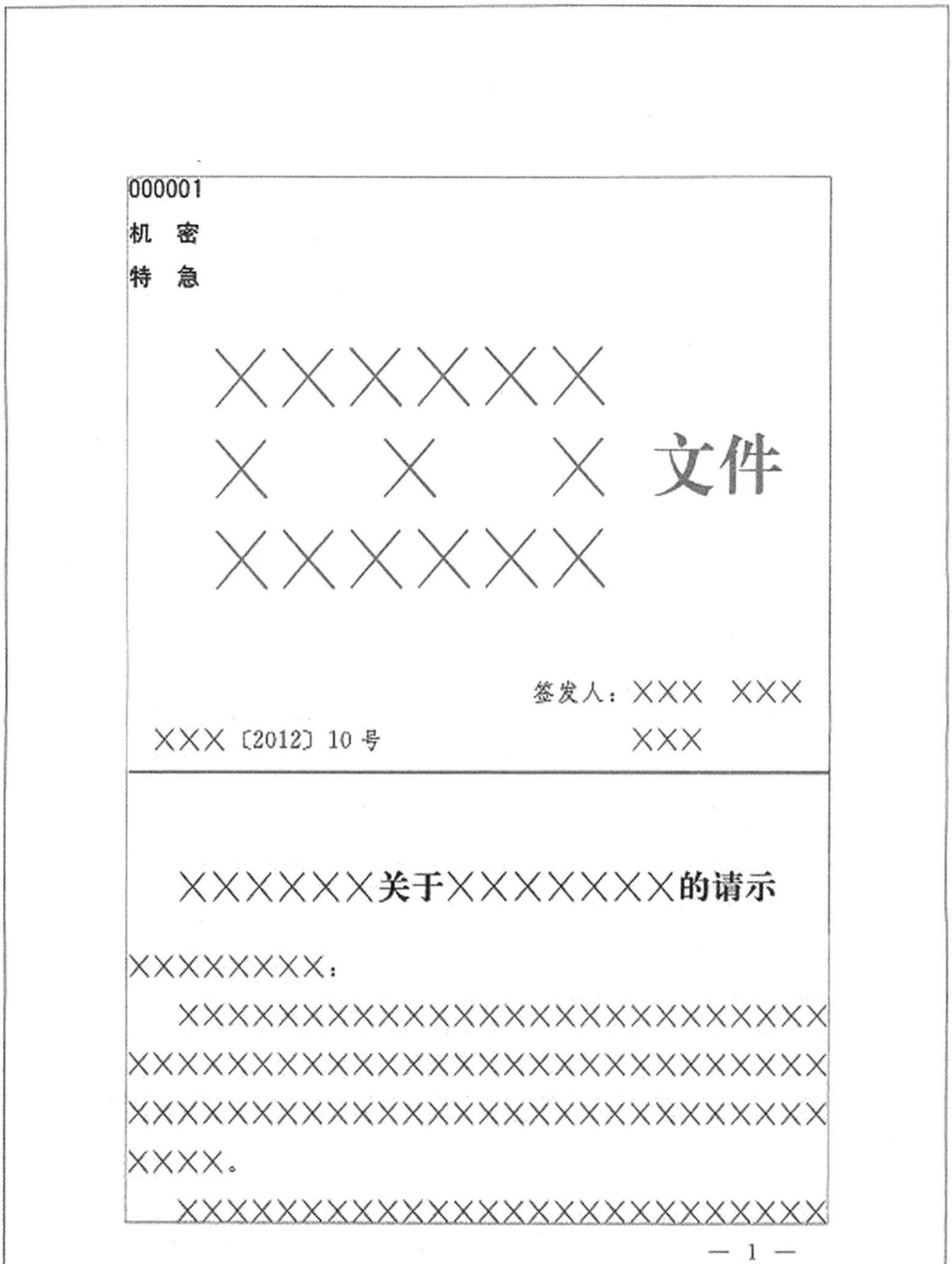

000001

机　密

特　急

×××××× × × × 文件

×××××

签发人：×××　×××

××× 〔2012〕 10 号　　　　　　　×××

×××××关于×××××××的请示

×××××××××：

　　×××××××××××××××××××××××××

×××××××××××××××××××××××××××××

×××××××××××××××××××××××××××××

××××。

　　×××××××××××××××××××××××××××

— 1 —

图 2—4　联合行文公文首页版式 2

注：版心实线框仅为示意，在印制公文时并不印出。

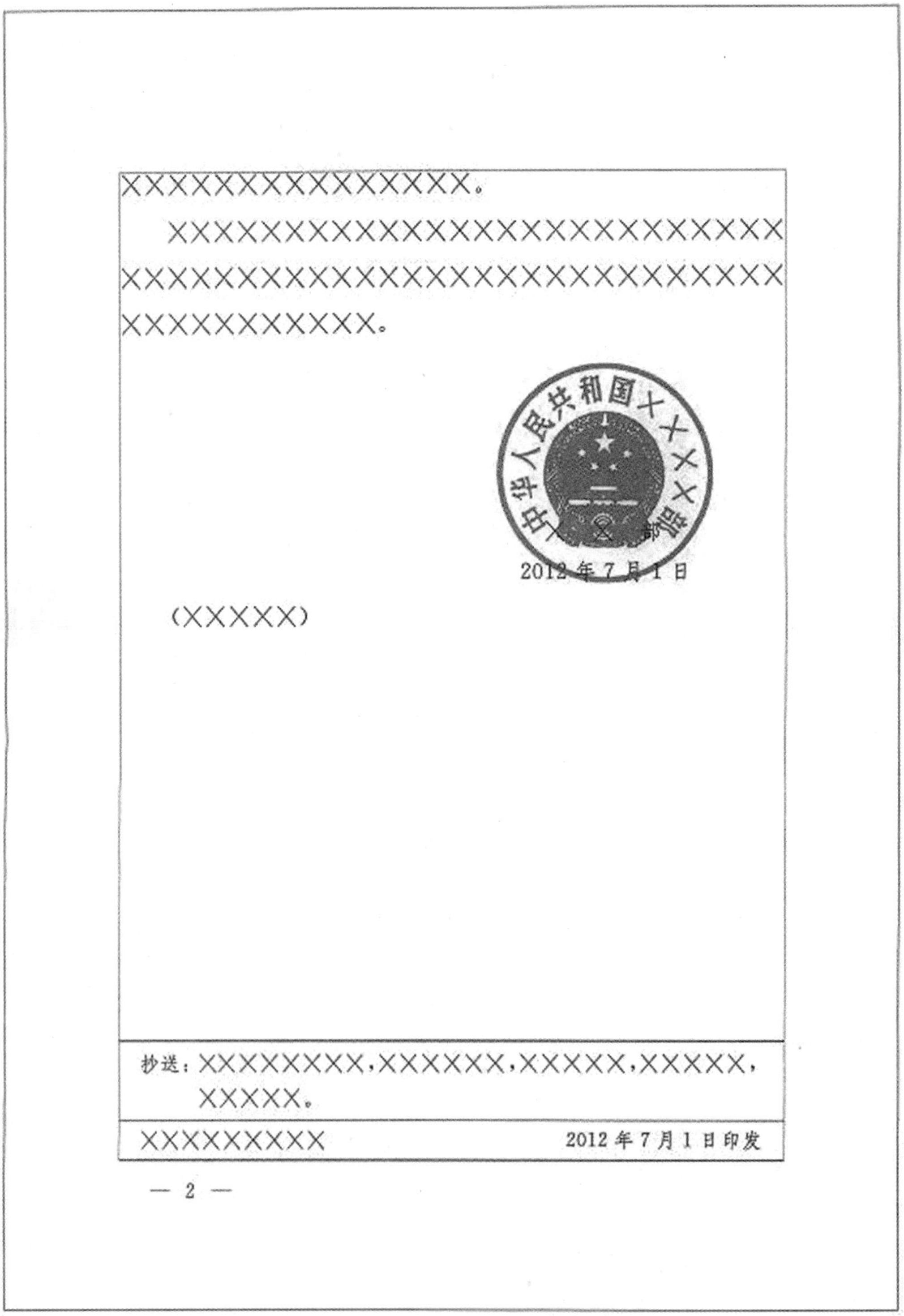

XXXXXXXXXXXXXX。

　XXXXXXXXXXXXXXXXXXXX

XXXXXXXXXXXXXXXXXXX

XXXXXXXXX。

中华人民共和国XXX

X X X部

2012 年 7 月 1 日

　（XXXXX）

抄送：XXXXX，XXXXX，XXXXX，XXXXX，

　XXXXX。

XXXXXXXX　　　　　　2012 年 7 月 1 日印发

— 2 —

图 2-5　公文末页版式 1

注：版心实线框仅为示意，在印制公文时并不印出。

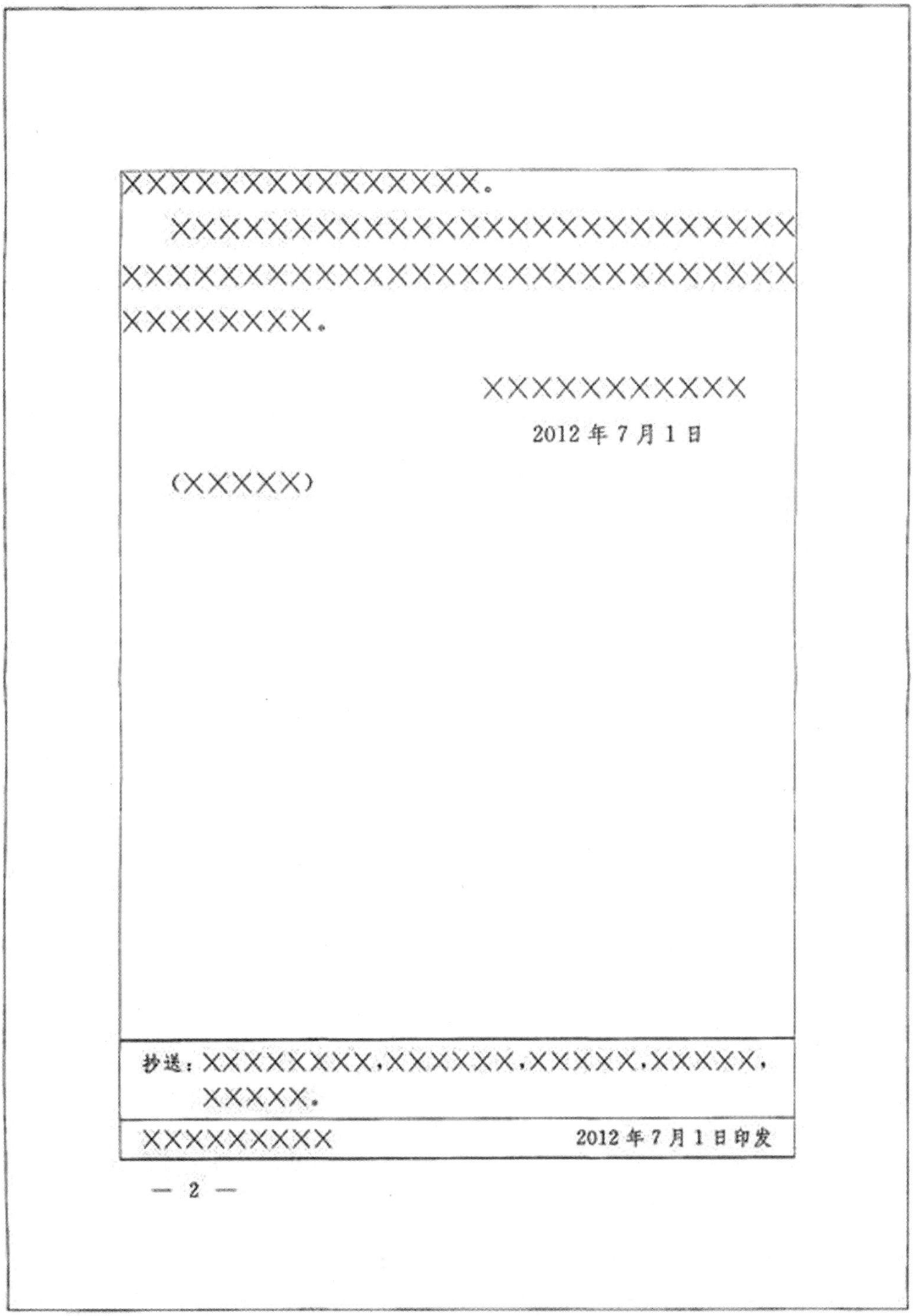
XXXXXXXXXXXXXXX。
XXXXXXXXXXXXXXXXXXXXXXXXX
XXXXXXXXXXXXXXXXXXXXXXXXXX
XXXXXXXX。
XXXXXXXXXXXX
2012年7月1日
(XXXXX)
抄送：XXXXXXXX，XXXXXX，XXXXX，XXXXX，
XXXXX。
XXXXXXXXX
2012年7月1日印发
— 2 —

图 2—6　公文末页版式 2

注：版心实线框仅为示意，在印制公文时并不印出。

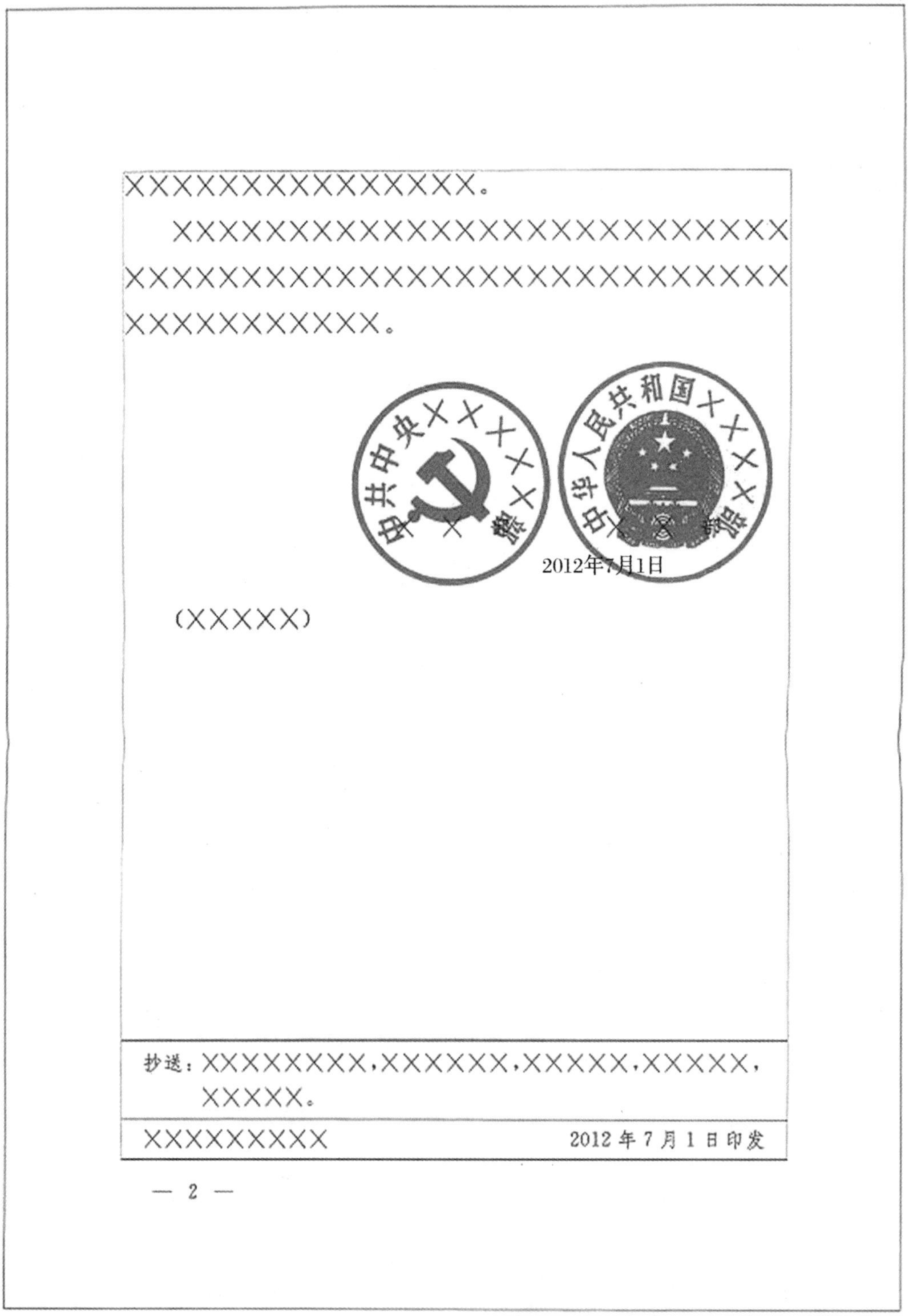

××××××××××××××。
　　××××××××××××××××××
××××××××××××××××××
××××××××××。

中共中央××××
×× 盖 ×××

中华人民共和国×××
×× 盖 ×××

2012年7月1日

（×××××）

抄送：×××××××，×××××××，×××××，×××××，
　　　×××××。

×××××××× 　　　　　　　　　2012 年 7 月 1 日印发

— 2 —

图 2—7　联合行文公文末页版式

注：版心实线框仅为示意，在印制公文时并不印出。

# 第二节 公文的种类及发文制度

## 一、公文的分类

### (一) 公文的分类方法

1. 按行文关系划分，可分为上行文、平行文、下行文三种。

2. 按文件的机密性划分，可分为机密文件、内部文件、公布文件三种。

3. 按文件的性质、作用划分，可分为法规文件、行政文件、党内文件三种。

4. 按文体的来源划分，可分为对外文件、收来文件、内部文件三种。

5. 按文件的使用范围划分，可分为通用文件、专用文件两种。

### (二) 党政机关公文的种类

《党政机关公文处理工作条例》(中办发〔2012〕14 号，2012 年 4 月) 中规定的公文种类主要有决议、决定、命令 (令)、公报、公告、通告、意见、通知、通报、报告、请示、批复、议案、函、纪要，共 15 种。

### (三) 文种的辨析

文种的辨析是指对公文中相近文种的辨别与分析。需要加以辨析的文种主要有公报与公告、公告与通告、决定与决议、批示与批复、函与便函、通告与通知、通知与通报等。对公文近似文种进行辨析，主要目的就是防止错用，以提高文种使用的准确性。

1. 公报与公告的异同

这两个文种近似在 "公" 字上，即它们均是用来向国内外公开宣布、告知某一重要事项的，非常严肃、庄重的文种。它们的不同点主要表现在：公告多用于宣布重大消息，内容一般十分简要；而公报一般是比较详细具体地报道某一重要会议或重要事项的内容。

2. 公告与通告的异同

"公告" 是国家机关向国内外宣布重要事项或者法定事项时使用的告知性文种。"通告" 是国家机关、行政部门在一定范围内，公布应当遵守或周知事项时使用的告知性文种。它们的异同表现在以下三个方面：

(1) 从所宣布告知事项的性质来看，"公告" 重于 "通告"，它是用来宣布党和国家重要事项和法定事项的，是 "通告" 的内容所不能相提并论的；"通告" 主要用于发布应当遵守和周知的事项。

(2) 从所公布的范围看，"公告" 是面向国内外的，范围最广；"通告" 则是针对社会的某一方面，用于局部范围。

(3) 从所发布的机关来看，"公告" 的发布机关级别高，一般只有党和国家的高级机关才用；"通告" 则上至中央机关、下至基层部门均可使用。

3. 决定与决议的异同

这两个文种近似在 "决" 字上，即均属决策性文件，都是下行文。它们的不同点主要表现在：决议的内容必须是经过会议集体讨论并表决通过的；而决定则不一定，有的决定是经过会议集体讨论通过的，也有的是由某一机关直接作出的。

**4. 批示与批复的异同**

这两个文种近似在一个"批"字上，即上级对下级的公文表明意见，均属于下行文。不同点表现在：

（1）被批注意见的来文文种不同。批复是针对下级上报的"请示"作出的；批示所针对的来文则是下级没有肯定性要求答复的文种，如报告、总结、计划、调查报告、检讨报告等。

（2）行文方式不同。批复的主送机关必然是上报请示的单位，如对其他单位也有参考价值，可列为抄送；批示如具有普遍意义，可把原行文上报的单位与其他单位一并列为主送。

**5. 函与便函的异同**

"函"这个字的本意是书信，是人们用以传递信息、互通情况、商洽问题、联系事务用的。因此，"函"与"便函"在实质内容上没有什么区别。它们的不同点主要表现在："函"是法定公文之一，而"便函"不是法定公文。这是两者之间的主要区别。也正因如此，"函"在行文时必须具备法定公文的标准格式，而"便函"则没有。"函"是文种，"便函"是形式。

**6. 通告与通知的异同**

这两个文种近似在"通"字上，都是用来传达上级机关的意图和要求的。但是，"通告"的"告"字在这里是普遍告知的意思，是把某一机关或组织的意图、要求普遍告诉人们知道并加以遵守；"通知"的"知"字与"告"字虽然都是告知的意思，但"知"与"告"相比，具有特定告知的含义，有可能告知所属全部下级单位和人员，也可能告知部分下级单位，要求他们知照办理，这就是两个文种的主要区别点。在具体使用上，凡是向社会上公开告知人们遵守某一事项时，应使用"通告"；内部行文告知下级全部或部分单位办理某一事项，应使用"通知"，而不能用"通告"。

**7. 提案与议案的异同**

这两个文种都是用于集体开会时向会议提出建议或意见。在我国，凡是提请会议讨论、处理的建议和意见，均称作"提案"，故提案和议案在本质上是相同的。"议案"更多用于人民代表大会上，而在其他会议上仍使用"提案"的称谓。

**8. 请示与报告的异同**

报告与请示同属一个行文方向——上行文。虽行文方向相同，但两者之间却有着严格区别。具体表现在以下四个方面：

（1）行文要求不同。"报告"不要求上级批复，而"请示"则要求上级批复。

（2）行文时间不同。"报告"是事中或事后行文，而"请示"只能是事前行文。

（3）文种性质不同。"报告"属陈述性的上行公文，而"请示"属请求性的上行公文。

（4）结尾用语不同。"报告"的结尾一般用"特此报告""以上报告如有不妥，请批示"等词语，有的干脆不用，报告事项结束，全文即告结束，也就是说对上级并无明确肯定的回复性要求。"请示"则一般用"以上是否可行，请批示""可否（或妥否、或当否），请批示"等表述，对上级要求十分肯定。

## 二、党政机关公文的拟制

公文的拟制包括公文的起草、审核、签发等程序。

（一）公文的起草

公文的起草应当做到：

1. 符合党的理论、路线、方针、政策和国家法律、法规，完整准确地体现发文机关的意图，并同现行有关公文相衔接。

2. 一切从实际出发，分析问题要实事求是，所提出的政策、措施和办法要切实可行。

3. 内容简洁，主题突出，观点正确，结构严谨，表述准确，文字精练。

4. 选用文种准确，格式规范。

5. 深入调查研究，广泛听取意见，对问题进行充分论证。

6. 公文涉及其他地区或者部门职权范围内的事项，起草单位必须征求相关地区或者部门意见，力求达成一致。

7. 机关负责人应当主持、指导重要公文的起草工作。拟稿完成后要填写发文稿纸。

（二）公文的审核

审核是保证和提高公文质量的重要环节。公文送领导签发之前，应当由办公厅（室）认真做好审核工作。审核的重点有以下五项：

1. 内容是否符合党的理论、路线、方针、政策和国家法律法规；是否完整准确地体现发文机关意图；是否同现行有关公文相衔接；所提出的政策措施和办法是否切实可行。

2. 行文理由是否充分，行文依据是否准确。

3. 涉及有关地区或者部门职权范围内的事项是否经过充分协商并达成一致意见。

4. 文种是否正确，格式是否规范；人名、地名、时间、数字、段落顺序、引文等是否准确；文字、数字、计量单位和标点符号等用法是否规范。

5. 其他内容是否符合公文起草的有关要求。

需要发文机关审议的重要公文文稿，审议前由发文机关办公厅（室）进行初核。

（三）公文的会签

经审核不宜发文的公文文稿，应当退回起草单位并说明理由；符合发文条件但内容需作进一步研究和修改的，由起草单位修改后重新报送。

（四）公文的签发

公文应当经本机关负责人审批签发。重要公文和上行公文应由机关主要负责人签发；党委、政府的办公厅（室）根据党委、政府授权制发的公文，由授权机关主要负责人签发或者按照有关规定签发。签发人签发公文，应当签署意见、姓名和日期；圈阅或者签名的，视为同意。联合发文由所有联署机关的负责人会签。

### 三、公文的处理程序

公文的处理程序就是文件在机关内部的运行程序。根据公文的运转流程，可分为公文的收文处理程序和公文的发文处理程序两个方面。

（一）公文的收文处理程序

收文的处理程序一般包括签收、登记、审核、拟办、批办、承办、催办等。即机关外收发收到公文后，交内收发拆封，清点文件无误便登记、摘要、编号，送请主管负责人阅批办理或批交有关业务部门办理。如涉及几个部门且需要会商办理的，应指定主办单位负责联系会办。

批办是领导人批示，提出处理意见；拟办是由业务部门或承办人先拟出意见再送交领导人批示。公文处理中的承办，不是指具体贯彻文件，解决实际问题的过程，而主要指对公文起草提出处理意见。

### （二）公文的发文处理程序

发文的处理程序一般包括草拟、审核、签发、复核、缮印、用印、登记、分发等。本节主要介绍草拟、审核、签发和复核程序。

1. 草拟。草拟就是拟写公文草稿。对草拟公文的主要要求是：

（1）符合国家的法律、法规及其他有关规定。如果提出新的政策、规定等，要切实可行并加以说明。

（2）情况确实，观点明确，表述准确，结构严谨，条理清楚，直述不曲，字词规范，标点正确，篇幅力求简短。

（3）人名、地名、数字、引文准确。引用公文应当先引标题，后引发文字号。引用外文应当注明中文含义。日期应当写明具体的年、月、日。

（4）结构层次序数，第一层为"一、"，第二层为"（一）"，第三层为"1."，第四层为"（1）"。

（5）应当使用国家法定计量单位。

（6）文内使用非规范化简称，应当先用全称并注明简称。使用国际组织外文名称或其缩写形式，应当在第一次出现时注明准确的中文译名。

（7）公文中的数字，除部分结构层次序数和在词、词组、惯用语、缩略语、具有修辞色彩语句中作为词素的数字必须使用汉字外，其他应当使用阿拉伯数字。

2. 审核。审核就是对公文文稿进行审查核定。公文送负责人签发前，应当由办公厅（室）进行审核，审核的重点是是否确需行文，行文方式是否妥当，是否符合行文规则和拟制公文的有关要求，公文格式是否符合相关的规定等。

3. 签发。签发就是负责人对已审核的文稿予以审定、签字，准予印发。以本机关名义制发的上行文由主要负责人或者主持工作的负责人签发。以本机关名义制发的下行文或平行文，由主要负责人或者由主要负责人授权的其他负责人签发。

4. 复核。复核就是再一次对公文制发的工作环节进行审查核对。公文正式印制前，文秘部门应当进行复核。复核的重点是审批、签发手续是否完备，附件材料是否齐全，格式是否统一、规范等。复核是发文过程的最后一道把关环节。经复核需要对文稿进行实质性修改的，应按程序复审。完成以上工作，公文就可以进行缮印、用印、登记和分发。

### （三）公文的投递

公文投递的原则是迅速、准确，并根据公文的机密程度，在登记、传递方面，采取相应的保密措施。有些重要的绝密、机密文件，还可实行两人护送制度，由直接规定的收拆人签收。

一般公文的投递分别采取四种方式：

1. 设公文投递交换处。

2. 专人专送文件。

3. 机要文件由机要交通递送。

4. 送往远地的普通文件可以邮寄。

**思考与练习**

1. 公文有什么特点？

2. 公文成文日期如何确定？

3. 公文的主体与正文有什么区别？

# 第二章　常用行政公文

## 第一节　通　知

**【案例导入】**

### 关于印发《保险公司薪酬管理规范指引（试行）》的通知

保监发〔2012〕63 号

各保险集团（控股）公司、保险公司、保险资产管理公司：

为加强保险公司治理监管，健全激励约束机制，规范保险公司薪酬管理行为，发挥薪酬在风险管理中的作用，促进保险公司稳健经营和可持续发展，我会制定了《保险公司薪酬管理规范指引（试行)》。现印发给你们，请遵照执行。

中国保险监督管理委员会

2012 年 7 月 19 日

**【评析】**

这是一则印发类通知。印发类通知的收文单位是本机关内部的各部门。正文部分除了要写明印发的文件名称外，还要写清楚执行要求。

## 一、通知的概念

通知是一种适用于发布传达要求下级机关执行和有关单位周知或执行有关事项而使用的公文，包含批转下级机关公文、转发上级机关和不相隶属机关的公文。

需要注意的是，行政机关通知取消了"发布规章"的用途，改由命令承担。

## 二、通知的特点

### （一）广泛性

从行文主体角度看，通知适用范围最为广泛，使用频率最高。通知不受发文单位级别和性质的限制，任何机关、团体、企事业单位，任何级别的组织机构都可以使用。从功能上看，通知的功能较多，包括传达指示、转发文件、布置工作、增设机构、任免干部、召集会议等。从内容上看，通知既可以是上级领导机关的重要决策，也可以是下级部门的日常工作。

**（二）时效性**

通知事项一般要求立即办理、执行或知晓，受文机关要在规定的时间内办理完成，要求行文及时，不得拖延。

**（三）灵活性**

通知既可以是上级对下级行文，也可以是平行机关或不相隶属机关之间行文。通知不受繁简轻重限制，其结构可以是多段，也可以是独段；可以分条写，也可以段篇合一。

### 三、通知的分类

按不同角度，通知有不同的划分标准。按执行要求的时间划分，可分为一般性通知和紧急性通知。按适用范围和内容划分，可分为指示性通知、批转转发性通知、发布性通知、部署性通知、会议性通知和任免聘用通知等。这里重点讲述从适用范围和内容划分的六种情况，具体如下：

**（一）指示性通知**

指示性通知是上级机关对下级机关就某一事项作出具体规定，要求下级机关办理或有关单位共同执行，多用于一些不宜用命令（令）发布的行政法规、章程、办法等的告知，这类通知具有一定强制性、指挥性和决策性。

**（二）批转、转发性通知**

批转、转发性通知又称批示性通知，用于转发上级、同级或不相隶属机关的公文及批转下级机关的公文。可以分为批转性通知和转发性通知两类。批转的公文必须是下级机关的公文，被批转的公文是通知的附件，但实际上是通知的正文或主要内容，而通知本身是一个批示，以批语形式表达，其重点在"批"，如《国务院批转发展改革委关于20××年深化经济体制改革工作意见的通知》。转发性通知用于转发上级机关、同级机关和不相隶属机关的公文，它由转发语和被转发的公文两部分组成，被转发公文成为通知的附件，其重点在于"转"。

**（三）发布性通知**

发布性通知是将一些不宜用命令（令）下发的有关行政规定、条例、规则、办法等规章制度和其他重要文件，以通知的形式发给下级、所属单位或部门贯彻执行的公文。

**（四）部署性通知**

部署性通知又称事项性通知、工作通知，用于上级机关要求下属机关办理、执行或需要了解周知的事项时使用的公文。一般除交代任务外，还提出工作原则和工作要求，这类通知具有强制性和行政约束力，如《文化部关于协助中国历史博物馆修改历史陈列调用文物的通知》。

**（五）会议通知**

会议通知是组织会议的机关、单位将会议内容和相关事项预先告知拟参会的单位、部门或个人而使用的公文，如《××省教育厅关于召开高校党的建设工作会议的通知》。

**（六）任免通知**

任免通知是用于上级机关任免干部的公文，如《××省人民政府关于×××等3名同志职务任免的通知》。

### 四、通知的格式与写法

通知由标题、主送机关、正文、结尾、落款和附件等要素构成。

**（一）标题**

通知的标题由发文机关、缘由、文种三部分组成，一般有以下几种形式：

1.由发文机关、缘由和文种三部分组成。如《国务院关于印发"中国制造2025"的通知》。

2.由缘由、文种两部分组成。如《关于进一步加强和改进工作作风建设的通知》。

3.省略发文机关和事由，直接用文种"通知"。这类通知主要用于内容简单、发文范围很小的事项性通知，一般作为文件下发的通知不会采用此种形式。

4.根据特殊情况和具体要求，可以在文种前加表示范围、程度的词语。如"联合通知""补充通知""重要通知"等。

5.批转、转发性通知，由发文机关、批转（转发）、始发机关文件标题、通知等要素组成。

**（二）主送机关**

通知的主送机关一般在标题下另起一行顶格书写。下行通知和平行通知稍有不同。下行通知一般有多个主送机关，而且常用统称。如国务院下发的通知多用"各省、自治区、直辖市人民政府，国务院各部委、各直属机关"。平行通知一般写出具体的主送机关。主送机关多的，要注意标点符号的正确使用，同类主送机关名称之间标全角"、"，不同类主送机关名称之间标全角"，"，最后一个主送机关名称后标全角"："。

**（三）正文**

通知的正文一般包括通知缘由、通知事项、通知要求三部分，不同种类的通知，正文写法不完全相同。下面分别作以说明：

发布性通知的正文一般都很简短，只需写明发布的意义和目的、提出执行的要求就可以了。

批示性通知的正文一般包括转发对象和批示意见两个部分。转发对象部分要写明被转发的公文的名称及原发文单位名称。批示意见根据实际情况，可长可短。不仅要表明本机关的态度，还要结合本地区、本单位、本部门的实际情况作出具体的指示性意见。对下级机关提出要求的通常用语，有"参照执行""遵照执行""研究执行""认真贯彻执行"等不同的提法。要根据所批转或转发文件的具体情况，选择合适的词语。

指示性通知的正文，其缘由部分可以写发出本通知的依据和目的，也可以写发出本通知的意义，文字应力求简短概括，然后用"特作如下通知"或"特通知如下"引出通知的内容。通知的事项大多分条列项地写，具体地提出要求和措施、办法。指示要明确、切合实际。

会议通知的正文一般包括召开会议的机关、会议名称、会议起止时间、会议地点、会议内容和任务、参加会议人员的范围和人数、报到时间及地点、与会人员所携带的文件材料等内容。

任免通知的正文要写清决定任免的时间、机关、会议或依据文件以及任免人员的具体职务。

一般性通知的正文要交代需要办理的事项以及完成的时间和要求等。

**（四）结尾**

结尾要写清执行的要求，一般以"以上通知，望认真执行""特此通知，请认真贯彻执行""本通知自发布之日起实行"等惯用语作结语。

**（五）落款**

在正文右下方写明发文机关的名称和日期，并加盖公章。成文日期一般用阿拉伯数字写全，要注意的是，这里年份要用全称，月和日不编虚位。

**（六）附件**

如有附件的，要将附件名称标注在正文下方，左起空两格，多个附件换行与上一附件名称对齐。附件全文要附在通知之后，一同装订。

## 五、通知的写作要求

**（一）正文事项要具体**

通知无论是对有关情况的介绍和评价，还是对有关单位的要求，都要明确清楚，以便办理执行。

**（二）要有针对性**

通知要针对或切合受文机关的实际情况，讲究实效。

**（三）用语要庄严得体**

通知的语气必须庄重，也应恳切，既要体现出发文机关的权威性和严肃性，又要突出协调性与尊重性。

**（四）措辞要严谨缜密**

必须注意表述的准确性，让受文单位感到上级机关的郑重严密、无懈可击。

**【例文1】指示性通知**

### 国务院办公厅关于印发××××年政务公开工作要点的通知

国办发〔××××〕×号

各省、自治区、直辖市人民政府，国务院各部委、各直属机构：

《××××年政务公开工作要点》已经国务院同意，现印发给你们，请结合实际认真贯彻落实。

国务院办公厅

××××年××月××日

**【例文 2】批转性通知**

# 国务院关于批转国家税务总局
# 《关于加强个体私营经济税收征管强化查账征收工作的意见》的通知

国发〔××××〕×号

各省、自治区、直辖市人民政府，国务院各部委、各直属机构：

国务院同意国家税务总局《关于加强个体私营经济税收征管强化查账征收工作的意见》，现转发给你们，请遵照执行。

加强个体、私营经济税收征管，强化查账征收工作是规范个体、私营经济管理，促进个体、私营经济健康发展的重要措施。各级人民政府要高度重视，切实加强领导，协调税务、工商行政管理、公安和金融等有关部门，积极稳妥地做好这一工作，并帮助税务部门解决工作中出现的困难和问题。国家税务总局要结合深化税收征管改革，切实做好对这项工作的组织指导和监督检查。各有关部门要相互支持、密切配合，确保这项工作的顺利进行。

本通知的具体实施意见，由国家税务总局会同有关部门制定。本通知的贯彻执行情况，各省、自治区、直辖市和计划单列市人民政府应于七月底前报告国务院，同时抄送国家税务总局。

国务院

××××年××月××日

**【例文 3】转发性通知**

# ××市人民政府办公室关于转发省发改委等七部门
# 《关于做好全省全面供应符合第五阶段国家强制性标准车用
# 油品相关工作的通知》的通知

×政办发〔××××〕×号

各县（市）区人民政府，各开发区管委会，市直有关单位：

为加快推进成品油质量升级，改善空气质量，促进大气污染防治，省发改委、省公安厅、省环保厅、省商务局、省工商局、省质监局、省能源局联合下发了《关于做好全省全面供应符合第五阶段国家强制性标准车用油品相关工作的通知》（×发改能源〔××××〕×号）（以下简称《通知》），要求××××年××月××日起全省将全面供应符合第五阶段国家标准（简称国Ⅴ标准）的车用汽油（含E10乙醇汽油）、车用柴油（含B5生物柴油）。现将《通知》转发给你们，请认真贯彻落实。

一、请各地结合本地实际，采取多种形式，集中开展辖区内全面供应国Ⅴ标准油品升级行动，严格制定成品油经营准入标准，强化监督管理，严厉打击扰乱成品油市场的违规经营行为，保障成品油市场经营有序、供应稳定。

二、市商务局负责牵头组织督办全市全面供应国Ⅴ标准油品升级行动，制定全市

××××年国Ⅴ标准油品保供方案及应急预案，密切跟踪油品市场动态。严格成品油流通企业市场准入，强化行业监督管理。

三、市环保局负责加强对加油站和油气回收设施环保检查验收，强化污染排放监督管理，做好油气回收治理工作。

四、各有关部门要高度重视，明确职责，密切协作，加大监督检查和宣传力度，确保我市全面完成成品油质量升级相关工作。

××市人民政府办公室

××××年××月××日

**【例文4】发布性通知**

## 国务院办公厅关于××××年部分节假日安排的通知

国办发明电〔××××〕×号

各省、自治区、直辖市人民政府，国务院各部委、各直属机构：

经国务院批准，现将××××年元旦、春节、清明节、劳动节、端午节、中秋节和国庆节放假调休日期的具体安排通知如下：

一、元旦：1月1日放假，1月2日（星期一）补休。

二、春节：1月27日至2月2日放假调休，共7天。1月22日（星期日）、2月4日（星期六）上班。

三、清明节：4月2日至4日放假调休，共3天。4月1日（星期六）上班。

四、劳动节：5月1日放假，与周末连休。

五、端午节：5月28日至30日放假调休，共3天。5月27日（星期六）上班。

六、中秋节、国庆节：10月1日至8日放假调休，共8天。9月30日（星期六）上班。

节假日期间，各地区、各部门要妥善安排好值班和安全、保卫等工作，遇有重大突发事件，要按规定及时报告并妥善处置，确保人民群众祥和平安度过节日假期。

国务院办公厅

××××年××月××日

**【例文5】会议性通知**

## ××学院关于召开全校教职工大会的通知

各系部、部门：

根据工作需要，经学院研究决定召开学期初全校教职工大会。现将有关事项通知如下：

一、会议时间：××××年××月××日××点

二、会议地点：××××

三、参会人员：全校教职工

四、有关要求：

1. 请各系部、部门做好通知，并将参会人员名单于××××年××月××日下班前发送至指定邮箱×××@163.com。

2. 对于不能参加会议的人员要严格履行请假手续。

3. 全体参会人员提前15分钟入场并按指定区域就座。会议期间，参会人员要严格遵守会场纪律，自觉关闭手机或将手机调至振动状态，不在会场内随意走动。

特此通知。

党政办公室

××××年××月××日

**【例文 6】任免性通知**

## ××学院关于×××同志任职的通知

××学院党干字〔××××〕×号

经学院党委会研究决定：×××同志任×××系党总支书记（××级），免去其原职务。任职时间自××××年××月××日算起，工资待遇按×××号文件和学院有关规定执行。

中共××学院委员会

××××年××月××日

主送：组织部

抄送：人事处　存档　本人

# 第二节　通　报

**【案例导入】**

自××××年××月上旬以来，××市××医药总店公然违反省卫生厅、省财政厅××××年××月××日转发的卫生部《关于滋补、营养、饮料等保健类药品不准公费报销的通知》规定，销售人参、阿胶等高档滋补药物，并弄虚作假，给购买者开具发票，上面写的却是普通中草药或西药。市工商行政管理局发现这一情况后已暂时吊销了××市××医药总店的营业执照，市医药公司也责成该医药总店作出了检讨。

请根据以上材料，以××市医药总公司的名义拟一份批评性通报，下发所属各分公司和各县医药公司。

## 一、通报的概念

通报是党政机关、社会团体、企事业单位表彰先进、批评错误、传达上级重要精神或者情况的一种公文。通报一般是上级向下级发布，属下行公文。

通报可互通情况，沟通信息，使有关单位或组织了解工作进程，安排好自己的工作。通报还可以对生产、工作、科研和学习、生活中的好人好事进行表扬，介绍先进经验；也可以对上述各项活动中的缺点和错误进行批评。通报比较灵活，使用频率颇高。

## 二、通报的特点

### （一）典型性

通报人或事必须有典型性和代表性。正面和反面的人或事都必须能揭示事物的本质和规律，使受文者受到启发和教育。

### （二）教育性

通报写作的目的是通过正、反典型引导人们明辨是非，总结经验，吸取教训，弘扬正气，树立新风。特别是表彰先进和批评错误的通报，具有借鉴、学习、警戒和预防作用，对有关人员具有教育作用。

### （三）政策性

通报具有一定的政策性，尤其是表扬性通报和批评性通报，直接涉及具体的单位和个人，具有较大影响。因此，通报必须讲究政策依据。

### （四）时效性

通报主要是针对当前工作中出现的重要情况或问题行文，写作必须及时抓住典型，及时通报，否则就失去了行文价值。

## 三、通报的种类

（一）按照表述方法分，通报可分为直述式通报和转述式通报两大类。

（二）按照内容和性质划分，通报大体可以分为表彰性通报、批评性通报、传达性通报三类。

1. 表彰性通报。主要用来表彰先进，介绍单位或个人成功的经验、做法，以学习先进，见贤思齐，改进与推动工作。

2. 批评性通报。用来批评后进，纠正错误，打击歪风，指出有关单位或个人存在的错误事实，提出解决办法或处理意见。

3. 传达性通报。用于传达上级重要精神与重要情况，引起人们的警觉与重视，起到沟通情况、指导当前工作的作用。掌握全局的领导机关发出情况通报，目的是使下级单位和干部、群众了解全面情况，统一认识、统一步调，推动工作的开展。

情况通报有两种形式：一种只对有关事实作客观叙述；另一种是在对客观事实进行叙述的同时，对有关情况加以分析说明，有时还针对具体问题提出应采取何种对策的指导性意见。

## 四、通报的写作格式

通报由标题、主送机关、正文、落款四部分组成。

（一）标题

由发文机关、事由、文种或事由、文种构成，如《关于××情况的通报》。

（二）主送机关

主送机关可以是一个或多个，也可以是下属所有单位。有的特指某一范围，可不标注主送机关。

（三）正文

这一部分主要写明典型事例发生的时间、地点，有关人物或单位，事情的主要经过和情节、表现等。叙述事例文字应详略得当，表述要简洁平实。

表彰性通报和批评性通报一般分为三部分：一是主要事实。表彰性通报要突出主要先进事迹，批评性通报要抓住主要错误事实。二是分析并指出事件的教育意义。表彰性通报要在阐述先进事迹的基础上，提炼出主要经验、意义和值得学习与发扬的精神；批评性通报要分析错误的性质、危害，产生的根源和责任，指出应吸取的主要教训等。三是决定要求。表彰性和批评性的通报，应写明组织结论和予以表彰或处理的决定，同时提出对表彰或批评对象与读者的希望、要求。为了防范和杜绝类似错误发生，批评性通报的结尾处通常要有针对性地提出防范的措施或规定。传达性通报一般不写决定要求。

（四）落款

在正文右下方标明发文机关名称，写明发文日期，加盖印章。

## 五、通报的写作要求

第一，通报的材料要真实、事件要典型、评述要有据。无论是哪种通报，材料都应当真实可靠。特别是批评性通报，通常被认为是对被批评者的一种处分形式，因而应特别慎重。通报应力求事实准确，评论要有分寸，以理服人，只有这样才有说服力，才能起到教育作用。

第二，要及时、快速。因为通报的内容都是新发生的事件，与推动当前中心工作密切相关，因而必须不误时机。否则，时过境迁，就失去了通报的价值。

第三，材料必须新颖、典型、具有代表性。通报必须选择新颖、典型、具有代表性的人与事，选择与中心任务有关的重大情况和事项，使人周知，引起他们的重视或警惕，从而对各机关的工作有所启示与推动。

【例文1】表彰性通报

## ××铁路局集团公司关于表彰×××安全包保工作组的通报

局内各站段：

为确保西部线安全，为全局增运增收提供安全保障，路局、局党委决定从××××年××月开始，由常务副局长×××牵头，组成×××安全包保工作组。

××××年××月××日，×××安全包保工作组正式进驻××，包保组成员各司其责，密切配合，采取公开检查和现场抽查、昼间检查和夜间检查、地面检查和暗中检查相结合的方式，发现和解决了大量影响安全生产的实际问题，为确保×××铁路安全做出了较大贡献。

特此通报表扬，并予以奖励。

×××铁路局集团公司
××××年××月××日

**【例文2】批评性通报**

## 关于给予×××同志通报批评的决定

各项目指挥部、总部各处室：

××××年××月××日下午，×××同志不遵守工作纪律，上班时间上网看电影，违反了机关效能建设"四条禁令"。事后，该同志认识到自己不遵守工作纪律行为的严重性和负面影响，主动作了书面检讨，提出了自己今后改进的方向和措施。为了严肃纪律，根据《××省影响机关工作效能行为责任追究办法》（×委办〔××××〕×号）第×条第×款之规定，决定给予该同志通报批评、扣发三个月的考勤考绩奖的处罚，并要求其在全体员工大会上检讨；同时，为落实处室负责人"一岗双责"领导责任追究制度，决定给予其部门负责人批评教育，扣发一个月的考勤考绩奖。

希望全体员工以此为戒，执行作风、效能建设各项规定，严格要求自己，做遵纪守规的好员工；希望各部门负责人进一步认真落实处室负责人"抓业务、带队伍"的"一岗双责"领导责任，切实加强本部门的日常管理，努力创建积极向上、爱岗敬业的工作团队。

××项目指挥部
××××年××月××日

**【例文3】情况性通报**

## 关于铁路工程检查情况的通报

××集团有限公司××指挥部：

根据××建设总指挥部《关于××××的通知》要求和××××年××月××日指挥长办公会议精神，为了进一步加强××工程建设，保质量，保工期，××××年××月××日至××日，××总指挥部工程部、安质部和××监理指挥部联合对××线×××工程进行了检查。通过察看工程施工现场、针对问题指导帮助、进场材料抽查检验等方式，对×××施工单位的基础管理工作、现场工程进度、安全质量控制，特别是标准化基础管理情况等进行了检查。现将情况通报如下：

一、基本情况

总体看，××项目部自进场以来，项目部及其分部重视程度比较高，除个别项目部外，驻地建设比较迅速，思想认识能够到位，人员工作热情、精神状态高涨。项目指挥部机构齐全、设置比较合理，管理层次清晰，干部和各专业岗位职责明确，生产组织方式符合项目特点。

二、存在的问题

1. 现场"七牌一图"内容不标准、不符合规定。施工点无施工现场平面布置图，且工程质量安全监督牌中的监督电话号码也出现错误。

2. 施工现场无安全监察人员。现场作业人员业务素质较低，现场作业不标准，部分工点还存在施工安全隐患。

3. 人员思想认识不统一，信息交流存在严重障碍。对××月××—××日现场检查交代、处理的问题，反馈不及时。最为严重的是×××车站房屋调整位置避让军用线缆事宜，项目部之间、项目部和分部之间缺少信息沟通，致使×××车站现场施工停滞不前，人员设备窝工。

4. 各项目分部与站前施工单位的协调不得力。截至目前，还存在部分施工点无临电、无混凝土供应协议的问题。

5. ×××标准化工地还没有按要求完全建立，现场材料堆放凌乱，无钢筋棚，无围栏，无现场房屋布局，施工作业环境差。

6. 现场施工管理不到位，施工技术人员欠缺，不能及时组织施工，致使人员、设备处于窝工状态。

7. ××××车站生活供水井与地面平高，没有护壁砌筑，水源安全得不到保证。

8. ××现场施工安全防护不到位；工地围栏不规范，没按要求制作安装；现场钢筋、水泥、木料等材料堆放不符合规定。

9. 项目一分部驻地生活无食堂、无厕所；职工吃饭要到 8 公里外的县城，严重影响工作时间。

三、奖惩

通过本次检查，建设总指挥部对××××项目部四个分部的各施工点综合情况进行考核，处理结果如下：

对××分部罚款 5 万元；

对××分部罚款 10 万元；

对××分部罚款 10 万元；

对××分部罚款 10 万元。

以上罚款共 35 万元。自接到考核通报起 7 日内，请××项目部将该款项交总指计财部，迟交一天按 5％计缴滞纳金。

四、整改要求

1. 要求项目部加强领导，按照统一领导、分工负责、突出重点、密切配合的原则，组织、协调工作，确保房建工期及安全质量。

2. 加强架子队管理，尽快对进场人员进行安全、环保、标准化培训，同时强化施工交底工作。

3. 加快作业队（架子队）营地、材料堆放、加工场地建设。

4. 加强与×××线各参建单位之间的协调，尽早开通临电和签署混凝土供应协议。

5. 加强环保，集中控制建筑垃圾和生活垃圾，按要求排放污水、泥浆。

6. 建立健全现场质量安全作业标准，优化现场布局、合理配置资源、规范作业流程、加强组织协调、落实安全制度、严格互检与交接，切实提高精细化管理水平，实现施工现场人流、物流和信息流运转有序，确保工程质量安全可控。

××部

××××年××月××日

【拓展阅读】

## 通报、通告、通知三种公文的区别

1. 所告知的对象不同。通报是上级机关把工作情况或带有指导性的经验教训通报下级单位或部门，无论哪种通报，受文单位只能是制发机关的所属单位或部门；通告所告知的对象是全部组织和群众，它所宣布的规定条文，具有政策性、法规性和某种权威性，要求人们遵照执行，一般都要张贴或通过电台、电视台等新闻媒体大力宣传；通知一般只通过某种公文交流渠道，传达至有关部门、单位或人员，它所告知的对象是有限的。

2. 制发的时间不同。通报制发于事后，往往是对已经发生了的事情进行分析、评价，通报有关单位，从中吸取经验教训；通告、通知制发于事前，都有预先发出信息的意义。

3. 目的不同。通报主要是通过典型事例或重要情况的传达，向全体下属进行宣传教育或沟通信息，以指导、推动今后的工作，没有工作的具体部署与安排；通知主要是通过具体事项的安排，要求下级机关在工作中照此执行或办理；通告公布在一定范围内必须遵守的事项，有着较强的、直接的和具体的约束力。

4. 作用不同。通报可以用于奖惩有关单位或人员，通知、通告无此作用。

## 第三节 通 告

【案例导入】

## 中华人民共和国公安部通告

为确保国际民航班机的运营安全，决定从××××年××月××日起，在中华人民共和国境内各民用机场，对乘坐国际班机的中、外籍旅客及其携带的行李物品，实行安全技术检查。

一、严禁将武器、凶器、弹药和易爆、易燃、剧毒、放射性物品以及其他威胁飞机安全的危险品带上飞机或夹在行李、货物中托运。

二、除经特别准许者外，所有旅客及其行李物品一律进行安全检查，必要时可进行人身检查。拒绝检查者，不准登机，损失自负。

三、检查中发现旅客携带上述危险品，由机场安全检查部门进行处理；对有劫持飞机和其他危害飞行安全的嫌疑者，交公安机关审查处理。

中华人民共和国公安部

××××年××月××日

**【评析】**

本例为一则通告，共两层含义：一是缘由，即为什么"通告"；二是事项，共三条，将"严禁""安检""后果"分别陈述，语言简洁有力。

## 一、通告的概念

通告是党和国家机关、社会团体、企事业单位在一定范围内公布应当遵守或者周知的事项时使用的公文。行文关系多为下行文，也可以是平行文。

一般情况下，通告不写抬头，无主送单位。

## 二、通告的特点

### （一）告知性

通告是知照性下行文，具有鲜明的告知性。

### （二）广泛性

通告内容广泛，使用普遍，上至国家政策法令，下到公布社会生活中某些需要人们周知、遵守的具体事项，都可使用。其公布方式有的是张贴，有的是登报，有的是广播，有的是电视播放。

### （三）约束性

通告所告知的事项通常作为各有关方面行为的准则或对某些具体活动的约束限制，在某种情况下具有法律效力与行政约束力。

### （四）业务性

通告经常用于水电、交通、公安、税务等主管业务部门工作的办理、要求和事务性事项，因此通告的内容也具有一定的专业性和事务性的特征。

## 三、通告的种类

### （一）知照性通告

即告知一些应当知道或需要遵守的简单事项的通告，如《中华人民共和国公安部关于在全国实施居民身份证使用和查验制度的通告》。

### （二）办理性通告

即办理一些例行事项的通告，其内容包括注册、登记、年检等。

### （三）行止性通告

即公布一些令行禁止类事项的通告，其内容如查禁淫秽书画、收缴非法枪支、加强交通管理、查处违禁物品等。

## 四、通告的格式与写法

通告由标题、事由、通告事项、结语和落款几部分组成。

### （一）标题

通告的标题有三种组成方式：

1.“发文机关＋事由＋文种”。如《中华人民共和国公安部关于收缴非法持有的枪支弹药的通告》。

2.“发文机关＋文种”。如《北京市公安交通管理局通告》。

3.“事由＋文种”。如某高校发出的《关于禁止学生酗酒的通告》。当遇特别紧急情况时，可在“通告”前加上“紧急”二字。

### （二）事由

主要阐述发布通告的背景、原因、目的、意义等。阐述时说理要充分，文字简明，末句用“特通告如下”或“现将有关事项通告如下”等惯用语引出下文。

### （三）通告事项

这部分是正文的核心，要具体写明本通告的有关事项和有关规定。如果事项或规定的内容较多，可用分条列项的方法写出，一条写一个内容，文字表达要准确、严密、通俗，语气要坚定、庄严。

### （四）结语

要简明扼要地提出执行日期、措施及希望、要求等，或采用“特此通告”之类的惯用语作为结尾。有些通告也可以没有结语。

### （五）落款

正文后签署发布通告的机关名称和日期。有些通告的发布日期也可以写在标题之下。

【知识拓展】

## 公告与通告的区别

公告与通告相比较，有共同点，即都属于知照性公文，也有区别：

1.宣布的事项不同。通告用于宣布一般性事项，宣告应当遵守或遵照办理的事项，业务性较强；公告则只用于宣布重大事件，是具有特定用途的公文。

2.公布的范围不同。通告在国内一定范围内公布，而公告既向国内也向国外公布。

3.发文机关不同。通告可以由各级政府机关发布，而公告只能由中央最高权力机关和最高管理机关发布。

4.发布方式不同。公告多用登报、广播的方式发布；通告可用文件形式印发，也可登报、广播或张贴。

【例文 1】知照性通告

# 北京市人民政府关于实施交通管理措施的通告

在党中央、国务院的坚强领导下，在中央各部门、各单位、驻京部队、各省区市和广大市民的大力支持下，2008 年北京奥运会、残奥会期间采取的空气质量和交通保障措施取得了明显成效，全面兑现了申奥承诺，实现了"让国际社会满意、让各国运动员满意、让人民群众满意"的目标。为贯彻落实国务院节能减排要求，减少机动车尾气排放对空气质量的影响，保持交通基本顺畅，结合本市大气环境质量状况和道路及交通流量的具体情况，市政府决定实施有关交通管理措施。现就有关事项通告如下：

一、从 2008 年 10 月 1 日起，本市各级党政机关封存 30％公务用车。本市行政区域内的，中央国家机关，本市各级党政机关，中央和本市所属的社会团体、事业单位和国有企业的公务用车按车牌尾号每周停驶一天（法定节假日和公休日除外），限行范围为本市行政区域内道路，限行时间为 0 时至 24 时。

二、根据《中华人民共和国道路交通安全法》和《北京市实施〈中华人民共和国大气污染防治法〉办法》有关规定，2008 年 10 月 11 日至 2009 年 4 月 10 日，除上述第一条范围内机动车外，本市其他机动车（含已办理长期市区通行证的外省、区、市进京机动车）试行按车牌尾号每周停驶一天（法定节假日和公休日除外），限行范围为五环路以内道路（含五环路），限行时间为 6 时至 21 时。停驶的机动车减征 1 个月养路费和车船税。

三、根据上述第一、第二条规定，按车牌尾号每周停驶一天的车辆车牌尾号分为五组，定期轮换停驶日，具体由市公安交通管理部门提前公告。

首次停驶车牌尾号：星期一至星期五分别为 1 和 6、2 和 7、3 和 8、4 和 9、5 和 0。（含临时号牌；机动车牌尾号为英文字母的按 0 号管理）

四、以下机动车不受上述措施限制：

（一）警车、消防车、救护车、工程救险车；

（二）公共电汽车、省际长途客运车辆及大型客车、出租汽车（不含租赁车辆）、小公共汽车、邮政专用车、持有市运输管理部门核发的旅游客车营运证件的车辆，经市公安交通管理部门核定的单位班车和学校校车；

（三）车身喷涂统一标识并执行任务的行政执法车辆和清障专用车辆；

（四）环卫、园林、道路养护的专项作业车辆，殡仪馆的殡葬车辆。

市政府将继续坚持优先发展公共交通，实施分阶段缓解市区交通拥堵方案，方便市民出行；推行差别化配套建设停车位标准和适度提高停车收费价格，严格规范占道停车；研究制定本市控制机动车过快增长的措施。

特此通告。

北京市人民政府

2008 年 9 月 27 日

【例文2】执行类通告

# ××电力工业局关于使用定期借记业务结算方式的通告

根据中国人民银行××分行的通知精神，从××××年××月起，原来使用××市专用委托收款方式结算电费的用电户，将统一使用××电子资金转账系统定期借记系统。为此，对于愿使用专用委托收款结算方式缴纳电费的企事业单位客户，我局将从××××年××月起改为使用定期借记方式收取电费。请有关用电户配合我局做好以下工作，以便顺利结算电费：

一、请各用电客户尽快与开户银行联系，按照中国人民银行××分行的统一要求签订《定期借记业务授权委托书》，并于××××年××月××日前将复印件送达所在区供电局。

二、部分商业银行由于系统升级原因更改了开户银行账号格式，请客户在签订《定期借记业务授权委托书》的同时与贵开户银行确认新的银行账号，并于××××年××月××日前以正式公函形式通知我局，若届时未收到客户的《定期借记业务授权委托书》及新的银行账号，客户将无法使用定期借记方式缴纳电费，我局将采取现金方式收取电费。

三、由于定期借记业务系统投运后，银行系统将不再代为传递电费票据，故我局将统一采取邮政递送、客户签收的方式派发电费票据给予客户。为了确认各客户的邮递地址以及签收人，请客户于××××年××月××日至××月××日前往所在区供电局领取××××年××月份的电费发票，同时填报有关资料交由我局工作人员。

特此通告。

××电力工业局

××××年××月××日

# 第四节 请 示

【案例导入】

# ××县邮政局关于增设中兴街邮政营业所的请示

××县邮字〔××××〕××号

××省邮政管理局：

为合理组织网点，扩大邮政服务，我局拟在中兴街设立邮政营业所一处。

中兴街地处我县西郊，驻街机关、工厂、学校较多，系单位和居民密集地带。但是，该处距县局约二公里，用户使用邮政很不方便。

为缓解当地用邮困难状况，我局近年来定期组织流动服务组到该处服务。但是，由于没有固定局房，给生产和生活造成诸多不便。且自2012年省有关部门公布我县为开放旅游区以来，当地邮政业务量激增，流动服务组的方式已远远不能满足当地用邮需要。

为此，请核准增设中兴街邮政营业所。

××县邮政局

××××年××月××日

## 一、请示的概念

请示是下级机关向其直接上级机关请求对某项工作、问题作出指示，对某项政策界限给予明确，对某事予以审核批准时使用的一种请求性的公文，是公文写作实践中的一种常用文体。

## 二、请示的特点

### (一) 请求性

请示是向上级机关请求指示和批准的公文，具有请求的性质，其目的是向上级机关请求批准。请示的事项大多是比较重要而自己无权、无法解决或自己要解决但没有把握解决的事项，只有请求上级机关指示、批准、支持才能解决。因此，请求是请示最基本的特点。

### (二) 事前性

请示必须事前行文，要等上级机关作出批复后才能实施，不能事中、事后行文，更不允许出现"先斩后奏"的情况。

### (三) 单一性

请示必须针对单一事项，不能多事一请，要做到"一文一旨""一文一事"。只有这样，才能便于上级批复，提高行政工作效率。

## 三、请示的分类

根据行文目的、作用，请示可以分为直请性的请示和批转性的请示两类。

### (一) 直请性的请示

直请性的请示又称请求批复性请示，即下级机关向有隶属关系的上级领导、指导机关请求指示或批准的请示，它又分为两类：

1. 申述性请示。请示的行文目的是要通过获得上级的批准，解决本单位需要解决的问题，推动工作的开展。这种请示侧重于申述理由，提出解决问题的办法。例如，对有关方针、政策和上级机关发布的规定、指示有疑问，需要上级机关给予解释和说明。

2. 安排性请示。这种请示多涉及人事、财务、物资、机构等方面的具体问题，需要获得上级批准以便进行实施安排。当下级遇到新情况、新问题，在有关的方针、政策、规章以及上级的指示中，都找不到相应的处理依据，无章可循，因而没有对策，这时就迫切需要上级机关给予指示。

### (二) 批转性的请示

由于管理权限问题，由发起的机关把某一方面工作的意见、建议、问题等，以请示上报等形式发给直属的上级机关，请求上级批转给平级机关和无隶属关系的机关单位予以办理，如《关于进一步加强期货市场监管工作的请示》。

### 四、请示的适用范围

请示适用于向上级机关请求指示、批准。其范围具体包括以下六个方面：

1. 对上级有关方针、政策、指示或法规、规章不够明确或有不同理解，需要上级机关作出明确解释和答复。

2. 从本地区、本单位的实际情况出发，需要对上级的某项政策、规定作出变通处理，有待上级重新审定，明确作答。

3. 在工作中出现新情况、新问题需要处理而无章可循、无法可依，需要上级机关作出明确指示。

4. 需要请求上级解决本地区、本单位的某一具体问题和实际困难。

5. 按上级机关和主管部门有关政策规定，不经有关部门批准，无权自行处理的问题。

6. 工作中出现了一些涉及面广而本部门无法独立解决的困难和问题，必须请示上级领导或综合部门，以求得他们的协调和帮助。

### 五、请示的基本写作格式

请示一般由标题、正文、落款等要素组成。

**（一）标题**

请示的标题一般包括发文机关、事由和文种三个要素。常见形式有以下几种：

因发文机关多在落款时出现，为避免标题字数过多，有时可以省略，如《关于丹霞风景名胜区列为国家重点风景名胜区的请示》。拟定标题时要注意，不能将"请示"写成"报告"或"请示报告"；标题中尽可能不再出现"申请""请求"之类的字样。

1. 全结构标题。由发文机关、事由、文种构成。一般多用于请示某些比较重大的事项，如《××县人民政府关于××××的请示》。

2. 省略结构标题。省略发文机关，只由事由、文种构成，如《关于开展春节走访贫困学生家庭的请示》。

3. 省略发文机关和事由，直接用"请示"二字。

请示的标题重点是"事由"，应简明、准确地概括请示的意图，便于上级机关把握。要特别注意动词使用的准确性，不能错用、滥用"希望""申请""请求批准""要求""请求"等词。

**（二）正文**

请示正文一般由请示的缘由、事项和结尾三部分组成。

1. 请示的缘由。要用简明的语言交代请示的原因、背景和依据。从请示的行文来看，缘由是写作请示的关键，关系到批准不批准的问题。请示的缘由要做到政策性与客观性紧密结合，语言要简明扼要，符合实际情况，理由充分，具有说服力。

2. 请示事项。请示事项是指请求上级机关批准、帮助、解答的具体事项。请示的事项要符合实际，具有可行性和可操作性，在行文过程中要注意详略得当，条理清晰，主次分明，格式规范，以便上级高效处理。

3. 结尾。请示的结尾一般另起一行，加上惯用语，如"请指示""请批复"等。直请性请示多用"可否（妥否、当否），请批示""以上请示，望予审批"等；批转性请示多用"以上意见（请示），如无不妥，请批转×××执行"等。

（三）落款

按照公文一般要求，正常签署发出请示的机关名称（印章）和日期即可。

## 六、请示的写作要求

1. 原则上不越级请示。请示与其他公文一样，一般要求逐级请示。只有在发生严重自然灾害、特重大事件等特殊情况下，下级机关才能采用越级行文的办法。

2. 不能一文多事。一份请示只能写一件事，如果一文多事，很可能导致受文机关无法明确批复。

3. 不能多头请示。一份请示只送一个上级领导机关或上级主管部门，不能同时主送两个或两个以上机关。受双重或多重领导的机关向上级请示工作时，可以主送一个上级领导机关，同时抄送其他领导机关。

【例文1】

### ××市金沙区交通分队
### 关于绵阳路禁行4吨以上汽车的请示

××市公安局：

我辖区内主要马路——绵阳路路面狭窄（仅6米），近年来，马路两侧商店日渐增多，行人拥挤，往往占用马路行走，造成行人与自行车和汽车争道，以致交通经常堵塞，引发多起交通事故。为了保证附近单位及行人的安全，拟从5月1日起禁止4吨以上汽车在绵阳路通行，上述车辆可绕道附近的两英路行驶。

以上请示如无不当，请予批准。

××交通分队（公章）

××××年××月××日

【例文2】

### 关于承办省第十届大学生运动会器材经费的请示

省高教局：

省第十届大学生运动会由我校承办，鉴于我校目前比赛场地仍很简陋，比赛用器材也较缺乏的现状，为保证运动会顺利进行，需要改善设备和补充器材，望省高教局能拨给我校专用经费。经核算，共需经费505846元，请审批。

附：省大学生运动会器材设备预算表

××学校（公章）

××××年××月××日

【例文3】

## 关于暂缓调高旅游专项资金在交通建设附加费中分配比例的请示

北京市人民政府：

　　今年9月7日，北京市委、市政府《关于加快发展旅游业的决定》（北政字〔2012〕8号），同意建立旅游建设发展专项资金，其部分资金来源于交通建设附加费的分配，并将此分配比例从原来的5％调高到10％。对此，我委认为该措施无疑有利于筹集资金，促进旅游业发展。但是，当初决定征收旅游业交通建设附加费的目的，主要是筹集地铁资金，现要提高旅游专项资金在交通建设附加费中的分配比例，必然减少地铁资金的来源。地铁工程建设年度投资高达30亿元，筹资任务十分艰巨，而今年地铁资金缺口更大，需开拓更多的资金来源。因此，任何减少筹集地铁资金的做法都会导致工期拖长和投资增大，不利于工程建设。

　　鉴此，我委建议在地铁建设期内，暂缓调高旅游专项资金在交通建设附加费中的分配比例，仍执行旅游专项资金在交通建设附加费中占5％的分配比例不变。

　　特此请示，请批复。

北京市发展改革委员会（印章）

××××年××月××日

【知识扩展】

## 请示与报告的区别

　　请示和报告都是上行文，都要反映情况、陈述意见，使用时要明确两者的区别。

　　1. 行文目的、作用不同。请示旨在请求上级批准、指示，需要上级批复，重在呈请；报告旨在向上级汇报工作、反映情况、提出意见或建议、答复上级询问，不需要上级答复，重在呈报。

　　2. 行文时间不同。请示需要事前行文；报告一般在事后或工作过程中行文。

　　3. 主送机关的数量不同。请示只写一个主送机关，报告则可以有多个主送机关。

　　4. 收文机关处理方式不同。请示属办件，收文机关必须及时批复；报告属阅件，除需批转的建议报告外，收文机关对其他报告都可不作答复。

　　5. 涉及内容不同。请示属于向上级机关请求批准、指示，凡是下级机关、单位无权解决、无力解决以及按规定应经上级机关批准认定的问题，均可以请示行文；而报告则用于向上级机关汇报工作、反映情况、提出意见或建议、答复询问。

　　6. 写作的侧重点不同。虽然都要陈述、汇报情况，但报告的重点只在汇报工作情况，报告中不能夹带请示事项；而请示中所陈述的情况只是作为请示的原因，即使反映情况以及阐述缘由所占的篇幅再大，其重点依然是请示事项。

## 第五节　批　复

【案例导入】

### 国务院关于设立海南洋浦保税港区的批复

海南省人民政府，海关总署：

你们关于设立海南洋浦保税港区的请示收悉。现批复如下：

一、同意在海南洋浦经济开发区内设立海南洋浦保税港区，规划面积为 9.2063 平方公里。四至范围是：东至园区路，西至北部湾岸线干冲区段及工业大道，南至洋浦湾岸线，北至洋浦三路。（具体以界址点坐标控制，详见附件）

二、海南洋浦保税港区的功能和税收、外汇政策按照《国务院关于设立洋山保税港区的批复》（国函〔2005〕54 号）的有关规定执行。

三、海南洋浦保税港区实行封闭管理，海南省人民政府要严格实施土地利用总体规划，按规定程序履行具体用地报批手续，拟定海南洋浦保税港区的建设实施方案，在合理节约高效利用土地资源的前提下进行建设。要按照海关特殊监管区域的有关规定组织保税港区隔离监管设施的建设，待条件具备后，由海关总署会同有关部门进行验收。

四、海关总署要会同有关部门，切实做好海南洋浦保税港区的监管和服务工作，促进其健康有序发展。

附件：海南洋浦保税港区界址点坐标

国务院（印章）

××××年××月××日

【评析】

这是一份在同意下级单位请示事项的前提下重在提出工作要求的批复，体现了上级机关的领导意图和领导权威。全文思路清晰、主次分明、语言得体。

### 一、批复的概念

批复是上级机关答复下级机关请示事项时使用的公文。它是机关公文写作活动中的一种常用文体。

### 二、批复的特点

#### （一）针对性

批复属答复性的下行公文，是针对下级机关报来的请示公文被动制发的文件。批复要针对下级请示的事项表明是否同意或是否可行的态度，因而批复的内容必须简单、明确、有针对性。批复的主送单位通常是单一的，即发给报送请示的单位。

（二）权威性

上级机关的批复都是依据党和国家的有关方针政策和下级请示内容，有原则、实事求是地给予明确的答复，这种答复往往具有结论性的意见，下级机关必须执行上级机关的答复，其效用类似命令、决定，具有很强的权威性。

（三）被动性

批复是以下级机关的请示或报告为产生条件的，它是针对下级机关的请示或报告的事项而制发的。有来有往，被动行文，是批复区别于其他公文的一个显著特点。

（四）明确性

批复的内容要具体明确，不能有模棱两可的语言，避免请示单位有左右为难、不知道如何处理的情况发生。

## 三、批复的种类

按照性质和内容的不同，批复可以分为肯定性批复、否定性批复、解答性批复。

肯定性批复：对下级机关的请示表明肯定性意见的批复。

否定性批复：上级机关出于全面考虑，对下级机关的请示予以否定性的批复。这类批复要求充分讲明理由。

解答性批复：对下级机关的疑问作出解答的批复。

## 四、批复的写作格式

批复一般由标题、主送机关、正文和落款四部分组成。

（一）标题

最常见的是完全式的标题，由发文机关、内容与文种构成。有的批复标题由发文机关、表态词、请示事项和文种构成；也有的只写事项和文种。

（二）主送机关

批复的主送机关一般只有一个，即报送请示的下级机关。

（三）正文

批复的正文一般由批复引语、批复意见和批复要求三部分组成。

批复引语要点出批复对象，批复的开头通常要引述来文作为批复的依据。引述的方法有四种：

第一种是结合请示的日期引述，如"××××年××月××日来文收悉"；

第二种是结合来文的日期和文号引述，如"××××年××月××日×号文收悉"；

第三种是引述来文日期和来文名称，如"××××年××月××日《关于……的请示》收悉"；

第四种是引述来文日期和请示事项，如"××××年××月××日《关于……问题的请示》收悉"。

批复意见是针对请示提出的问题所作的答复和指示。因此，批复的意思要明确，表达要准确，语气要适当。如果同意，必要时还可给予一定的指示；如果不同意，一定要阐明不同意的理由，并且给出如何处理的指示，使下级机关有所遵循。

批复在结尾处一般用"特此批复""此复"为结束语。

### （四）落款

落款主要注明制发机关（印章）与成文日期，写法与其他公文相同。

## 五、批复写作的注意事项

### （一）要有针对性

批复必须做到有针对性，要一文一批复，请示要求解决什么问题，批复就必须回答什么问题，不能在一份批复中同时答复几项请示事项。

### （二）要做好调查研究

在作出批复前要核实请示缘由的真实性，研究请示时注意所提意见或建议的可行性，有些情况应先做调查研究。撰写批复意见，用语要简明准确，语气要肯定，不能使用模棱两可、含混不清的词语。

### （三）要及时批复，以免贻误工作

作为上级机关，要尽可能缩短批复的时间，提高工作效率。同时，对不按行文的正常渠道办理或一文多头的请示，应第一时间予以纠正，以免误事。

**【例文 1】肯定性批复**

### ××市公安局关于××路禁行 4 吨以上汽车的批复

×× 〔××××〕×号

××区交通分队：

你队××月××日《关于××路禁行 4 吨以上汽车的请示》（×× 〔××××〕×号）收悉。经研究，同意××路禁止行驶 4 吨以上汽车（包括卡车、客车），由××××年××月开始实施。请做好设置标记等事宜，并注意交通疏导。实行后的情况望及时了解并报告。

此复。

××市公安局（公章）

××××年××月××日

**【例文 2】否定性批复**

### ××县人民政府关于××乡人民政府兴建砖瓦厂问题的批复

×× 〔××××〕×号

××乡人民政府：

你乡××××年××月××日《关于兴建砖瓦厂的请示》（×× 〔××××〕×号）收

悉。经研究，现回复如下：

改革开放以来，农村建房使用砖瓦数量确实明显增加，因而各乡纷纷兴建了砖瓦厂。据调查，我县已经有40%的农户盖了新房；约30%的农户近年内不拟盖新房，砖瓦需求量相对趋于缓和。其余拟盖房农户所需砖瓦的数量，以我县现有砖瓦厂的产量完全可以满足需要。因此，凡申报新建砖瓦厂的请求一律不予同意，以免供过于求，出现新的问题。

特此批复。

××县人民政府（公章）

××××年××月××日

**【例文3】解答性批复**

## 国务院关于组建中国铁路总公司有关问题的批复

国函〔××××〕××号

交通运输部、财政部、国家铁路局：

原铁道部关于报请审批中国铁路总公司组建方案和公司章程的请示收悉。现就组建中国铁路总公司有关问题批复如下：

一、原则同意《中国铁路总公司组建方案》和《中国铁路总公司章程》。

二、中国铁路总公司是经国务院批准，依据《中华人民共和国全民所有制工业企业法》设立，由中央管理的国有独资企业，由财政部代表国务院履行出资人职责，交通运输部、国家铁路局依法对公司进行行业监管。

三、中国铁路总公司以铁路客货运输服务为主业，实行多元化经营。负责铁路运输统一调度指挥，负责国家铁路客货运输经营管理，承担国家规定的公益性运输，保证关系国计民生的重点运输和特运、专运、抢险救灾运输等任务。负责拟订铁路投资建设计划，提出国家铁路网建设和筹资方案建议。负责建设项目前期工作，管理建设项目。负责国家铁路运输安全，承担铁路安全生产主体责任。

四、中国铁路总公司注册资金为10360亿元人民币，不进行资产评估和审计验资；实有国有资本数额以财政部核定的国有资产产权登记数额为准。

五、中国铁路总公司的领导班子由中央管理；公司实行总经理负责制，总经理为公司法定代表人。

六、中国铁路总公司为国家授权投资机构和国家控股公司，财务关系在财政部单列，并依照国家有关法律和行政法规，开展各类投资经营业务，承担国有资产保值增值责任，建立健全公司的财务会计制度。

七、同意将原铁道部相关资产、负债和人员划入中国铁路总公司，将原铁道部对所属18个铁路局（含广州铁路集团公司、青藏铁路公司）、3个专业运输公司及其他企业的权益作为中国铁路总公司的国有资本。中国铁路总公司的国有资产收益，应按照国家有关法律法规和有关规定执行，历史债务问题没有解决前，国家对公司暂不征收国有资产收益。在保证有关企业合法权益和自身发展需要的前提下，公司可集中部分国有资产收益，由公司用于再投入和结构调整。

八、建立铁路公益性运输补贴机制。对于铁路承担的学生、伤残军人、涉农物资等公益性运输任务，以及青藏线、南疆线等有关公益性铁路的经营亏损，研究建立铁路公益性运输补贴机制，研究采取财政补贴等方式，对铁路公益性运输亏损给予适当补偿。

九、中国铁路总公司组建后，继续享有国家对原铁道部的税收优惠政策，国务院及有关部门、地方政府对铁路实行的原有优惠政策继续执行，继续明确铁路建设债券为政府支持债券。对企业设立和重组改制过程中涉及的各项税费政策，按国家规定执行，不增加铁路改革成本。

十、中国铁路总公司承继原以铁道部名义签订的债权债务等经济合同、民事合同、协议等权利和义务；承继原铁道部及国家铁路系统拥有的无形资产、知识产权、品牌、商标等权益，统一管理使用。妥善解决原铁道部及下属企业负债，国家原有的相关支持政策不变，在中央政府统筹协调下，综合采取各项措施加以妥善处理，由财政部会同国家有关部门研究提出具体处理方式。

十一、中国铁路总公司组建后，要加强铁路运输调度集中统一指挥，维护良好运输秩序，保证重点运输、公益性运输，确保铁路运输安全和职工队伍稳定。要有序推进铁路建设，按期完成"十二五"规划建设任务。要根据国家产业政策，完善铁路网结构，优化运输组织，强化安全管理，提升服务质量，提高运输效率和效益，不断增强市场竞争力。要继续深化铁路企业改革，按照建立现代企业制度的要求，推进体制机制创新，逐步建立完善的公司法人治理结构，不断提高管理水平和市场竞争力。《中国铁路总公司组建方案》和《中国铁路总公司章程》由财政部根据本批复精神完善后印发。

组建中国铁路总公司是深化铁路管理体制改革、实现政企分离、推动铁路建设和运营健康可持续发展的重要举措，各地区、各有关部门要积极支持，做好组建中国铁路总公司的各项工作，确保铁路体制改革顺利、平稳实施。

国务院

××××年××月××日

## 第六节　报　告

【案例导入】

### 铁道部关于 193 次旅客快车发生重大颠覆事故的报告

国务院：

××××年 5 月 28 日 16 时 05 分，由济南开往佳木斯的 193 次旅客快车行驶至沈山线锦州市铁路局管辖内的兴隆店车站（距沈阳 43 公里）时，发生颠覆重大事故，造成 3 名旅客和 4 名列车乘务人员受伤，报废机车一台、客车四辆、货车一辆，损坏机车一台、客车五辆、货车一辆和部分线路路岔等设备，沈山下行正线中断运输近 20 小时，直接经济损失达 170 余万元。

事故发生后，东北铁路办事处和锦州、沈阳铁路局负责同志立即随救援列车或救护车赶赴事故现场，组织抢救、抢修工作。当地驻军、地方同志及沈阳军区、辽宁省军区有关负责同志先后赶到现场，组织抢救伤员，疏运旅客。我部李克非副部长率安监室和运输、机务、车辆、工务、电务、公安各局负责同志也于当日连夜赶赴现场，指挥抢修工作，调查分析事故原因，慰问伤员，并对省、市领导和部队表示感谢。在省、市领导和驻军的大力支持下，伤员的抢救和治疗工作安排得比较周密，受伤的旅客和列车乘务人员，除少数送入就近的新民县医院抢救外，其余的均由沈阳市和军队、铁路医疗部门派车接到沈阳，及时得到了抢救治疗。

经调查分析，造成这次事故的直接原因，是锦州铁路局大虎山工段兴隆店养路工区工人在该处做无缝线路补修作业时，违反劳动纪律和操作规程，将起道机立放在钢轨内侧，撤离岗位，到附近的道口看守房去吃冰棍，当193次快车通过时，撞上起道机，引起列车脱轨颠覆事故。

这次事故是发生在旅客列车上的一次严重事故，又是发生在全国开展的"安全月"活动中，使国家和人民的生命财产蒙受了巨大的损失，在政治上造成了极坏的影响，性质是非常严重的，我们的心情十分沉痛。这次事故的发生和最近一个时期安全工作不稳定的状况，说明了我们的铁路基础工作薄弱，管理不善，思想政治工作不落实，反映了我们作风不扎实、对安全工作抓得不力、在安全生产中管理不严、职工纪律松弛的问题长期没有得到解决。

为了使全路职工从这起严重事故中吸取教训，我们于××××年5月31日召开了由各铁路局、铁路分局、全路各工务段负责同志参加的紧急电话会议，通报了这次事故，提出了搞好安全生产的紧急措施。要求铁路各部门、各单位必须把安全工作放在第一位，各级领导干部要树立安全第一的思想，并对全体职工进行安全教育，使每个职工都牢固地树立起对国家、对人民极端负责的观念，认真落实岗位责任制，严格遵守劳动纪律，一丝不苟地执行规章制度和操作规程；各单位要针对近年来新工人比重不断增加的情况，加强对新工人的教育和考核工作。各行车和涉及安全生产的主要工种不经考核合格不得单独作业；对各种行车设备要进行一次认真检查，发现问题立即解决；同时，各单位要切实解决职工生活中应该而且可以解决的问题，解除职工的"后顾之忧"；动员广大职工干部迅速行动起来，以这次事故为教训，采取措施，堵塞漏洞，保证行车安全。

在××××年6月开展的"人民铁路为人民"活动中，我们要把搞好安全生产作为重点，并在今后当作长期的根本任务来抓。党、政、工、团各部门要从不同的角度抓好安全工作，迅速改变目前安全生产不好的被动局面。

锦州铁路局对这次事故的主要责任者已按照法律程序提起诉讼，追究刑事责任；对与事故有关的分局、工务段领导也作了严肃的、正确的处理。铁道部决定对锦州铁路局局长董庭恒同志和党委书记李克基同志给予行政记过处分。这次事故虽然发生在下边，但我们负有重要的领导责任，为接受教训，教育全路职工，恳请国务院给我们以处分。

铁道部

××××年××月××日

【评析】

这是一篇以反映重大事故为主要内容的情况报告。全文分七个段落：第一段，概括总述了事故发生的基本情况，包括事故发生的时间、地点及所造成的损失；第二段，报告了事故发生后各级组织的抢救活动情况；第三段至第七段属分述的部分，分别说明事故发生的原因和处理意见。其中，第三段写事故发生的直接原因；第四段写事故发生的根本原因；第五段和第六段写事故发生后所采取的保证安全生产的多种措施；第七段写对事故责任者的处分情况及制文者恳请国务院给予处分。这篇报告格式规范，布局合理，在表述方面尤其值得借鉴。

## 一、报告的概念

报告是下级机关向上级机关汇报工作、反映情况、提出意见或建议、答复上级机关的询问时使用的文种。

## 二、报告的特点

### （一）汇报性

报告是下级机关向上级机关反映本机关工作中的基本情况、工作中取得的经验教训、存在的问题以及今后工作的设想等，以使上级机关掌握基本情况，及时对工作进行指导，因而汇报性是报告的特点之一。

### （二）单向性

报告是下级机关向上级机关的行文，为上级机关进行宏观领导提供依据，不需要上级的批复，是由下向上的一种行文。

### （三）陈述性

报告属陈述性的上行公文，它是下级机关向上级机关汇报情况、反馈信息，沟通上下级机关纵向联系的一种重要形式。上级机关收到下级机关的报告以后，一般不需批复。报告的行文主要运用叙述的方式，概括地叙述工作的进程与有关动态、建议，直陈其事。报告中有时也适当加以分析，提出看法，但要求在叙述的基础上采用叙议结合的方式。

### （四）事后性

在机关工作中有"事前请示，事后报告"的说法。一般的报告都是在工作开展一段时间之后，或在某种情况发生之后向上级作出的汇报。

## 三、报告的种类

### （一）工作报告

工作报告是工作进行到一定阶段，以书面形式向上级机关写的汇报材料。工作报告要把前一阶段某项工作的基本情况、取得的成绩、存在的问题、经验和教训阐述清楚，并作出恰当的分析和判断，对下一步工作提出具体意见。

### （二）情况报告

情况报告是就某一问题或某一偶发事件，写给上级的情况汇报。情况报告涉及的内容主要有两方面：一是工作反省方面的，对工作中出现的重大事故或失误，进行认真检查并总结经验教训；二是就公务活动中出现的新情况、新问题写成的书面报告，提供给上级机关了解并掌握情况。

### （三）呈转报告

呈转报告是下级机关向上级机关提出自己的工作安排、设想和建议，期望得到上级机关的认可和采纳，并转有关单位执行的报告。

呈转报告的作者大多是某项业务的主管机关或部门，报告中提出的解决有关业务问题、处理业务工作的方法、措施等，需有关方面通力合作；但在自己职权范围内，又无权向有关协作单位和部门部署工作。因此，采取呈转的形式向上级领导部门作出报告，提出解决问题、开展工作的建议，待上级批准后，转发到有关单位具体贯彻实施。其结束语是"以上报告如无不妥，请批转有关单位执行"。

### （四）答复报告

答复报告是下级机关答复上级机关询问时使用的报告。这种报告简单明了，其内容主要是答复的依据及答复事项。

### （五）报送报告

报送报告是下级机关向上级机关报送文件、物件时，随文随物写的报告。这种报告的正文内容比较简单，所报送的文件都是报告的附件。

## 四、报告的写作格式

报告一般由标题、主送机关、正文和落款组成。

### （一）标题

报告的标题通常有两种构成方式：

1. 完全式标题，即由发文机关、事由和文种构成，如《××市爱国卫生运动委员会关于创建国家级卫生城市的报告》。

2. 还有一类标题由事由和文种构成，省略发文机关，如《全国物价大检查总结报告》。有的报告内容紧急，在标题中"报告"两字前可加上"紧急"字样。

### （二）主送机关

写明主送的领导机关名称，在标题下正文前顶格书写。

### （三）正文

报告的正文一般由缘由、事项和结束语构成。

1. 缘由。以简要概括的语言写明报告的原因、依据和目的，或提示报告的主要内容，或简要介绍所报告的事项、情况。然后用"现将有关情况报告如下"之类的承启语，转入报告主体。

2. 事项。本部分为报告的核心、主体，要重点写明工作进展情况、采取的措施及取得的成效，客观分析存在的问题、不足，明确提出对今后工作的意见；或写明事情发生的基本情况，需将突发情况或某事的原委、经过、结果、性质与建议表述清楚。

3. 结束语。常见的报告结束语有两种：一种是根据报告的事实或问题提出几点建议或意见，供领导参考；另一种是用"特此报告""请指正"或"请审查"等作结束语。呈转报告常用"以上报告如无不妥，请予批转执行"等结束语。

**（四）落款**

签署呈递报告的机关名称和日期，写法与一般公文相同。

**【例文1】工作报告**

# 党支部书记抓基层党建工作报告

根据县委组织部、县直工委有关文件精神和要求，我会以党的十八大，十八届三中、四中全会和习近平总书记系列重要讲话精神为指导，以落实从严治党要求为主线，落实从严治党责任，强化党支部履行机关党建工作第一责任人职责，促进夯实基层组织建设，提升机关党建工作科学化、制度化、规范化水平。现将县残联党支部书记抓基层党建工作述职如下：

一、突出重点，夯实党支部建设

我会于××××年×月完成党支部的换届工作，新一届党支部班子更加注重"团结、务实、廉洁、高效"，真抓实干，坚持"民主、公开、公平、公正"原则，进一步完善了党支部会议事规则，遇到重大问题都必须经党支部会集体讨论决定后实施。

二、多措并举，增强基层党建活力

（一）严格党员发展

我会现有党员××名，为确保发展党员工作的规范性、合理性、严肃性、民主性，根据党员发展标准，严把党员入口关，坚持"成熟一个、发展一个"，今年确定党员发展对象×名。

（二）加强党员教育

以增强党性、提高素质为重点，加强党员经常性教育管理，保持党员队伍的先进性和纯洁性，通过召开各种会议、远程教育、警示教育、参观学习的形式，使党员从学中用，从用中学。同时，积极组织各党支部成员、后备干部、入党积极分子等参加培训，极大地提高了他们的思想道德素质和工作能力。

（三）党员干部直接联系服务残疾人

为进一步深化干部直接联系服务残疾人工作，我会开展了结对子帮扶残疾人活动，每名党员干部结对子帮扶×户贫困残疾人。

三、强化理论学习，改进工作作风

（一）进一步强化理论学习，增强理论素养，切实增强履职能力

领导班子发挥示范表率作用，增强学习的自觉性和长效性，坚持思想政治理论和业务知识学习两手抓。一是领导班子成员坚持学习政治理论、习近平总书记关于群众路线活动的系列重要讲话以及中央、省委、市委的相关文件，不断提高思想政治素质，保持政治敏锐性，加强世界观的改造，端正人生观、价值观、政绩观与权力观。二是坚持学以致用、用有所成、务求实效的学习观，集中学习从解决实际问题的需要出发。

（二）改进机关工作作风，重塑残联新风

加强党员干部思想教育和管理，强化服务意识，整治干部职工庸懒散奢问题，整治"门

难进、脸难看、事难办"等"衙门作风"。不断强化为残疾人服务的意识，把广大残疾人的利益放在我们想问题、办事情、做服务的首位。坚持深入基层，实实在在地帮助残疾人、帮助基层解决一些实际困难和问题，努力为残疾人排忧解难，最大限度地让残疾人满意。

（三）坚持密切联系群众，加强调查研究

制定领导干部联系基层、联系残疾人制度，领导班子带头密切联系群众，始终保持同干部群众的血肉联系，坚持从群众中来、到群众中去，改进完善党群干群关系。充分认识调研工作的重要性，要以为民办实事和办好事为目的，把为残疾人解决实际问题作为调研的出发点和落脚点，把实现残疾人的愿望、满足残疾人的需要、维护残疾人的利益，贯穿于残疾人工作的全过程，提高调研的实效性。

（四）坚持党风廉政建设，落实各项承诺

坚持抓好党风廉政建设，始终坚持勤政为民导向，认真执行干部廉洁自律有关规定，增强干部"自重、自省、自警、自励"的意识；完善谈话提醒制度，加强监督指导，确保领导干部带头遵纪守法，严格执行中央"八项规定"，筑牢防腐拒变的防线；组织开展生动灵活的教育活动，培养全体干部讲党性、重品行、作表率，自觉接受纪律和法律约束，自觉做到为民、务实、清廉，树立对群众负责的形象、推动工作的形象、清正廉洁的形象；要保持共产党人的简朴风格，发扬艰苦奋斗作风，切实为群众多办实事、办好事。

四、存在的问题和不足

回顾今年以来的工作，我会党建工作取得了一定成绩，但仍存在不足之处。一是党员和干部培训形式较单一；二是干部队伍思想素质和工作作风与加快发展要求存在差距；三是基层组织和党员干部队伍的现状与残疾人事业发展新阶段的要求不完全适应；四是残疾人工作任务十分繁重。

在今后的工作中，党支部将紧紧围绕基层党组织"五好四强"创先进，党员"五带头"争优秀的标准，团结党支部班子成员，改进方法，落实党建工作责任制，积极探索党员服务群众长效工作机制，进一步加强党员干部队伍和基层组织建设。

××党支部

××××年××月××日

【例文2】情况报告

**××学院关于开展学位论文作假行为处理工作专项自查报告**

学校为规范学位论文管理，严肃处理学位论文作假行为，推进良好学风的建立，提高人才培养质量，根据《国务院教育督导委员会办公室关于对学位授予单位开展学位论文作假行为处理工作进行专项检查的通知》（国教督办函〔2014〕31号）、《学位论文作假行为处理办法》（教育部令第34号）和《教育部办公厅关于做好〈学位论文作假行为处理〉实施工作的通知》精神，以及我校制定的相关实施细则等制度，成立了专项自查工作领导小组，对我校各二级学院学位论文作假行为处理情况进行了全面彻底的检查。自查情况汇报如下：

一、学校领导高度重视，强化制度管理

自学校获得学士学位授予权以来，我校对毕业生学位论文质量高度重视，严格把关制定了一系列相关制度、管理办法。贯彻落实《学位作假行为处理办法》和《教育部办公厅关于做好〈学位论文作假行为处理〉实施工作的通知》，并按要求制定完善了我校《关于对本科毕业论文（设计）抄袭情况进行检查和处理的通知》（××学院教发〔××××〕×号）以及《学位论文作假行为处理的实施细则》。在××××学院本科毕业论文（设计）管理办法中对指导教师和学生在学位论文的指导和撰写，以及学生答辩资格审查方面均作了相关要求。

二、严格执行，认真做好核查

在对我校××个二级学院学位论文作假行为处理工作的专项检查中发现，各二级学院高度重视，严格按照教育部《学位论文作假行为处理办法》以及我校《关于对本科毕业论文（设计）抄袭情况进行检查和处理的通知》（××学院教发〔××××〕×号）以及实施细则，规范管理学位论文的指导、撰写、质量监控、考核、归档等环节。

按照实施细则的规定，各二级学院加强了对每位毕业生学术道德、学术规范和学术诚信的教育与宣传，实行指导教师负责制，明确指导教师指导学位论文的相关职责；除了对毕业生学位论文撰写的指导以外，还必须对其进行学术道德、学术规范及学术诚信方面的教育，同时由院级层面实行全程监控，校级层面抽查成效。××××年××月以来授予的学士论文引用率和复写率均在15％以下（实施细则规定），无学位论文作假行为。

三、学位论文质量保障方面的主要做法

（一）制定相应的规章制度及毕业论文写作规范

在启动毕业生学位论文工作之初，我校在指导教师讲述学位论文基本理论知识的同时，严格训练学生论文写作的规范性，并制定统一模板，以便为学生的学位论文写作提供规范的参考格式，同时要求学位论文指导教师严格把关。在学位论文管理过程中，通过中期检查等环节发现问题并及时作出反应，制定了相关补充规定或措施等。

（二）过程监管及时有效

1. 及时商讨，合理部署。

2. 做好中期检查，及时矫正。

3. 抽查论文查重率，确保论文质量。

四、存在的问题及工作整改措施

（一）存在问题

1. 缺乏统一的学位论文检测系统，导致学位论文查重结果在数据上有所偏差。

2. 部分学生的论文质量不高，缺乏深度、力度和创新点。

3. 由于学校面临转型发展，本科生毕业论文（设计）选题来自社会实践、实习实训及实验方面偏少。

（二）下一步的工作整改措施

1. 进一步提高学位论文质量监控管理水平，统一学位论文查重数据。

2. 严格执行学位论文开题报告制度，从源头上保障毕业生学位论文选题的价值，使其符合培养目标，体现专业特点，能契合实际内容运用所学知识分析解决实际问题。

3. 开展毕业生学位论文写作培训和学位论文指导教师技能培训。

4. 加大实习实训、实验方面的投入力度，引导本科生毕业论文（设计）选题进一步侧重社会实践、实习实训及实验等方面。

针对以上问题，我校将认真总结经验教训，及时纠正毕业生学位论文中出现的错误，确保学校毕业生学位论文整体质量的同时，采取切实可行的措施提高年轻教师的指导水平和责任心。进一步加强学生的学术道德、学术诚信等教育，进一步修订毕业生学位论文写作的各项规范，以便更好地完成今后毕业生学位论文的管理工作。

××学院

××××年××月××日

【例文3】呈转报告

# 关于加强野生动物保护管理工作的报告

国务院：

1991 年 1 月，国务院发出《关于加强野生动物保护 严厉打击违法犯罪活动的紧急通知》，召开了全国保护野生动物电话会议。为了检查国务院紧急通知和电话会议精神的落实情况，我们会同高检院、高法院及农业部、公安部、经贸部、工商局、商检局、海关总署等有关部门，组织了六个联合检查组，分别到四川、云南、新疆、广东、广西、福建等省（区）的四十多个地（州）、县（市），检查了五十三个集贸市场，七十四家饭店、餐馆，十一个进出口口岸及一些经营、加工单位。从检查的情况看，各省（区）政府和有关部门都很重视，及时传达、印发了文件，并作了具体部署，乱捕滥猎等违法活动有所收敛，野生动物保护工作得到加强。当前存在的主要问题有以下几点：

一是违法猎杀倒卖野生动物案件仍不断发生。（略）

二是野生动物及其产品流通领域秩序混乱。（略）

三是宣传不够广泛，对违法活动打击不力。（略）

四是野生动物保护机构不健全、不落实，管理力量严重不足，经费短缺。（略）

五是猎枪生产、销售失控的问题一直没有得到解决。（略）

为进一步加强野生动物保护管理工作，建议采取以下综合治理措施：

一、要提高认识，加强领导。（略）

二、要认真贯彻执行《中华人民共和国野生动物保护法》，依法管理野生动物资源。（略）

三、进一步加强对猎捕活动的管理。（略）

四、进一步加强对野生动物经营活动的管理。国家重点保护的野生动物及其产品一律不得进入集贸市场。（略）

五、切实搞好野生动物保护管理的基础工作。（略）

为了掌握全国野生动物资源状况，建议以省、自治区、直辖市为单位，用三至五年时间进行一次国家重点保护野生动物资源调查。所需经费除请地方财政部门给予安排外，其他有关部门也要给予支持。

以上报告如无不妥，请批转各地执行。

林业部

××××年××月××日

【例文 4】报送报告

## 关于报送××××年度政府信息公开工作年度报告的报告

市政府办公室：

根据《市政府办公室关于做好政府信息公开工作年度报告编制工作的通知》（徐政办发〔××××〕×号），我局编制了《××市××局××××年度政府信息公开工作年度报告》。现予上报，请审查。

附件：《××市××局××××年度政府信息公开工作年度报告》

××市××局

××××年××月××日

## 第七节　函

【案例导入】

函，就是信。信，本应小学生都会写，但在南京的人才市场上却出现了大学毕业生都不会写信的尴尬场面。请看下文《招人碰到尴尬事，邀请函难倒众位毕业生》。

人民网：

2004 年 3 月 31 日南京电：八十多个文科毕业生竟没有几个能写出一份完整的邀请函！省人才市场日前招聘时遇到了这样一件尴尬事。

据了解，省人才市场此次拿出十个岗位面向毕业生招聘，经过筛选，八十多人入围，其中南京某知名大学新闻系的一名女生特别出众，据自荐材料反映，她不仅几乎每年都获得奖学金，而且获得的各种荣誉证书的复印件就有十几份，尤其是她在几家报社实习时发表的厚厚一摞作品更是令她"高人一筹"。招聘人员告诉记者，他们当时决定，如果这名女生考试通过就录取她专门从事宣传工作。可结果大大出人意外。考试中，有一题是根据素材写一则邀请函，这名女生在正文部分将素材罗列了一下，不仅题目没有"邀请函"字样，文章也没有抬头，时间、地点则被移到了"备注"里面。这样一份"别出心裁"的邀请函令招聘人员"大开眼界"。

据了解，参考的八十多名考生拟出的邀请函，绝大部分都"缺胳膊少腿"，招聘人员无奈地说，拟邀请函是小学时就应该学习掌握的，这次考这个题目只是因为平时工作中常常会用到。由于应聘的大多是文科考生，他们本以为这个题目没什么难度，没想到结果会是这样。

【评析】

尽管"函"在现实生活与工作中经常遇到，但是真正能规范地写作这一文体的人并不多，特别是一些机关工作人员有时不能正确写作与使用这种文体，给日常交往和工作带来了损失与不便。因此，我们有必要学会写作函，以免"尴尬"事发生在自己身上。

## 一、函的概念

函，就是信函适用于不相隶属机关、单位、团体之间相互商洽工作、询问和答复问题，请求批准和答复某事项时使用的公文。函作为公文中唯一的一种平行文种，其适用的范围相当广泛。

## 二、函的特点

### （一）多用性

函是行政公文中用途最为广泛的文种之一。它主要用于平行机关或不相隶属机关之间的行文，也可以用于上、下级之间的公务联系。上至国务院，下至基层组织，各级政府机关、各社会团体、企事业单位都广泛地使用函来沟通信息。

### （二）灵活性

函在写作上的灵活性表现在：一是其篇幅短小，简便自由；二是笔调灵活多样，与其他公文相比，限制相对要小一些。

### （三）多向性

函是平行文，但可以多向发文，它既可以在平行机关及不相隶属的机关之间使用，也可以在上、下级机关之间使用。

### （四）沟通性

公文函对于不相隶属机关之间相互商洽工作、询问和答复问题，起着沟通作用，充分显示平行文种的功能，这是其他公文所不具备的特点。

## 三、函的种类

从不同角度分，函可以有以下分类：

### （一）按性质分

公函：正式的或官方的书信。

便函：非正式的公文信件，一般形式相对简单。

### （二）按发函的目的性分

1. 发函：发出的信件。

2. 复函：回复的信件。

### （三）按内容和用途分

1. 商洽事宜函：不相隶属机关之间商洽工作、询问和答复问题的公文。

2. 通知事宜函：平级或不相隶属机关之间相互通知事情时使用的函，适用于印发上级或本级机关有关公文，批转下级机关公文，传达上级机关的请示，发布法规和规章等。

3. 请示答复事宜函：向上级机关请示有关问题的信函。

4. 催办事宜函：一般是催促同级或下级机关办理某事项的信函。

5. 转办函：转发同级或不相隶属机关的信函。

6.邀请函：邀请专家、知名人士及亲友等参加某项活动时所发的请约性信函。

## 四、函的写作格式

函一般由标题、主送机关、正文和落款组成。

### （一）标题

函的标题有两种形式：

1.完全式标题。要写明是"函"，还是"复函"，如《国家旅游局关于内蒙古自治区与蒙古、俄罗斯开展团体旅游活动的复函》。

2.还有一类标题省略发文机关，由事由和文种组成，如《关于同意海南省三亚市开展对越南旅游业务的函》。

### （二）主送机关

写明受函单位名称。

### （三）正文

函的正文一般由以下部分组成：

1.开头。要开门见山，直截了当。如果是发函，开头应说明发函的目的、根据或理由。如果是复函，开头则先引述来文，然后用"经研究现将有关问题函复如下"等，过渡到下文。

2.主体。写明所商洽、询问、请示或答复的具体内容。要求明确具体，条理清晰。

3.结尾。函一般根据主体内容需要使用得体的收束语作结尾即可，形式相对灵活。如需回复，给下级发函常用"以函复为要"、"以函复为盼"等；给平级发函常用"以函复为荷"、"盼复"等；给上级发函常用"恳请函复"等。如是复函，则常用"特此回复"、"专此回复"等。

### （四）落款

正文结束以后，签署发函机关名称和发函日期。

这里需要注意的是，拟写函应简洁明快，不用套话。平行函应注意措辞，语气要委婉、恳切，讲究礼貌，不可强人所难，忌用指令性的语言。

【例文1】公函

## 关于××单位企业年金方案备案的函

××市劳动保障局：

根据《企业年金试行办法》（劳社部令第20号）和有关规定，经过集体协商，拟在本单位建立企业年金制度。

现将《××单位企业年金方案》送上，请予备案。

××单位

××××年××月××日

**【例文 2】便函**

# 会议活动邀请函

尊敬的××先生/女士：

过往的一年，我们用心搭建平台，您是我们关注和支持的财富主角。新年即将来临，为了感谢您一年来对××××公司的大力支持，我们特于××××年××月××日××时在×××大学×××报告厅举办××××年度会议，届时将有精彩的节目和丰厚的礼品等待着您，真诚期待您的光临！

让我们同叙友谊、共话未来，迎接来年更多的财富、更多的快乐！

××××公司

××××年××月××日

**【例文 3】商洽函**

# ××公司关于选派技术人员进修的函

××大学：

我公司属于新建公司，为提高专业人员的业务水平和科研能力，经研究决定选派××、×××、×××三位同志分别到你校中文系、计算机系、外语系进修一年，进修费用按国家规定的标准，由公司统一付清。

以上事宜能否接受，请予函复。

附件：×××等三位技术人员情况登记表

××公司

××××年××月××日

**【例文 4】请批函**

# 县工商局关于请求增加人员编制的函

县编办：

根据县编发〔2007〕50 号和县编发〔2008〕30 号文件精神，县编办共核定我局内设职能股室 4 个，共核定编制 18 人。2009 年以来，随着经济的发展，我局工作量大大增加，为有利于工作的开展，经县政府领导同意，我局陆续在外单位借调 4 人，该 4 人已成为我局的工作骨干。但是，由于无编制，上述 4 人至今无法调入，影响了借调人员的工作积极性，同时也影响了各项工作的正常开展。为更好地履行审核把关、跟踪调研、督察督办的职能，圆满完成县政府领导交办的各项工作任务，请求县编办为我局增加编制 4 个。具体情况见附件。

当否，请批示。

附件：××××材料

××局（印）

××××年××月××日

**【例文5】询问函**

## ××省人民政府法制办公室关于在规定时段切断互联网
## 上网服务营业场所接入服务问题的函

国务院法制办公室：

我省在加强互联网上网服务营业场所管理方面，对涉及电信业务经营者在规定时段切断互联网经营服务场所接入服务问题，电信业务主管部门和文化市场管理部门有不同的意见。

电信业务主管部门认为，《中华人民共和国电信条例》第三十七条第二款规定："未经批准，电信业务经营者不得擅自中断接入服务。"依此规定，电信业务主管部门要求各电信业务经营者定时切断互联网上网服务不合法。文化市场管理部门认为，依据《互联网上网服务营业场所管理条例》第二十二条规定："互联网上网服务营业场所每日营业时间限于8时至24时。"各单位应在每日的零时起至上午八时，停止对所有互联网上网服务营业场所接入服务。

我们认为，《中华人民共和国电信条例》第三十七条第二款规定的，未经批准应是未经电信业务主管部门批准。《中华人民共和国电信条例》和《互联网上网服务营业场所管理条例》的规定并不冲突。作为省级电信业务主管部门可以要求全省的电信业务经营者在规定时段切断互联网上网服务场所的接入服务。

特此函询，盼复。

（印章）

××××年××月××日

**【例文6】复函**

## 关于××省人民政府法制办在规定时段切断互联网上网
## 服务营业场所接入服务问题的复函

××省人民政府法制办公室：

你办《关于在规定时段切断互联网上网服务营业场所接入服务问题的函》（×府法函〔2003〕54号）收悉。经研究函复如下：

根据《中华人民共和国电信条例》的规定，电信业务经营者应当保持电信网络畅通，为电信用户提供迅速、准确、安全、方便的电信服务，不得随意切断网络接入服务。《互联网上网服务营业场所管理条例》（以下简称《条例》）第二十二条对营业时间的强制性要求仅是针对互联网上网服务营业场所经营单位（以下简称网吧），对电信业务经营者并未作出相关规定。且该条例对网吧违反经营时间的行为规定了相应的处罚，有关部门只要依法加强对网吧的监督检查，是能够保证条例第二十二条规定的落实，似不宜采取切断接入服务的办法。

以上意见，供参考。

（印章）

××××年××月××日

# 第八节　会议纪要

**【案例导入】**

时间：××××年××月××日

参加人员：常务副会长×××，副会长××、××、××，办公室主任××、副主任×××，活动中心主任××

会议内容：

一、确定了学会的办公地点。根据××××年××月××日会议决定，经过比较，认为××大学办公条件优越，适合作学会的办公地点。会议决定，从即日起××学会迁到××大学，挂牌办公。通信地址：××市××区××路××号。联系电话：1×××××××××。

二、学会与××大学商定，由××大学给学会提供办公室、办公桌椅、电话和必要的办公费用。利用××大学的教学条件，双方共同组织举办秘书培训班等。

三、增补了学会副会长。为便于开展工作，建议增补××为学会副会长，负责学会的后勤保障和日常管理，先开展工作，以后提请××学会常务理事会确认。

四、制订了今年的活动计划。（略）

××学会

××××年××月××日

试分析上面的瑕疵例文，指出其毛病，并写出修改稿。

## 一、会议纪要的概念

会议纪要是依据会议记录和会议文件以及其他有关材料进行概括、提炼、整理而成的，是反映会议基本情况、主要精神、决定事项等内容的纪实性和指导性公文。

## 二、会议纪要的特点

### （一）提要性

会议纪要的依据是会议材料和会议记录，但它又不同于会议记录，它不能事无巨细，有话必录。纪要必须对会议进行归纳整理，择取其要，提炼出精华，概括出主要精神，归纳出主要事项，方为"纪要"。

### （二）指导性

会议纪要所记载的内容，是传达贯彻会议精神的主要依据，一经下发，对有关机关和单位具有指导作用。

### （三）法定性和权威性

会议的议定事项反映了主持单位和与会人员的共同意志，具有法定性和权威性，对与会单位或下属单位具有约束力。

## 三、会议纪要的种类

### （一）按照会议内容的不同划分

1. 议决性会议纪要

主要记载和反映会议议定的事项，作为传达和部署工作的依据，对今后的工作具有指导作用。常用于领导办公会议。

2. 研讨性会议纪要

主要记载和反映经验交流会议、专业会议或学术性会议的研讨情况，旨在阐明各方的主要观点、意见或情况。主要用于职能部门和学术研究机构召开的专题会议、专业会议或学术研讨会议。

3. 协议性会议纪要

主要记载双边或多边会议达成的协议情况，以便作为会后各方执行公务和履行职责的依据。对协调各方今后的工作具有约束作用。常用于领导机关主持召开的多部门协调会或不同单位联席办公会。

### （二）按照写法的不同划分

1. 分项式会议纪要。

2. 综述式会议纪要。

3. 摘要式会议纪。

## 四、会议纪要的写法

会议纪要一般由标题、正文两部分组成。

### （一）标题

会议纪要的标题一般有两种形式：一是单一式的，如《××公司生产销售会议纪要》；二是复合式的，即正、副标题式，正标题概括会议主要精神，副标题一般由会议名称和文种组成，如《党员文艺家要加强党的观念——首都部分文艺工作者座谈会纪要》。

### （二）正文

会议纪要的正文由导言、主体和结尾三部分组成。

1. 导言。即会议组成情况。通常采用简述式写法，简述会议时间、地点、出席人员、中心议题和议程等。

2. 主体。即会议的主要精神。

下面分别介绍综述式会议纪要、分项式会议纪要、摘要式会议纪要主体的写法。

（1）综述式会议纪要。即对会议的内容或议定事项进行综合概括，按性质分成若干部分，然后依据一定的逻辑顺序排列写出。议题比较重大、涉及面较广的会议纪要，多属此类。

（2）分项式会议纪要。即把会议的内容或议定事项分条列项地写出。许多办公会议纪要或讨论解决较具体、较专门问题的会议纪要属于这一类。

（3）摘要式会议纪要。即将与会者的发言按中心议题的要求择其要点摘录出来，按内容性质归类后写出。对发言者要写出真实姓名和职务、职称。这种写法能客观地反映与会者的观点和主张，还能较大限度地保留谈话风格。

3. 结尾。结尾一般写对与会者的希望和要求，有的会议纪要不写专门的结尾，会议的主要精神记述完毕即可。

### 五、注意事项

第一，会议纪要是对会议全部材料的概括、综合和提炼，因而必须广泛搜集会议材料，全面掌握会议情况；在此基础上，要按照会议精神，对材料进行分类和筛选。

第二，抓住要点。突出会议主题，把会议的主要情况简明、真实、准确地反映出来，把议定的事项一一叙述清楚；尽可能少用、慎用或不用一些模棱两可的语言。

第三，语言表达上，以叙述为主。语言要精练、通俗，篇幅一般不宜太长。

第四，根据会议的内容及规模，选用恰当的写作结构。结构安排要合乎逻辑，条理清楚。

第五，注重使用会议纪要的习惯用语。会议纪要常常以"会议"为第三人称来记述会议内容，因而主体部分应注重使用"会议认为""会议提出""与会者一致认为""会议决定""会议确定""会议要求""会议希望""会议号召"等作为层次或段落的开头语。

**【例文 1】办公会议纪要**

## 中共××市委常委会议纪要

××××〔××××〕×号

时间：××××年××月××日下午至××日
地点：市委主楼×××会议室
主持人：×××
出席：×××、×××、×××、×××、×××
列席：×××、×××、×××、××

议定事项

一、会议认真学习了省委××××年××月××日《关于进一步统一认识，坚决搞好治理整顿》的通知，对我市前段治理整顿的情况和一季度形势逐项进行了分析和深入讨论，进一步统一了思想，明确了当前和今后治理整顿的任务和工作重点。

会议认为，半年来我市在贯彻中央治理整顿方针的过程中，态度坚决，工作扎实，初见成效。但对成绩不能估计过高，要看到思想认识的差距和治理整顿任务的艰苦，要按照中央精神，进一步统一思想，认真抓好治理整顿的各项工作。

会议决定：

在省委传达中央工作会议精神后，召开市委工作会议，通过传达中央工作会议精神，分析我市治理整顿形势和任务，统一思想，提高认识，动员广大党员一心一意搞好治理整顿。会议定于4月底召开，由市委办公室做好会议筹备工作。

二、会议听取了××同志关于××××年××立功竞赛表彰大会准备工作的汇报，原则同意"立功办"提出的大会方案及召开时间，原则同意市级劳模及文明单位的名单，责成"立功办"根据市委常委意见进行调整，并做好大会准备工作。对有些需要进一步研究的问题由"立功办"再做准备，向书记办公会汇报。

【例文 2】专题会议纪要

## 关于协调解决沙面大街 56 号首层房屋使用权问题的会议纪要

〔××××〕×号

××××年××月××日上午，市政府办公厅××主任主持召开会议，协调解决沙面大街 56 号首层房屋使用权问题。参加会议的有省政府办公厅交际处、广东胜利宾馆、市商委、市国土房管局、二商局、市外轮供应公司等有关部门的负责同志。

会议认为，沙面大街 56 号首层房屋使用权的问题，是在过去计划经济和行政决定下形成的历史遗留问题。早几年曾多次协调，虽有进展，但未有结果。最近，按照省、市领导同志"向前看""了却这笔历史旧账"的批示精神，在办公厅的协调下，双方本着尊重历史、面对现实、互谅互让的原则，合情合理地提出解决这宗矛盾的方案。

经过协商、讨论，双方达成了一致的认识。会议决定如下事项：

一、市外轮供应公司应将沙面大街 56 号房屋的使用权交给胜利宾馆。

二、考虑到市外轮供应公司在沙面大街 56 号经营了 30 多年，已投入了不少资金，退出后，办公地方暂时难以解决，决定给予其商品损耗费、固定资产投资和搬迁费等一次性补偿费用共 95 万元。其中，省政府办公厅和广东胜利宾馆负责 80 万元；考虑到省政府领导曾多次过问此事和省、市关系，另 15 万元由广州市政府支持补助。

三、省政府办公厅和胜利宾馆的补偿款于 1994 年 2 月 7 日前划拨给市外轮供应公司。市政府的补助款于 3 月 5 日左右划拨，市外轮供应公司应于 2 月 15 日开始搬迁，2 月 20 日前搬迁完毕并移交钥匙。

四、市外轮供应公司原搭建的楼阁按房管部门规定不能拆迁。空调器和电话等 2 月 20 日前搬迁不了的，由胜利宾馆协助做好善后工作。

会议强调，双方在房屋使用权移交中要各自做好本单位干部群众的工作，团结协作，增进友谊，保证移交工作顺利进行。

××市政府办公厅

××××年××月××日

【拓展阅读】

## 会议纪要与会议记录的区别

会议纪要是在会议记录的基础上产生的，它是对会议记录的归纳和概括。因此，它虽然来源于会议记录，但却又明显地不同于会议记录。

会议记录不是公文，只是一种事务文书，是会议情况的原始记录，是拟写公文的原始参考材料。因此，会议记录一定要按会议的实际进程详细地记录开会的情况和每位发言人的发言，真实地反映发言人对每个议题的看法和意见，不能随意增删。一般是发言人怎么说就怎么记，不能人为地加以整理和归纳，尤其是会议在某一问题上出现分歧的时候，会议记录更要准确详尽地将分歧意见完整地记录下来，以体现会议的实际面貌。若想了解会议的全过程，查看当时的会议记录是最佳的方法。

会议纪要是一种正式的公文，它记载的是会议的要点（与会各方所达成的共识），诸如会场的气氛、会上的分歧、每位发言人的详细发言等过于细致的情况在会议纪要中是不可能得到完整全面的反映的。因此我们说，想从会议纪要中看到会议的全貌是不可能的。

**【思考与练习】**

1. 根据下面的材料写一份通报。

2019年8月6日，某校学生刘某在学生宿舍内使用电炉烧水，突然停电，刘某未将插头拔出便离开了宿舍。下午来电，刘某不在场，因电炉长时间烘烤旁边的床，引起一场火灾。为此，学校给刘某记过处分一次，并责令按价赔偿火灾造成的损失。

2. 根据以下材料写作公文。

××大学××系18级学生张清于2019年5月6日晚9时经过学校广场时发现有5个男青年在对一位女生拉拉扯扯，立即上前制止。那5个男青年见只有张清一人，便上前殴打他，张清不但没有退缩，反而与歹徒进行了激烈的搏斗，胸部、腹部先后被歹徒刺了6刀，但他仍一直坚持到其他同学闻讯赶来抓住歹徒。学校领导听说并证实这一事件后，决定授予张清"优秀团员"称号，并通报全校表扬。请代拟一份通报。

3. 试以所在班为单位，召开近期组织全班郊游活动的模拟筹备会，并根据会议情况撰写一份分项式会议纪要。

4. 为庆祝建校60周年，学校决定举办名家系列讲座，请你代学校办公室拟一份邀请函，邀请××大学历史系李文教授来校讲课。

5. 请阅读下文，指出其毛病，并写出修改稿。

## ××学校关于宿舍翻建的请示报告

教育局：

我学校因学生和教师数量增多，导致原有宿舍面积已不能满足需要，学生宿舍人满为患，严重影响了学生的学习和生活。为缓和学校宿舍紧张状况及结合学校长远规划，故决定开展宿舍翻建工作，资金由学校自行解决。

妥否，请批示。

××学校（公章）

××××年××月××日

# 第三篇　事务文书

# 第一章　事务文书概述

## 第一节　事务文书的含义、分类及特征

### 一、事务文书的概念

事务文书是机关、团体、企事业单位在处理日常事务时用来沟通信息、安排工作、总结经验、研究问题的实用文体，是应用写作的重要组成部分。由于这类管理类文体处理的日常事务亦为公务，所以事务文书属于广义的公文范畴。

### 二、事物文书的类别

事务文书种类很多，常见实用的事务文书有：计划、总结、调查报告、述职报告、会议记录、申请书、规章制度、讲话稿、演讲稿、简报、会议记录、启事、声明等。按照文章的性质分，我们可以将其分为以下几个类别：

一是计划类，包括计划。

二是报告类，包括调查报告、调研报告、述职报告。

三是总结类，即总结。

四是演讲类，包括讲话稿（开幕式、闭幕式）、演讲稿。

五是记录类，包括简报、会议记录。

六是告示类，包括启事、声明。

### 三、事务文书的特征

#### （一）事务文书的特定性

事务文书的发放有自己特定的使用范围和读者。从定义中可知，事务文书是发给机关、团体或企事业单位的文书，在其内部或内部一定范围内使用。因此，它有着特定的读者和特定的发放对象。同时，它也有特定的使用目的，如传递信息、汇报工作和记录工作等。它和报纸等不同，不面向社会，而是报送领导和上级单位，或是下发给下级单位，这些都有其特定性。

#### （二）事务文书的实用性

事务文书写作最重要的特性就是实用性，由于事务文书的发放有自己特定的使用范围和

读者，这就要求事务文书一定要实用，所写内容必须是读者所需要的，如总结的读者需要看到文章中所有和某一活动相关的一些内容，与之无关的内容写在文章里就会显得多余，文不对题，所以事务文书具有实用性。

**（三）事务文书的简要性**

简要就是语言简洁明白，易于理解。"简要"是事务文书最基本的要求，也是事务文书与其他文体的根本区别。事务文书的内容要扼要，文字要简练，要指出问题或争论之所在。事务文书是党政机关、企事业单位和社会团体用来推动党政公务、沟通业务和解决实际问题的，长篇大论、词不达意无益于实际问题的解决和任务的执行。作为组织沟通业务的重要工具，公务文书应注重其简要性，力争以简短的篇幅、简练的语言传达组织的意志。

**（四）事务文书的时效性**

事务文书需要的是"言简意赅"、"文约事丰"，要求用最简洁的文字准确表达尽量多的内容和更深的含义，这就需要做到以下几点：首先，要提炼文意。写作之前要明确主旨，这样就能以意遣词，集中凝练。其次，要善于使用一些语意凝练、含义丰富的成语、熟语或缩略语。使用这些词语要做到约定俗成，合乎心理习惯。同时，不能滥用缩略语，避免产生歧义。第三，要删繁就简。公务文书的实用性要求公文要开门见山、直奔主题，删去无意义的空话、套话，删去所有不着边际的浮泛客套之词，真正体现出公文的时效性。

**（五）事务文书的准确性**

"准确"是公文的生命。"准确"，要求执笔人能够准确无误地传达党和国家的有关方针、政策，这就要求行文严谨，实事求是地叙述实际情况，要做到不夸张、不虚构，对文中列举的数据、人名、地名应准确无误，不能出现统计失误，对人物、事件、工作的评价应切合实际，不能言过其实。"准确"，还要求执笔人应态度明朗、观点鲜明，不含糊其辞。

**（六）事务文书的参考性和指导性**

事务文书与行政公文相比，没有法定的权威性和强制性。例如，一份总结或调查报告，其经验教训具有一定的参考和引导作用，并不是说其经验教训必须应用到下一次的活动中。有的文章只是通报信息或情报，不是正式文件。例如，在简报上对某次会议的表扬或者批评，不等于通报表扬或者通报批评，所以事务文书具有一定的参考性和指导性。

# 第二节　事务文书的格式及写作要求

## 一、事务文书的格式

事物文书由于文种的不同，其格式也不尽相同。事务文书大体上可分为标题、正文和落款三个部分。

**（一）标题**

标题的写法主要是由单位名称、时限、事由和文种四部分组成。

事务文书的标题，一般有以下几种格式：

1. 单位名称＋时限＋事由＋文种，如《××××学院2019年省级示范校建设工作总结》。

2. 时限＋事由＋文种，如《2019 年植树造林计划》。

3. 单位名称＋事由＋文种，如《清华附中教学工作计划》。

4. 事由＋文种，如《工作总结》。

5. 文种，如《声明》。

（二）正文

事务文书的正文一般由前言、主体和结尾三个部分组成。

1. 前言

这一部分主要介绍事务文书的基本情况，如果是计划就要写明制订计划的依据；如果是总结就要交代是什么总结，根据什么精神，为了什么目的。

2. 主体

主体部分是全文的重中之重，要根据文体的不同写明想要表达的内容。总体上来说有以下几个部分：基本情况、主要目标、主要做法、主要成绩、主要经验、问题和教训、今后打算等。

3. 结尾

结尾部分是全文的补充部分，可以是主体部分的补充，如写一些对未来的展望、提出要求和口号等。

（三）落款

落款通常是在正文的右下方，写明单位名称或个人姓名，并另起一行签署日期。

## 二、事务文书的写作要求

### （一）以方针政策为指导，以法律规定为依据

事务文书的政策性很强，它是党和国家的方针政策在有关实际工作中具体的体现。拟稿者须认真领会有关政策，并运用政策原则去指导工作。同时，事务文书还必须以法律法规为依据，不能与现行政策和法律法规相抵触。

### （二）深入调查研究，获取真实材料

撰写事务文书要了解实际情况，进行深入细致的调查研究，尽可能多地搜集、积累材料，只有这样才能明情况、知变化、定决策，才能发挥事务文书的指导性功能与务实的作用。

### （三）实事求是，切实可行

事务文书，或拟订计划，或制定各种规范，或调研总结，或拟订会议材料，都是为了解决工作中的实际问题，因而必须坚持实事求是，解决问题的对策要具有科学的可行性。

### （四）格式约定俗成，语言准确简练

事务文书的格式虽然不像行政公文那样程式化，但许多文种的格式也有约定俗成的共同特点。在结构方面，事务文书要求开门见山、突出重点、层次分明；在语言方面要求用语准确，尤其是规章类文书，更讲究炼词炼句，不能产生歧义，表述不能模糊。

**思考与练习**

1. 事务文书可分为哪几类？

2. 事务文书的特征有哪些？

# 第二章 常用事务文书

## 第一节 计 划

**【案例导入】**

"凡事预则立，不预则废。"无论做什么事情，都要有计划，我们在生活当中经常会碰到一些繁复或是重要的事情，每当这时，总会有一个声音在耳边提醒我们：是否应当做一个计划？在人生当中，你没有办法去做所有的事情，但是你却有办法去做对你最重要的事情。计划就是一个排列优先顺序的流程。计划并不能保证你成功，但能让你为将来做好准备，有了计划再行动，成功的机遇就会大幅提升，如果计划不当，就很有可能造成严重的后果。请读一读《中国环境报》1999 年 12 月 18 日发表的一篇文章：

### 计划不当的污染

治理脏乱差的工作开展得如火如荼，几个正在清仓大甩卖的小摊贩心有不平：当初计划在这条街上搞服装一条街的是街道办事处，收钱批照的也是办事处，这会儿采拆摊点的，还是办事处！

我们那个小区原来有几块绿地，树虽说长得不整齐，但灌木和野草好歹还能见点绿，常有老头和老太太跑跑步，打打太极拳。忽然一下开进来十几个民工，又是刨又是挖，好好的黄杨、冬青给拔得一干二净。老头老太太们颇为不满地责怪民工，回答是：办事处计划在这里修停车场和花坛。现在花坛、停车场都修起来，倒是春风起兮云飞扬，老头老太太们只得门窗紧闭看电视，电视上告诉他们，今日的主要污染物是悬浮颗粒。

如今的淮河、太湖和滇池边，到处都在清理整顿"十五小"企业。有了些环保意识的人们责问一些不愿关停并转的工厂主：污染都那么严重了，你们还干哪？良心到哪里去了？是啊，良心呢？我也如此发问。发问过后突然想起作家陈桂棣《淮河的警告》一文中提到的所谓的"十五小"企业，都是当地政府曾大力倡导的，并计划大干快上的东西。

很早以前，我们有过这样一个观点：我们的计划经济是有计划的，而计划是为人民造福的，所以就不会有污染，污染只会在没有计划只讲市场的西方出现。现在我们自己也承认：计划也会出错。比如"大跃进"，计划得非常宏伟，出发点也是好的，然而结果证明却是违反了自然与社会的发展规律；再比如几年前发展各种各样的"一条街"，出发点是好的，带动地方经济，方便市民生活，为办事处创点收，结果却影响了市容，污染了环境。

有很多看起来十分美好的计划都没有考虑会不会影响市容、阻塞交通、产生噪音、污染空气、垃圾成堆、排污不畅等。因此，不周到的计划显然不是个好计划，修花坛是好事，修停车场还能创收。我们那个小区十几年前建成时曾被誉为全国的样板，经验之一就是绿化搞得好。计划是好的，实施的也不错，现在为何只剩下灌木和野草了呢？显然是管理不善。

几年前有人根据公布的绿化数字做过计算，发现我们已经把自己生存的这块土地全部绿化了好几遍，为什么现在每年还要大搞绿化？很简单，只种不养护不仅消耗了大量的人力物力，而且浪费了大量树苗。因此，没有实施保障的计划也算不上好计划。

现在各地大兴土木，计划中显然没有考虑到悬浮颗粒。我们安慰自己说：多风的春季已经到了，无风的夏季还会远吗！然而各地又在大干快上汽车工业，计划中显然没有过多考虑悬浮物。我们只好安慰自己说：秋高气爽嘛。然而谁也说不准，我们还会出台什么计划。

冬天来了，我们似乎也不知道该说些什么了，只能盼望着：哪怕是多下一场雪！

读了这篇文章，你一定会顿生"人无远虑，必有近忧"的感慨吧？今后我们无论做什么工作都要通过计划来进行，大到国家规划，小至一些日常工作安排。计划是工作的方向、行动的纲领，它能保证工作与活动按设想的方案实现。为了学习与工作的需要，我们应该掌握计划的写法。

## 一、计划的概念

计划是单位、部门或个人为了更好地完成一定时期内的学习、工作和生产任务，按照上级的部署、要求，结合本单位和本人的实际情况，提出的明确的目标、任务，并制订相应的措施、办法、步骤，规定完成期限等具体内容的书面材料。

计划因涉及范围、内容和期限的不同，有不同的叫法。

| 名称 | 时间 | 内容 |
| --- | --- | --- |
| 计划 | 半年、一年 | 具体、规范 |
| 安排 | 短期内 | 事情较具体简单、措施具体 |
| 方案 | 近期、短期或长期 | 事项做了最周密具体的计划 |
| 打算 | 近期内 | 对事情还未考虑周全 |
| 规划 | 长期、三到五年 | 面广、规模大、只有大轮廓 |
| 设想 | 长远工作 | 非正式、粗线条 |
| 意见 | 一个阶段（上级对下级） | 交代政策、提出具体要求 |

## 二、计划的特点

### （一）预见性

计划不是对已经形成的事实和状况的描述，而是在行动之前对行动的任务、目标、方法、措施所做出的预见性确认。制订计划要有科学的预见，依据客观实际情况的精确分析，对未来一定时期的工作目标作出预见性安排。

### （二）针对性

计划的内容一是要根据党和国家的方针政策、上级部门的工作安排和指示精神而制订；二是要针对本单位的工作任务和主客观条件而制订。总之，要从实际情况出发，有针对性地制订出来的计划，才是有意义、有价值的计划。

### （三）可行性

计划是为了实现而制订的。计划的各项指标及措施、方法的设置安排必须建立在必要而且可能的前提下。不必要的计划对工作来说毫无意义，而达不到的计划更是一纸空文。因此，作为执行文件的计划必须具备现实的可行性。

### （四）指导性

计划一旦成文，就会对实践活动起到控制和约束作用，我们的各项实践活动都要按照计划的设想去做，因而具有明显的指导性。

### （五）约束性

计划一经通过、批准或认定，在其所指向的范围内就具有了约束作用，在这一范围内无论是集体还是个人都必须按计划的内容展开工作和活动，不得违背和拖延。

## 三、计划的作用

### （一）指导和依据作用

各个行业、各个单位、各个部门乃至个人，都要根据上级主管部门的要求以及自身的实际情况，制订科学合理的计划，并以此为指导，使工作目标明确，能够做到统筹兼顾，随时掌握工作进度。另外，计划又是组织落实完成任务的具体依据，是监督、检查、衡量工作情况的客观依据。

### （二）提高工作效率的作用

计划一经制订，要求有关的单位、工作人员都应按照计划规定的目的、工作步骤、具体措施、时间要求去执行，从而避免盲目性，使工作人员各司其职、尽职尽责，使人力、物力和财力得到最大限度的利用，保证各项工作有条不紊地顺利进行，有利于提高工作效率。

### （三）检查督促作用

制订计划有利于总结经验，吸取教训，能更好地推动工作的开展。而从另一方面来看，上级领导可以通过制订好的计划，随时检查、掌握工作和学习的进展情况，督促计划的执行，及时肯定成绩，总结和推广经验，发现问题，纠正偏差。

## 四、计划的种类

根据不同的标准，计划可分为不同的类别：

第一，按照性质分，有综合性计划、专题性计划等。

第二，按照内容分，有学习计划、工作计划、生产计划、教学计划、科研计划、劳动计划等。

第三，按照范围分，有国家计划、地区计划、部门计划、单位计划、个人计划等。

第四，按照时间分，有长期计划、中期计划、短期计划、学期计划、季度计划、月份计划等。

第五，按照形式分，有表格式计划和条文式计划，也有表格和条文式兼用的计划。

## 五、计划的写作方法

### (一) 标题

由于计划的结构形式多样，所以其标题也不拘一格，总体上来看有以下四种结构形式：

1. 计划的标题一般由单位名称、计划时限、事由和文种四部分组成，如《××××学院 2016—2017 学年第二学期教学工作计划》。

2. 有的计划可以省去单位名称，如《2017 年环境保护工作计划》。

3. 有的计划可以省去计划时限，如《××学院教科研工作计划》。

4. 有的计划可以同时省去单位名称和计划时限，如《科研工作计划》。

如果计划正处在征集意见阶段或正在讨论阶段，没有最终定稿，须在标题的后面用括号标明"草案"、"初稿"、"讨论稿"等字样。

### (二) 正文

正文是计划的核心部分，可分为前言、主体和结尾三个部分。

1. 前言

前言部分要概括写明制订计划的依据，如根据上级什么精神或什么指示，结合本单位的实际情况，包括过去的经验和教训，然后提出工作任务和要求。

2. 主体

正文的主体部分是计划的核心，写法灵活多样，根据具体内容而定。通常的结构有三种：文件式、条文式和表格式。不管用什么样的结构，都要有计划的三要素，即目标、措施和步骤都要交代清楚。

目标：写明总的工作任务，达到什么指标，为实现这一目标要具体完成哪些工作任务。

措施：就是采取什么办法和措施来完成任务。要写明怎样利用优势，依靠哪些力量，创造什么条件，克服什么困难等。

步骤：实现计划的时间和程序。如果说前言是解决"为什么做"的问题，那么措施和步骤就是解决"怎么做"的问题。这一部分要具体、明确，环环相扣，做到先后有序，轻重有别，难易有度。可以使用条文式和表格相结合的写作方法，分层递进。措施一般包括人力、物力、财力、办法、手段、组织分工和完成时限等内容。

3. 结尾

结尾是计划的补充部分，可以提出希望、发出号召、展望前景、明确执行要求等，也可在条款之后结束全文，不写专门的结语部分。

### (三) 落款

落款又称"文尾"，在正文的右下方签署单位名称和日期，如果是上报、下达的计划，则应写明抄送单位。

## 六、计划的写作要求

### (一) 实事求是，量力而行

制订计划要从实际情况出发，实事求是，既不能因循守旧，思想保守，也不能脱离实际，片面追求高速度、高指标。

**（二）集思广益，反复酝酿**

在制订计划的过程中，要走群众路线，广泛发动群众、依靠群众，集中群众的智慧和意见。

**（三）具体明确，科学合理**

计划的目的、任务、指标、措施、办法、完成人和时间都要具体明确，职责分明，便于执行和检查。

**【例文】**

# 2019—2020 学年第一学期个人学习计划

为了不断增加自己的知识储备，努力提高自己的综合素质，更好地锻炼自己，特制订 2019—2020 学年第一学期的学习计划如下：

一、学习目标

1. 学好本学期开设的英语口语、听力等课程内容，努力做到发音准确、听力良好、词汇量达 1000 个以上。

2. 各门专业课成绩平均达到 85 分以上，体育 75 分以上。

3. 读 7～8 本优秀课外书，坚持读英文报刊。

4. 钢笔字达到良好。

二、学习措施

1. 课前预习，上课认真听讲，课后复习。按时独立完成作业，做到口到、手到、心到。

2. 每天坚持早读，背单词、朗诵课文、听录音带。

3. 制订学习时间表，让同学见证、监督自己的学习。

4. 利用课外时间到图书馆阅读报刊，开拓自己的视野。

5. 养成随身携带英语单词表的习惯，随时随处有空就背单词，增加词汇量。

6. 积极参加各种集体活动，做到劳逸结合，培养各种有益身心的兴趣与爱好。

7. 坚持每天练字。

三、学习时间安排

| 时间 | 事项 |
| --- | --- |
| 上午 6：30—7：30 | 起床锻炼身体 |
| 7：30—8：00 | 早读背诵英语单词和课文 |
| 8：00—12：00 | 上课 |
| 中午 12：30—13：30 | 中午休息 |
| 下午 14：00—16：30 | 上课 |
| 16：40—17：30 | 课外活动 |
| 晚上 19：00—21：00 | 做作业、预习复习、练字 |
| 22：00 | 休息 |

四、学习要求

1. 循序渐进，持之以恒，切忌"三天打鱼，两天晒网"。

2. 统筹兼顾，科学安排，处理好学习与课外活动的关系。

3. 融会贯通，学以致用，虚心向老师和同学请教，不断积累知识和经验。

×××

××××年××月××日

# 第二节　申请书

## 【案例导入】

　　申请书的用途非常广泛，当我们入党入团的时候需要递交申请书，当我们进修、调动工作时需要递交申请书，当我们向上级说明情况或需要上级帮助解决问题时也需要递交申请书。那么什么是申请书呢？请看下面例文。

## 抗击疫情申请书

尊敬的校领导：

　　"军号已吹响，钢枪已擦亮，行装已背好，部队要出发。"这是场没有硝烟的战争，疫情就是军号，它在召唤着我们迅速集结，时刻准备奔赴战场。

　　2020年春节期间，新型冠状病毒引发的肺炎疫情突然爆发，给我国人民的生命和卫生安全造成了严重威胁。当前，疫情发展形势严峻，抗击疫情已成为国家的首要任务。面对灾情，作为一名入党积极分子，一名退役军人，我愿意在国家危难时刻冲锋在抗击新型冠状病毒的第一线，积极参与到疫情防控阻击战当中，发扬人民军队召之即来、来之能战、战之必胜的优良作风，践行"若有战，召必回"的誓言。严阵以待，无条件地服从上级安排，不忘初心，牢记使命，全心全意为人民服务。

　　我将坚决做到以下几点：

　　一、积极配合有关部门做好抗击新型冠状病毒工作；

　　二、无论任何岗位，都要顾全大局，坚决服从统一指挥；

　　三、谨言慎行，不随意散播不实信息；

　　四、勇于奉献，勇于担当。

　　军号已吹响，钢枪已擦亮，收拾好行装，随时准备出发！

　　希望学校批准我的申请，让我成为一名光荣的志愿者，为抗击新冠肺炎疫情奉献我的青春和力量。

申请人：×××

××××年××月××日

## 一、申请书的概念

申请书是个人、单位、集体向组织、领导提出请求，要求批准或帮助解决问题的专用书信。

申请书的使用范围非常广泛，个人对党团组织和其他群众团体表达志愿、理想和希望，可以使用申请书；个人在学习、工作、生活上对机关、团体、单位领导有所要求时，可以使用申请书。因此，申请书可以成为沟通个人与组织、个人与领导、下级与上级的一种工具。申请书不仅可以把个人或单位的愿望、要求向组织或领导表达出来，通过它还可以让组织和领导对下级有所了解，是上级与下级之间的桥梁，使干群之间、个人与组织之间、个人与领导之间、下级与上级之间形成联系紧密、步调一致的整体。

## 二、申请书的特点

### （一）请求性

申请书是集体或个人向上级组织或领导有所请求时使用的，其写作带有明显的请求目的。从写作内容看，申请书是以阐述申请原因、申请理由和申请事项为主要内容的事务文书，具有十分明显的请求性。

### （二）单一性

申请书的内容单一明确，形式较为郑重，一般是一事一文，即一份申请书只表达一份请求或一个愿望。

## 三、申请书的种类

从用途上划分，申请书有以下几类：

一是思想政治生活方面的申请。这种政治申请一般是指加入某些进步的党派团体，如申请加入中国共产党、中国共产主义青年团、少先队、工会、参军等。

二是工作学习方面的申请。它是指在求学或在实际工作中所写的申请，如入学申请书、带薪进修申请书、工作调动申请书等。

三是日常生活方面的申请。日常生活中，由于柴米油盐、吃穿住行，我们常常会遇到一些困难，需要个人申请才可以被组织、集体、单位考虑、照顾或着手给予解决，诸如申请福利性住房、个人申请开业或困难补助等。

按申请的主体分，申请书还可以分为个人申请和单位申请两种。

按形式分，申请书有文章式和表格式两种。

按解决事项的内容分类，可分为入团、入党、困难补助、调换工作、建房、领证、承包、贷款申请等。

## 四、申请书的写法

申请书一般由标题、称谓、正文、结尾和署名、日期五个部分组成。

### （一）标题

标题有两种写法，一种是直接写"申请书"，另一种是在"申请书"前加上内容，如

"入党申请书""调动工作申请书"等，一般采用第二种。

### （二）称谓

顶格写明接受申请书的单位、组织或有关领导，如"尊敬的校领导："。

### （三）正文

正文要从称谓的下一行空两格处写起。正文部分是申请书的主体，首先提出要求，其次说明理由。理由要写得客观、充分，事项要写得清楚、简洁。提出的要求和理由最好分段书写，这样既保证了申请书内容的单一性和完整性，又条理清晰，使人看起来容易把握要领。

### （四）结尾

结尾部分写明惯用语"特此申请""恳请领导帮助解决""希望领导研究批准"等，也可用"此致""敬礼"等礼貌用语。

### （五）署名、日期

个人申请要写清申请者姓名，单位申请要写明单位名称并加盖公章，注明日期。

## 五、申请书的写作要求

申请书的写作要求包括以下方面：

一是申请的事项和理由要写清楚、具体，涉及的数据要准确无误。

二是要考虑对象。申请书是让接受申请书的组织或领导看的，所以必须从这个特定的读者对象出发来确定申请书的内容和文字。

三是理由要充分、合理，实事求是，不能虚夸和杜撰，否则难以得到上级领导的批准。

四是语言要准确、简洁，态度要诚恳、朴实。

【例文】

# 入党申请书

敬爱的党组织：

我是一名刚上大一的学生，我的家庭并不富裕，但从小吃得饱，穿得暖，有良好的读书环境，有优秀的老师，有社会各界的帮助。我在和平的环境中成长，同时也见了证我们祖国的巨大变化。我深知这一切是因为有中国共产党的领导，所以今天我满怀诚挚的心向党组织提出申请——我要求加入中国共产党。

历史证明中国共产党是中国工人阶级的先锋队，是中国人民和中华民族的先锋队。它的宗旨是全心全意为人民服务。中国共产党是中国特色社会主义事业的领导核心，代表中国先进生产力的发展要求，代表中国先进文化的前进方向，代表中国最广大人民的根本利益。党的最高理想和最终目标是实现共产主义，党在现阶段的奋斗目标是全面建成小康社会。

中国共产党之所以是"两个先锋队"、"一个领导核心"、"三个代表"，这是经历多年的斗争与考验而形成的。在新民主主义革命时期，以毛泽东同志为核心的党的第一代中央领导集体，把马克思主义基本原理和中国革命实际结合起来，建设起一支团结统一，纪律严明，英勇善战的工人阶级先锋队，领导全国人民进行艰苦卓绝的斗争，建立了社会主义的新中国。在社会主义建设时期，以邓小平同志为核心的党的第二代中央领导集体，运用马克思列宁主义、毛泽东思想领导人民进行社会主义现代化建设，经过长期的艰辛努力，摸索实践，终于在 20 世纪的 20 多年里，找到了一条符合中国实际的建设有中国特色的社会主义道路。在实践中，中国共产党坚持实事求是，解放思想，团结努力，有中国特色的社会主义经济、政治、文化都取得了伟大的成就。党的十一届三中全会以后，我们实现了现代化建设的第二步战略目标，实现人均国民生产总值翻两番。特别是 20 世纪末，基本消除贫困现象，人民生活初步达到小康。改革开放 40 多年，取得了突破性发展，社会主义市场经济体制初步建立。香港、澳门回归，北京奥运会成功举办，2020 年共同抗击疫情等等，与各国关系的友好发展，无一不表明中国共产党的领导能力。展望未来，我党已经明确要抓好的三大任务，即继续推进现代化建设，完成祖国统一，维护世界和平与促进共同发展。我深知，作为一名共产党员，不仅需要实事求是，解放思想，更需要树立正确的世界观、人生观、价值观。助人为乐，待人真诚，有责任心，有上进心是我的优点，但我同时也存在许多缺点，性格倔强，固执，不够果断，缺少主见，不敢面对挫折。

此刻我向党组织提出申请，知道自身有很多不足，所以我更希望党组织严格要求我，使我有更大的进步。我也会用党员标准要求自己，努力克服缺点，认真学习党的十九大精神和习近平新时代中国特色社会主义思想，争取早日加入党组织。

我志愿加入中国共产党，是要在党的组织内，认真学习马克思列宁主义、毛泽东思想、邓小平理论、"三个代表"重要思想、科学发展观、习近平新时代中国特色社会主义思想，认真学习中国特色社会主义理论体系和党的基本路线，学习科学、文化和业务，不断地提高自己的思想政治觉悟。我要认真地用共产党员的标准来要求自己，全心全意为人民服务。我自身品行端正，自觉遵守校纪校规，学习态度良好，上进心强，努力学习自己的专业知识，但也没有忘记积极参加班级活动，在日常生活当中，乐于助人，与每个同学都友好相处，但是，每个人都有自己的缺点，当然也包括我，我也一直在努力改正自己的一些缺点。

虽然我现在还只是一名大一的学生，但我会在发奋学习的同时利用自己的特长来为周围的老师和同学们服务，并努力学习党的相关理论政策，提高自己的政治素养。如果党组织批准我的申请，我会更加努力以党员的标准来要求自己。如果党组织不批准，那表明我还存在着一些缺点，我会积极改正，进一步向党组织靠拢。请党组织考验我！

此致

敬礼！

申请人：×××

××××年××月××日

## 第三节　总　结

【案例导入】

人类总得不断地总结经验，有所发现，有所发明，有所创造，有所前进。

联想集团创始人、联想控股董事长柳传志，他的一生都在学习。从最初的学四通，到之后学习互联网，学惠普，他一直没停下学习的脚步，而联想也在这种学习的过程中不断壮大。

柳传志曾说过："一流的人才，都是善于总结的人。"而他就是这样的人，在70年的人生历程中，柳传志总结出了无数的宝贵经验。可以说，无论是联想集团首席执行官杨元庆，还是神州数码董事局主席郭为，都是在柳传志的影响下成长起来的。

事实上人类在许多时候都是在逐渐积累经验、积累知识、增长才干，从而推动社会发展的。对个人来说，善于总结也是有所发现、有所进步的重要方法和途径。我们是祖国未来的建设人才，为了担负历史的重任和促进自己的工作和学习，应该善于总结。

## 一、总结的概念

总结是对已往的一段时间内某项工作、生产、学习、思想的情况进行系统的回顾，通过分析研究，作出客观的评价，肯定成绩，找出问题，得出经验教训，摸索出事物发展规律，为发扬成绩、纠正错误、提高认识、明确方向而写成的书面材料。

## 二、总结的特点

### （一）自身性

总结都是从自身出发，以第一人称来写的。它是单位或个人自身实践活动的反映，其行文内容来自自身的实践，其结论也为指导今后自身实践提供方向。

### （二）指导性

总结以回顾思考的方式对自身以往实践作理性认识，找出事物本质和发展规律，取得经验，避免失误，以指导未来工作。

### （三）理论性

总结是理论的升华，是对前一阶段工作的经验、教训的分析研究，借此上升到理论的高度，并从中提炼出有规律性的东西，从而提高认识，以正确的认识来把握客观事物，更好地指导今后的实际工作。

### （四）客观性

总结是对实际工作再认识的过程，是对前一阶段工作的回顾。总结的内容必须要完全忠实于自身的客观实践，其材料必须以客观事实为依据，不允许东拼西凑，要真实、客观地分析情况、总结经验。

### （五）概括性

总结是对前一段工作的经验的概括，是感性认识到理性认识的上升。

## 三、总结的作用

总结是对一定时期内的工作加以回顾、分析和研究，肯定成绩，找出问题，得出经验教训，摸索事物的发展规律，用于指导下一阶段工作的一种书面文体。它所要解决和回答的中心问题，不是某一时期要做什么，如何去做，做到什么程度的问题，而是对某种工作实施结果的总鉴定和总结论，是对以往工作实践的一种理性认识。

总结是做好各项工作的重要环节。通过它可以全面系统地了解以往的工作情况，可以正确认识以往工作中的优缺点，可以明确下一步工作的方向，少走弯路，少犯错误，提高工作效率。

总结还是认识世界的重要手段，是由感性认识上升到理性认识的必经之路。通过总结，使零星的、肤浅的、表面的感性认识上升到全面的、系统的、本质的理性认识上来，寻找出工作和事物发展的规律，从而掌握并运用这些规律。毛泽东同志曾指出：领导者的责任，就是不断指出斗争的方向，规定斗争的任务，而且必须总结具体的经验，向群众传播这个经验，使正确的获得推广，错误的不致重犯。

写好总结，须勤于思索，善于总结。这样可以提高领导的管理水平，培养出更多理论与实践相结合，具有工作能力的干部。总结中，要对工作的失误等有个正确的认识，勇于承认错误，可以形成批评与自我批评的良好作风。写好总结，要从以往的工作实际出发，可养成调查研究之风。

总之，写好总结是非常重要的，但也是非常困难的。难度主要表现在两方面：一是总（过去的工作），二是结（工作的经验、教训、规律）。要正确处理好两者关系，总是结的依据，结是总的概括。

## 四、总结的种类

总结按性质分，有学习总结、生产总结、科研总结、工作总结、劳动总结；按内容分，有全面总结和专题总结；按时间分，有长远总结、学期总结、年度总结、季度总结、月份总结；按范围分，有个人总结、单位总结、部门总结。

总结的种类可以按性质、内容、时间和范围等不同角度来划分，但不管按什么方式来分类，归结起来不外乎三种，即综合总结、专题总结和个人总结。

综合总结，是一个部门、单位对一定时期内的各项工作进行的全面的总结，要展现本部门、本单位一定时期工作的全貌。

专题总结，是对一定时期的某项工作或某一方面的问题作专门性的总结，这类总结偏重于总结成绩、经验，其他可以少写或不写。

个人总结，是个人在工作或学习告一段落后，将自己的实践进行回顾。这种总结要抓住主要问题，突出经验、教训和收获、体会；要注意防止陈列式、记流水账，也不要写成检讨书、决心书。

## 五、总结的写作格式

### （一）标题

总结的标题有公文式标题和内容概括式标题两种形式。

1. 公文式标题

（1）单位名称＋时限＋事由＋文种，如《桂林市财政局 2004 年工作总结》。

（2）单位名称＋事由＋文种，如《南城百货公司创先争优活动总结》。

（3）事由＋文种，如《教育工作总结》。

2. 内容概括式标题

（1）单标题。标题只是内容的概括，并不标明"总结"字样，但一看内容就知道是总结，如《一年来的谈判及前途》等。

（2）双标题。正标题点明文章的主旨或重心，副标题具体说明文章的内容和文种，如《加强医德修养树立医疗新风——南方医院惠侨科精神文明建设的经验》。

**（二）正文**

正文部分一般由前言、主体和结尾三个部分组成。

1. 前言

概述基本情况，包括单位名称、工作性质、主要任务以及总结目的、主要内容提示等。作为开头部分，要注意简明扼要，文字不可过多。

2. 主体

主体部分应该从基本情况、主要成绩和经验、存在的问题和教训、今后努力的方向四个方面来写作。

（1）基本情况。对总结对象的大致情况如工作、学习的时间、地点、范围、过程、结果、成效及相关背景作全面的归拢，给读者一个关于总结对象的总体认识。

（2）主要成绩和经验。主要成绩可以概括为几点或几个方面来写，要写得具体些，要有事实材料和必要的统计数据，有时还需要与上期工作情况、本期计划规定的任务指标进行对比说明。主要经验要说明工作的基本做法、体会和取得成绩的原因。总结经验要既有观点又有材料。光讲道理不行，要有具体的典型事例，让事实去说明道理；光摆事实更不行，没有从材料中概括、提炼出观点，指出规律性的东西，就不能说明问题，达不到总结的目的。因此，对成绩和经验的归纳总结，既不能就事论事，忽视理论分析，又不能空泛议论，没有具体材料。要从观点和材料的统一、理论和实践的统一上形成结论，总结出经验。

（3）存在的问题和教训。存在的问题，即没有做好、没有完成的工作，有待进一步解决的问题及工作中的失误和缺点。教训是工作没有做好及工作出现失误、缺点的原因。写缺点也要实事求是，不能为了表示谦虚或保证总结内容的绝对全面而去生拼硬凑。在一些专题性经验总结中，由于工作成绩突出，又是为了供上级机关在全局推广先进经验，这方面的内容便可以少写或不写。

（4）今后努力的方向。在总结经验和教训的基础上提出今后的任务和打算，包括以后如何发扬成绩、克服缺点、纠正失误、要首先解决哪些问题等。上述内容，要切合实际，严肃认真地写，而不能用几句不着边际的官腔话敷衍了事。在全篇结构上，这些内容可以单列一个部分，作为主体的一个层次，也可以用作全篇的结束语。

3. 结尾

应在总结经验教训的基础上，提出今后任务和措施，表明决心、展望前景。

4. 正文写作的注意事项

（1）简洁明了。开头不需写过多的感慨，要开门见山，直截了当。

（2）先写大纲。完成大纲后再把大纲中涉及的事件加进去，进行细致加工。

（3）平时记录。养成平时做工作笔记与周报的习惯。

（4）突出重点。在内容上必须有效地选取和整理，展现出自己的工作重心和亮点。

（5）注意排版。这是一次向领导展示的好机会，一定要呈给领导一份版面清晰、一目了然的总结报告。

（三）落 款

在全文的右下方写明单位名称或个人姓名和时间。

## 六、总结的写作要求

### （一）实事求是

要坚持实事求是的原则，从实际出发，用辩证的观点观察分析问题，不是肯定一切或否定一切的绝对化、"一点论"，而是用"一分为二"的观点，既看到成绩，又认识缺点，既报喜，又报忧，不搞哗众取宠、文过饰非的一套，也不是孤立地、静止地看问题。这样才能对工作或学习的成绩和缺点、经验和教训做出正确的评价，得出符合实际的认识，用以指导以后的实践。

### （二）掌握全部资料

要全面地掌握情况，占有材料。写总结需要的材料大致有工作或学习的进程、情况、方法、效果，开展此项工作或学习的有关背景，有代表性的典型事例，精确的统计数据，等等。需要掌握的情况大体包括上级的有关指示、安排，本单位的计划部署，与本单位有关的其他部门、单位的同类情况等等。只有在占有丰富材料、全面掌握情况的基础上，通过认真的分析研究，找到事物的内部联系，才能认识事物的本质，把总结写好。

### （三）抓住重点

要总结出规律性的东西，这是写作的难点，也是写好总结的关键。总结要对今后的实践起指导作用，就不能只是对工作实践过程的铺叙、对工作情况的罗列，也不能是概念与事例的生硬而又简单的叠加，而应当通过对所占有的材料和所掌握的情况的透彻分析和深入研究，找出规律性的东西，实现从感性认识到理性认识的飞跃。

### （四）言简意赅

语言要准确、简洁。所谓语言准确，就是要判断明确，推理严密。反映情况要恰当地表现出事物的不同性质和状态；评价事物要准确地反映出程度、分量的差别，诸如"一般地"、"大体上"、"差不多"之类的不确定词语，应限定在特定情况下使用；"显著提高"、"很大提高"、"空前提高"等评价性用语要严格区别情况选用。所谓简洁，就是语言要简明扼要、朴实无华，而不能空泛冗长，华而不实。对实践过程不必作过细的渲染和描写，即使是典型事例也要简要叙述。当然，准确简洁不是不要生动活泼，那些概括性强、意义深刻的生动活泼的群众语言，对于总结这种文体还是很重要的。

【例文】

# 个人毕业实习总结

今年 3 月份，我正式走进实习单位，开始了自己人生中的第一份实习。由于我是应届毕业生，本身对具体实习科目和内容都知之甚少，所以由老师傅们带我学习，以师傅带徒弟的方式，指导我的日常实习。在老师傅们的热心指导下，我依次对公司的基本工程、工程结构、信息化实施进行了了解，并积极参与相关工作，注意把书本上学到的土木理论知识对照实际工作，用理论知识加深对实际工作的认识，用实践验证大学所学确实有用。我以双重身份完成了学习与工作两重任务，跟公司同事一样上下班，协助同事完成部门工作；又以学生身份虚心学习，努力汲取实践知识。我心里明白，我要以良好的工作态度以及较强的工作能力和勤奋好学的精神来适应公司的工作，完成公司的任务。简短的实习生活，既紧张，又新奇，收获也很多。通过实习，我对公司概况和工程细节有了深层次的感性与理性的认识。

在公司我主要的工作任务是现场勘察，计算工程量，制作工程施工计划，现场调研等。这些都是公司的重要活动，决定了公司工程的区域性分配情况，以及每个分公司能够完成的工程等情况。由于缺乏经验，我在实习期间做数据统计的工作走了很多弯路，给同事的工作带来了很多麻烦，但是我们经理没批评我，而是鼓励我继续认真地把事情做好。我很受鼓舞，同时也很努力地去把事情做好。

但对我来说最主要的是工作能力的提高。毕业实习主要的目的就是提高我们应届毕业生实际工作的能力，如何学以致用，给我们一次将自己在大学期间所学习的各种理论知识用于实际操作、演练的机会。自走进实习单位开始，我本着积极肯干、虚心好学、工作认真负责的态度，积极主动地参与施工现场调查、质量跟踪、工程量计算，加快对企业的各种工程的了解，对企业分公司的熟悉，让自己以最快的速度融入公司，发挥自己特长；同时认真完成实习日记、撰写实习报告，成绩良好。实习单位的反馈情况表明，在实习期间反映出我具有较强的适应能力，具备了一定的组织能力和沟通能力，能很好地完成企业在实习期间给我布置的工作任务。

实习收获，主要有4个方面：

1. 通过直接参与企业的运作过程，学到了实践知识，同时进一步加深了对理论知识的理解，使理论与实践知识都有所提高，圆满地完成了本科教学的实践任务。

2. 提高了实际工作能力，为就业和将来的工作积累了一些宝贵的实践经验。

3. 在实习单位受到认可并促成就业，并为毕业后的正式工作打下良好的基础。

4. 通过实习，我对我国房地产行业品牌的发展有了大致的了解，也准备在实习结束后，借回校的机会，抓紧时间，学习更多相关的理论知识，提高自己的专业水平，为正式工作做好准备。

从一开始轻轻松松地来，到现在即将沉甸甸地回去，短短的两个月时间，就让我如此受益匪浅。我真的非常感谢这次难忘的实习经历，今后我会不断努力，充实自己，争取做得更好。

××××

××××年××月××日

【知识拓展】

## 总结与计划的关系

总结与计划既有区别，又有联系。首先，在时间上，总结是在计划执行阶段或完成后形成的，它要检查计划的执行情况，找出规律性的东西，作为修订或制订新计划的依据，这是两者之间的密切联系。其次，在表述上，两者都有特殊性，计划是为完成一定任务所做的具体步骤、方法和措施，重在陈述说明；总结则是对计划执行情况的分析、评价，重在议论。最后，在要求上，计划所要回答的是"做什么，怎么做，做到什么程度"的问题，而总结所要回答的问题是"做了什么，做得怎么样"。总之，计划在前，总结在后，计划是总结的前提和依据，总结是计划的检验和结果，二者相辅相成。

# 第四节　述职报告

【案例导入】

## 述职报告

各位领导同志：

现在，我把自己一年多来的思想工作情况作以汇报，请予审议。本人自 2019 年 1 月至今担任新××公司副总经理……（略）

一、履行职责情况

（一）抓员工思想教育，增强企业凝聚力，塑造企业形象（略）

（二）抓管理建章立制，争创一流（略）

（三）参与新产品 KS－2 型机的研制（略）

二、思想作风情况

（一）理论学习（略）

（二）科技学习（略）

三、存在问题和今后的努力方向

（一）放下包袱，转变观念，做一名合格的管理者（略）

（二）努力学习，提高素质，提高工作能力，为公司发展作出贡献（略）

（三）严格要求，廉洁自律（略）

以上是我的述职报告，请领导同志们指正！

述职人：×××

2019 年 12 月 10 日

【简析】

这是一篇个人述职报告，作者从履行职责情况、思想作风建设情况、存在的问题和今后努力方向三个方面对一年的工作做了陈述，材料充实，重点突出，格式规范。

## 一、述职报告的概念

述职报告是指各级各类机关工作人员，主要是领导干部向上级、主管部门和下属群众陈述任职情况，包括履行岗位职责，完成工作任务的成绩、缺点问题，进行自我回顾、评估、鉴定的书面报告。

## 二、述职报告的特点

述职报告是任职者陈述自己任职情况，评议自己任职能力，接受上级领导考核和群众监督的一种应用文，具有限定性、陈述性、严谨性和唯一性的特点。

### （一）内容的限定性

述职，必须紧紧围绕岗位职责和目标来进行。无论是汇报工作成绩，还是说明存在问题，概括今后工作打算，所用的材料都被限定在述职人的职责范围内，不属于自己的岗位职责，即使做了某些工作也不必写入报告中。

### （二）实绩的呈现性

述职报告表述的重点应该是工作实绩，即在一段时间内做了哪些工作，有什么突出贡献，包括工作质量、效率、完成情况及程度、水准等，实事求是地作出自我评价。写述职报告，切忌泛泛空谈，抽象论证。

### （三）时间的限制性

述职报告的严格的时间界限：一是述职的内容必须是在任职期限内的。不是这一期间做的工作不需写入。二是报告时间的限制性。述职者必须在考核期间，按考核时间的要求写出书面报告，向本部门群众宣读并上交上级有关部门。

### （四）行文的严肃性

述职报告是考察干部的重要依据之一，一般都要存入干部、人事档案，加上领导的重视，需要面对群众报告以及报告场合的庄重性，都决定了述职报告具有极强的严肃性。因此，述职者必须严肃认真地对待述职报告的写作。报告中述说的"实绩"，必须真实准确，语言质朴平易，切不可添枝加叶、合理想象，或含糊其辞、文过饰非。

### （五）主体的唯一性

述职报告必须使用第一人称表述。

## 三、述职报告的分类

述职报告的分类，可以从几个不同的角度进行划分，因而存在着交叉现象。

### （一）从内容上划分

1. 综合性述职报告：是指报告内容是对一个时期所做工作的全面、综合的反映。

2. 专题性述职报告：是指报告内容是对某一方面的工作的专题反映。

3. 单项工作述职报告：是指报告内容是对某项具体工作的汇报。这常常是临时性的工作，又是专项性的工作。

### （二）从时间上划分

1. 任期述职报告：这是指对从任现职以来的整体工作进行报告。一般来讲，时间较长，触及面较广，要写出一届任期的情况。

2. 年度述职报告：这是一年一度的述职报告，写本年度的履职情况。

3. 临时性述职报告：是指担负某一项临时性的职务，写出其任职情况。比如，负责了一期的招生工作，或主持一项科学实验，或组织了一项体育比赛，写出其履职情况。

### （三）从表达情势上划分

1. 口头述职报告：这是指需要向选区选民述职，或向本单位职工群众述职的，用口语化的语言写成的述职报告。

2. 书面述职报告：是指向上级领导机关或人事部门报告的书面述职报告。

## 四、述职报告的写作格式

述职报告的格式，一般由标题、主送机关或称谓、正文和落款组成。

### （一）标题

述职报告的标题可简单标明"述职报告"，也可以根据正文内容另行拟制，结构为名称＋时限＋事由＋文种。标题也可由正标题和副标题组成，副标题的前面加破折号。正标题是对述职内容的高度概括，副标题与单标题的构成大体相似。

### （二）主送机关或称谓

标题下一行顶格写，写明主送机关或称谓。向上级机关呈送的述职报告，应写明收文机关。向领导和本单位干部职工作述职报告，则应写明称谓。

### （三）正文

述职报告的正文由导言、主体和结尾三个部分组成。

1. 导言

导言包括两方面内容：一是任职介绍，说明自己的任职时间、担任职务和主要职责，简要交代述职的内容和范围；二是任职评价，扼要介绍任职以来的工作情况。这一部分力求简洁明了。

2. 主体

这是述职报告的核心，主要陈述履行职务的情况，包括三个方面的内容：一是任职期间的任务完成情况，取得的主要工作成绩；二是存在的问题及经验教训；三是今后工作的努力方向、目标或打算。

述职报告的主体要选择几项主要工作，细致地将过程、效果或失误及认识表述出来。这一部分要详细写，对一些重大问题的决策过程，对棘手事件的处理思路，对群众迫切关心的问题的认识和处理，都要交代清楚。要对履行职责的情况和对履行职责的事迹进行深入的分析研究，做出具有一定理论层次的概括。要回答称职与否的问题，应从思想道德素质、政治理论素质、开拓进取精神、政策法律水平、处事决断能力、分析综合能力、文字和口头表达能力、廉洁模范作用、上下左右关系、工作作风和工作方法等方面，描述自己的形象，回答称职与否的问题。述职报告的主体还要说明履行职责过程中的得与失。竞争上一级职务的述职报告，要注意紧扣上一级职务的有关要求来写，以说明自己有充分的条件担当上一级的职务。这部分是述职报告的关键部分，一定要精心构思，写出特色。

3. 结尾

述职报告要采用谦逊式结尾、总结归纳式结尾或表决心式结尾等形式。可简述一下自己的自我评价，并表明自己的态度，最后一般要求用格式化的习惯语来结束全文，如"谢谢大家"。

### （四）落款

落款包括署名、成文或述职时间两项，也可以将署名放在标题之下。

## 五、述职报告的写作要求

### （一）实事求是

述职报告要讲真话、讲实话、讲心里话，以诚感人。无论称职与否都要与事实相符。要正确处理个人与集体、主观与客观的关系，要分清功过是非。承担责任要恰如其分，既不争功，也不必揽过。

### （二）内容周详，重点突出

在全面汇报任职期间所做各项工作的基础上，要突出任职期间的重大成绩和创造性业绩，以表明自己的能力和事业心。应当明确，述职报告必须围绕"职责"二字做文章。它的写作目的，不是评功摆好，而是为了说明是否称职。

### （三）情理相宜

述职报告在叙事说理过程中，要有适度的感情色彩。述职，是向机关和群众汇报工作。写作述职报告之前，应对自己进行认真的全面的反思，并虚心听取群众的意见，弄清群众的不满和要求，对群众意见较大的问题尤其要如实阐述，以坦诚的胸怀，赢得群众的谅解和支持，接受群众的监督，而不是作报告，这个特定的角色必须明确，也是写好述职报告的前提。

【例文】

## 述职报告

在过去的半年中，我履行了一名学生会办公室副主任的职责。在自己的职位上尽力做好工作，带头遵纪守法，注意自己的言行，在同学们心目中起好表率作用；注重树立良好的个人形象，在全局工作中当好助手，当好配角；在烦琐的、不起眼的工作中体会着人生的乐趣，实现着自身的价值。以下是我对自己工作的总结。

第一，作为学生会办公室的一员，部门的常规工作是我们必须要完成的。首先，在开学之初我们就对内部成员的值班表进行了调整。根据实际调整情况认真将新的院干、班干名单，电话号码等信息制成图表，方便老师、主席团及各部门联系工作。其次，完成了学生干部综合素质测评表的制定，根据上个学期的基本活动情况，做好学生会干部考评工作。另外，我们还积极做好各项会议的考勤、记录工作，学生会用品管理以及文件、档案管理，并且对各部门、各班级、各项活动的计划、总结以及相关系学生会的所有资料进行整理，做好期末存档工作。

第二，组织形式多样的活动。自开学至今，我们积极开展各项活动，如迎新工作、学生干部招新工作，以及各种形式的交流活动，充分发挥我们的桥梁与纽带作用，促进整个学生会工作的顺利开展。

第三，在自身发展方面，我自认在办公室任职以来，收获良多，而且我也坚信这些收获将使我在今后的社会生活中受益无穷。大学伊始，在担任干事期间，我努力工作，多方面汲取知识，不仅在组织协调能力上得到了很大提高，在人际交往、为人处世方面也积累了很多经验。为了锻炼自己，在大一一学年的学习工作中，我积极参加学校、学院组织的各项活动，如"我爱我家"主题征文、"天使之音"征稿，并且被录用一篇。我还参加了院篮球赛和羽毛球赛等。此外，我还积极组织学生会干部和其他兄弟学院的联谊活动，增进彼此之间的交流，以便借鉴其优秀之处。只有不断学习才能不断进步，而且我的努力和认真工作学习的态度，也得到了学院领导的认可，在大一学期期末被提升为办公室副主任。

有句话说："金无足赤，人无完人。"可能在某些方面我还有待提高，但我不得不承认，一直以来，我始终保持积极向上的心态，努力做到使自己更加完美。在思想上，我拥护党的领导，坚持党的基本路线，关注国家时事；在学习上，并没有因为工作而影响自身的学习，认真协调好工作和学习的关系，工作和生活的关系，努力做好与各部门之间的协调沟通，并且保持个人学习成绩始终处于前列；在生活上，节俭朴素，团结同学，和同学相处融洽，积极参加各项活动。

我坚信"No pains, no gains"。只要付出了，就一定会有相应的回报，在付出的过程中，我成长了。我也坚信伴着我的不断进步，在以后的日子里我会把办公室工作越做越好。

谢谢大家。

述职人：×××

××××年××月××日

## 第五节　调查报告

【案例导入】

### ××区环保情况调查报告

一、课题的提出

这也许是一个老掉牙的课题，可是这也是一个与时俱进的课题。曾经优美的环境已不复存在，曾经的调查结果也已不符合现在居民的想法，况且目前××区确实面临着环境质量普遍下降的问题。这不得不让我们深思：居民的环境意识到底如何，是"各人自扫门前雪，休管他人瓦上霜"的旧思想占上风吗？因此，我们作为地区调查组的成员，针对××区的河流污染、生活垃圾的处理做了一次全面的调查与分析。

二、研究的内容

1. 了解该地区的环境质量、垃圾筒及清洁工人的状况。

2. 根据存在的问题，列表调查。

三、研究目的和意义

1. 唤醒环境意识正处于"朦胧"状态的居民，从而提高他们的警觉性；

2. 让居民了解有关单位的工作情况，从而更好地配合政府工作，同时也让单位人员掌握居民的看法意见，进一步改进工作制度、措施；

3. 对提高××区的环境质量和居民素质提供一定的帮助。

四、研究的过程

（一）调查步骤

1. 走访附近街道并取景拍照；

2. 设计问卷，发放填写；

3. 访问环保局职能部门；

4. 分析并总结调查结果。

（二）调查方法与调查对象

1. 调查方法

设计问卷发放 204 张并全部收回。

具体方法：在××区踩点永中、状元、永昌、瑶溪、永兴五个街道的部分居民采用现场答题的方式进行问卷调查。问卷由调查对象当面填写并收回。

2. 调查对象

我们调查的对象为龙湾部分居民和沿街的经商者，另外还有学生、农民、工人、医生等。问卷调查及分析：

我们的调查内容主要有居民对周围环境的满意程度，对当前环境问题的一些看法，日常生活垃圾的处理方法，对政府环保部门的工作建议等等。

本次我们调查的居民为 204 人，从被调查者的态度来看大部分居民还是对环保问题感兴趣的，而且在调查过程中也本着认真、负责的态度填写了问卷。但仍有少部分人对环保问题抱着无所谓的态度，对当前的环境状况熟视无睹，事不关己，高高挂起。

从问卷的调查结果来看，有 49% 的人对乱扔垃圾的行为感到气愤，而且 69.6% 的人对自己乱扔垃圾感到惭愧，如此看来，环境问题已经日益唤起了广大居民的重视。

现如今的白色污染已成为重要的污染源。为什么白色污染如此严重呢？从调查结果中不难得出答案。问卷上有这么一道问题：你上街买菜是否会带上篮子？有 86.8% 的人回答没有，且直接使用塑料袋。而使用一次性用品的人也占很大一部分比例。针对这一现象，有人就提出应该在菜市场口摆放篮子，以减轻白色污染。

对于生活污染的处理方法，有 80.6% 的人表示会将垃圾投入垃圾箱，这是一个令人欣慰的结果。然而在另一个问题的回答上又不禁引起我们的思考，有 54.9% 的居民反映在周围找不到垃圾筒；他们提出要增加沿街垃圾筒的数量。据我们组成员的走访调查，确实发现这一问题，如永兴的下洋街、衡城街，永昌的纪兴路等均无垃圾筒，而有些所谓的垃圾筒也早已经面目全非。因此，我们觉得环保部门应该多深入了解群众的生活，对居民提出的好建议要采纳并付诸行动。

清洁工是我们城市的美容师，仅××区清洁工人数就有 1000 多人，很多人对清洁工都抱以感谢的态度，但也有大约半数的人对政府的环保工作不太满意，认为太过于形式化。

问卷的最后一道民意题"您对政府、环保职能部门今后的环保工作有何意见和建议。"很多人都建议政府加强宣传力度，将口号落到实处。

如果把环境污染的原因全都归咎于政府也是不合理的，因为政府毕竟只是一个以行政为职能的机关单位，居民的实际行动才是主体，提高居民自身的素质和环保意识才是解决环境问题的关键。比如，问及对自家门口的河道被污染后的反映，虽然有 38.2％ 的居民表示会自觉监督，组织附近居民进行保护，但持"与我无关、爱理不理"态度的竟占 19％，据前述情况来看进一步提高居民的环境保护意识迫在眉睫。

总体的居民调查结果显示，××区居民已初步形成环保意识。但这只是单方面的结论。为更好地对此次课题进行深入了解，我们小组成员一同走访了龙湾环境卫生局，与那里的负责人娄长贵娄主任交流了近一个小时。

这是一篇与环保有关的调查报告，此篇报告的针对性极强，全篇从课题提出、研究内容到最后的调查结果都有明确的调查对象和调查方法，就进一步提高人民生活质量，综合整治市容市貌提出了宝贵的素材和建议。

## 一、调查报告的概念

调查报告是对某项工作、某一事项、某个问题，经过深入细致的调查后，将收集的材料（信息）加以系统整理，进行综合分析和认真研究，以书面形式反映调查研究结果的一种文体。调查报告又称调查汇报、调查综述、情况调查、考察报告等。

## 二、调查报告的特点

### （一）针对性

调查报告是直接服务于现实工作的，这就需要针对现实中的具体工作或问题进行系统地调查，从实际情况出发，调查研究各种社会情况，推广典型经验，及时回答群众关心且迫切要求解答的问题，决定了调查报告具有强烈的针对性。

### （二）真实性

调查报告的内容必须真实，作者写作时要力求客观。事实是调查报告的基础，在调查报告中不能夸大，也不能缩小，更不能歪曲。必须客观反映调查对象的真实情况，实事求是地分析评价，得出符合客观实际的结论。否则，没有真实性，调查报告就失去了其应有的作用。

### （三）逻辑性

调查报告需要条理清晰，有时要从大量的调查问卷中提炼出主要内容，因而就要求调查报告要有较强的逻辑性。

### （四）时效性

调查报告服务于实际工作，这就决定了它的时效性。尽管不必像新闻那样紧迫，但必须针对现实需要，回答迫切的、具有现实意义的问题。即便是考查既往的事件，也应该着眼于现在的需要。

## 三、调查报告的作用

### （一）为领导制订政策、措施提供依据

领导的决策是否正确，措施是否可行，取决于"信息"是否全面、可靠。一份好的调查

报告，可以为领导的决策提供参考，也是领导决策的依据。

### （二）总结经验教训，推动工作发展

通过对先进单位或先进个人在生产、学习、工作、管理等活动中取得的经验和好的方法的调查研究，对实际工作起到推动和指导作用。

### （三）反映情况、问题，提高人民的认识水平

调查报告能够反映社会生活，揭露社会生活中存在的问题、不良倾向及其丑恶、腐败现象，并分析这类问题的原因，可以帮助人们明辨是非，提高认识。

## 四、调查报告的种类

### （一）反映情况的调查报告

反映情况的调查报告一般都是抓住社会中的重大问题，通过调查研究，找出规律性的东西，提出解决问题的方法，从而推动社会的前进，如《关于农民看病难住院难问题的调查报告》。

### （二）介绍经验的调查报告

介绍经验的调查报告主要是对工作、生产、学习中的典型经验加以推广，从而起到"拨亮一盏灯，照亮一大片"的作用，如《关于××村加强支部建设的调查报告》。

### （三）揭露问题的调查报告

揭露问题的调查报告用于工作中发生的、真假难辨的重大问题，通过调查研究，把问题搞清楚，把真相披露出来，如《关于××公司长期亏损情况的调查报告》。

## 五、撰写调查报告的前期准备

### （一）调查对象

调查伊始，须搞清调查对象。明确要调查的问题，设定调查的人群，总之目的要明确。

### （二）调查范围

1. 普遍调查

对调查对象总体内所有单位全部进行调查，获得最准确、最权威的信息。但普遍调查的工作量大、难度大，一般用于重大项目。

2. 非普遍调查

对调查对象总体中一部分单位进行调查，如典型调查、重点调查、个别调查、抽样调查等。

### （三）调查方法

常用的调查方法有访问调查法、问卷调查法、实验调查法、统计调查法、抽样调查法五种。

1. 访问调查法

访问调查法，即调查者与被调查者面对面地直接交谈、询问或开调查会，即通过集体座谈会的方式进行的，也就是说它所访问的对象不是单独的，而是同时访问若干个调查对象。

2．问卷调查法

问卷调查法，即调查者根据研究的课题，通过设计，制成问卷式的调查表格，寄给或发给调查对象，以此来收集调查资料。

3．实验调查法

实验调查法就是按照人工可以控制、干预、影响的设计程序，对被调查对象的活动加以观察、记载、分析，以揭示其本质和规律的方法。

4．统计调查法

统计调查法就是运用统计原理和方法，收集社会各方面的数据资料，并进行数量分析，研究社会现象发生和发展的规律、趋势，验证说明社会现象的假设。

5．抽样调查法

抽样调查法是把调查对象当作总体，从总体中按照随机或非随机的原则，抽出一定的数量进行分析，推断出调查研究的总体状况、特征和性质等情况。

**各种调查研究方法一览表**

| | | |
|---|---|---|
| 调查研究的方法 | 谈话法 | 访问事关调查的负责人、知情人、当事人、单独谈话、畅所欲言 |
| | 开会调查法 | 主持调查会，议题集中，人多、面广、信息量大 |
| | 与会调查法 | 参加并借助别人的会议，了解情况，取得资料 |
| | 蹲点法 | 深入调查单位，参加工作实践，层层了解情况 |
| | 资料调查法 | 从报纸、杂志、书籍、档案、纪要以及音像材料中收集所需材料 |
| | 问卷调查法 | 将所需调查的内容拟成问答题，印成问卷进行较大面积的调查 |
| | 测验调查法 | 科学地挑选测验对象，由被调查人不记名地发表意见，检测民意 |
| | 直接调查法 | 亲临现场调查，最好是事先不通知，突然到场调查 |
| | 综合法 | 将上述方法综合加以运用 |

## 六、调查报告的写作方法

### （一）标题

调查报告的标题有以下四种：

1．公文式标题，由事由和文种构成，如《关于××市"四五"普法工作情况的调查报告》。

2．陈述式标题，如《市民法律意识调查》。

3．提问式标题，如《用公款请客为何愈演愈烈》。

4．正副题结合式标题，如《基层民主的新验证——××县村民代表会议制度建设调查》。

### （二）主体的导入

前言又叫引言、概述，位于全文开头，独立成段。

1．调查的起因或目的、时间、地点、对象或范围、经过与方法。

2．调查对象的背景、历史或现状、主要成绩或问题以及事件的简单过程。

3．有关研究结果的概况。

**（三）主体的写作**

主体是调查报告的基本内容，是全文的核心部分。这一部分采取摆事实、讲道理的方法，用调查获得的材料（信息）说明真相，得出结论和看法。

1. 反映情况类

（1）基本情况（主要特点或成绩）。

（2）存在的问题和不足及其原因分析。

（3）改进的意见和建议。

2. 介绍经验类

（1）基本情况（主要成绩）。

（2）具体做法（采取的主要措施）。

（3）取得的主要经验。

3. 揭露问题类

（1）基本情况（问题发生的过程和事实）。

（2）原因分析及产生的后果。

（3）应当吸取的教训。

（4）整改或处理的意见和建议。

**（四）结尾**

结尾不是调查报告的必备部分，有的调查报告没有明显的结尾部分，随着正文的结束，全文也就结束了。因此，结尾要简短自然、干净利落。

**（五）附件**

有些资料，如补充材料、统计表册，不能或不便全部写入正文，但对说明调查报告的基本结论很有帮助的，可以把这些资料作为附件列在正文之后。如果有附件，应当标明其名称及件数。

**（六）落款**

同其他事务文书一致。

## 七、调查报告的写作要求

**（一）调研要全面**

在"调查"环节突出"认真"二字。深入细致地了解调查对象，力求获取全面材料，包括正面的、反面的，现实的、历史的，上层的、下层的（领导和群众）。

**（二）调研要深入**

在"研究"上突出"深入"二字。要做好三点：

1. 审查资料。

2. 整理资料。

3. 分析资料。

**（三）语言要简洁**

要讲究语言表达技巧。在表现手法上要注意叙述和议论的有机结合。在语言运用上，应力求通俗易懂，简洁明快，富于表现力。

### （四）要注意解决问题

提出办法和措施时要注意，将存在的问题（不足）及剖析出的原因相对应，应突出可行性和可操作性。

【例文】

# 大学生消费情况的调查报告

**一、调查的背景**

消费观是价值观的体现，大学生作为社会的特殊消费群体其消费观将直接影响其今后的生活观念。现在网上的各种评论主要都是对当今大学生的消费进行批评的，这引起了我对大学生消费现状的兴趣，于是我于2017年1月5日到10日在××学院第一教学楼及××学院学生寝室对一百余名同学做了调查。此次调查共发出调查问卷104份，回收有效调查问卷100份。

**二、数据分析**（在附录中已附上调查问卷及调查原始数据）

在此次被调查的一百名同学中有42名男生58名女生。总体上接受调查者中有79%的同学每月的消费在500元到1000元之间。这些被调查者中有82%的同学经济完全来源于父母，有11%的同学的主要经济来源是父母给予及奖学金，还有少数同学的经济来源是自己勤工助学或学校等机构的补助，其中女生依靠奖学金及自己勤工助学的比例比男生要高。

在电话费的消费上，女生普遍要比男生高，在网费的花费上男女生的比例相当，但男生上网时间普遍比女生长，主要是因为男女生带电脑的比例相近（我校拉网线后网费每月39元或42元不计时间）。在被调查者中有58%的同学表示其每月的恋爱经费为0元，在有恋爱经费支出的同学中也只有个别同学的消费在300元以上。在服饰消费上女生要大于男生，但大多数同学的消费都在100元到200元之间，而且90%以上的同学表示服饰只要适合自己就行，没必要在乎是否为名牌。在娱乐方面消费主要在100元之内。在自己生活费开支的主要方面，有一半以上的同学一年的消费在5000元到10000元之间，有7%的同学消费在3000元之内。

被调查者中有73%的同学认为自己的消费是合理的，还有27%的人认为自己的消费不合理；在认为自己消费不合理的同学中有30%的同学表示非常希望对自己不合理的消费进行改变，另外有19%的同学对此表示无所谓。在"是什么影响自己的消费观"上有36%的同学认为是家庭教育，有45%的同学在家庭和同学之外选择了其他，他们中的多数认为原因是多方面的或者是认为他们的消费主要是由具体情况而定的。

**三、对大学生消费观形成的原因分析及建议**

大学生是一个特殊的消费群体，大学生消费观的形成原因是多方面的。

1. 家庭的影响。随着社会经济的发展我国的国民生活水平不断提高，且现今在校大学生都为"90后"，除来自农村的一部分同学外，其他同学基本都为独生子女，多数家长都是在尽力满足孩子的所有要求，所以大学生在消费支出上不必担心透支，因而很少有同学会去计划自己的消费，导致消费的盲目性发生了一些不必要的支出。

2. 大学生价值观的影响。现在大学生年龄主要集中在 18 岁到 22 岁之间，还没有形成真正意义上的价值观。一些年轻人容易赶新潮，容易受外界的影响，并且会产生相互攀比的心理。尽管大学生刚步入社会易受社会上一些不良风气的影响，但并作为有自己独立思想的社会群体，部分大学生也会自我调节自我约束，这部分大学生能自己寻找自己的平衡点，自己分析自己的价值观问题，也就会在自己的现实生活中体现出来，这些学生能体会父母的不容易，于是就不会在平时生活中胡乱花钱。

3. 在此次调查中发现，大学生在学习方面的消费明显偏少。导致此现象的原因一方面是因为现在大学生对大学期间的课外积累不重视。这部分学生中有一部分认为大学的学习仅仅是以最后的大学毕业证书为目的，有部分同学认为当今中国现行的大学教育制度不适合自己，现在的社会需要的是各方面的人才，他们错误地认为不学习去做别的也会有出路。另一方面也是因为现在各方面技术的发达，如电脑的普及使得大多数大学生都不再依赖于课本及老师，更多的是自己去寻找自己去学习，这也就减少了同学们在购书上、辅导课等方面的开支。

4. 学校的影响也是巨大的。学校积极提倡节约，对在校学生的消费观形成将起积极的作用。学校尤其是大学的教育对学生的一生都有影响，学校不仅要教书，更要以育人为目标。

对于这些问题的解决也就需要多方面的配合与协调。首先，大学生已经步入成人的行列，作为家长应当让自己的孩子尽早懂得生活的不易以及工作的辛苦，让自己的孩子对生活有一个全面的认识，不要再将自己的孩子像公主王子似的宠着，那样会使得大学生始终生活在温室里无法了解真正意义上的生活。其次，学校应加强对在校生的消费心理和行为的调查，以便及时了解在校学生的心理状态，并进行及时的引导。第三，作为大学生本人也不应该再一味地依赖父母与学校，应当自己学会自立，对一些不良的行为及习惯提出抗议并积极地调整自己，多计划自己的生活，多体验生活。

四、经验及总结

当代大学生作为新时代的接班人，其消费情况反映了新一代青年的消费观，关系到国家的未来，同时也和青年自身的利益息息相关。此次调查由于时间以及其他方面的原因，只在我校小范围内进行，因而我也只是对我校在校大学生的消费情况进行了粗略的了解，看法难免有些片面，但在此次调查中我个人的收获确实很大。

此次调查也让我对我们的消费观进行了思考。当今的大学生基本都是出生在 20 世纪 90年代，用一个现在流行的词——"90 后"。现在对"90 后"的消费评价基本是批评性的，有人说"90 后"是挥霍的一代。出生的时代对"90 后"的影响使得"90 后"存在虚荣、享乐主义、自理能力差等缺点。但我个人认为，"90 后"也有着自己特有的优点，如做事凭感觉，不喜欢复杂的人情世故，等等。"90 后"的不成熟主要是因为社会阅历的不足，相信在经过磨砺之后，现代的大学生将会以自己崭新的一面来面对社会的考验。

五、附录（略）

调查人：×××

××××年××月××日

## 第六节　调研报告

【案例导入】

# ××市居民家庭饮食消费状况调研报告

为了深入了解本市居民家庭在酒类市场及餐饮类市场的消费情况，特进行此次调研。调研由本市某大学承担，调研时间是 2001 年 7 月至 8 月，调研方式为问卷式访问调查，本次调研选取的样本有效样本数是 1796 户。各项调研工作结束后，该大学将调研内容予以总结，其调研报告如下：

一、调研对象的基本情况

（一）样品类属情况

在有效样本户中，工人 326 户，占总数比例 18.2％；农民 132 户，占总数比例 7.4％；教师 204 户，占总数比例 11.4％；机关干部 194 户，占总数比例 10.8％；个体户 225 户，占总数比例 12.5％；经理 258 户，占总数比例 15.85％；科研人员 51 户，占总数比例 2.84％；待业户 92 户，占总数比例 5.1％；医生 21 户，占总数比例 1.14％；其他 265 户，占总数比例 14.77％。

（二）家庭收入情况

本次调研结果显示，从本市总的消费水平来看，相当一部分居民还达不到小康水平，大部分的人均收入在 1000 元左右，样本中只有约 2.3％的消费者收入在 2000 元以上。因此，可以初步得出结论，本市总的消费水平较低，商家在定价的时候要特别慎重。

二、专门调研部分

（一）酒类产品的消费情况

1. 白酒比红酒消费量大。分析其原因，一是白酒除了顾客自己消费以外，用于送礼的较多，而红酒主要用于自己消费；二是商家做广告也多数是白酒广告，红酒的广告很少。这直接导致白酒市场大于红酒市场。

2. 白酒消费多元化。

（1）从买白酒的用途来看，约 52.84％的消费者用来自己消费，约 27.84％的消费者用来送礼，其余的是随机性很大的消费者。

买酒用于自己消费的消费者，其价格大部分在 20 元以下，其中 10 元以下的约占 26.7％，10～20 元的占 22.73％，从品牌上来说，稻花香、洋河、汤沟酒相对看好，尤其是汤沟酒，约占 18.75％，这也许跟消费者的地方情结有关。从红酒的消费情况来看，大部分价格也都集中在 10～20 元，其中，10 元以下的占 10.23％，价格档次越高，购买力相对越低。从品牌上来说，以花果山、张裕、山楂酒为主。

送礼者所购买的白酒其价格大部分选择在 80～150 元（约 28.4％），约有 15.34％的消费者选择 150 元以上。这样，生产厂商的定价和包装策略就有了依据，定价要合理，又要有好的包装，才能增大销售量。从品牌的选择来看，约有 21.59％的消费者选择五粮液，10.80％的消费者选择茅台，另外对红酒的调查显示，约有 10.2％的消费者选择 40～80 元的价位，选择 80 元以上的约 5.11%。总之，从以上的消费情况来看，消费者的消费水平基本上决定了酒类市场的规模。

（2）购买因素比较鲜明，调研资料显示，消费者关注的因素依次为价格、品牌、质量、包装、广告、酒精度，这样就可以得出结论，生产厂家的合理定价是十分重要的，创名牌、求质量、巧包装、做好广告也很重要。

（3）顾客忠诚度调查表明，经常换品牌的消费者占样本总数的 32.95%，偶尔换的占 43.75%，对新品牌的酒持喜欢态度的占样本总数的 32.39%，持无所谓态度的占 52.27%，明确表示不喜欢的占 3.4%。可以看出，一旦某个品牌在消费者心目中形成良好的形象，是很难改变的。因此，厂商应在树立企业形象、争创名牌上狠下功夫，这对企业的发展十分重要。

（4）动因分析，主要在于消费者自己的选择，其次是广告宣传，然后是亲友介绍，最后才是营业员推荐。不难发现，怎样吸引消费者的注意力，对于企业来说是关键，怎样做好广告宣传，消费者的口碑如何建立，将直接影响酒类市场的规模。而对于商家来说，营业员的素质也应重视，因为其对酒类产品的销售有着一定的影响作用。

（二）饮食类产品的消费情况

本次调查主要针对一些饮食消费场所和消费者比较喜欢的饮食进行，调查表明，消费有以下几个重要特点：

1. 消费者认为最好的酒店不是最佳选择，而最常去的酒店往往又不是最好的酒店，消费者最常去的酒店大部分是中档的，这与本市居民的消费水平是相适应的。

2. 消费者大多选择在自己工作或住所的周围，有一定的区域性。虽然在酒店的选择上有很大的随机性，但也并非绝对如此。例如，长城酒楼、淮扬酒楼，也有一定的远距离消费者惠顾。

消费者追求时尚消费，如对手抓龙虾、糖醋排骨、糖醋里脊、宫保鸡丁的消费比较多，特别是手抓龙虾，在调查样本总数中约占 26.14%，以绝对优势占领餐饮类市场。

三、结论和建议

（一）结论

1. 本市的居民消费水平还不算太高，属于中等消费水平，平均收入在 1000 元左右，相当一部分居民还没有达到小康水平。

2. 居民在酒类产品消费上主要是用于自己消费，并且以白酒居多，红酒的消费比较少，用于个人消费的酒品，无论是白酒还是红酒，其品牌以家乡酒为主。

3. 消费者在买酒时多注重酒的价格、质量、包装和宣传，也有相当一部分消费者持无所谓的态度，对新牌子的酒认知度较高。

（二）建议

1. 商家在组织货品时要根据市场的变化制定相应的营销策略。

2. 对消费者较多选择本地酒的情况，政府和商家应采取积极措施引导消费者的消费，实现城市消费的良性循环。

这是一篇关于饮食消费的调研报告，其结构完整，内容翔实，用事实说话，数据真实。

## 一、调研报告的概念

为了对某件事情作比较深入、全面的了解，我们就需要进行一番调查研究，然后形成书面材料，这就是调研报告。

## 二、调研报告的特点

### （一）注重事实

调研报告讲求事实。它通过调查得来的事实材料说明问题，用事实材料阐明观点，揭示出规律性的东西，引出符合客观实际的结论。调研报告的基础是客观事实，一切分析研究都必须建立在事实基础之上，确凿的事实是调研报告的价值所在。因此，尊重客观事实，用事实说话，是调研报告的最大特点。写入调研报告的材料都必须真实无误，调研报告中涉及的时间、地点、事件经过、背景介绍、资料引用等都要求准确真实。一切材料均出之有据，不能道听途说。只有用事实说话，才能提供解决问题的经验和方法，研究的结论才能有说服力。如果调研报告失去了真实性，也就失去了它赖以存在的科学价值和应用价值。

### （二）理论性

调查报告的主要内容是事实，主要的表现方法是叙述。但调研报告的目的是从这些事实中概括出观点，而观点是调研报告的灵魂。因此，占有大量材料，不一定就能写好调研报告，还需要把调研的东西加以分析综合，进而提炼出观点。对材料的研究，要在正确思想指导下，用科学方法经过"去粗取精，去伪存真，由此及彼，由表及里"的过程，从事物发展的不同阶段中，找出起支配作用的、本质的东西，把握事物内在的规律，运用最能说明问题的材料并合理安排，做到既要弄清事实，又要说明观点。这就需要在对事实叙述的基础上进行恰当的议论，表达出调研报告的主题思想。议论是"画龙点睛"之笔。调研报告紧紧围绕事实进行议论，要求叙大于议，有叙有议，叙议结合。如果议大于叙，就成议论文了。因此，既要防止只叙不议，观点不鲜明，也要防止空发议论，叙议脱节。夹叙夹议，是调研报告写作的主要特色。

### （三）语言简洁

调研报告的语言简洁明快，这种文体是充足的材料加少量议论，不要求细腻的描述，只要求用简明朴素的语言报告客观情况。但由于调研报告也涉及可读性问题，所以语言有时可以生动活泼，适当采用群众性的生动而形象的语言。同时，注意使用一些浅显生动的比喻，增强说理的形象性和生动性，但前提必须是为说明问题服务。

## 三、调研报告的种类

调研报告按服务对象分，可分为市场需求者调研报告（消费者调研报告）、市场供应者调研报告（生产者调研报告）；按调研范围分，可分为全国性市场调研报告、区域性市场调研报告、国际性市场调研报告；按调研频率分，可分为经常性市场调研报告、定期性市场调研报告、临时性市场调研报告；按调研对象分，可分为商品市场调研报告、房地产市场调研报告、金融市场调研报告等。

### 四、调研报告的写法

#### (一) 标题

调研报告的标题应简明、贴切,能概括报告的内容,并且要用能揭示中心内容的标题,标题不宜过长,一般不超过 20 个字。具体写法有以下几种:

1. 公文式标题

这类调研报告标题多数由事由和文种构成,平实沉稳,如《关于知识分子经济生活状况的调研报告》;也有一些由调研对象和"调查"二字组成,如《知识分子情况的调查》。

2. 一般文章式标题

这类调研报告标题直接揭示调研报告的中心,十分简洁,如《本市老年人各有所好》。

3. 提问式标题

如《"人情债"何时了》,这是典型调研报告常用的标题写法,特点是具有吸引力。

4. 正副题结合式标题

这是用得比较普遍的一种调研报告标题。特别是典型经验的调研报告和新事物的调研报告的写法。正题揭示调研报告的思想意义,副题表明调研报告的事项和范围,如《深化厂务公开机制创新思想政治工作方法——关于武汉分局江岸车辆段深化厂务公开制度的调查》。

#### (二) 正文

调研报告的正文包括前言、主体和结尾三部分。

1. 前言

调研报告的前言简要地叙述为什么对这个问题(工作、事件、人物)进行调查;调查的时间、地点、对象、范围、经过及采用的方法;调查对象的基本情况、历史背景以及调查后的结论等。这些方面的侧重点由写作者根据调研目的来确定,不必面面俱到。调研报告开头的方法很多,有的引起读者注意,有的采用设问手法,有的开门见山,有的承上启下,有的画龙点睛,没有固定形式。但一般要求紧扣主旨,为主体部分做展开准备。文字要简练,概括性要强。

2. 主体

这是调研报告的主干和核心,是引语的引申,是结论的依据。这部分主要写明事实的真相、收获、经验和教训,即介绍调查的主要内容是什么,为什么会是这样的。主体部分要包括大量的材料——人物、事件、问题、具体做法、困难障碍等,内容较多。因为,要精心安排调研报告的层次,安排好结构,有步骤、有次序地表现主题。调研报告中关于事实的叙述和议论主要都写在这部分里,是充分表现主题的重要部分。

一般来说,调研报告主体的结构大约有三种形式:

(1)横式结构:把调查的内容,加以综合分析,紧紧围绕主旨,按照不同的类别分别归纳成几个问题来写,每个问题可加上小标题,而且每个问题里往往还有着若干个小问题。典型经验性质的调研报告,一般多采用这样的结构。这种调研报告形式观点鲜明,中心突出,使人一目了然。

(2)纵式结构:有两种形式,一是按调查事件的起因、发展和先后次序进行叙述和议论。一般情况调研报告和揭露问题的调研报告的写法多使用这种结构方式,有助于读者对事物发展有深入的、全面的了解。二是按成绩、原因、结论层层递进的方式安排结构。一般综合性质的调研报告多采用这种形式。

（3）综合式结构：这种调研报告形式兼有纵式和横式两种特点，互相穿插配合，组织安排材料。采用这种调研报告写法，一般是在叙述和议论发展过程时用纵式结构，而写收获、认识和经验教训时采用横式结构。调研报告的主体部分不论采取什么结构方式，都应该做到先后有序，主次分明，详略得当，联系紧密，层层深入，更好地为表达主题服务。

（三）结尾

结尾是调研报告分析问题、得出结论、解决问题的必然结果。不同的调研报告，结尾写法各不相同，一般来说，调研报告的结尾有以下五种：对调研报告归纳说明，总结主要观点，深化主题，以提高人们的认识；对事物发展作出展望，提出努力的方向，启发人们进一步去探索；提出建议，供领导参考；写出尚存在的问题或不足，说明有待今后研究解决；补充交代正文没有涉及而又值得重视的情况或问题。总之，调研报告结尾要简洁有力，有话则长，无话则短，没有必要也可以不写。

## 五、调研报告的写作要求

### （一）必须掌握符合实际的丰富确凿的材料

丰富确凿的材料是调研报告的生命。这些材料一方面来自于实地考察，一方面来自于书报、杂志和互联网。在知识爆炸的时代，获得间接资料似乎比较容易，难得的是深入实地获取第一手资料。这就需要眼睛向下，脚踏实地到实践中认真调查，掌握大量的符合实际的第一手资料，这是写好调研报告的前提，必须下大功夫。

### （二）对于获得的大量的直接和间接资料，要做艰苦细致的辨别真伪的工作

从大量的材料中找出事物的内在规律性，这是不容易的事。调研报告切忌面面俱到。在第一手材料中，筛选出最典型、最能说明问题的材料，对其进行分析，从中揭示出事物的本质或找出事物的内在规律，得出正确的结论，总结出有价值的东西，这是写调研报告时应特别注意的。

### （三）调研报告一般是针对解决某一问题而产生的

报告需要陈述问题发生发展的起因、过程、趋势和影响。如果用词概念不清，读者就难以了解事物的本来面目，也就达不到解决问题的目的。尤其是政策调研报告，用词准确有助于政策决策者迅速准确地理解调研报告的内容，有利于政策制定和调整的正确性。

### （四）逻辑严谨，条理清晰

调研报告要做到观点鲜明，立论有据。

调研报告的论据和观点之间存在内在的必然联系。如果没有逻辑关系，无论多少事例也很难证明观点的正确性。结构上的创新只是形式问题，不能把主要精力放在追求报告的形式上。调研报告的结构可以不拘一格。

### （五）要有扎实的专业知识和思想素质

好的调研报告，是由调研人员的基本素质决定的。调研人员既要有深厚的理论基础，又要有丰富的专业知识。一项政策往往涉及国民经济的许多方面，并且影响到不同的社会群

体，只有具备很宽的知识面，才能够深刻理解国家的大政方针，正确判断政策所涉及的不同群体的需要，才能看清复杂事物的真实面目。恩格斯说过：如果现象和本质是统一的，任何科学都没有存在的价值了。调研人员一定要具备透过现象洞察事物本质的能力。这源于日积月累，非一朝一夕之功。

**（六）要对人民有感情，对事业、对真理有追求**

任何事物都是一分为二的，调研报告带有一定程度的主观性。作者所处的立场决定了调研报告的主题和观点，也决定了报告素材选取的倾向性。巴金说，"不是我有才能，而是我有感情"。深入实际搞调研，一定要有为老百姓、为国家解决问题的强烈愿望和感情。

事物的产生和发展都遵循一定的规律，调研报告的写作过程实际上也是探索事物发生发展规律的过程。报告的论点和论据一定要符合自然规律和社会规律，而不是追随潮流，迎合某些群体的需要。这就需要调研人员非常敬业，具有不懈追求真理的精神。

**【例文】**

## 大学生价值观调研报告

### 一、当代大学生人生价值观状况的原因分析

大学生价值观的问题在任何时刻都存在，但当代大学生中的价值观问题是普遍存在的，这与当今中国社会的巨大变革是紧密相连的，也与大学生自身的特点以及家庭和学校的德育状况有关。

第一，由于市场经济对道德建设的双面刃作用和中国改革与中国社会转型引起价值观的多元化，是当代大学生人生价值观形成的特定的社会背景。当代中国正处在改革和社会转型时期，从计划经济体制向社会主义市场经济体制转变，以及由此引起的社会的政治、文化等方面的深刻变化，这些必然引起价值观的多元化。社会主义市场经济对价值观的变化效应等，一方面，国际文化交流的发展开拓了大学生的眼界，使他们以中华民族素有的厚德载物精神去汲取世界各国的优秀文化。另一方面，多元文化的冲击，在国内少部分大学生中产生了消极影响，面对西方价值观的双重影响，有些大学生在价值观方面产生了困惑和矛盾。

第二，生活经验、社会阅历不足，心理发展不成熟，是导致大学生产生价值观困惑的共同主观原因。虽然在学校受到多年教育，但缺乏对国情民情的实感和具体了解，缺乏生活实际的磨练和对社会制度、社会规范、社会思想意识的思考。因此，在接触社会生活时，看到纷繁复杂的社会现象，了解人们各不相同甚至截然对立的价值观，就感到社会和生活难以理解，茫然困惑，不知道究竟哪些是真善美的，哪些是假恶丑的。同时，因为生活经验、社会阅历不足，能力不够，就会出现很多矛盾和困惑。例如，想做一个高尚的人，但难以自律；想参与社会，但缺乏政治素质；渴望成才，但缺乏学习磨练的毅力。从心理学角度看，大学生心理发展尚未成熟，思维、情感处于变化发展之中，在各方面的心理特点上充满矛盾，处于极不稳定的变化中；而现代社会工作、生活节奏加快，竞争加剧，加重了我们的心理负荷；观念的多元和多变，又使我们大学生无所适从。这一切容易导致我们精力旺盛，敢想敢做，有时又不计后果，不愿负责；情感强烈，需要丰富，而又不看形势，避苦求乐；思想敏

捷，勇于创新，却容易盲从，不辨真伪。

　　第三，家庭德育的缺乏和学校德育的滞后，是当代大学生人生价值观问题的直接原因。我们国家目前的家庭德育非常缺乏，不少家长要么工作繁忙无暇顾及孩子，忽视德育和做人的启迪；要么成天牢骚满腹、情绪低落，没有心情与孩子交流甚至只是给孩子灌输负面的东西；还有一些家庭关系恶劣的家庭给孩子带来心灵创伤，使他们在价值观上发生偏差。缺乏良好的家庭德育，大学生有了价值观上的困惑，不能在家里得到很好的讨论和引导。同时，由于学校对当代大学生价值观教育的缺失，致使大学生价值观存在误区，导致大学生对现实生活中各种事物和现象进行评价、取舍的思想观点有误区。学校传统德育内容、方法落后于社会现实。这些都使大学生失去了非常重要的价值观交流渠道，使大学生价值观的困惑没有得到很好的解决。

　　经过此次调查我们可以把当代大学生的价值观念归结为如下几个方面：

　　1. 在政治价值观念上表现为：积极、务实的政治价值取向与政治选择的功利化、政治心态的幼稚和不成熟共存。

　　当代大学生关心国家的前途和命运，他们善于捕捉和接受新生事物。报纸、广播、电视，特别是网络已经成为他们获取信息的重要工具。政治思想上积极上进贯穿当代大学生成长的全过程，但也表现出政治选择的务实化与功利化；亦有部分同学参与政治活动的热情有所下降，积极性、主动性有待提高。

　　2. 在道德价值观念上表现为：较高的道德认知与较差的道德修养、践行共存，在道德选择和评价上存在矛盾和困惑。

　　当代大学生存在观念与行为之间的脱节问题，他们在理论上认同的道德规范，往往不能变成实实在在的道德行为。

　　3. 在职业价值观念上表现为：追求发展，崇尚创造的职业价值观念与急功近利的求职心理共存。

　　大学生普遍注重自身价值的实现，成才愿望迫切。紧迫感、竞争意识和自强精神明显增强，讲究效率、注重学习实效已成为当代大学生的主要价值取向。绝大多数学生都渴望通过大学的学习来丰富和完善自己，占领就业上的制高点，赢得发展上的主动权，以适应社会的竞争。而在此过程中有可能会出现社会上的恶习，为了出众会不择手段，病态竞争。

　　4. 在婚恋的价值观念上表现为：独立平等的婚恋价值观念与弱化的责任感共存。

　　西方文化的渗透，使很多大学生对西方的生活方式产生向往，对西方的爱情方式盲目模仿，羡慕西方自由、浪漫、不受拘束的爱情，追求刺激、洒脱的爱情生活，而责任、义务的意识逐渐淡漠。

　　5. 在生活观方面表现为：对传统道德的怀念和依恋与对新的价值观尝试的激越和冲动共存。

　　大学生的视野宽广了，所接触的、感悟的信息以空前的规模急剧膨胀，接触对象日益丰富多彩。但是，这也往往造成他们对现实社会的迷惘和困惑。大学生们往往多热情而少理智，易受诱惑而又缺乏鉴别能力，加上有些人缺少自律的原则，价值上的失落乃至素质偏低，如果一味追求新奇变化，则往往优劣糟粕兼收并蓄，失去社会的审美标准。大学生追求个性化，容易导致以"自我"为中心的感性表现，如自由散漫的任意性，对现实的逆反性等。

6. 在消费价值观念上表现为：追求时尚、积极消费的价值观念与消费心理不成熟共存。

大学生中，目前拥有电脑、手机等高档消费品的逐渐增多，旅游、恋爱消费也日趋增加。大学生的消费观念也在社会转型时期发生了较大的波动。在市场经济条件下，有个别大学生开始接受并认同金钱至上的观点，出现对优良传统的冷漠与价值偶像的错位。近年来，勤俭节约、艰苦奋斗的精神与个别大学生的高消费、高享受的追求已经格格不入了。表现为拜金主义，崇拜金钱，以含金量作为人生价值的衡量标准。同时，由于大学生定位的特殊性，他们的经济来源以家庭为主，从而构成大学生消费的一种特殊的奢侈格局。

7. 在人生价值观念上表现为：讲求奉献社会与关注个人的自我价值的实现共存。

当代大学生对"追求健康向上、对社会有所作为"的人生价值观普遍持认可态度。他们富于同情心、责任感和正义感，越来越多的当代大学生追求完美的人格质量。但也不能忽略有些大学生过分关注自我、淡化社会责任，主要表现在以自我为中心，只考虑自己，不顾及别人，不参加集体活动，出现狭隘的个人主义、小团体主义、本位主义，对社会要求高，对自己要求低。

在调研中，我们还发现下列问题。

1. 大学生价值评价由集体本位向个体本位偏移

改革开放以前，由于社会大环境的影响，大学生价值观在结构上比较单一，以"无私忘我"、"为人民服务"、"集体主义"、"共产主义"为根本。改革开放以后，特别是伴随着社会主义市场经济体制的建立，高等教育体制的改革，大学生由公费上学改为自费上学，大学毕业由国家统一分配改为双向选择、自主择业。这些社会体制的改革和完善，无疑促使大学生对自我发展进行更多思考，客观上推进了大学生价值取向个体化的发展进程。大学生虽能认识到个人只有依靠社会、集体而存在，个人离开了社会和集体就不能发展，但他们更加关注个人在社会、集体中的价值和认可度，更加注重自我价值和个性的张扬。他们不但强调社会价值，也注重自我价值；不但注意吸收西方价值观中的精华，而且注意吸收传统价值观中的精华，开始在自我价值与社会价值、传统价值与西方价值的对立统一中，建构现代价值观。

2. 大学生的价值观具有实用性和功利性

今天的大学生对"空头政治"、形式主义、禁欲主义已不屑一顾。他们渴望成才，企盼致富；他们关心事业，关心时事，关心经济政策，关心"看得见摸得着"的实惠。他们讲实效重现实，其价值观具有鲜明的实用色彩，这是一种时代的进步。但是，这种实用性有时带有一定的庸俗性，有的大学生过分看重"关系"、享受、金钱、地位和眼前利益，他们欣赏高尚但并不想拥有高尚，赞誉英雄模范但并不想成为英雄模范，少了一个人应有的理想和精神。近年来，校园文化所呈现出的商业化趋向也充分体现了大学生价值观念和行为的功利性，如许多大学文学社团冷冷清清，做文学梦的青年越来越少；大学社团的发展更看重经济因素，拉赞助、寻求投资已成为大学社团最时髦的活动。

3. 大学生的价值取向由单一化向多样化发展

当代大学生是伴随我国改革开放成长起来的一代，处在社会政治、经济、文化剧烈变化的年代，传统与现代观念的冲突，东西方文化的交融与对抗，使社会价值观念呈现多元化和多样性。尤其近年来，互联网的普及，加速了全球信息网络化革命，也带来了各种意识形态的碰撞。各种思想跨国界交流，不同的政治立场、文化观念、道德标准和生活方式在网络上自由碰撞，对当代大学生的价值观产生了明显影响。这种多元化的文化意识形态注定了大学生价值取向更具多样化。

二、总结

大学生价值观极易受社会环境变迁的影响。当前我国社会正在发生广泛而深刻的变革时期，人们的价值观呈现出复杂多样的态势，不同价值观相互冲突，在一定程度上给人们特别是当代大学生造成了思想混乱、价值迷茫，产生了大量道德失范现象。市场经济的负面消极影响，加之社会一些腐败现象、不正之风的影响，使他们很容易产生消极的观念，对改革开放和国家的发展前景以及个人前途产生困惑，在彷徨与苦闷的思考中他们转向崇尚自我，走进自我迷宫，主体意识也由社会本位转向个人本位，更多地关注自己的得失，注重物质享受和拜金主义倾向明显。

全球化如同一柄"双刃剑"，各国在加强政治、经济、文化合作与交流的同时，一些西方发达国家的价值观念也迅速地在全球蔓延。拜金主义、享乐主义、极端个人主义等这些西方腐朽思想通过大众传媒和文化产品，在打着消遣和娱乐的幌子下进行大规模的传播和渗透，向人们宣传资本主义的意识形态、生活方式和价值观念，同时一些西方社会思潮也趁虚而入，对当代大学生的价值追求产生了很大影响，并渗透到大学生日常行为和社会认知之中。

随着社会主义市场经济体制的建立和完善，长期以来形成的高校思想政治工作体系已不能适应形势发展的需要，而新的工作体系尚在建立之中。思想政治教育形式单调、内容僵化、针对性不强、手段落后、教育力度不够的问题比较突出。学校在学生价值观教育上目标过高、缺乏层次递进性，远离时代；过度强调认知、理论与实际的脱离，价值观教育变成了单纯的知识教育；方法缺乏科学性和针对性，把价值观教育过程看成单纯的外炼过程，把教育过程和内化过程分离，忽视了学生的主观能动性和自我教育作用的发挥。

随着现代科学技术的飞速发展，当代大学生所处的已是一个信息激荡、传媒发达的网络信息时代。各种传媒如网络、影视、书刊等热衷于宣传和介绍西方各种价值观念，甚至封建迷信的某些歪理邪说，加上对很多新生事物的迷惑不解，许多大学生产生了一定程度的价值观困惑，有的精神空虚，缺乏理想信念，终日沉迷于网聊、网游之中；有的价值导向异化，一味模仿明星和西方饮食、服饰、生活方式，成为所谓的"新新人类"。

家庭教育对大学生价值观的形成具有长期、深刻的影响。我们国家目前的家庭教育非常缺乏，尽管多数家长在主观上也认同社会主导价值观，但出于对子女适应现实社会的担忧和对其眼前利益的维护，往往在具体问题处理上又采用实用主义的做法，在价值观教育上倾向于个人本位和"金钱"本位，这种倾向直接影响了大学生正确价值观的形成。

当代大学生缺乏对国情民情的切身感受和具体了解，缺乏生活实际的磨炼和对社会制度、社会规范、社会思想意识的思考，这样很容易在价值观的选择上产生偏差。从心理学角度看，大学生心理发展尚未成熟，他们的思维、情感处于变化发展之中，他们在各方面的心理特点上充满矛盾，处于极不稳定的变化中，观念的多元和多变又使他们无所适从。

人生的意义，需要从人生价值的角度进行审视和评价。人们只有找到了自己对生活意义的正确答案，才会自觉地朝着选定的目标努力，以全部的情感、意志、信念去创造有价值的人生。人生价值评价的根本尺度，是看一个人的人生活动是否符合社会发展的客观规律，是否通过实践促进了历史的进步。劳动以及通过劳动对社会和他人做出的贡献，是社会评价一个人的人生价值的普遍标准。劳动和贡献的尺度作为社会评价人生价值的基本尺度，正是对人生价值评价根本尺度的一种具体化。在我们今天所处的社会主义社会中，衡量人生的价值，标准就在于看一个人是否以自己的劳动和聪明才智为中国特色社会主义真诚奉献，为人民群众尽心尽力服务。

此次实践活动就是我们针对大学生价值观取向这个主题，在我校以及周边的其他学校，对大学生进行的价值观调查，包括人生观、消费观、恋爱观、道德观等，深入了解大学生的价值取向，了解其价值观形成原因，寻找更好的解决方案，为以后建立正确健康的价值观做好基础工作。

价值是一个含义十分复杂的范畴，在不同的语境中具有不同的含义。在哲学中，价值的一般本质在于，它是现实的人的需要与事物属性之间的一种关系。在日常生活中，价值是人们经常会碰到的问题，如做事说话经常要考虑"值不值得""有没有益处""美不美"，这里的"值""益""美"就是一种价值判断。"价值观教育要建立在对大学生价值观特点的准确把握的基础之上。"我国正处在以经济全球化为大背景的社会转型时期，大学生的价值观念不断变化更新。在这种情况下要增强教育的实效性，高校教育工作者就必须通过调查研究具体地、动态地把握当代大学生价值观发展变化的特点。但在实际工作中，一些教育者并不真正了解今天的大学生，只是凭自己的主观经验和一些表面现象来进行教育，这也是长期以来，我们的教育工作处于被动，无法收到实效的原因所在。另外，高校教育者应具有开放的视野和现代化的价值观，坚持与时俱进，按照国际国内政治、经济、文化发展变化的特点，按照建设中国特色社会主义、全面实现小康社会对人才素质的要求，确立价值观教育的目标，使大学生的价值观教育具有时代特点。我们一方面要以新的思想观念和思维方法教育和引导学生；另一方面要重视教育的手段和方法的更新，充分发挥现代化媒体的作用，以现代化的工作手段和沟通手段与大学生进行沟通和交流，不断开拓大学生价值观教育的新领域。

青年时期是一个人价值观形成的重要阶段。大学生是国家未来建设的主力军，他们的价值观对个人未来的发展、社会的变革与进步有着举足轻重的影响。社会主义核心价值体系为大学生核心价值观教育提供了参照依据，在新形势下，对大学生进行社会主义核心价值观教育具有十分重要的意义。

美好的人生价值目标要靠社会实践才能化为现实。人生价值目标的实现是一个实践的过程，人生价值的评价就是对实践及其成果的评价。人生之所以有价值，是因为人能够自觉地、有意识地认识和改造客观世界与主观世界，创造物质财富和精神财富，通过创造性的社会实践把人生提升到一个更高的境界。因此，社会实践是人生价值真正的源头活水，是实现人生价值的必由之路。

通过本次调查，我们衷心地希望每一名大学生都能够树立正确的人生价值观，要有所担当，担当起自己的使命，担当起自己义不容辞的责任，担当起时代寄予我们的希望与挑战。很多人在大学期间碌碌无为的原因很大程度上是由于在价值取向方面存在问题。希望我们的调查能够对他们树立起正确的价值取向观念有所帮助，对他们选择正确的人生航向能够产生积极的影响，对他们肩负起自己的使命能够有所启迪。这才是我们这次活动的意义所在。因为能够对他人有所帮助，这不也是我们在人生价值取向方面的正确表现吗？但愿每一位在校大学生都能够在正确的人生价值取向的指引下实现大学与社会的完美对接，今后在社会这个大舞台上大显身手，实现自己的远大理想。当代大学生是祖国的未来，是民族的希望，拥有正确积极的价值观对于指引大学生成才至关重要！我们相信，在全社会力量的努力之下一定会改善大学生之中的不良思想。作为一名大学生，应该正视自己，借助内外力量挖掘潜能：一个人的价值观念的建立很大程度上受其本身自信心的影响，最大限度地挖掘个人内在潜能有利于树立良好的价值观念。要深刻认识以人为本的内涵，以积极的心态和科学的方法，不断陶冶情操，健全人格，提高素质和能力。要发扬解放思想、实事求是、紧跟时代、勇于创新的精神；要发扬艰苦奋斗、务求实效、淡泊名利、无私奉献的精神。坚持学习科学文化和加强思想修养的统一，学习书本知识和投身社会实践的统一，实现自身价值和服务祖国人民的统一，努力奋斗，早日实现中华民族的伟大复兴！

## 【知识拓展】

### 调研报告和调查报告的区别

调研报告不同于调查报告，调查报告是因为发生了某件事（如案件、事故、灾情）才去作调查，然后写出报告。调研报告的写作者必须自觉以研究为目的，根据社会或工作的需要，制订出切实可行的调研计划，将被动的适应变为有计划的、积极主动的写作实践，从明确的追求出发，经常深入到社会第一线，不断了解新情况、新问题，有意识地探索和研究，写出有价值的调研报告。

调研报告的核心是实事求是地反映和分析客观事实。调研报告主要包括两个部分：一是调查，二是研究。调查，应该深入实际，准确地反映客观事实，不凭主观想象，按事物的本来面目了解事物，详细地钻研材料；研究，是在掌握客观事实的基础上，认真分析，透彻地揭示事物的本质。至于对策，调研报告中可以提出一些看法，但不是主要的。因为，对策的制定是一个深入的、复杂的、综合的研究过程，调研报告提出的对策是否被采纳，能否上升到政策，应该经过政策预评估。

调查报告是整个调查工作，包括计划、实施、收集、整理等一系列过程的总结，是调查研究人员劳动与智慧的结晶，也是客户需要的最重要的书面结果之一。它是一种沟通、交流形式，其目的是将调查结果、战略性的建议以及其他结果传递给管理人员或其他担任专门职务的人员。因此，认真撰写调查报告，准确分析调查结果，明确给出调查结论，是报告撰写者的责任。

## 第七节 倡议书

## 【案例导入】

### 特殊日子里的"三八"节倡议书

×××妇联组织、广大妇女姐妹：

三月的奈曼大地，草木萌发，生机无限。在大家齐心协力防控疫情的关键时期，我们迎来了第110个"三八"国际劳动妇女节。值此佳节，旗妇联向辛勤工作在全旗各条战线特别是奋战在抗疫一线的广大妇女姐妹们致以崇高的敬意和节日的问候！向一直以来关心、支持我旗妇女儿童事业发展的各级领导和社会各界朋友表示衷心的感谢！向全旗所有家庭致以诚挚的祝福！

过去的一年，全旗各级妇联组织围绕中心、服务大局，实实在在地把旗委政府的中心工作和妇联组织的具体工作转化成了为基层妇女群众做好事、解难事、办实事的生动实践。特别是在脱贫攻坚等重点任务面前，广大妇女积极贡献巾帼智慧与力量，和全旗人民一道同心筑梦，勇挑重担，以实际行动为全旗的经济社会发展助力添彩。

2020 年注定是不平凡的一年，它不但是全面建成小康社会和"十三五"规划的收官之年，也是脱贫攻坚决战决胜之年，更是打赢新冠肺炎疫情防控阻击战的必胜之年。为团结凝聚广大妇女姐妹在做好疫情防控、助力脱贫攻坚、推进乡村振兴、建设和谐社会等各项工作中充分发挥女性独特作用，旗妇联向全旗各级妇联组织、广大妇女姐妹发出如下倡议：

一、再接再厉，做好疫情防控。疫情发生以来，各级妇联组织和广大妇女姐妹们以无畏的守护、无私的奉献和默默的援助成为抗疫战场上一道道靓丽的风景线，为坚决打赢疫情防控阻击战贡献了巾帼力量。目前，虽然社会经济秩序正在逐步恢复，但是新冠肺炎疫情的防控工作仍然不能松懈，防控形势依然不容乐观。希望大家保持高度警惕，坚定信心和决心，发挥巾帼团队作用，将"战疫"进行到底。

二、提升素质，彰显巾帼风采。提高综合素质是广大妇女实现自身发展与进步的必然要求。疫情期间，希望姐妹们能利用"宅"家的时间，通过电视、电脑、手机等工具，学习家政服务、手工编织及庭院种植养殖先进技术，在掌握新知识、新技能的同时开拓思维、提高本领，努力让自己成为一名有能力、有活力、有魅力的时代新女性。

三、崇德向善，构建和谐家庭。广大妇女身兼慈母、孝女、贤妻等多重身份，是家庭和谐的重要维系者。希望广大妇女争做家庭美德的传承者、社会新风的倡导者、道德规范的实践者，各类先进典型要当好传播家庭道德正能量的志愿者，将家庭幸福生活、家庭和谐故事与更多的家庭分享，让社会主义核心价值观在广大家庭中落地生根。

姐妹们，新的时代赋予我们新的使命。让我们点燃激情和理想，充分发扬"四自"精神，充分发挥"半边天"作用，为抗击疫情的全面胜利和建设富裕文明和谐新奈曼贡献巾帼之力！

愿所有美好，如约而至！

愿山河无恙，人间皆安！

祝姐妹们，节日快乐！

×××妇女联合会

2020 年 3 月 8 日

## 一、倡议书的概念

倡议书是集体或个人，为了发动群众，动员社会力量，共同完成某项任务，树立某种风尚，开展某种公益活动，向有关方面和群众提出某种建议和做法，鼓动别人响应的一种信函文书。

倡议书一般是张贴在公共场所，也可在报纸上刊登，或通过电台、电视台播出，以求得响应。

## 二、倡议书的作用

倡议书的作用主要有两点：

### （一）倡议书具有广泛的群众性

它可以在较大范围内调动群众的积极性，使大家心往一处想，劲往一处使，齐心协力共同做好一些有益于社会的事务和开展某些公益活动。

### （二）倡议书是开展精神文明建设的一个有效的方法

倡议书的内容一般是同人们的日常生活相关的一些事项。例如，倡议爱护花草树木，保护生态环境；倡议众志成城，同心协力，实现祖国的伟大复兴等。所有这些都有利于人们的身心健康，属于社会主义精神文明的重要内容。

倡议书是一种建议、倡导，它不会给人一种强制的感觉，所以在这种轻松倡导之中，宣传了真善美，使人们无形之中就受到深刻的教育。

## 三、倡议书的种类

从作者角度分，倡议书分为个人倡议书和集体倡议书两种。从传播角度分，倡议书有传单式倡议书、张贴式倡议书、广播式倡议书和登载式倡议书。

从文章角度看，无论是个人发出的倡议，还是集体发出的倡议，其写法大体相同。即使不同传播方式的倡议书，其写法也大体相同。

## 四、倡议书的写作格式

倡议书的写作格式和一般书信相似，由标题、称呼、正文、结尾、落款五部分组成。

### （一）标题

倡议书的标题通常只写"倡议书"三字，可直接在第一行的正中写上"倡议书"字样，也可在"倡议书"三字前加上单位或概括倡议的内容，如"广泛开展群众性的春季植树造林活动的倡议书"。

### （二）称呼

倡议书要根据倡议的对象选用适当的称呼。有明确倡议对象的，写上倡议对象的名称，如"全国未婚的青年朋友们""××毕业班全体党员"。有的倡议面很广，可以写"亲爱的朋友们"，或省略称谓。

### （三）正文

正文是倡议书主体部分。这部分内容主要包括倡议的背景、对象、目的、内容、意义、要求和倡议事项等。理由要说得充分，只有说清讲透才能引起公众关心，赢得响应；倡议事项关键是写得具体、可行。倡议事项简单的，可以紧接着倡议目的之后写。倡议事项多的，可分条写。

### （四）结尾

另起一行空两格写结尾。结尾要概括地提出希望，表示倡议者的决心以及建议。用一些富有鼓舞性和号召力的话语来结尾。倡议书一般不写表敬意和表祝颂的礼节性结语。

**（五）落款**

另起一行的右半行写上发倡议者的单位名称或个人的姓名。有的采取集体署名的方式，如"1983级数学班全体共产党员"，有的可让每个党员亲笔署名，以示真实和参与者人数众多，显示其广泛的群众基础。若几个单位共同倡议的，谁牵头谁排在前面，然后逐行签写倡议单位名称。按一般书信格式在署名的下行书写年月日。

## 五、倡议书的写作要求

倡议书的写作要求包括以下方面：

其一，遵循党的方针和路线，表现改革创新的精神。所提的倡议应是积极的、上进的，同时又是切实可行的，使倡议书有群众性、普遍性和实效性。

其二，倡议书的目的、意图必须明确，内容必须交代清楚，理由要写充足，使被倡议者明确做什么，为什么这么做，做的目的及要求，继而跟着去做。

其三，语言除了简明、有条理外，要有强烈的鼓动性和号召力，带动和影响更多的响应者。

**【例文】**

## ××大学"防疫共担当，携手同健康"倡议书

各位学生、家长：

近期，全国多个地区尤其是湖北武汉发生新型冠状病毒感染的肺炎疫情，牵动着你我的心。为认真贯彻落实习近平总书记关于新型冠状病毒感染的肺炎疫情的重要指示和李克强总理批示精神，落实教育部、省教育厅有关部署，有效预防、及时防控和消除新型冠状病毒感染的肺炎疫情的危害，保障同学们和家人的身体健康与生命安全，学校对防疫工作进行了全面安排，我们关切、关心每一位学子的健康，不管你身处何方，我们都与你同在。面对疫情，需要广大学子在内的每个人齐心同携手，与全国人民一道，凝聚全体力量，发扬中国精神，众志成城，万众一心，共同打赢防疫战，共筑健康中国梦。为此，学校向全校学生和家长发出如下倡议：

1. 自觉遵守防范新型肺炎48字守则。须警惕、不轻视；少出门、少聚集；勤洗手、勤通风；戴口罩、讲卫生；打喷嚏、捂口鼻；喷嚏后、慎揉眼；有症状、早就医；不恐慌、不传谣；防控疫情我们在一起。

2. 减少流动，尽量不外出。尽量减少到通风不畅和人流密集场所活动。外出时做好防控，务必佩戴口罩，并正确佩戴有效的防护口罩。

3. 保持良好卫生习惯，加强体育锻炼，提高自我免疫力。在咳嗽或打喷嚏后、准备食物、用餐前、上厕所后等情况下，正确洗手。保持充足睡眠，积极参加体育锻炼，增强体质和免疫力，注意保持室内环境卫生和空气流通，养成良好卫生习惯和健康生活方式。

4. 为了你我的健康，禁绝野味市场。避免接触或宰杀野生动物或者禽类动物，更不可食用。

5. 主动学习相关知识，加强个人防护。及时关注中国疾控中心官网或微信平台，主动学习新型冠状病毒感染的肺炎个人防护知识，加强个人预防。应避免与呼吸道症状患者密切接触，如出现发热、咳嗽、胸闷气促等症状，请佩戴口罩到当地正规医疗机构发热门诊就诊。不可自行服药，以防耽误病情。

6. 如非特殊情况，请勿提前返校。返校时，注意返校途中自我防范和保护。返校时，请自觉配合学校做好体温检测、宿舍安全卫生通风，一旦发现发热等症状第一时间上报，并立即前往指定的医疗机构就诊。

7. 学校正在积极安排全面部署防疫相关工作，有关工作和安排我们会通过多种途径第一时间进行通知公布，请全校学生和家长关注学校官网和官微。

青青子衿，悠悠我心！让我们携起手来，始终与祖国和人民同呼吸、共命运、心连心，不畏风浪，直面挑战，抗击疫情。

值此新春佳节，祝全体学子和家长，家庭幸福、万事如意、身体健康、鼠年大吉！

×××大学

××××年××月××日

**思考与练习**

1. 结合你的实际情况，写一份学习计划。

2. 请结合你的个人情况写一份申请书，可以是入党申请书、辞职申请书、工作调动申请书等内容。

3. 选择题：

（1）总结按其时间可以分为（　　）。

A. 年度总结　　　　B. 工作总结　　　　C. 半年总结　　　　D. 阶段总结

（2）述职报告的核心是述职的主体，主要内容包括（　　）。

A. 陈述履行职务的情况、工作任务完成情况、取得的主要成绩

B. 陈述取得的工作成绩、存在的问题和经验教训、今后工作的方向目标和打算

C. 陈述履行职务的情况、存在的问题、今后的打算

D. 陈述取得的工作成绩、总结经验、吸取教训

（3）以下调查报告的写作格式中哪项是公文式调查报告（　　）。

A.《××地区市民法律意识调查》

B.《用公款请客为何愈演愈烈》

C.《关于××市"六五"普法工作情况的调查报告》

# 第四篇 铁路专业常用应用文

## 第一章 铁路应用文概述

### 第一节 铁路应用文的概念及特征

#### 一、铁路应用文的概念

铁路应用文，是铁路各单位、各部门交流思想、处理业务、互通情况而使用的一种文体。它是应用文的一个重要分支，广泛使用于铁路车务、机务、工务、电务、车辆业务单位和行业管理部门，直接为铁路"畅通无阻，四通八达，安全正点，当好先行"服务。根据实际应用情况，铁路应用文又可分为铁路通用应用文和铁路专业应用文。前者，如铁路公务文书、铁路事务文书、铁路会务文书等，是铁路各单位、各部门及其从业人员处理日常一般性公务与事务时所常使用的规范性的应用文文体；后者专指铁路旅客疏散程序、行车组织办法、调度命令、货物运单、客运记录、机车故障分析处理报告、工程设计任务书、施工组织设计、竣工验收报告、电务应急预案等针对性强、行业特点明显的专门性应用文文体。

#### 二、铁路应用文的特征

铁路应用文是应用文在铁路上的具体运用，作为其中一个分支，二者有其相同之处。表现为内容具有实用、真实、针对性强、讲究时效等特征，有相对固定的格式，即规范性。具体来说，点、面形式，内部结构具有单一、循规的特点，而且其外观式样也具有固定的格式，即规范性。特点如下：

**（一）功用性**

功用性是应用文书最本质的特征。应用文书写作是为了解决工作、生产、生活、学习中的实际问题或达到某种目的。注重功用，是铁路应用文写作不同于其他写作的主要标志。铁路应用文主要用来办理铁路"人便于行，货畅其流"等事务，及时解决当前工作中存在的实际问题，作用非常直接。例如，写一个更换车辆检修设备的请示，是为了向上级请求批准，防范行车安全责任事故的发生；写一个车务事故分析报告是为了了解接发列车工作是否按照《接发列车作业标准》规定的程序和固定内容以及要求进行、调车工作是否严格执行《铁路技术管理规程》（以下简称《技规》）中有关规定等，针对存在的问题，探寻原因、寻求对策。

### （二）真实性

真实性是应用文书的生命。应用文书是为解决实际问题而写的，强调的是方针政策的正确和客观事实的真实。不管是公务文书还是私人文书都应以事实为依据，必须符合生活的真实，内容上不能有半点虚假，包括时间、地点、人物、数据等必须有根有据，确凿可靠。在遣词用句上要恰当准确，避免发生歧义，引出纠纷或争议。

### （三）逻辑性

铁路应用文多数文体是以具体的事件（或问题）为中心来写作的，这就需要把观点叙述清楚，把前因后果、现象和本质分析清楚，使思维具有逻辑性。例如，制订机务方面某项安全规章制度，既要熟悉中国国家铁路集团有限公司颁布的《技规》、《铁路行车组织规则》（以下简称《行规》）、《铁路机车运用管理规程》（以下简称《运规》）、《铁路机车操作规程》（以下简称《操规》）、《乘务员标准化作业程序》、《问答式呼唤应答》等规定，又要讲清"安全第一"这一思想，从而合乎逻辑地使以"预防为主"的规章制度得以确立。拟订工作计划也是如此，目的要求的明确性，步骤实施的可行性，分工负责的执行性，每项工作按逻辑设计都能落实，等等。总之，在写铁路应用文时，要求谋篇布局讲究逻辑关系。

### （四）针对性

铁路应用文写作的针对性集中表现为两个方面：其一是对象明确；其二是叙事明确。铁路应用文写作本来就是为解决实际事务而进行的，它叙事内容的针对性就不容忽视，倘若内容的针对性不明确，就会引起麻烦和混乱。铁路规章制度及各工种作业标准大大小小上千项，无不体现铁路作为国民经济大动脉之于许多不同工种的连锁要求。铁路是一部大联动机，必须有一个铁的严格纪律来约束。这样，铁路应用文写作因人因事成文，对象、内容也就体现出现实的明确的针对性。

### （四）时效性

如请对方参加某项活动，那么事先就要把请柬发出去，让对方有备而来，若延误时间，闹出笑话是小，耽误工作是大。又如处理紧急事务时使用的铁路电报，有关部门接到电报，在第一时间内做到各项工作互相连锁，从而控制事态的发展。有的应用文体如令、决定、批复、签报、调度命令、货物运单、客运记录等，一般都标有生效或执行的具体时间。有的应用文，虽不一定标明具体时间，但同样也有很强的时效性，如《××作业标准》、《技规》等。

### （五）格式的稳定性

铁路应用文书在长期使用过程中，逐渐形成了一定格式，如果这格式是约定俗成的，就称为惯用格式或固定格式；如果被法定固化了，就称为规范格式。铁路应用文书多为惯用格式，国家行政机关公文具有规范格式。无论是惯用格式还是规范格式，一经确定，在一定时期内不会发生变化，具有稳定性。这种稳定性，使不同文种清晰醒目，便于写作、阅读、承办、归档、查询、利用，达到行文的目的。

### （六）语言的平实性

应用文书的语言要精确、朴实、通顺、简捷。应用文书是为了实用而写作的，把问题说清讲明即可，不需要拖泥带水、言不及义，更不能微言大义、晦涩难懂。因此，应用文书大多采用直陈方式，强调直接叙述；不追求辞藻华丽，也不注重形象描述，更不会采用含蓄婉转的写作技巧。而是着力于通俗易懂、庄重大方、恰如其分、公正平和、言尽意止的自然本色。

## 第二节　铁路应用文的作用和写作要求

### 一、铁路应用文的作用

每一种文体的存在，都有其独特的价值和意义，铁路应用文也不例外，具体地讲，它有如下作用：

#### （一）规范行为

铁路应用文书中一些文种对现实生活中一些公共行为起着规范约束作用。铁路应用文中的许多文体，如令、规章制度，具有很强的行为规范作用，用以维护铁路系统稳定和工作秩序。它们一经发布，在有效期和有效范围内，人们必须遵守或执行，不得违反。

#### （二）沟通交流

铁路应用文写作是沟通铁路内外各种社会关系的重要手段，如路局内发布通知进行上下沟通，与各高校学生提前签订就业合同以满足快速发展的铁路事业的用人需要等，均须互相沟通信息，确定关系对象。

#### （三）传递信息

在信息化时代，铁路应用文的信息传递作用日益突出。铁道工程的招投标、公布新的列车运行方式等应用文体正不断通过广播、电视、网络等传播媒介，把各种信息传入人们的生活。

#### （四）知照晓谕

有一些应用文书只是告知一些具体事项让对方知晓，并不要求对方贯彻执行，如各级机关通告及知照性通知等都具有知照作用。应用文书的晓谕作用具体体现为启示、教育和动员，其知照作用主要体现为告知。

#### （五）宣传教育

任何文章都有宣传教育作用，铁路应用文书也不例外。铁路应用文能向人们及时宣传铁路知识发展态势、人才准入、岗位标准、操作规程等内容，使人们在享受铁路旅游便捷的同时，感知国家科学发展，自觉接受安全与文明教育。

#### （六）储存凭证

人们常说"口说无凭，有书为证"。铁路应用文书作为一种以记录事实为主的书面文体，在记载事物发展状况和反映客观现实的同时，又对已有事实的存在和肯定的事情起到一定的证实作用，是处理工作、解决问题的依据和凭证，在效用失去后将会存档，可作为反映各单位不同时期的工作记载各个时期工作资料的有效凭证。这样不但有助于指导今后的工作，发现问题，总结规律，而且能够为上级机关和本单位领导制定政策、进行决策、采取措施提供重要的依据和经验。不同时期的各种铁路应用文从不同侧面与角度反映着我国铁路发展的历史，特别是高速铁路的建设，有些可以立卷归档，成为人类文化的一部分。

## 二、铁路应用文的写作要求

铁路应用文有着很强的专业性、综合性和实践性，以及属于自己的复杂而又独立的体系。铁路应用文的写作者应具备广泛而全面的素养，如政治素质、思想修养、工作作风、知识结构、业务水平等。这里着重谈以下几个方面：

### （一）熟悉方针政策，具有良好的政治素养

铁路应用文的写作目的，主要是为铁路工作服务，它在一定程度上也是党的路线、方针和政策的体现。铁路应用文写作，必须严格遵照、贯彻、落实党和国家的路线、方针和政策，把握其精神实质，并在此基础上深入了解铁路实际情况，以正确的立场分析问题，解决问题。

### （二）精通本职工作，具有较强的业务水平

铁路应用文的写作，既要符合事物发展的客观规律，又要密切联系铁路各部门和自身系统的实际情况。只有熟悉铁路业务，使自己成为本部门和本系统的行家，才能把事情写明白，把内容表述清楚。

### （三）扩大信息储存，具有合理的知识结构

要写好铁路应用文，还应该有各方面的知识作支撑，如史学知识、地理知识、写作基础理论知识、语法修辞等知识。这是吸收专业知识，发展各种能力的前提和基础。在信息化、网络化的时代，扩大信息储存量也有助于建构合理的铁路知识结构，储存信息的广博度，精通度以及实用性和更新性越高，越能正确、及时、全面地用文字表述出客观实际情况，从而争取工作的主动。

### （四）练好基本功，具有熟练写作和操作的能力

铁路应用文的写作是把知识储备转化为文字表达的过程。在这一过程中，收集信息选取材料，组织结构，锤炼语言，反复修改等都是不可或缺的环节，而只有多写多练，才能熟能生巧地使自己的写作能力日趋提高。此外，写作铁路应用文，还应具有熟练地使用电脑、打印机、传真机、录音笔等设备的能力，并拥有书法、速记、编辑、核对等技能。

**思考与练习**

1. 简述铁路应用文的概念。
2. 简述铁路应用文写作的基本要求。

# 第二章 铁路专用文书

## 第一节 调度命令

**【案例导入】**

下图是一份调度命令，请指出调度命令的六要素。

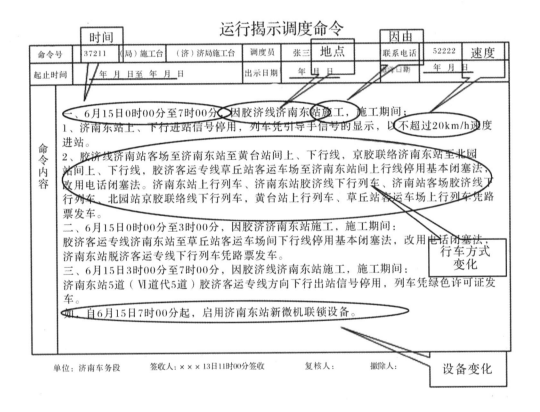

## 一、调度命令的概念

调度命令是为了落实运行图及编组方案，保证运输秩序的正常运转，及时处理所辖区段内的突发情况，列车调度员代表中国国家铁路集团有限公司或路局面向基层运输站段下达的书面命令。

各级调度在组织指挥日常运输工作中对下级调度或站调，以及有关人员所发布的有关完成日常运输生产的具体部署和指挥行车工作的指令，其中必须在调度命令登记簿上登记的称为调度命令，无须登记的称为口头指令。调度命令和口头指令都是指挥行车的约束性命令，下级调度及有关行车人员必须坚决执行，不得违反。

## 二、发布调度命令的基本要求

### （一）发布人的要求

指挥列车运行的命令和口头指示，只能由列车调度员发布。列车调度员是一个调度区段行车的统一指挥者，有关行车人员必须执行列车调度员的命令、指示，不得违反。

### （二）发布内容的要求

列车调度员发布行车调度命令，要一事一令，不得发布无关内容。一事一令是指对一个独立事件发布一个命令，该独立事件包括单因素事件和多因素事件两类。单因素事件是指不与其他工作发生关联的简单事件；多因素事件是指涉及两项及其以上工作内容，且由此及彼、因果相关、时间相连的复杂事件，可发布一个调度命令。

调度命令发布前，应详细了解现场情况，听取有关人员的意见，命令内容、受令处所必须正确、完整、清晰。

### （三）发布调度命令必须执行确认和回执制度

如无回执，调度员应主动与受令处所联系并确认接收情况。

1. 采用计算机发布调度命令时，必须严格遵守"一拟、二签（按规定需领导、值班主任签发）、三下达、四确认签收"的发布程序办理。受令人必须认真核对命令内容并及时签收。

2. 采用电话发布调度命令时，必须严格遵守"一拟、二签（按规定需领导、值班主任签发）、三发布、四复诵核对、五下达命令号码和时间"的发布程序办理。发布、接收调度命令时，应填写《调度命令登记簿》，并记明发、收人员姓名及时刻。

发布的调度命令，遇有不正确的文字不准涂改，应圈掉后重新书写。使用常用行车调度命令用语时，不用字句圈掉，不用项圈掉项号。遇有错、漏或变化时，必须取消前发命令，重新发布全部内容的调度命令。已发布的调度命令，遇有错、漏时，必须取消前发命令，重新发布。

### 行车调度命令项目表

| 顺序 | 命　令　项　目 | 受令者 | | |
| --- | --- | --- | --- | --- |
| | | 司机 | 运转车长 | 车站值班员 |
| 1 | 封锁、开通区间 | | | ○ |
| 2 | 向封锁区间开行救援列车、路用列车 | ○ | | ○ |
| 3 | 临时变更或恢复原行车闭塞法 | ○ | ○ | ○ |
| 4 | 双线反方向行车及由双线改为单线或恢复双线行车 | ○ | ○ | ○ |
| 5 | 变更列车径路 | ○ | ○ | ○ |
| 6 | 列车在区间内停车或返回 | ○ | ○ | ○ |

续表

| 顺序 | 命　令　项　目 | 受令者 | | |
|---|---|---|---|---|
| | | 司机 | 运转车长 | 车站值班员 |
| 7 | 去区间内岔线的列车 | ○ | ○ | ○ |
| 8 | 临时由区间内返回后部补机的列车 | ○ | ○ | ○ |
| 9 | 发生行车设备故障、灾害或封锁施工后，以及列车中挂有限速的机车、车辆等，需要使列车临时减速运行、一停再开或特别注意运行 | ○ | ○ | ○ |
| 10 | 半自动闭塞区间使用故障按钮、自动闭塞区间使用总辅助按钮 | | | ○ |
| 11 | 超长、欠轴列车或列车挂有装载超限货物的车辆 | ○ | | ○ |
| 12 | 旅客列车加挂货车 | ○ | ○ | ○ |
| 13 | 单机附挂车辆 | ○ | | ○ |
| 14 | 半自动闭塞区间，超长列车头部越过出站信号机（未压上出站方面的轨道电路）发车 | ○ | | ○ |
| 15 | 在非到发线上接发列车 | ○ | | ○ |
| 16 | 临时加开或停运列车 | ○ | ○ | ○ |
| 17 | 货物列车违反列车编组计划 | | | ○ |
| 18 | 双线区间在区间内进行跨线装卸作业时，对开入其邻线的列车 | ○ | ○ | ○ |
| 19 | 双线区间在区间内有除雪机、起重机工作时，对开入其邻线的列车 | ○ | ○ | ○ |
| 20 | 双线区间在区间内发生特别重大、重大、大事故，对开入其邻线的列车 | ○ | ○ | ○ |
| 21 | 临时利用本务机车调车作业 | ○ | | ○ |
| 22 | 利用天窗施工、维修 | | | ○ |
| 23 | 利用施工特定行车办法行车 | ○ | | |
| 24 | 较规定时间提前或延迟施工 | ○ | ○ | ○ |
| 25 | 电气化区段正线、到发线接触网停电或送电 | ○ | ○ | ○ |
| 26 | 列车调度员认为有必要记录的上述以外的命令 | 有关人员 | | |

注：画○者为受令人员。

## 三、调度命令的基本格式

### （一）调度命令固定样式

**调度命令**

_____年_____月_____日_____时_____分　　　　　第_____号

| 受令处所 | | 调度员姓名 | |
|---|---|---|---|
| 内容 | | | |

（规格：110mm×160mm）　　受令车站_____　　车站值班员_____

### （二）不同情况调度命令

**调度命令——封锁及开通区间**

命令号码：第　号　　　　　　　　　　　　　　　年　月　日　时　分

| 受令处所 | | 调度员姓名 | |
|---|---|---|---|
| 内容 | 1. 封锁区间<br>____站至____站间____行线因_____，自接令时（____次到____站）起（至____时____分止），区间封锁。<br><br>2. 开通封锁区间<br>根据____站报告，____站至____站间____行线____完毕，区间已空闲，自接令时起区间开通。 | | |

注：使用项中不用字句画掉，不用项圈掉。　　受令车站：　　　　车站值班员：

注：此命令格式适用于区间发生事故或其他原因需要先封锁区间，等待救援列车来后再进入区间，施工不要用此命令。

**调度命令——向区间开行救援列车**

命令号码：第　号　　　　　　　　　　　　　　　年　月　日　时　分

| 受令处所 | | 调度员姓名 | |
|---|---|---|---|
| 内容 | 1. 救援列车（救援队）出动<br>因____站至____站间____行线（____站）发生事故，_____救援列车（救援队）立即出动。限____站____时____分开。<br><br>2. 救援列车开行<br>____站至____站间加开____次，____站____时____分开，限速____km/h，按现时____分办理。<br><br>3. 向封锁区间开行救援列车<br>准许____站开____次，进入____站至____站间____行线封锁区间____km____m处进行事故救援，区间（____km____m至____km____m）限速____km/h，将____次推进（返回开____次）至____站（按事故救援指挥人的指挥办理）。 | | |

续表

| 内容 | 4. 救援单机开行<br><br>＿＿＿站至＿＿＿站间＿＿＿行线因＿＿＿，自接令时起区间封锁。准许＿＿＿站利用＿＿＿机车开行＿＿＿次进入＿＿＿km＿＿＿m处救援，将＿＿＿次推进（返回开＿＿＿次）至＿＿＿站。（区间限速＿＿＿km/h。）＿＿＿站派胜任人员添乘。<br><br>5. 列车分部运行<br><br>根据＿＿＿站报告，＿＿＿次因＿＿＿＿＿＿＿，自接令时起＿＿＿站至＿＿＿站间＿＿＿行线区间封锁。<br><br>准许＿＿＿站利用＿＿＿机车开行＿＿＿次进入封锁区间＿＿＿km＿＿＿m处挂取遗留车辆，将＿＿＿次推进（返回开＿＿＿次）至＿＿＿站（区间限速＿＿＿km/h）。 |
|---|---|

注：使用项中不用字句画掉，不用项圈掉。　　　　受令车站：　　　　　车站值班员：

## 四、调度命令登记簿的基本格式

调度命令登记簿

| ＿＿月＿＿日 | 发出时刻 | 命　令 | | | 复诵人姓名 | 接受命令人姓名 | 调度员姓名 | 阅读时刻（签名） |
|---|---|---|---|---|---|---|---|---|
| | | 号码 | 受令及抄知处所 | 内容 | | | | |
| | | | | | | | | |
| | | | | | | | | |
| | | | | | | | | |
| | | | | | | | | |
| | | | | | | | | |
| | | | | | | | | |
| | | | | | | | | |
| | | | | | | | | |
| | | | | | | | | |

（规格 190mm×265mm）

## 五、调度命令循环、日期、保管时限的规定

1. 列调台、计划台、特调台发布命令号码按日循环，如遇命令号码不够用时，在本台命令号码前加"0"；其他各工种按月按分配号码循环使用。

2. 调度命令日期的划分，以 0：00 为界。调度命令循环号码的起讫时间，以 18：00 区分。

3. 各工种调度命令保管一年。

## 第二节　列车电报

**【案例导入】**

2011 年 4 月 29 日，广州客运段担当的广州—重庆北 K811 次列车运行到佛山站前，硬座车厢车内人数 500 人，其中 178 人到柳州站。佛山站接乘车人数通知单，硬座上车人数 380 人，其中 147 人到柳州站，下车人数 35 人。列车该如何处理？请写出处理程序并按章拍发电报。

处理思路：

1. 积极疏导旅客，组织安全乘降。

2. 计算超员率，拍发超员电报。

3. 加强车内巡视，做好车内服务。

### 一、列车电报的概念

铁路电报是在处理紧急公务时使用的一种铁路公文形式。列车电报是铁路电报的一种，指列车行车过程中处理列车业务，必须在列车到达以前或在列车到达当时送交用户的电报。

### 二、列车电报的拍发权限

列车电报的拍发权限：列车长（中铁快运行李员），执行添乘各次列车乘务工作的负责人员。同一区段内不得重复拍发同一内容的电报。

### 三、列车电报的发报范围

第一，中国国家铁路集团有限公司（包括中国国家铁路集团有限公司机关各部门、各直属机构）发报范围不限。

第二，中国国家铁路集团有限公司所属单位可向中国国家铁路集团有限公司所属其他同级单位及其所属站段发报，但不得发至全路各站段。

第三，铁路局所属站段（或同级单位）可向本局和外局同级单位发报，基层站段向所属车间、班组（工区）制发电报权由铁路局规定。

第四，站段（或同级单位）所属机构可向本局和外局与其有直接工作关系的运输生产单位或其所属机构发报。

第五，担当列车乘务工作的负责人员（列车长、乘警长、车辆乘务员等工作人员）执乘时，根据工作需要，可向有关站段、车站、铁路局调度和公安部门发报。

第六，铁路公安系统各单位（公安局、公安处、公安派出所、乘警队等）根据工作需要可向有关单位发报。

第七，拍发给铁路乘务人员的电报，必须指定能够代其负责收转的铁路单位。

### 四、铁路电报的分类

按照急缓程度划分，铁路电报可以分为四类：

第一，特急电报：代号（T），用于非常紧急命令指示、处理重大事故、人身伤亡及重大灾害、敌情的电报。

第二，急报：代号（J），用于拍发时间紧急列车改点、变更到站和收货人、车辆甩挂、超限货物运到及车辆设备施工、停用、开通、限速的电报。

第三，列车电报：代号（L），用于拍发处理列车业务，必须在列车到达前或到达时送交用户的电报。

第四，普通的电报：代号（P），系指除上述三类以上的电报。通常列车上拍发的电报属于第三类。除主送、抄送有关单位外，一般应抄送本段以及路局主管部门，电文最长不得超过 500 字。电文要字迹清楚、语言精练、简明扼要、通俗易懂，加盖名章拍发。

## 五、拍发电报和不拍发电报情况

### （一）需要拍发电报的情况

1. 列车运行中因意外伤害，导致旅客受伤或死亡，应向所在地铁路局、车务段（中心站）拍发事故速报（速报内容：①事故种类；②发生日期、时间、车次；③发生地点、车站、区间、公里；④伤亡旅客姓名、性别、年龄、职业、单位、住址；⑤客票发到站；⑥事故简要情况等）。

2. 发生和发现重大行包事故，应立即向中国国家铁路集团有限公司、所在地铁路局拍发事故速报。并抄送有关单位（指中转站、行包到站、公安部门）。（速报内容：①事故等级；②发生日期、时间、车次；③发生地点、车站、区间、公里；④票号、发到站；⑤事故简要情况。）

3. 遇特殊情况，途中发生餐料不足（大批外宾、列车晚点增加供应量等），应向前方列车（客运段）拍发电报，请求补充，并抄送其主管局、本段。

4. 专运列车或车辆在途中临时需要补煤时，应发电报给前发列车（客运段），无段时应拍发给车站，请求支援，并抄送其主管局和段，费用由段清算。

5. 列车严重超员，要求沿途各站控制客流，以保证安全时，应发电报给前方各站，说明情况。并抄送各主管铁路局客调，必要时抄报铁道部客管处。

6. 列车行包满载，要求前方各站控制转载量，确保安全正点时，应发电报给前方各站，并抄送各主管铁路局客运处。

7. 列车发生重大刑事案件，急需侦破时，应向铁道部，所在地铁路局、公安部门，铁路派出所拍发电报，抄送本局公安处，乘警队。

8. 发现应收而少收票价、运费，列车办理补票时，发电报给旅客发站（段）及其主管局收入稽查室。

9. 列车代用票不够用，需在中途站借代用票时，应抄送借票站所在地局收入稽查室、本局收入稽查室、本段。

10. 列车广播设备（属于电务部门维修）中途发生故障，需紧急处理时，电告前方站广播工区前来维修。抄送本局电务段（广播工区）。

11. 列车有关业务申明澄清责任时，应向有关站、段拍发电报，抄送铁道部、其主管局业务部门。

（二）不准拍发电报的情况

1. 处理个人私事的电报。

2. 已经有文电的重复通知。

3. 由于工作不协调，互相申告（执行列车乘务工作的负责人，在列车运行中向上级领导汇报列车运行中发生的问题不在此限）的电报。

4. 不符合规定的电报版式或书写格式的电报。

5. 未签订服务协议的非铁路单位制发的电报。

6. 非铁路单位超过服务协议规定业务范围的电报。

## 六、列车电报的格式与写法

### （一）列车电报的格式

**铁路传真电报**

拟稿人：

签发：　　　　会签：　　　　核稿：　　　　电话：

| 发报所 | 电报号码 | 等级 | 受理日 | 时　分 | 收到日 | 时　分 | 值机员 |
|---|---|---|---|---|---|---|---|
|  |  |  |  |  |  |  |  |

主送：具体的受理单位或主办单位

抄送：协助办理、督促、备案、仲裁的单位

内容：

管内的事，不抄报到部，涉及两局以上的事，应根据情况抄报有关局业务处。（铁道部运输局组织结构、集团组织机构）

涉及治安问题，要送公安派出所、公安处、公安局、客调、客运处。

涉及路风问题，应抄送各级路风办。

涉及铁路乘车证问题，应抄送劳卫、财务、收入等部门。

涉及行车安全问题，应抄送各级安监室。

涉及食物中毒时，应主送卫生监督所。

遇到涉外问题时，应抄送公安和外事部门。

遇列车超员、行李满载、超载运输、急性传染病时应抄送客调。

### （二）注意事项

1. 要有明确的收稿单位，拟稿人姓名和电话号码齐全。

2. 报文要做到文字简练、准确、通顺，无歧义。

3. 标点符号完整、准确。

4. 报文内容一般采用 3 号仿宋体字，特定情况可适当调整字号，线条宽度一般不小于 0.25mm。

5. 电报稿应加盖电报专用章或单位公章。

6. 发报时，应使用铁路专用电报纸或公文纸。

【例文 1】

2015 年 12 月 15 日，太原客运段担当的太原—重庆北的 K689 次列车，洪洞开车，车内实际人数 2142 人，硬座车厢实际定员 1190 人，超员 80％，列车长应于临汾站拍发超员电报。

**【例文 2】**

# 铁 路 传 真 电 报

签发：　　　　会签：　　　　核稿：　　　拟稿人：
　　　　　　　　　　　　　　　　　　　电　话：

| 发报所名 | 电报号码 | 等级 | 受理日 | 时 分 | 收到日 | 时 分 | 值机员 |
|---|---|---|---|---|---|---|---|
|  |  |  |  |  |  |  |  |

主送：吉安、赣州、龙川、惠州、东莞东、广州东站、广州车辆段

抄送：铁道部运输局客管处、客调、客车处，广铁集团、济南局客
　　　运处、客调、车辆处，南昌局客运处、客调，青岛车辆段、
　　　客运段

　　2010 年 7 月 25 日，青岛开往广州东 T162 次列车运行至南昌站前、2、3 号硬座车厢空调故障（车型、故障），车辆乘务员全力抢修未能修复。车内有到惠州旅客 30 人，到广州东旅客 50 人。列车及时疏散其他车厢，九江—南昌间未享受空调，请各站停检停售 2、3 号车厢车票，请惠州、东莞东站做好旅客到站退款准备，请广州车辆段协助维修空调，特电告。

T162 次列车长（印）
2010 年 7 月 25 日于南昌站

## 七、需要注意的事项

第一，电报一般交有电报所的车站，由车站代发。电报一式二份，一份交站，一份签收后存查。

第二，电文应简明扼要、字迹清楚，抄送单位不宜过多，可以不抄送的单位应免去。凡是可以用电话或书面反映的，就不必拍发电报。

第三，主送单位是直接受理或解决问题的单位。因此，在拍发电报前首先要搞清楚这一点。

第四，"抄送单位"是监督、督促或协助"主送单位"解决问题的上级有关部门，以及应了解或知道情况的部门。

第五，电文中尽量不要用套话，闲话，只反映情况，如超员电报中的"为保证安全正点"等。

第六，抄送单位名称一定要搞准，不要乱写，闹笑话。

# 第三节　工程设计任务书

## 一、工程设计任务书的概念

工程设计任务书是基本建设中的常用文件，在建筑工程、市政工程、道路工程、水电工程及工厂、火力发电厂、矿山、桥梁的新建、改建、扩建中均要用到的技术文件。工程设计任务书是工程技术人员根据经济发展规划和建设需要，按照委托方要求编制的有关工程项目具体任务、设计目标、设计原则及有关技术指标的技术文件。

工程设计任务书是确定工程项目和建设方案的基本文件，是设计工作的指令性文件，也是编制设计文件的主要依据。

## 二、工程设计任务书的特点

### （一）内容的科学性

任务书表述的内容都要有科学依据，任务书所涉及的水文、地质、气象、环境保护、资源综合利用等方面知识、数据必须准确、客观，有科学根据，使工程设计任务书内容具有科学性。

### （二）文件的完整性

工程设计任务书所提供的工程设计说明书、设计图纸、概算书，三份文件必须完备，缺一不可，其中设计说明书要全面、具体，设计图纸要完整、清晰，概算书要准确、详细。

### （三）表述方法的简洁性

工程设计任务书是一种科技说明文，以说明为基本表达方法，文字表达要准确、全面。

## 三、工程设计任务书的结构和内容

工程设计任务书文本一般由封面、设计说明书、概算书、工程设计图纸和附件等部分组成。

### （一）封面

直接注明设计项目名称、设计号码、设计院名称、设计总负责人姓名和设计日期。

### （二）设计说明书

对于不同建设规模、不同工程性质、不同工程特点的项目，工程设计说明书内容有所不同，对于铁路大中型建设项目的设计说明书可包括以下内容：

1. 设计目的和设计依据，要列出建设该项工程的主要依据文件。
2. 建设规模，指建设项目的生产能力和使用效益。
3. 对铁路项目应说明运输组织、引入枢纽及线路走向方案。
4. 线路、轨道、路基、桥涵、隧道、站场等设计情况。
5. 铁路项目相关供电、车辆、通信、信号、给水排水、综合调度等情况。
6. 主要建筑物、辅助设施建筑面积和占地面积，投资总额，要求达到的经济技术指标，工程建设顺序和建设工期等。

**（三）概算书**

概算书，即工程建设经费预算，一般采用表格方式列出各个工期经费使用情况，用以安排计划，控制投资。

**（四）工程设计图纸**

工程设计图纸一套。

**（五）附件**

对于工程设计说明书中未包括的相关资料、合作协议、主管部门审查意见等。

## 四、工程设计任务书的编写要求

编写工程设计任务书之前，对工程地质情况、客观条件要进行全面、充分的了解，对所采用的各项数据必须准确、可靠，要有科学依据。同时，要熟悉有关的法律、法规，如城市建设法规、国家环保法规、建筑用地法规、建筑质量法规、标准化法规。在工程设计任务书中所采用的各种数据，必须准确可靠，要有科学依据。

在编写工程设计任务书时，必须有正确的设计指导思想，在建筑设计中要尽可能节约建筑用地，同时要尽量采用先进技术，采用先进的生产工艺和技术装备，以取得最好的设计效果和经济效果。在工程设计任务书中要明确、详细地提出设计要求和所要达到的设计指标，层次要清晰，条目要分明，文字要规范，应采用专业术语来表述，不能出现有歧义的文字，便于各部门分工合作，顺利进行施工建设。

【例文】

**郑州至西安客运专线设计任务书（目录）**

一、概述

（一）设计依据、范围及设计年度

（二）可行性研究、初步设计及环境影响报告书、水土保持方案报告审批意见的主要内容及执行情况

（三）勘测设计经过

（四）线路概况

二、既有郑州至西安铁路现状

（一）既有陇海铁路主要技术标准

（二）技术设备概况

（三）运营特征

三、经济与运量

（一）沿线经济特征

（二）路网构成

（三）设计年度客货运量预测

（四）远景年输送能力

四、郑西客运专线主要技术标准

五、运输组织

（一）车站分布

（二）列车对数及车站工作量

（三）通过能力及输送能力

（四）机构设置、管辖范围及行政区、调度区划分

六、引入枢纽方案及线路走向方案

（一）客运专线引入郑州枢纽线路方案

（二）巩义至渑池段线路方案

（三）交口至函谷关线路方案比较

（四）公庄台地工点纵坡方案比较

（五）华阴至华县北线路位置与渭河南岸断裂（F3）方案说明

（六）客专引入西枢纽方案说明

七、线路

（一）线路平面及纵断面设计

（二）改移道路及道路立交设计和拆迁建筑物说明

（三）防护栅栏设计说明

八、轨道

（一）轨道设计原则

（二）无砟轨道设计说明

（三）有砟轨道设计说明

（四）轨道附属设备和常备材料

九、路基

（一）路基工程概况

（二）路基面宽度、路基基床

（三）重点路基工程概述

十、桥涵

（一）沿线桥涵分布情况

（二）设计洪水频率、设计活载及桥梁建筑限界

（三）重点桥渡工程概述

十一、隧道

（一）沿线隧道分布概况

（二）隧道建筑限界、洞内轨道类型及衬砌类型

（三）重点隧道工程概述

十二、站场

（一）全线车站概况

（二）主要设计原则

（三）枢纽客运站分站说明

十三、电气化

（一）牵引供电系统

（二）牵引变电所、分区所、AT所、电力调度所

（三）接触网

（四）供电段

十四、牵引动力与车辆设备

（一）动车组运用检修设备

（二）机务设备

（三）车辆设备

十五、综合维修

（一）综合维修机构组成

（二）综合维修机构分布

（三）综合维修机构性质和主要设备配置

十六、给水排水

（一）给水站分布和生活供水站、点数量

（二）旅客列车卸污点分布及卸污方式

（三）水源、水处理和污水处理及排除方案

（四）主要给排水构筑物、设备

（五）消防

十七、通信

（一）通信网构成原则

（二）与既有通信网的联络结合方案

（三）通信线路等级、类型

（四）主要通信设备选型的选择

十八、信号

（一）信号系统

（二）列车运行控制系统

（三）车站联锁设备

（四）维修管理系统

十九、综合调度及信息系统

（一）综合调度

（二）综合信息系统

二十、电力

（一）供电负荷的分布及电源选择

（二）配电所的数量和容量

（三）主要设备类型

二十一、路外通信、广播等线路设备和油气管道及其他设施防护

（一）受影响情况

（二）防护方案意见及补偿原则

（三）主要工程数量表

二十二、房屋建筑

（一）房屋配备原则

（二）主要工程内容

（三）暖通空调卫生设备

二十三、防灾安全监控系统

（一）防灾安全监控系统功能及总体构成

（二）气象监测系统

（三）地震监测系统

（四）轨温及火灾监测系统

（五）突发事故异物侵限及非法侵入防护

二十四、环境保护与水土保持

（一）工程污染源及影响生态系统的工程活动分析

（二）对自然环境影响的环保措施

（三）对特殊地区的影响及环保措施

（四）噪声污染防治

（五）振动污染防治

（六）电磁辐射污染防治

二十五、施工组织设计

（一）施工总工期

（二）控制工期的工程及施工条件困难与特别复杂的工程所采取的措施

（三）分年度完成的主要工程量及投资划分

二十六、总概算

（一）编制范围及概算单元划分

（二）采用定额

（三）概算总额及技术经济指标分析

## 第四节　竣工验收报告

**【案例导入】**

2018年12月，京沈高铁线路正式竣工，即将通车。线路全长698公里，起于北京星火站，经北京市，河北省承德市，辽宁省朝阳市、阜新市、锦州市、沈阳市，接入沈阳站。请结合自己知识，对沈阳到锦州段正线路基写一份竣工验收报告。

### 一、竣工验收报告的概念

竣工验收报告是竣工文件的重要内容。它是基本建设工程（包括新线、改建、扩建、大修工程）经过工程检查、现场初验、正式验收等程序之后而编写的重要文件。验收总结报告经验收委员会核准签字后，该工程即由接管单位按确定的时间接管，开办运营或投入生产。

## 二、竣工验收报告的写作内容

### （一）建设依据

简要说明项目可行性研究报告批复或计划任务书和核准单位及批准文号，批准的建设投资和工程概算（包括修正概算），规定的建设规模及生产能力，建设项目的包干协议主要内容。

### （二）工程概况

描述要求竣工验收工程的具体情况，要与实际验收工程相符，与竣工验收所使用的竣工图内容相符。

### （三）工程建设情况

工程前期工作及实施情况；设计、施工、总承包、建设监理、设备供应商、质量监督机构等单位；各单项工程的开工及完工日期；工程安全质量监督情况；完成工作量及形成的生产能力（详细说明工期提前或延迟原因和生产能力与原计划有出入的原因，以及建设中为保证原计划实施所采取的对策）。

### （四）初验与试运行情况

初验时间与初验的主要结论以及试运行情况（应附初验报告及试运转主要测试指标，试运转时间一般为3～6个月）。

### （五）验收交接经过及工程评价

对项目建设执行国家法律、法规和铁道部规章情况进行检查；对项目的建设规模、建设标准、建设内容、工程质量、资金使用等情况进行全面检查；对建设项目形成的资产进行审核；对建设项目能否按规定交付临管运营或正式运营做出评价。

### （六）验收意见

对工程主要问题的处理意见，按照验收委员会的决议分项编写。

### （七）验收结论

确定是否可以交付运营及其方式、年限。

### （八）工程建设的经验、教训或下一步工作安排

重点总结工程建设中的经验以及要吸取的教训，或者安排下一步的计划。

建设工程竣工验收报告

| 建设工程名称 | 酒泉高铁片区肃北路道路工程（二标段） | | |
|---|---|---|---|
| 建设规模 | 1.5km | | |
| 建筑面积 | / | 结构类型、层数 | 道路工程 |
| 施工单位 | 甘肃欧阳宏大建设工程有限公司 | | |
| 勘察单位名称 | 西北地质勘察基础工程总公司第五工程处 | | |
| 监理单位名称 | 酒泉市众信工程监理咨询有限责任公司 | | |

| 工程造价 | 15781016.81 元 |
| --- | --- |

工程概况：

　　酒泉高铁片区肃北路道路工程，工程地点位于酒航路至平原路，本标段内容为：酒航路至平原路道路建修，道路长度为 1.5km，其中包括给排水工程、道路绿化、人行道修筑。

竣工验收程序：

　　1. 建设单位宣布验收组组长，副组长、验收组人员名单。2. 各参建单位分别向验收组汇报工程合同履约情况以及工程各个环节执行法律、法规和工程建设强制性标准的情况。3. 验收组人员审阅各参建单位档案资料。4. 实地查验工程质量。5. 核定工程安装质量、竣工决算和管理环节等，全面做出评价，形成工程竣工验收意见。

竣工验收内容：

　　1. 验收组查阅工程施工手续是否齐全、合法。2. 工程竣工档案资料是否完整、有效。3. 实地查验工程施工质量、安装质量以及工程的施工与设计图纸、合同相符程度。

竣工验收组织：

　　由建设单位组织邀请质检、设计、监理、施工等相关单位对工程进行竣工验收。

竣工验收标准：

城镇道路工程施工与质量验收规范 CJJ1－2008

对工程勘察的评价：




对工程设计的评价：

　　1. 设计单位能及时提供工程设计图纸，根据实际情况及时提供设计变更，提出科学、合理的处理意见，提供相关资料。

　　2. 及时参加工程各种验收活法。

对工程施工的评价：

　　1. 能严格按照设计文件、设计图纸和工程施工合同，现行工程质量验收规范进行施工。

　　2. 与质检、设计、监理等各单位配合良好。

对工程监理的评价：

　　1. 能严格按照监理制度、监理细则和监理合同履行监理职责。

　　2. 对每个施工环节的安全、质量能细抓细管。

　　3. 对施工过程进行技术指导、监督。

建设单位执行建设程序情况：

能严格执行建设程序

| 工程竣工验收意见： |
|---|
| 　　1. 资料完整、有效。 |
| 　　2. 设施配备齐全，符合设计文件、设计图纸、施工合同约定。 |
| 　　3. 符合工程质量检查验收规范规定。 |
| 工程竣工验收结论： |
| 　　（结论为：是否符合国家质量标准，能否同意使用） |

| 竣工验收人员签字 | 验收组职务 | 姓名 | 工作单位 | 技术职称 | 职务 |
|---|---|---|---|---|---|
| | 验收组组长 | | | | |
| | 副组长 | | | | |
| | | | | | |
| | 验收组成员 | | | | |
| | | | | | |
| | | | | | |
| | | | | | |
| | | | | | |
| | | | | | |
| | | | | | |
| | | | | | |
| | | | | | |
| | | | | | |
| | | | | | |
| | 建设单位项目负责人： | | | | |
| | 建设单位法定代表人： | | | 年　　月　　日 | |

注：建设单位对经竣工的工程质量全面负责。

【例文】

# 伊宁东站伊力特物流铁路专用线工程竣工验收报告

一、前言

（一）地理位置及规模

新疆伊力特实业股份有限公司伊宁东站伊力特物流铁路专用线位于伊宁县境内，距伊宁县城约 8km。该线自精伊霍线伊宁东站（K223＋065～DK0＋000）引出，向西行进约 1.5km 向东折返，至伊力特集团有限公司专用线库区，线路长 2.08km。

（二）修建意义

本线系伊力特实业股份有限公司物资流通专用铁路，主要承担矿石、焦炭运输任务。本线的修建将改善当地的交通和投资环境，提高本地区产品的市场竞争力，对促进地区社会经济可持续发展起着重大的作用。对加快西部大开发战略的实施、完善新疆的路网布局等均具有积极的作用。

二、建设依据

乌鲁木齐铁路局《关于精伊霍铁路伊犁州铁路专用线建设意见的复函》（乌铁总函〔2007〕255 号）；乌鲁木齐铁路局《关于伊力特实业股份有限公司伊宁东站专用线接轨方案建议意见的复函》（乌铁总技函〔2007〕60 号）；铁道部《中华人民共和国铁道部行政许可决定书》（铁许准字〔2008〕第 058 号）。

三、项目概况

（一）线路走向

专用线由伊宁东站（K223＋065～DK0＋000）引出，向西行进约 1.5km 向东折返，至伊力特现代物流有限公司专用线库区，线路长 2.08km。

（二）沿线主要地质情况及特点

专用线地处伊宁县城西南、吉尔格朗河右侧，为伊犁盆地冲、洪积平原区，地势北高南低，地形平缓开阔，相对高差 1～3m，平均海拔为 730～760m。该区域多为耕地，道路纵横，居民点密集，交通便利。专用线场地地层表层主要为第四系全新统冲、洪积砂质黄土，下伏粗、细圆砾土。

（三）主要技术标准

铁路等级：工企Ⅲ级。

正线数目：单线。

限制坡度：12‰。

最小曲线半径：300m。

牵引种类：内燃。

机车类型：DF11G。

牵引质量：2000t。

装卸线有效长：450m。

闭塞类型：自动闭塞。

（四）主要竣工工程数量

四、验收范围

本次验收的范围主要是伊宁东站伊力特物流铁路专用线工程及由于专用线工程引起的伊宁东站站改工程。主要专业有：线路、轨道、路基、站场、给水排水、通信、信号、电力、电气化、房建等（伊宁东站站场改扩建工程已于 2011 年 9 月 7 日通过路局运输处组织的开通验收）。

五、建设经过

（一）参建单位及任务划分

1. 设计单位

伊力特实业股份有限公司伊宁东站伊力特物流铁路专用线工程设计工作由新疆铁道勘察设计院有限公司完成。

2. 施工单位

中标单位：中铁二十一局集团公司。

任务包括：伊宁东站伊力特物流铁路专用线工程的线路、轨道、路基、站场、给水排水、通信、信号、电力、电气化、房建等。

3. 监理单位

中标单位：乌鲁木齐铁建监理咨询有限公司。

任务包括：伊宁东站伊力特物流铁路专用线工程的线路、轨道、路基、站场、给水排水、通信、信号、电力、电气化、房建等的监理工作。

（二）建设组织管理基本情况及特点

2009 年 9 月 25 日，新疆铁道勘察设计院有限公司成立了伊宁东站伊力特物流铁路专用线工程 EPC 项目部，下设计划合同部、施工技术部、安全质量部。几年来，伊犁地区 EPC 项目部围绕安全、质量、进度、投资、保护五大目标，精心组织，统筹安排，主动工作，克服困难，确保了该工程建设的有序推进。

（三）勘察设计完成情况

2008 年 8 月，伊宁东站伊力特物流铁路专用工程初步设计经铁路局总工程师审查通过；2009 年 1 月，各专业施工图完成，工程各专业施工图纸均能按要求及时提供，并经审查通过。

（四）工程开、竣工情况

伊宁东站伊力特物流铁路专用线工程于 2010 年 7 月开工建设，2011 年 9 月 22 日各专业工程完工。

（五）安全质量监督情况

2010 年 7 月，新疆铁道勘察设计院申请办理监督手续，并按相关要求提供了所需各项资料。铁道部工程质量安全监督总站乌鲁木齐监督站（后简称监督站）按规定出具了《铁路建设工程质量安全监督书》（编号 2010－37 和 2010－41 号），编制了详细的工程质量安全监督计划书，并指派 3 名工程师成立监督组，自 2010 年 7 月开始对伊宁东站伊力特物流铁路专用线工程及其引起的站改工程质量安全实施全过程监督。监督站严格按照国家、铁道部的有关技术标准、规程规范，经批准的设计文件等要求，对参与该工程标段的建设、勘察设计、监理、施工单位的建设行为进行了全面监督，多次对施工现场安全技术管理、文明施工、工程实体质量、原材料质量、内业资料进行监督检查，采取不定期抽检、重点工程专项检查、联合调查和问题整改结果追踪复查相结合的方式进行监督检查，各项问题均按要求整改完毕。自对该建设项目进行监督以来，乌鲁木齐监督站始终抓过程控制，对参建各方的质量安全行为和工程实体质量进行了有效监督，未发现参建单位存在重大质量安全违规行为，工程质量、安全处于可控状态。

六、验收经过

（一）验收组织机构及成员

根据《乌鲁木齐铁路局铁路专用线与国铁及合资铁路接轨管理办法》（乌铁总〔2010〕204号）有关要求，由建设管理处牵头成立伊宁东站伊力特物流铁路专用线工程验收工作组，负责竣工验收的组织协调。

组长：建设管理处处长

成员：总工室、建设管理处、运输处、调度所、货运处、机务工务处、电务处、车辆处、安全监察室、供电处、房地处、信息技术处、铁路公安局，工程质量安全监督站、新疆亚欧大陆桥铁道营运管理有限责任公司、伊力特实业股份有公司、新疆铁道勘察设计院有限公司等部门相关负责人及专家。

（二）验收经过及时间

1. 2011年10月20日，路局收到伊犁伊力特现代物流有限公司《工程竣工验收申请报告》、监理单位《工程质量评估报告》和施工单位《自验报告》。

2. 2011年10月27日，路局成立伊宁东站伊力特物流铁路专用线工程验收工作组，并印发《关于做好伊宁东站伊力特物流铁路专用线工程验收工作的通知》（乌铁建函〔2011〕688号）。

3. 2011年11月1日，乌鲁木齐供电段、新疆亚欧大陆桥铁道营运公司等设备接管单位确认专用线工程达到竣工验收条件。

4. 2011年11月2日，路局发文《关于召开伊宁东站伊力特铁路专用线工程验收准备会的通知》（乌铁建电〔2011〕895号）。

5. 2011年11月3日15：30，验收工作组组织成员单位专家在路局216会议室召开伊宁东站伊力特铁路专用线工程验收准备会。会上，新疆铁道勘察设计院和参建单位通报了建设项目相关情况，验收工作组讨论并通过了《伊宁东站伊力特铁路专用线工程竣工验收方案》。

6. 2011年11月4日11：00，验收工作开始，验收工作组各专业人员分别对轨道、路基、桥涵、信号、货运等相关设施设备进行验收，重点对轨道几何尺寸、道岔密贴程度、铁路道口、线路外观、站台及信号机限界、轨道电路及信号显示进行逐点测量、测试并进行了机车轨道试验。现场验收后，验收工作组在伊宁东站车站贵宾室召开了验收总结会，验收工作组成员通报了各专业验收的情况，存在的问题及整改意见，验收工作组讨论通过了竣工验收报告。

七、竣工验收结论

经检查，该建设项目线路走向和总体布局符合初步设计批复要求，建设过程符合国家、铁道部法律法规规定，工程质量和系统功能满足设计文件和验收标准，验收结论合格。

八、下一步工作安排

1. 抓紧时间完成验收遗留问题的整改。

2. 尽快完成竣工资料的整理及设备交接工作。

3. 进一步完善相关配套管理制度，做好人员培训及熟悉设备工作，为项目投入使用创造条件。

伊宁东站伊力特物流铁路专用线工程验收工作组

2011 年 11 月

## 第五节 电务应急预案

### 一、电务应急预案的概念

电务应急预案是指铁道电务部门根据评估分析或经验，对潜在的或可能发生的突发事件，如自然灾害、重特大事故等的应急处理预备方案。从文种性质来讲，它属于工作计划。

### 二、电务应急预案的分类

电务应急预案体系包括综合应急预案、专项应急预案和现场处置方案。

#### （一）综合应急预案

综合应急预案是从总体上阐述事故的应急方针、政策，应急组织结构及相关应急职责，应急行动、措施和保障等基本要求和程序，是应对各类事故的综合性文件。

#### （二）专项应急预案

专项应急预案是针对具体的事故类别、危险源和应急保障而制订的计划或方案，是综合应急预案的组成部分，应按照应急预案的程序和要求组织制订，并作为综合应急预案的附件。专项应急预案应制订明确的救援程序和具体的应急救援措施。

#### （三）现场处置方案

现场处置方案是针对具体的装置、场所或设施、岗位所制订的应急处置措施。现场处置方案应具体、简单、针对性强。现场处置方案应根据风险评估及危险性控制措施逐一编制，做到事故相关人员应知应会，熟练掌握，并通过应急演练，做到迅速反应、正确处置。

### 三、电务应急预案的特征

#### （一）针对性

电务应急预案是针对潜在风险而预先制订的应对方案，因而它应是紧密结合潜在风险分析评估的结果。

#### （二）科学性

编制应急预案要在全面调查研究的基础上，实行领导和专家结合的方式，开展科学分析和论证，从而使决策程序、处置方案和应急处理手段真正科学合理。

#### （三）可行性

应急预案应具有实用性和可操作性，即发生重大事故灾害时，人们能根据应急预案来处理事故，降低损失。

（四）完整性

完整性包括三个方面，即功能完整、应急过程完整和适用范围完整。功能完整是指紧急预案中应说明有关部门应履行的应急准备、应急响应职能和灾后恢复职能，说明为确保履行这些职能而应履行的支持性职能；应急过程完整是指包括应急管理工作中的预防、准备、响应、恢复四个阶段；适用范围完整是指要阐明该预案的使用范围，即针对不同事故性质可能会对预案的适用范围进行扩展。

### 三、电务应急预案的作用

电务应急预案是铁道电务部门及时、有序、高效处置突发事故的行动指南。通过编制电务应急预案，有利于提高部门风险防范意识；由于电务应急预案明确了应急处置的范围和体系，使应急准备和应急管理有章可循，有利于对突发重大事故做出及时的应急反响，便于及时与上级应急部门协调。

### 四、电务应急预案的结构与写法

电务应急预案有条款式和表格式两种结构形式。因涉及的内容范围和事件性质不同，电务应急预案的结构模式有所变化。在通常情况下，一份完整的预案应包括：

（一）标题

具体有三种写法：一是完整式标题，由适用范围、预案内容和文种组成，如《××电务段防洪应急预案》，这种写法最为常见；二是省略式标题，由预案内容和文种组成，省略适用范围，如《防洪应急预案》；三是简单式标题，只有文种，如《应急预案》，但这种标题因无内容概括，实际写作中不太出现。

（二）正文

正文是应急预案的主体和核心部分，要把"为什么做"、"做什么"和"怎么做"准确明晰地写出来。可以分为两层来写。

1. 前言

前言解决"为什么做"的问题，主要说明制订预案的依据、目的和指导思想等。这一层是全文的总纲，要高度概括，简明扼要。有些应急预案的前言以总则的形式出现。

2. 主体

主体解决"做什么"和"怎么做"的问题，即目标（任务）、措施、步骤，这是预案主体部分的三要素，也是计划一类文体所共有的要素。这一部分要侧重明确应急响应责任人、风险隐患监测、信息报告、预警响应、应急处置、人员疏散撤离组织和路线、可调用或可请求援助的应急资源情况及如何实施等内容。以重大突发危机事件预案为例，这一部分要写明预案适用范围、实施原则、预案启动标准、事件指挥系统及指挥协调职责、事件处理措施及社会秩序维护、综合保障、事件请示与报告制度等内容。因预案涉及事件性质不同，这一部分可以按照总体原则来具体确定写作内容。其中，预案适用范围、指挥体统及职责、处理措施、报告制度等内容一般都应具备。

3. 结尾

一般需要写明对有关单位、个人的实施要求。

4. 附件

包括附则和附录。附则包括有关术语、定义、预案管理与更新、国际沟通与协作、奖励与责任、制定与解释部门、预案实施及生效时间等。附录包括相关的应急预案、预案总体目录、分预案目录、各种规范化格式文本、相关机构和人员通讯录等。

（三）落款

预案的落款一般应当包括两项内容：一是制订预案的机关或单位名称，要写全称或者规范化的简称；二是制发预案的日期，要写明完整的年月日，数字用阿拉伯数字。最后在落款处按照要求加盖公章，以示制度机关对本预案负责。

【例文】

## 信号电缆中断应急处理预案

为进一步提高信号电缆中断应急处理能力，最大限度减少对运输生产干扰，努力压缩故障延时，确保安全生产，特制定本预案。

一、应急机构及其职责

成立信号电缆中断应急抢修队，电务段段长任队长，队员由故障所在工区的工长、技术骨干及信号工组成。

主要职责：收集掌握通信信号电缆的运用情况，尤其是通信信号电缆径路上的施工和电缆埋设、防护情况，发现危及电缆安全的情况应立即制止，并按照汇报程序及时上报。发生信号电缆中断时，由各工区工长负责第一时间赶赴现场，了解情况并组织抢修，同时上报有关领导。

二、断缆故障汇报及处理程序

1. 出现断缆故障后，知情人（巡道工、车站使用人员、施工现场负责人等）应立即将现场情况（时间、地点、损坏程度、影响范围）汇报给所在信号工区工长或信号值班人员。

2. 信号工区工长或值班人员接到通知后，将了解到的详细情况立即汇报到设备调度和综合段段长处，并准备好工具材料在最短时间内赶到现场进行抢修处理。

3. 信号工区到达现场的时间规定：本站从接通知时算起 5 分钟内到达运转室；外站从接通知时算起，根据距离远近，按每小时 45 公里速度（恶劣天气除外）计算到送时间。

4. 处理程序：抢修小组到达运转室后，由工长（或临时负责人）详细了解情况，根据故障情况、故障影响范围，在《行车设备检查登记簿》内对有关设备登记停用后方可进行抢修作业。

5. 故障所处的工区人员及材料不能满足现场抢修要求时，工长（或临时负责人）必须在最短时间内通知综合段段长，综合段段长接到通知后及时增补材料和增派抢修人员，以便在最短时间内接通电缆。

6. 信号电缆接续，12 芯以下原则上采用加强热缩管接续，12 芯以上原则上采用免维护接头盒接续，并采用冷封胶封堵。接续前，必须先断开电缆中的电源，确认无电后，由辖区信号工区人员清理场地、挖坑、校线，做好接续前的准备工作。一般电缆由现场信号人员进行接续；技术要求高、工艺复杂、辖区信号人员不能胜任的接续工作，等待工段抢修人员赶到后再行接续。接续工作严格按照标准化作业流程进行，热缩管接续的要掌握好喷灯的火候，既要充分使胶熔化，又要防止温度过高烤坏电缆芯线绝缘层；接头包接续的要掌握好冷封胶的搅拌时间，根据室外温度掌握在3～10分钟，充分融合后尽快灌装，平置接头包、装满冷封胶后观察是否有滴漏现象，有滴漏时要用棉纱封堵，接头包露天静置24小时、充分凝固、无异常现象、测试完电缆技术指标后方可填埋。

7. 电缆接通后，必须先做电缆绝缘测试，再做导通测试，确认正确后方可送电。

8. 信号设备恢复送电后，必须组织信号人员，对电缆影响范围内的所有信号设备进行联锁试验。

9. 经试验，联锁关系正确无误，设备一切正常，信号工长（或临时负责人）会同车站值班员共同做相应试验。确认信号设备一切正常后，在《行车设备检查登记簿》进行销记，设备恢复正常使用。

三、抢修材料的储备和管理

1. 信号务段、各信号工区必须储备工具、材料

2. 抢修材料必须专卡建账、专柜存放、专人管理，存放地点便于拿取，值班人员每天交接钥匙，工长每月检查一次，检查结果记录在《工长日志》中。

各工区要坚持统一指挥，各负其责的原则，在电务段应急抢修队队长的统一指挥下，做到不空岗、不脱岗。加强对信号、通信设备的巡查，做到及时发现，及时汇报，及时处理，确保安全。

附：信号电缆中断应急抢修队通讯录

××电务段

××××年××月××日

## 第六节 电务设备检修和维护记录表

### 一、电务设备检修和维护记录表的概念

电务设备检修和维护记录表是实录电务设备检修、维护情况和信息的书面表格材料。有检修和维护作业就应该有设备检修和维护记录。书面形式的电务设备检修和维护记录表一直是保留检修和维护信息的普遍形式。

### 二、电务设备检修和维护记录表的作用

电务设备检修和维护记录表是电务段通信、信号和供电设备运行状况的第一手监控资料，是电务设备检修和维护分析报告的基础材料，是制订电务设备检修和维护计划的依据。具体表现为：一是为检修过程留下记录；二是为检修对象建立检修档案，便于查找和追溯检修历史；三是能保证设备的安全运行，以及责任到人，以增加工作的责任感。

### 三、电务设备检修和维护记录表的特点

#### （一）科学性

电务设备检修和维护记录必须实事求是地记录检修和维护情况，不能弄虚作假，不能虚报数据，也不能随意揣测，必须建立在科学的检测、修理和维护基础之上。

#### （二）精确性

无论是检测电务设备运行状况的记录，还是检修原因分析记录，检修和维护过程的记录都要求精确无误。

#### （三）规范性

虽然检修和维护记录自身并不成文，但作为电务部门常用的文字材料，在长期的工作实践中形成了方便、实用的固定模板，具有一定的规范性。

规范性的主要表现：一是使用单位统一的记录专用簿，并需建立台账；二是要求使用统一的表格记录；三是使用规范化的记录符号。

### 四、电务设备检修和维护记录表的写法

电务设备检修和维护记录表一般由标题和正文表格构成。

#### （一）标题

一般而言，电务设备检修和维护记录表的标题由检修和维护部门、检修和维护设备、事项和文种构成，如《××电务段××检修科微机监测系统及移频维护机检修记录表》。也有直接由事项和文种构成的标题，如《设备检修记录》。

#### （二）正文

正文包括的内容如下：

1. 编号

2. 检修日期

3. 检修部门名称

4. 检修人姓名

5. 设备信息：包括设备编号、设备规格型号

6. 检修情况：设备现状、故障情况

（故障出现时间、故障产生的原因）、故障处理情况（故障处理的方法、处理工具、安保措施、故障处理所用时间）等内容。这是检修记录表的核心内容。

7. 验收情况

就是将验收的情况如实填写表内。由当值人员对设备进行验收后填写，根据验收情况，说明设备现状，确定该设备经检修后是否符合要求。

8. 验收人签名

### 五、注意事项

第一，记录必须字迹清晰工整、及时、详细、完整，内容真实、准确；岗位操作人员须

按操作顺序填写，不得提前或拖后。

第二，记录填写应完整，不得有空缺，如无内容填写，须用"/"表示（"备注"除外）。

第三，若内容与上项相同时，应重复抄写，不得用"??"或"同上"表示。

第四，记录不得任意涂改，如确定需要更改时应用"＼"画去原内容，在旁边填写正确内容并签名或加盖个人印章，并使原数据仍可辨认，切不可用刀刮、修改液涂改、橡皮擦或用重笔描写。

第五，单页记录不允许更改超过三次，若需要更改第四次时应重新填写。重新填写时，应在原填写记录醒目位置标注"作废"字样。

第六，记录编码及使用的起止日期由使用单位手写于封首右上角位置，起止日期用阿拉伯数字填写，起始日期与终止日期之间用"至"连接，如 2013.03.01 至 2013.05.31。记录内部用三位阿拉伯数字在编号处填写，如 001、002、003 等。更换新记录填写时，记录编号应接上之前记录的编号。记录编号应每年 12 月 31 日截止一次，次年 01 月 01 日重新从 001 开始编号。

第七，日期一律按年、月、日顺序横写，年份必须按四位数填写，不能简写，如 2001 年 5 月 7 日，"2001 年"不得写成"01"，"5 月 7 日"不能写成"5/7"或"7/5"，应写成 2001.05.07；按规定除年按四位数填写外，月、日应按两位数填写，一位数月、日前应加"0"，如 5 月 7 日应写成"05 月 07 日"，免除将 1 月、2 月改为 11 月、12 月和将 1～9 日改为 11～19 日和 31 日的可能。

第八，时间的小时、分一律用两位数字填写，并以"："分开。三班连续操作时间应按照 00：00～24：00 填写，如"20：00"不能写成"08：00"；03 月 08 日的 00：12 不能写成 03 月 07 日的 24：12。

第九，记录在送到资料室保管前，记录保管员应检查其是否完整，将完整无缺的记录收回资料室保管，对缺项漏页等记录出现的问题，报相关领导进行处理。

# 第七节　铁路行车设备故障分析报告

## 一、铁路行车设备故障分析报告的概念

根据《铁路行车设备故障调查处理办法》，因违反作业标准、操作规程及养护维修不当或设计制造质量缺陷、自然灾害等原因，造成铁路机车车辆（包括动车组、自轮运转特种设备）、铁路轮渡、线路、桥隧、通信、信号、供电、信息、监测监控、给水、防护设施等行车设备损坏，影响正常行车，危及行车安全时，均构成设备故障。设备故障升级为铁路交通事故时，按《铁路交通事故调查处理规则》有关规定办理。

铁路行车设备发生故障后，相关部门应对故障设备进行调查、取证、处理和分析，将《故障分析处理报告》和《铁路行车设备故障处理报告表》上报上级主管部门。定他局、外单位责任的行车设备故障，要填写《外转行车设备故障通知书》并上报上级主管部门。

行车设备故障的分析应坚持"三不放过"，即故障范围不明不放过、定责不准不放过、防控措施制定的不当不放过。行车设备故障的调查处理，应以事实为依据，以规章规程、技术标准、维修标准为准绳，认真调查分析，查明原因，明确责任，吸取教训，制定对策，实

行责任追究和经济考核，形成铁路行车设备故障分析报告。

## 二、铁路行车设备故障分析报告的写作格式

一般由标题、正文和落款三部分组成。

### （一）标题

由事由和文种构成，如《关于 H×N5 型机车 LK2000 型监控装置外部接口电路故障分析报告》。

### （二）正文

1. 故障概况

故障概况包括故障发生的时间、地点（如线别、区间、站场等）、设备编号（机车型号和修程；设备零部件器材生产厂家、型号、编号、出厂时间、维修方式等）、故障设备损坏情况、处理方式、处理完毕时间、处理完毕后是否采取行车限制措施等内容。

2. 故障处理的详细过程

故障处理包括第一信息反馈的时间、做好抢修出动准备工作的时间、出动抢修的时间、到达故障现场的第一时间和人员、设备损坏详细情况、现场其他基本情况和线路情况等、领导和工作人员到位情况和故障处理的具体情况。

3. 故障调查的内容

调查故障发生前的有关情况；调查故障地段相邻设备运行情况及周边环境；调查故障发生时的有关情况；收集与故障有关的证据；对影响较大或复杂地段的设备故障，必须绘制故障现场示意图。

4. 故障原因分析

根据故障调查情况，按照相关规定，综合分析，确定故障原因。

5. 提出有关责任人的考核建议

根据有关规定，按相关责任人员责任大小提出考核建议。

6. 制订整改措施

对故障发生、处置、抢修中存在的不足和问题进行分析总结，制订有针对性、操作性强的整改措施，并抓好落实。

### （三）落款

落款由发文单位和日期组成。

【例文】

## 关于 SS4G0177、0188、0162 三台机车惯性故障的分析报告

一、SS4G0177 机车情况

SS4G0177 机车于 2009 年 4 月 20 日从湖东电力机务段接回，2009 年 5 月 21 日整修完毕后上线，是配属我段的机车。该机车 2008 年 7 月 19 日在湖东电力机务段进行了二次中修，修后至今走行 49482 公里。机车运行至今发生多起机车故障，具体情况如下：

1.2009 年 6 月 24 日机车因 B 节变压器间 37 门联锁漏风，主断路器合不上发生机车故障。机车回段后上车检查发现机车 B 节变压器间门联锁漏风，拆下门联风锁检查发现密封胶圈老化龟裂。原因分析：湖东电力机务段在中修过程中对门联锁未认真进行检修，及时更换门联镜风缸密封胶圈。机车回段运行一段时间后，门联锁因风缸密封胶圈老化龟裂造成漏风，进而产生主断路器合不上故障。处理结果：更换漏风门联锁，进行机车高低压试验正常后交车。

2.2009 年 6 月 28 日机车因主电路接地灯亮，主断跳闸发生机车故障，机车回段后上车检查发现机车 B 节 2 号变流装置晶闸管击穿一个，快速熔断器烧损两个。

原因分析：湖东电力机务段在中修过程中未按规定对晶闸管进行均流检测，致使晶闸管带病工作。机车运行一段时间后，晶闸管因耐压值不够造成击穿。

处理结果：更换同型号晶闸管及快速熔断器，进行机车高低压试验正常后交车。

二、SS4G0188 机车情况（略）

三、SS4G0162 机车情况（略）

四、分析小结

SS4G0177、0188、0162 三台机车均是配属我段的机车。其中 SS4G0177、SS4G0162 这两台机车在湖东电力机务段二次中修后至今走行公里数分别是 49482 公里、45355 公里，中修后走行公里都较短。SS4G0188 机车因司机控制器发生两起机车故障，很有可能在我段接车前就被互换。经以上分析认为，这三台机车频繁发生机车故障的主要原因是机车基础质量太差，湖东电力机务段中修质量不高。我段对这三台机车已发生问题的主要部件都进行了更换，机车质量状况在逐渐好转，机车性能也逐步稳定。

五、采取措施

1. 对 SS4G0177、0188、0162 三台机车逐台扣车进行彻底整修。

2. 整修完毕后派技术人员上线跟车添乘，对上述三台机车的动态信息进行了解和掌握，为日后合理制定修程提供依据。

3. 技术科组织各专业工程师、检修车间质检员、工长对机车的整体状态进行全面仔细的检查，彻底消灭机车"松、虚、短、破"等小而广问题；并针对近期电器部位故障发生的情况，有针对性地进行重点检查试验，同时进行提前预想，有目的地采取措施提前防控，遏制惯性故障的发生。

4. 集宁机务段加强对乘务员应急故障能力的培训，不断提升乘务员的业务素质，同时要求乘务员将运用过程中发生的问题及时反馈检修段进行修复。

六、整修情况

9 月 23 日至 9 月 25 日分别将三台机车扣回，按照电力机车整修标准进行了详细的检查，并进行了高低压试验，对车顶、主电路、辅助电路、控制电路绝缘值进行了检测，对车中各部件进行了彻底的保洁工作。整修中发现 SS4G0188 机车 B 节 1 号变流装置 T5 晶闸管击穿一个、熔断器烧损一个的故障隐患，按照工艺技术要求对击穿的晶闸管及熔断器进行了更换，高低压电器动作试验，各部正常。

三台机车整修完毕上线运用，至今没有乘务员咨询信息，说明机车通过整修故障消除，达到机车正常的运用状态。

附件：1. 铁路行车设备故障处理报告表（略）

2. 外转行车设备故障通知书（略）

××机务段

××年××月××日

## 第八节　检车员工作记录手册

### 一、检车员工作记录手册的概念

根据《铁路货车运用维修规程》（2010 年版），现场检车员、故障修理人员、列检工长在现场作业时发现、处理、确认铁路货车故障后，须将故障信息及时、准确、完整地记录到《检车员工作记录手册》（车统－15A）中。车统－15A 是检车员记录列车技术作业，发现和处理故障明细，TADS，TPDS，TFDS，THDS 等报警确认、处理及临时工作等信息的手册。

### 二、检车员工作记录手册的要求

**（一）一般要求**

1. 检车员须使用不易褪色的书写笔填写，确保字迹清晰、工整，并录入 HMIS 运用子系统，保存电子和纸质台账。

2. 检车员在列车技术作业中，均须在《检车员工作记录手册》中填记 1～3 项。如发现铁路货车故障，还需选择填记 4～13 项。

**（二）"主要故障情况"项填写内容及要求**

1. 顺序填写发现的具体故障方位、部位、名称、型号、尺寸等。

2. 故障配件及换上的配件有制造和检修标记要求的，应填写制造和检修标记。

3. 轴承故障应填记标志板和施封锁内容。

4. 定检到（过）期车填写过期修程，如"厂修过期"。

5. 关门车应同时填记关门原因、制动机型号，如"关门车，支管折断，120 阀"，对多制动机的铁路货车还应填记故障制动机位数。

6. 车轮踏面损伤故障应填记制动机型号等，如"1 位轮对踏面擦伤 2mm，120 阀，滚动"。

**（三）其他要求**

1. 小件修故障主要填写发现的具体故障方位、部位、名称、型号、尺寸等。

2. 典型故障和大件修故障等应填写定检情况，还应在备注栏内填写确认故障的工长、鉴定人和更换人的姓名等。

3. 班工作记事栏还应记录当班工作中临时工作事项和其他需要记录的内容。

4. 纸质手册保存期限为 1.5 年。

### 三、注意事项

列检工长在现场作业时，还要将抽查时发现的铁路货车故障信息、检车员发现典型故障的确认信息、列车队修理质量的检查信息及其他要求记录的信息，详细记录在《检车员工作手册（列检工长）》中，并对现场检车员、故障修理人员的《检车员工作手册》中记录的铁路货车故障信息进行核查，发现问题及时纠正，保证相关信息记录及时、准确、完整。

动态检车员、动态检车组长要按照货车安全防范系统的运用要求，将检查发现的铁路货车故障及时在货车安全防范系统中提交、确认，通过值班员向现场预报，并将现场检车员反馈的检查、确认、处理信息录入，生成完整、准确的铁路货车故障信息，作为货车安全防范系统发现铁路货车故障的原始记录信息。

**思考与练习**

1. 结合实际写一份设备检修申请单。

2. 在网上或图书馆查找资料，填写《检车员工作记录手册》。

3. 什么是电务应急预案？电务应急预案的主体一般包括哪些内容？

# 第五篇　其他常用应用文

# 第一章　书信类应用文

## 第一节　求职信

**【案例导入】**

阅读下面的信息，结合自己的实际说说你对求职信的认识。

### 求职信

尊敬的领导：

您好！

十分感谢您在百忙中抽空审阅我的求职信，给予我毛遂自荐的机会。

我知道您需要一名速记速度快，又能处理大量信件的秘书。我毕业于×××学校，毕业后先后在一家干货零售公司、一家保险公司做过秘书。

在校期间，我热爱学习并为其投入了巨大的热情和精力，我以优异的成绩完成了各科的功课，曾获得过三好学生、优秀学生等称号。我始终坚信机会是留给有准备的人的。因此，在校期间，我积极向上、奋发进取，不断从各个方面完善自己，取得长足的发展，全面提高了自己的综合素质。在工作中我能做到勤勤恳恳、认真负责、精心组织，力求做到最好。

在课余时间里，我喜欢阅读各类书籍，从书中汲取信息来充实自己，更新观念，开拓胸怀。同时，还用心参加文体活动。在假期的实践工作中，我学会了思考、学会了做人、学会了如何与人共事，锻炼了组织能力和沟通、协调能力，培养了吃苦耐劳、乐于奉献、关心集体、务实求进的思想。

我的英文书写速度是每分钟145个字。在我现在的工作中，我每天要处理50到60封信件。不论是在××××××学校求学时，还是在现在的工作中，我都要求自己不用他人指导而独立处理日常信件。

虽然我在现在的××××保险公司工作得也不错，但我最近刚获得了硕士学位，想干一份有挑战性的、更有价值的工作。×××小姐对工作的热情，更让我确信我会喜欢这份工作。内附的简历有助于您做决定。

十多年的寒窗苦读，此刻的我已豪情满怀、信心十足。事业上的成功需要知识、毅力、汗水、机会的完美结合。同样，一个单位的荣誉需要承载她的载体人的无私奉献。我恳请贵单位给我一个机会，让我有幸成为你们中的一员，我将以百倍的热情和勤奋踏实的工作态度来回报您的知遇之恩。

如果您方便，每天下午我都有时间去贵公司面谈，愿我有机会来与您面谈！感谢您在百忙之中给予我的关注，愿贵公司事业蒸蒸日上。

×××

××××年××月××日

这是一封真诚感人而又朴实自然的求职信，其真诚感人处有以下几点：

第一，态度真诚。针对公司的招聘需要，真诚地表明了自己的求职意愿，即"我想申请这个职位"、"想干一份有挑战性的、更有价值的工作"、"如果您方便，每天下午我都有时间来面谈"。

第二，内容真实。用事实为证，如实地写出自己想从事秘书工作所具备的条件以及选择这份工作的原因。巧妙地利用了一个中间人×××小姐，既表达了对×××小姐的感谢之意与崇敬之情，又间接表达了自己的敬业品德及对这份工作的真诚热爱。

此求职信朴实自然之处在于：全信紧紧围绕招聘单位的需要，投其所好，集中讲自己的相关条件、能力、工作经历，以事实说话、以能力说话，朴实自然。

## 一、求职信的概念

求职信是求职者写给用人单位或有关领导，向用人单位介绍、推荐自己，以谋求工作职位的一种专用书信。求职信是针对特定的用人单位而写的，要求集中突出个人的特征与求职意向，让用人单位相信自己适合担任某项工作或从事某种活动，因而写好求职信是敲开职业大门的重要步骤。

## 二、求职信的特点

### （一）针对性

求职者应对单位或雇主有所了解，对所求取的职位有所了解，对自己的条件有所了解，针对自己的实际能力和雇主所需职位的要求来写求职信。另外，针对不同企业的不同职位，求职信的内容也要有所变化，侧重点要有所不同。

### （二）自荐性

求职信主要是推销自己，表达自己对应聘职位的兴趣以及介绍自己的最突出的能力和条件。求职者与单位或雇主之间从未谋面，互不相识，所以在求职信中要善于自我推销，要让用人单位觉得，这个岗位非我莫属。

### （三）竞争性

求职就是竞争，尤其是那些知名度高、实力雄厚的大公司、大企业，人才竞争格外激烈。要在竞争中取胜，必须突出自己的优势，在求职信中应将自己的长处淋漓尽致、实事求是地表现出来，以求在竞争中取胜。

## 三、求职信的分类

根据诉求目标的不同，求职信可分为自荐信和应聘信两种。

**（一）自荐信**

自荐信是指求职者主动向某单位介绍自己的情况，申请某种职位、职务的信函。它是毕业生向用人单位自我推荐的书面材料，往往要同时准备多份，一信多投。

**（二）应聘信**

应聘信是指根据对方的招聘启事，应聘其中某个职位、职务的书面申请。因此，应聘目的、对象单位十分明确，是根据有关招聘启事的要求、目的而撰写的，求职者可以"投其所好"地撰写。

### 四、求职信的写作格式和内容要素

求职信的结构一般由标题、称呼、引言、正文、结语、附件、落款七个部分组成。

**（一）标题**

在第一行正中位置用较大字体写上"求职信"三个字。

**（二）称呼**

顶格书写招聘单位负责人或联系人的姓名并加上恰当的称呼。

**（三）引言**

信的开头部分，一般先作简单的自我介绍，然后交代写信缘由与目的，表明你竭诚为其效力的愿望。一般在开头部分要明确提出所要谋求的工种或职位。

**（四）正文**

正文是求职信的重点，要简洁而有针对性地介绍自己的情况，写出个人背景，申述自己的志向、兴趣、性格和适合有关职位的情况，介绍自己的学历、经验、希望和信心，写清应聘工种、职位等。在信中，要突出自己的技术专长，展示自己的业绩与能力，这是很有必要的。但是，要注意不可偏离对方提出的条件，空泛地介绍自己，要针对应聘岗位做有重点的发挥。写求职信不必面面俱到，流水账似地介绍学习、工作经历，而是有技巧地凸显你的长处，根据招聘单位的需要来剪裁你的经历。要运用事实和数据来说明你的能力，而不是用一些空洞的赞美词语来自我标榜。

**（五）结语**

结语也就是结束语，包括自己的愿望、要求和祝颂语。求职信的末尾可强调自己的愿望，如"如能给我面谈的机会，我将不胜荣幸"、"希望得到您的允诺"等。接着以简洁、合适的祝颂语礼貌地结束全文。

**（六）附件**

为对信中介绍的内容起到证明作用，可将自己的简历、学历证书、专业课程成绩单、发表的论文和出版的著作及获奖证书、科研成果、发明创造等的复印件作为附件。如有专家或其他人的推荐文书，也可附在后面。附件不宜过多，应选择最有说服力的附件。自荐信上应当说明信中所附的有关资料文件，如毕业证书、学位证书、获奖证书的影印件，发表作品的影印件，学校的推荐信或毕业生推荐表等，给对方以办事认真、考虑周全的印象。

（七）落款

最后写姓名、日期、通信地址或联系方式等。记住要表达面谈的愿望，希望得到回信，并且热切地希望有面谈的机会。要写清楚自己的详细通信地址、邮政编码和电话号码，必要时还应说明何时打电话较为合适等，以便相互联系。

## 五、求职信写作的注意事项

第一，求职信的字数不要太多，一般要控制在 1000 字以内，尽量不超过一张纸，太长了有关人员就可能没有耐心把它读完。

第二，求职信的内容要针对不同单位、不同职位作相应的调整，要使对方觉得你的经历和能力与所聘职位的要求相一致。

第三，如果向外企或合资企业求职，对方对你的外语水平肯定是有所要求的。因此，向外企发出的求职信一般要用外语书写。通常是用英语，最好准备好中、英文两种文本的求职材料，以备不时之需。

第四，关于待遇（如底薪、奖金、福利等）问题，可在适当时机提出，不要放在首要位置上考虑。总之，不能给招聘者留下一个你是奔钱而来的坏印象。

## 六、求职信与简历的区别

个人简历并不等同于求职信。求职时简历不能单独寄出，必须附有信件，即求职信。求职信与个人简历的撰写目的一样，都是要引起招聘人员的注意，争取面试机会，但两者也有所不同：求职信是针对特定的个人来写的，而简历却是针对特定的工作职位来写的；简历主要叙述求职者的客观情况，而求职信主要表述求职者的主观愿望。相对于简历来说，求职信更要集中地突出个人的特征与求职意向，从而打动招聘人员的心，是对简历的简洁概述和补充。

【例文 1】

# 应聘信

尊敬的策划部×经理：

您好！

读了本市几家报纸对贵公司的连续报道后，我对贵公司艰苦创业的精神深感钦佩。贵公司为佳雪广告产品所做的广告策划尤其令人叫绝，足见贵公司是一个相当有实力和前途的广告公司。听说贵部尚缺少文案策划人员，本人有意申请这个职位，成为贵公司的一员。倘能如愿，实在感谢！

本人姓×名××，男，现年 31 岁，是广州大学广告学专业 2007 届毕业生。曾在《广州日报》社广告部供职，从事广告策划工作，有多种作品面世。其中，关于《实用文案写作》一书的策划案获得全国广告策划比赛鼓励奖。如能加盟贵部，可在文案策划方面做出成绩，促进贵公司广告运作更上一个台阶。本人身体健康，为本市户口，家住凤霞路 31 号，联系电话：8227486。兹附上身份证、毕业证、获奖证书及作品复印件，请阅。

求职人：×××

××××年××月××日

【例文 2】

<h1 align="center">自荐信</h1>

尊敬的校领导：

您好！

我叫×××，是××师范大学历史系教育专业 2019 届毕业生。同所有毕业生一样，我怀着一颗热切的心，企盼在毕业之前找到适合我发展的空间，企盼早日绽放自己的才华。

现代市场的竞争，是人才的竞争。贵校能在改革开放市场经济的浪潮中搏浪击水，击节而进，必得益于高素质的教师队伍。作为一名即将踏入社会的学生，我坚信：只要给我一个机会，我一定能够证明你和我的选择都是正确的。因为在我走过的人生旅途中，我已经学会了生活、学会了创新。

几载寒窗苦读，收获颇多。大学四年，我认真学习专业课并广泛阅读与专业知识有关的文史哲类书籍。英语和计算机是 21 世纪的通行证，因而我努力学习并一次性通过了国家英语四级和国家英语六级考试，而且不断地提高英语听、说、读、写各方面的能力。在计算机方面，大学二年级我就通过全国计算机二级考试，并掌握了基本的计算机操作能力，能熟练运用 Office，PowerPoint，Authorware 制作课件辅助教学。

在学习之余，我还积极参加各种实践活动，培养自己的组织能力、团结合作能力和创新能力。特别是在全国名校——××师范大学附中的教育实习，使我更深刻地理解了为人师表的含义，提升了作为一名优秀人民教师应具备的素质和教学技能。请相信我，一定能胜任这太阳底下最神圣的职业！

经年苦读，呕心沥血，唯愿学有所成；深思熟虑，百折不悔，矢志于教育事业。毛遂自荐，求展鲲鹏之志；慧眼识才，诚谢知遇之恩。

此致

敬礼！

自荐人：×××

××××年××月××日

## 第二节　感谢信

【案例导入】

### 感谢信

敬爱的××××职业技术学院的领导、老师：

我叫李××，是××市机械公司的业务经理。本月 20 日下午，我在出差途中不慎失落公文包一只，内有一些业务发票、证件以及 5 万元现金。我几次寻找都没有找到。正当我万分焦急的时候，一位大约二十岁的男同学主动找上门，将他拾到的公文包完好无损地归还给我。我要酬谢他，他婉言谢绝。当我问他姓名、地址时，他却说："我是×××职业技术学院的普通学生。"

后经多方打听，得知这位学生叫陈×，是贵校机车专业的学生，他这种拾金不昧、做好事不留名的闪光品德给我留下了深刻的印象。敬爱的领导、老师们，感谢你们培养了这么优秀的学生。请允许我代表我厂全体员工向陈×同学表示最衷心的感谢！

××市机械公司　李××

××××年×月××日

以上内容为一封感谢信，请你说说写一封感谢信的格式和内容有哪些。

### 一、感谢信的概念

感谢信是对关心、帮助、支持过自己的党政机关、企事业单位、社会团体或个人表示真心感谢的专用书信。

### 二、感谢信的特点

#### （一）公开感谢和表扬

感谢信除了具有感谢的意思之外，还有表扬的功能。感谢信除了送给对方或对方所在单位之外，也可以寄到报社、电台、电视台播报。

#### （二）情感性

感谢，顾名思义就是有感而发，对对方的帮助、关心发自内心的感谢，使对方在付出后得到心理的受益，所以感谢信要写得真挚、诚恳，不能矫揉造作。

#### （三）礼节性

感谢信是一种礼仪文书，一方受惠于另一方应及时地向对方表达谢意，并以此为契机形成与对方的友好合作关系。为了体现真诚，感谢信最好要手写，字体要规范、工整，感谢信必须用大红纸抄写。

### 三、感谢信的分类

感谢信依据不同的标准可以有不同的分法。

**(一) 按感谢对象的特点来分**

1. 写给集体的感谢信。这类感谢信，一般是个人处于困境时，得到了集体的帮助，并在集体的关心和支持下最终克服了困难，渡过了难关，摆脱了困境，所以要用感谢信的方式表达自己的感情。

2. 写给个人的感谢信。这类感谢信，可以是个人，也可以是单位，也可以是集体为了感谢某个人曾经给予的帮助或照顾而写的。

**(二) 按感谢信的存在形式来分**

1. 公开张贴的感谢信。这种感谢信是可以在报社登报、电台广播或电视台播报的感谢信，是一种可以公开的感谢信。

2. 寄给单位、集体或个人的感谢信。这种感谢信直接寄给单位、集体或个人。

### 四、感谢信的写作格式

感谢信的结构一般由标题、称谓、正文、结语、落款五部分构成。

**(一) 标题**

感谢信的标题通常有以下几种形式：

1. 单独由文种构成，只在首行居中写"感谢信"三个字。

2. 由感谢对象和文种构成，如《致××的感谢信》。

3. 由感谢双方和文种构成，如《××致××的感谢信》。

**(二) 称谓**

顶格写感谢对象的单位名称或个人姓名，然后加冒号。

**(三) 正文**

正文主要写两层意思，一是写感谢对方的事由，即"为什么感谢"，二是直接表达感谢之意。

1. 感谢事由。精炼地叙述事情的前因后果，交代清楚人物、时间、地点、事迹、过程、因果等基本情况。然后在叙事基础上对对方的帮助作恰当、诚恳的评价，以揭示其精神，实为肯定对方的行为。在叙述和评价的字里行间要自然渗透感激之情。

2. 表达谢意。在叙事和评论的基础上直接对对方表达感谢之意，根据情况也可在表达谢意之后，表明将以实际行动向对方学习的态度。

**(四) 结语**

一般写上敬意、感谢的话，常用"此致，敬礼"或"再次表示诚挚的感谢"之类的话。

**(五) 落款**

署上发文单位名称或发文个人姓名，并且署上成文日期。

### 五、感谢信的写作要求

第一，叙述对方对自己或本单位的帮助，一定要把人物、时间、地点、原因、结果以及事情经过叙述清楚，便于组织了解和群众学习。

第二，信中要洋溢着感激之情。在叙述事实的过程中，除了要突出对方的好思想和表示谢意外，行文要始终饱含着感情。感情要真挚、热烈，使所有看到信的人都能受到感染。

第三，表示谢意的话要得体，既要符合被感谢者的身份，也要符合感谢者的身份。

第四，感谢信以说明事实为主，切勿不着边际地大发议论。文字朴实、精炼，措辞恰当，篇幅要短小。

### 【例文】

# 感谢信

《大学生》杂志社：

请贵刊转告全国所有关心我的大学生、解放军战士、工人、教师及各界朋友，我的病情得到了多家大医院治疗，目前病情已得到控制，现正在家休养。如不出意外，下学期即可返校学习了。

顽疾缠身，是人生中的不幸，我遭此一难，几乎摧毁了我和我的家庭。由于《大学生》杂志社的呼吁，一封封来自远方的书信、一张张几经周折转来的药方，使我那颗不情愿跳动的心又恢复了正常的节奏；几乎凝滞的血又沸腾了。一双双援助的手，一颗颗充满爱的心，指明了我生活的路，温暖了我们一家几乎冷却的心。

可敬的叔叔、阿姨、各位同学们，我和你们天各一方，相见无期，你们却把微薄的收入，或者把你们的助学金、生活费，或者靠卖几个字画的钱寄给了我。而你们当中甚至本人就患有疾病，没有经济收入，却要用你们宝贵的血汗钱来挽救我……近来我的脑海中经常出现你们的身影：有年迈的老人，有可爱的军人，有可敬的老师，还有很多我不相识的人……我无法具体描绘你们的形象，但你们的高尚品格、助人为乐的精神将永存于我的心中，永存于我家乡父老的心中……

唯一遗憾的是我不能当面答谢各位。在此请接受我的深深谢意。

为了不辜负你们的一片爱心和良好祝愿，我将继续我的学业。争取取得优异的成绩，回报给关心我的远方的各位朋友们。

愿我们的心永远相通。

×××

××××年××月××日

## 第三节 慰问信

【案例导入】

全省法院的女干警们：

大家好！

人间三月天，春华次开颜。在这寒冬已逝、初春渐暖、充满希望的时节，在当前全面抗击新冠肺炎疫情的特殊时期，我们迎来了第110个"三八"国际劳动妇女节。借此机会，中共××省高级人民法院党组向辛勤工作在全省各级人民法院各个工作岗位及离退休的女干警们，致以节日的问候和诚挚的祝福！同时也向长期以来默默关心支持法院建设发展的女性家属们表示衷心的感谢！

英姿飒爽志飞扬，法院女警秀名芳。女干警们肩负工作和家庭的双重压力，在承担家庭重要角色的同时，更是法院建设和发展的中流砥柱。你们奋战在审判执行的一线、行政后勤的前沿，无论是按部就班的日常工作，还是特殊时期的临危受命，都离不开你们忙碌而坚毅的身影。尤其是在新冠肺炎疫情发生以来，你们立足岗位，迎难而上，坚决服从党中央和各级党委、各级法院党组的号召和要求，奋战在疫情防控和审判执行工作的各个岗位：网上立案、在线审判、智慧执行、送法普法，既保障当事人的权利，维护司法办案秩序，又有效避免疫情扩散风险；物资储备、饮食供应、消毒清洁、体温检测、安保值守，你们用实际行动守护着办公环境的安全健康；走近抗"疫"一线，深入扶贫包联户询问农户身体情况、宣讲疫情防控和恢复生产相关知识、慷慨捐款，你们在防控岗位冲锋陷阵，用实际行动展示了法院女干警的巾帼风采，彰显了"半边天"的奉献和担当，诠释了自尊、自信、自立、自强的新时代女性精神。感谢你们的付出，感谢你们的坚守，感谢你们为这个冬天注入了别样的美丽与风采！

各级法院党组要高度重视妇女事业，深入贯彻男女平等基本思想，充分发挥妇女在社会生活和家庭生活中的独特作用，积极营造重视、关心、支持、保障妇女和妇联工作的良好氛围。我们坚信，有党中央和省委的坚强领导，我们万众一心，众志成城，一定能够打赢这场疫情防控的阻击战，一定能够取得疫情防控和司法办案"双胜利"！

衷心祝愿全省法院女干警们节日快乐、身体健康、阖家幸福、魅力永恒！

中共××省高级人民法院党组

××××年××月××日

这封慰问信表达出中共××省高级人民法院党组对全省各级人民法院的女干警们的节日祝贺，对她们的努力和成绩给予高度评价，让被慰问者感受到组织的温暖、亲人般的关爱，充分发挥了慰问信强大的情感和精神的感召力。

### 一、慰问信的概念

慰问信是以组织或个人的名义，向在某方面做出特殊贡献、遇到意外损失和遇到巨大灾难的群体或个人表示热情关怀和亲切问候的一种专用书信。慰问信也可以用在节假日向对方表示问候关心。

## 二、慰问信的特点

### （一）发文的公开性

慰问信可以直接寄给本人，但大多是以张贴、登报，在电台、电视上播放的形式出现的。公开性是慰问信的一个特点。

### （二）情感的沟通性

无论是对有突出贡献者的慰问，还是对遭遇困难者的慰问，情感的沟通是支撑慰问信的一个深层基础。慰问正是通过赞扬表达崇敬之情，或通过表达关切之意的方式来达成双方的情感交流和相互的理解。节日的慰问，尤其是为某一群体而设的节日的慰问，更是起着相互沟通情感的作用，如"三八"妇女节、教师节等节日的慰问。

## 三、慰问信的种类

从慰问的对象和内容上来看，慰问信可以分为三种类型：

### （一）对做出贡献的集体或个人的慰问

这类慰问信主要针对那些承担艰巨任务、做出巨大贡献其至牺牲了自己的生命，取得突出成绩的先进个人或单位，如对抗洪抢险的解放军战士的慰问、对保家卫国的边防军人的慰问、对春节期间仍坚守岗位的铁路工人的慰问，等等。

### （二）对遭受困难或蒙受损失的单位或个人的慰问

这类慰问信通常是针对那些由于某种原因（如车祸、火灾、地震、洪水等）而遇到暂时困难或蒙受严重损失的集体或个人，对他们表示同情、安慰，鼓励他们克服暂时的困难而加倍努力工作，如对灾区人民的慰问、对边区群众的慰问等。

### （三）节日的慰问

在节日之际上级对下级、机关对群众的一种慰问。一般表示对他们以前工作的肯定和赞扬，并鼓励他们在未来的工作中做出更大的成绩。

## 四、慰问信的写作格式

慰问信通常由标题、称谓、正文、结尾、落款五部分构成。

### （一）标题

慰问信的标题通常有以下几种方式：

1. 单独由文种构成，只在首行居中写"慰问信"三个字。

2. 由慰问对象和文种构成，如《致××的慰问信》。

3. 由慰问双方和文种构成，如《××致××的慰问信》。

### （二）称谓

标题下空一行顶格写上受文者的单位名称或个人姓名。如果是写给个人的，应在姓名之后写上"同志""先生"等字样，后加冒号，如"郑州市人民政府×××同志："。

### （三）正文

正文要另起一行，空两格写慰问的内容。正文一般由发文目的、慰问缘由或慰问事项等部分构成。

1. 说明写慰问信的背景、原因。常用的表述，如"值此 2008 年新春佳节即将到来之际……"，"正当举国人民欢度国庆的日子里……"，"正当你们与全国人民一道为实现祖国强大而努力奋斗时，突然遇到了×××自然灾害……"，在介绍背景和形式之后接着写亲切慰问的话，如"致以节日的祝贺""致以亲切的慰问"等。

2. 慰问缘由或慰问事项

本部分要概括地叙述对方的先进思想、先进事迹，或战胜困难、舍己为人、不怕牺牲的品德和高尚风格；或者简要叙述对方所遭受的困难和损失，以示发信方对此关切的理由，要表现出发信方的钦佩或同情之情。

（四）结尾

结尾表示共同的愿望和决心，如"让我们携手并进，为早日实现中华民族伟大复兴的梦想而奋斗"，又如"困难是暂时的，最后的胜利一定属于我们"等。接着写祝愿的话，"祝你们取得更大的成绩"或"祝节日愉快"等。

（五）落款

署上发文单位的名称或发文个人姓名，并在署名下方署上成文日期。

## 五、慰问信的写作要求

### （一）要明确写作的对象和写作目的

如果对方是在承担艰巨任务中做出了巨大贡献，内容就应该着重赞扬、歌颂对方的功绩；如果对方是遇到困难或遭受灾害，信的内容应着重向对方表示关心和支援，使对方得到精神上的安慰，增强其战胜困难的勇气。

### （二）语言要得体

感情要充沛、真挚，语言朴实、精炼，措辞要恰当，篇幅要短小。

【例文】

# 慰问信

××省支援湖北医疗队、疾控队全体队员：

你们好！你们辛苦了！

作为××省支援湖北抗击疫情医疗队、疾控队队员，你们是全省医疗战线、疾控战线的杰出代表。你们积极响应党中央号召，主动报名，挺身而出，义无反顾地投身湖北疫情防控第一线，生动诠释了医者仁心、救死扶伤的大爱精神，充分彰显了甘于奉献、勇于担当的崇高境界。省委、省政府赞扬你们是"最美逆行者"，你们是全省卫生健康系统的骄傲，省卫生健康委党组向你们致以崇高的敬意！

疫情就是命令，防控就是责任。在省委、省政府的坚强领导下，按照省疫情防控指挥部的决策部署，自 1 月 26 日起我省支援湖北医疗队、疾控队、危重症患者救治医疗队、××

国家紧急医学救援队紧急抽组，相继出征湖北，共抗疫情。

跨越千里，我们时刻关注着前方。第一批支援湖北医疗队在不到两周时间里，救治患者200余名，已有35人病情好转。疾控队抵达咸宁市疾控中心，更新检测装备，规范检测程序，每天完成样品检测150余份。危重症患者救治医疗队在患者最危重、最紧急的岗位日夜奋战，收治危重症患者70余名。××国家紧急医学救援队抵达武汉后连夜工作，预检分诊患者110余名。××省支援湖北医疗队获湖北省政府高度赞扬，我们为全体队员感到自豪！

时值元宵佳节，省卫生健康委党组和全省卫生健康系统干部职工时刻都在关注你们、牵挂你们、祝福你们，希望全体队员继续发扬无私奉献、忘我工作的精神，勇担重任，冲锋在前，用过硬的医疗技术和紧密的团队协作，全力以赴打好打赢疫情防控阻击战，充分展现专业水平和职业精神，不辱使命，为××争光！你们在疫情防控的最前线，一定要注意个人防护，注意人身安全，省卫生健康委党组和全省卫生健康系统始终是你们最坚强的后盾，始终与你们一起并肩战斗。

勇敢出征体现了你们的家国情怀，平安归来是我们最深挚的情愫。相信你们一定能不负重托，圆满完成任务！祝你们身体健康，工作顺利，早日平安归来！我们等待你们胜利凯旋！

中共××省卫生健康委员会党组

2020年2月8日

**思考与练习：**

1. 写一封求职信之前，要做哪几方面的准备？

2. 简要分析下面例文。

亲爱的××公司各位领导及全体员工：

你们好！

我的女儿×××是×××公司的一名员工，下班回家到住宅小区大门口，被人砸伤头部，晕倒在地上，造成左胸锁骨粉碎性骨折，送进医院进行了手术。在住院期间，公司有关领导及员工前往探望、慰问。特别是，公司领导及全体员工发扬了中华民族"一方有难，八方支援"的伟大精神，踊跃捐款，及时对我们伸出援助之手，我们对此万分感激。我的女儿表示，一定要珍惜这种真情，安心养伤，争取早日康复，重返自己的岗位，加倍努力工作，以实际行动报答公司领导及全体员工对自己的关爱。

2019年春节将到，祝公司各位领导及全体员工新春愉快、全家幸福、万事如意！

（××）家长：×××，敬上

要求：

（1）请找出这封感谢信的问题。

（2）请按感谢信的写法，重新写一封感谢信。

# 第二章 会议类应用文

## 第一节 会议方案

【案例导入】

### ××公司技术培训专题研讨会方案

一、会议主题

为了增强本公司竞争力，提高公司知名度，特召开此次技术培训专题研讨会。会议的重点是讨论研究如何在全公司展开技术发明和创造的竞赛，并提出提高技术训练质量的对策，探讨新的技术训练方法。

二、会议的时间、地点

时间：3月10日9：00—16：00

地点：会议室

报到时间：3月10日8：30

三、参加会议人员

公司经理、副经理，人力资源部、产业部、培训部以及公司下属各部门的技术骨干20人，总计40人。

四、会议议程

会议由副经理主持

1. 总经理作关于技术训练问题的工作报告

2. 培训部总监专题发言

3. 生产部总监专题发言

4. 分组讨论

5. 总经理作总结报告

五、会议主题研讨

1. 技术训练与提高企业综合竞争力

2. 技术训练与技术创新

3. 如何提高技术训练的质量

4. 技术训练方法的再讨论

六、会场所需用品

投影仪、白板和音像设备由公司秘书处负责。

七、会议材料

由总经理办公室牵头准备

1. 总经理的工作报告

2. 培训部、生产部总监的专题发言稿

3. 公司开展技术竞赛评比的计划（草案）

4. 总经理的总结报告

八、会议服务工作

由行政部综合协调

附：1. 会议通知

　　2. 会议日程表

会议筹备方案的内容要尽可能全面和具体，开头要阐述会议召开的依据和目的，主体部分要条分缕析，逐条说明，使人一目了然。对于会议的经费、组织机构、会议议程和会议服务等问题要充分协商，并将具体的安排以附件的形式一起报送领导。

## 一、会议方案的概念

会议方案是在会议召开之前对构成会议的各个要素作出系统周密的书面安排的会议文书。会议方案一般是为大中型或重要的会议所做的预设方案。

在会议召开前对会议的目的、规模、时间、地点、设施、内容、议程、日程、组织形式、会议文件、经费、后勤服务等要素作出周密安排，能促进会议顺利进行，取得完满的预期效果。有些会议还需要向上级机关请示核准，会议方案可作为上级审核批准的重要依据。有些会议方案也可发挥通知的作用，向联办或与会单位通报筹备情况，以便做好必要的准备。

## 二、会议方案的特点

### （一）程序性

会议召开一般都有一定的会议规程，因而在制定会议方案时，要针对会议的特征和要求，确定基本程序，确保会议圆满召开。

### （二）针对性

会议方案是针对大型会议所做的规划安排，因而要依据要求在方案中对会议主题有针对性地开展筹备工作。

### （三）指导性

会议方案对会议进行全过程具有指导作用。

### （四）多样性

由于会议种类多样，相应的会议方案也具有多样性的特点。

## 三、会议方案的分类

按会议性质分，会议方案可分为代表会议方案、工作会议方案、表彰奖励性会议方案三种。

### （一）代表会议方案

代表会议一般参加人数较多，召开时间较长，会议程序严格，而且不同级别的代表会议有不同的要求，其方案也比较复杂。

### （二）工作会议方案

工作会议虽然不像代表会议在程序和规格上要求那样严格，但在材料的准备工作上有自己突出的特点。

### （三）表彰奖励性会议方案

表彰奖励性会议除会议本身之外，因涉及奖旗、奖状、奖品之类，在财务和物资方面需要做好准备，其会议方案比较复杂。

## 四、会议方案的写作格式

会议方案通常由标题、开头、主体、结尾、落款等五个部分组成。

### （一）标题

会议方案标题的规范写法由召开单位或范围、会议名称、文种名称（方案）"三要素"构成，有时可以省略会议召开单位。常用的文种名称有：方案、筹备方案、筹备接待方案、计划、策划方案等。

### （二）开头

在开头之前，有的要写明方案的送达机关。属于要送上级机关批示的，就写送达上级机关名称；属于要下级知晓的、发给与会机关或个人的，则写机关名称或个人姓名（尊称）。开头部分一般写明召开会议的缘由、根据、单位、会议名称、会议时间、会议地点、会期等，对会议的基本要素进行说明，引出下文。大致相当于一般专题方案中的"指导方针""总体设想"部分。

### （三）主体

主体部分一般要写明会议的宗旨、主题（内容、议题）、规模（与会人员）、议程、日程、会议形式、会务机构的组织和分工、会议文书、会议经费、保障措施、筹备情况等事项，相当于一般计划中的"目标要求""措施方法""实施步骤"。一般分条列项写出。

### （四）结尾

结尾部分的写作，要根据会议方案的性质而定，属下级机关请示上级机关的，可写上类似请示、报告结尾的用语，如"以上方案当否，请批示"。

### （五）落款

一般写明方案的制发文机关、签署日期，并加盖公章。

## 五、会议方案的写作注意事项

### （一）科学安排，考虑全面

会议方案是召开会议的依据，会前要把举行会议的有关规定、各种程序、各方面可能遇到的情况都要考虑到、估计到，总揽全局、全面统筹。

**（二）明确要求，细致安排**

大中型会议涉及人员多，头绪繁，内容杂，在设计会议筹备方案时应周密考虑，妥善安排有关事项，如对材料撰拟和分发、会标制挂、座位排列制作、安全保卫、医疗服务等都做出明确安排；对会议衔接时间计算准确，周密计划，精心安排。

**（三）留有余地，灵活机动**

既要把任务、时间尽可能计算准确，同时又要为相关活动留有弹性空间，防止安排太紧、太满而造成被动。

**（四）层次分明，合理安排条款顺序**

写作时合理安排各条款间的逻辑顺序，既要条款分明，又要顺序合理。

**【例文】表彰奖励性会议方案**

## ×××学院××××年度总结表彰大会筹备方案

**一、会议主要任务**

以党的××大和××届三中、四中全会精神为指导，以科学发展观为统领，进一步传达贯彻×××文件和×××会议内容，认真回顾总结全局年度的各项工作，表彰在工作中涌现出来的先进集体和先进个人，研究部署×××院新一年重点工作，鼓励动员，团结奋进，开拓创新，再接再厉，为推动全院各项工作再上新台阶而努力奋斗。

**二、会议时间、地点**

拟于××月××日（星期×）上午9：00在×××楼会议室召开。

**三、与会人员**

1. 邀请的上级有关领导

2. 院领导班子成员

3. 受表彰的先进集体和个人代表

4. 本院全体师生

**四、会议主持**

建议会议由××主持

**五、会议议程**

1. 由×××宣读表彰决定

2. 请有关领导为先进集体和先进个人代表颁奖

3. 由院长做年度工作总结，部署新一年重点工作任务

4. 上级有关领导作重要讲话

**六、会务分工**

建议会议由××部门牵头筹备，成立材料组、后勤组和组织组三个小组。具体人员及分工如下：

1. 材料组：负责起草会议文件、报送有关领导审阅（特别是上级有关领导讲话的审

阅）、印制材料。组长由×××担任，成员×××、×××等。

主要材料有：①院长讲话；②上级领导讲话；③表彰决定（院文件形式）；④主持稿。

2.后勤组：负责会场筹备。组长由×××担任，成员为×××、×××等。

主要工作内容：

会前：

①会议通知

②会场卫生

③会标制作

④核实上级出席的领导

⑤主席台桌签打印及摆放

⑥音响效果检查

⑦奖牌准备及受奖人员座次安排

会中：

①茶水服务（包括接待室）

②照相、摄像

③颁奖中间音乐

④颁奖奖牌准备及传送（要排练）

会后：

①车辆安排；②就餐安排；③纪念品发放

3.组织组：组长由×××担任，成员×××、×××等

①安排专人接送领导

②邀请电视台报社等记者参加会议，并安排专人接送

③信息宣传图片报送（市院、区委、媒体）

④督促前两组工作进度

# 第二节　会议通知

【案例导入】

## 关于召开全省军队转业干部安置工作会议的通知

各市市委、市人民政府，省委各部委，省各委、办、厅、局，省各直属单位，部属各有关单位：

为贯彻中发〔2002〕3号和国转联〔2002〕3号文件，传达全国军队转业干部安置工作会议精神，部署2002年我省军队转业干部安置工作，省委、省政府决定，于6月18日在××召开全省军队转业干部安置工作会议。现将有关事项通知如下：

一、出席会议人员

各市分管军队转业干部安置工作的副书记或副市长1名，市委组织部、人事局、劳动局负责同志和市委组织部综合干部科（处）长、军转办主任各1名。

省委各部委，省各委、办、厅、局，省各直属单位及部属各有关单位负责同志和人事（干部）处处长各 1 名。军队出席会议人员的通知由省军转办另发。

二、会议时间、地点

会议定于 6 月 18 日在×××宾馆（××市××北路××号）召开，会期 1 天。各市出席会议人员于 6 月 17 日下午到×××宾馆报到；省级机关各部门、单位和部属各有关单位出席会议人员于 6 月 18 日上午 8：15 直接到×××宾馆开会。

三、其他事项

各省、市级机关各部门、单位和部属各有关单位请于 6 月 17 日上午 11 时前将出席会议人员名单报送至省军转办。

中共××省委办公厅

××省人民政府办公厅

××××年××月××日

抄送：省委常委、副省长，

　　　××军区、省军区、省武警总队，

　　　新华日报、省广电总台。

这是一封以书信的形式发送给有关人员的会议通知，会议通知的写作形式同普通书信一样，只要写明通知的具体内容即可。通知要求言简意赅、措辞得当、时间及时。会议通知应包括会议内容、参会人员、会议时间及地点等。

## 一、会议通知的概念

会议通知是上级对下级、组织对成员或平行单位之间部署工作、传达事情或召开会议等所使用的应用文，是应用写作中常见的一种文体。

## 二、会议通知的特点

### （一）简明性

会议通知一般情况下篇幅都相对短小，语言往往简明扼要，只需说清召开会议的主题、时间、地点，以及参会人员和注意事项等。

### （二）时效性

会议通知的时效性较强，往往时间要求相对紧迫。

## 三、会议通知的主要类型

会议通知依据性质和内容的不同，可以分为经济性会议通知、学术性会议通知和行政性会议通知。

## 四、会议通知的写作格式

会议通知一般包括标题、称呼、正文、落款四个部分。

## （一）标题

会议通知的标题一般有三种写法：一是只写"通知"二字；二是视轻重缓急而写成"重要通知"、"紧急通知"；三是"事由＋通知"的模式。

## （二）称呼

称呼是被通知的对象和范围，多视具体情况而定。

## （三）正文

会议通知的正文是主体部分，一般包括开会的时间和地点、参会人员、会议类型、会议要求及其他事项等。如果事情较为重要，还可以加上"请务必准时参加"等字样。

## （四）落款

落款包含署名和日期两部分。一般要分两行居右下写。

需要注意的是，会议通知发布形式有布告形式和书信形式两种。所谓布告的形式，就是通过张贴布告的形式，把事情通知给有关人员，如学生、观众等，通常不用称呼；另一种是以书信的形式发给有关人员，会议通知写作形式同普通书信。

当然，随着新媒体的出现，利用网络的便利发布会议通知也成为一种极为常见的选择。

## 【例文1】信件式会议通知

# ××××年城市轨道交通客流预测技术研讨会第×轮会议通知

一、会议宗旨

随着城市化进程的不断加快，修建轨道交通已成为大城市社会发展的必然需求。轨道交通客流预测作为轨道交通建设过程中的一个十分重要的环节，是各项规划、设计和运营工作的基础。为探讨城市轨道交通客流预测理论、方法以及存在的问题，提高城市轨道交通客流预测水平，为从事轨道客流预测、轨道线网规划及运营的专家学者、规划师和模型师提供一个交流平台，我中心特举办此次研讨会。

二、会议内容

本次会议主题为"提高我国城市轨道交通客流预测水平"，主要包括以下方面议题：

1. 国内外城市轨道交通客流特征和成长规律

2. 国内外城市轨道交通客流预测新技术

3. 城市轨道交通客流预测理论探讨以及预测方法

4. 城市交通模型在城市轨道交通客流预测中的应用技术

5. 目前客流预测中存在的主要问题分析及提高客流预测精度的方法建议

6. 城市轨道交通客流预测后评价

三、会议组织

1. 会议时间和地点

时间：××××年××月××日—××日

地点：×××酒店

2. 会议形式

本次会议采用大会发言和讨论形式。拟邀请国内轨道交通方面的知名专家作主题发言，邀请国内轨道交通规划、设计、咨询、运营等相关单位技术人士作专题报告。会议主要活动安排如下：

1. 专家主题演讲

邀请到会行业专家作专题学术报告

2. 自由互动

参会人员就城市轨道交通客流预测的相关问题自由发言、讨论，交换意见

3. 会议主办

会议主办方为×××研究中心。

4. 会议论文

会议收集论文资料将汇编成会议论文集。

5. 会议注册费

×××元（住宿、交通费自理）。

四、会议组委会联系方式

联系人：×××　电话：×××—××××××××　邮箱：×××@126.×om

请参会单位于××××年××月××日前将反馈意见回馈会议组委会。

【例文2】布告式会议通知

## 关于举行社团文化节的通知

"社彩"缤纷，青春激扬，"百团"争鸣，共舞华章。第×届社团文化节即将精彩上演，敬请您的关注和参加。

一、活动时间

××××年××月××日 18：30

（18：00开始检票入场）

二、活动地点

学校××报告厅

三、领票方式

××月××日—××日，到各分团委领取纸质门票或扫描文化节二维码领取电子门票。

×××学生社团联合会

××××年××月××日

## 第三节　会议记录

**【案例导入】**

### 支部大会记录

时间：××××年××月××日

地点：×××会议室（党员活动室）

主持者：×××　　　　记录者：×××

出席者：支部全体党员（详见点名簿）

列席：×××（职务）、×××（职务）……

缺席者：×××（缺席原因，如学习、出差、生病、无故等）

会议主题：1. 讨论支部工作报告

2. 讨论通过预备党员×××、×××转正

×××（主持人、书记）：今天，我们召开支部全体党员大会，有××人出席，超过应到会人员半数，会议有效。今天我们还邀请×××、×××等几位同志参加，大家向他们表示热烈欢迎。今天会议是讨论通过去年支部的工作报告和讨论×××、×××同志的转正。下面让我来向大会做支部工作报告。

（书记做支部工作报告）

请与会同志酝酿，充分发表意见。

×××（×××）：……

……………………

［详细记录每位同志的发言］

×××（主持人）：刚才，同志们对我们的工作提出了许多宝贵的意见，我们会认真加以考虑，不断改进工作。接下来讨论通过预备党员转正（记录详见《发展党员专用记录本》）。

会议到此结束。

会议记录人员在开会前要提前到达会场，并确定好人员的位置。安排记录席位时要注意尽可能靠近主持人、发言人或扩音设备，以便于准确清晰地聆听他们的讲话内容。下面我们就来详细地学习一下会议记录的概念、特点及其记录方法。

### 一、会议记录的概念

会议记录是指在会议过程中，由记录人员把会议的组织情况和具体内容记录下来，就形成了会议记录。"记"有详记与略记之别。略记是记会议大要，记会议上的重要或主要言论。详记则要求记录的项目必须完备，记录的言论必须详细完整。若需要留下包括上述内容的会议记录则要靠"录"。"录"有笔录、音录和影像录几种，对会议记录而言，音录、影像录通常只是手段，最终还要将录下的内容还原成文字。笔录也常常要借助音录、影像录，以之作为记录内容最大限度地再现会议情境的保证。

## 二、会议记录的特点

### （一）综合性

会议记录是在对会议中的各种材料、与会人员的发言以及会议简报等进行综合分析和概括提炼的基础上形成的，它具有整理和提要的基本特点。

### （二）指导性

这一特性包含两层含义：一是会议本身的权威性；二是会议记录集中反映了会议的主要精神和决定事项。因此，记录一经下发，将对有关单位和人员产生约束力，起着类似于指示、决定或决议等指挥性公文的作用。会议记录还可以作为与会同志向单位领导汇报、向群众传达的文字依据。

### （三）备用性

一些会议记录主要不是为了贯彻执行，而是向上汇报或向下通报情况，必要时可作查阅之用。

## 三、会议记录的分类

按照会议性质来分，会议记录大致有办公会议记录、专题会议记录、联席（协调）会议记录、座谈会议记录等。

办公会议记录是记述机关或企业、事业单位等对重要的、综合性工作进行讨论、研究、议决等事项的一种会议记录。办公会议记录一般有例行型办公会议记录，即记述例行办公会议情况及其议决事项的会议记录，以及现场办公会议记录，即为解决某项重大问题而召集有关方面和有关单位在现场研究、议决或协商的办公会议记录。

专题会议记录是专门记述座谈会讨论、研究的情况与成果的一种会议记录，其主要特点是主题的集中性与观点意见的分呈性相结合，既要归纳比较集中、统一的认识，又要将各种不同观点和倾向性意见都归纳表达出来。

## 四、会议记录的结构

一般来说，会议记录主要由标题和内容两个部分组成。

### （一）标题

会议记录的标题主要由单位名称、事由和文种构成。

### （二）内容

会议记录的详细内容包括两个部分。第一部分是记录会议的基本情况，主要包括会议的名称、开会的时间和地点，以及会议的出席人、列席人、主持人、记录人。这些内容要在宣布开会前写好。至于出席人的姓名，如果会议人数不多，可一一写上；如果会议人数多，可以只写他们的职务，如各校的正、副校长及教导主任；也可只写总人数。如果是工作例会，可只写缺席人的名字和缺席原因。第二部分是记录会议的内容。它是会议记录的主要部分，主要包括主持人的发言、会议的报告或传达事项、与会者的讨论发言、会议的决议等。内容的记录有摘要记录和详细记录两种。

1. 摘要记录。一般会议只要求有重点地、扼要地记录与会者的讲话和发言，以及会议的决议，不必"有言必录"。所谓重点、要点，是指发言人的基本观点和主要事实、结论。对于一般性的例行会议，只需要概括地记录讨论内容和决议的要点，不必记录详细过程。

2. 详细记录。对特别重要的会议或者特别重要的发言，要做详细记录。详细记录要求尽可能记下每个人发言的原话，不管重要与否，最好还能记下发言时的语气、动作、表情及与会者的反应。如果发言者是照稿子念的，可以把稿子收作附件，并记下稿子之外的插话、补充解释的部分。

## 五、会议记录的写作

### （一）会议记录的基本要求

1. 准确写明会议名称（要写全称）、开会时间和地点以及会议性质。

2. 详细地记录会议主持人、出席会议应到和实到人数，缺席人数、迟到或早退人数及其姓名及职务，记录者姓名。如果是群众性大会，只要记录参加的对象和总人数，以及出席会议的较重要的领导成员即可。如果是某些重要的会议，出席对象来自不同单位，应设置签名簿，请出席者签署姓名、单位、职务等。

3. 真实地记录会议上的发言和有关动态。会议发言的内容是记录的重点。其他会议动态，如发言中的插话、笑声、掌声、临时中断以及其他重要的会场情况等，也应予以记录。

记录发言可分摘要与全文两种。多数会议只需要记录发言要点，即把发言者讲了哪几个问题，每一个问题的基本观点与主要事实、结论，对别人发言的态度等作摘要式的记录员，不必"有言必录"。某些特别重要的会议或特别重要人物的发言，需要记下全部内容。有录音机的，可先录音，会后再整理出全文；没有录音条件，应由速记人员担任记录；没有速记人员，可以多配几个记得快的人担任记录员，以便会后互相校对补充。

4. 记录会议的结果，如会议的决定、决议或表决等情况。

会议记录要求忠于事实，不能夹杂记录者的任何个人情感，更不允许有意增删发言内容。会议记录一般不宜公开发表，如需发表，应征得发言者的审阅同意。

### （二）会议记录的重点

会议记录应该突出的重点有：

1. 会议中心议题以及围绕中心议题展开的有关活动；

2. 会议讨论、争论的焦点及其各方的主要见解；

3. 权威人士或代表人物的言论；

4. 会议开始时的定调性言论和结束前的总结性言论；

5. 会议已决议的或议而未决的事项；

6. 对会议产生较大影响的其他言论或活动。

### （三）会议记录的写作技巧

会议记录的写作技巧一般来说有四条：一快、二要、三省、四代。

1. 快，即记得快。字要写得小一些、轻一点，多写连笔字。要顺着肘、手的自然姿势，斜一点写。

2. 要，即择要而记。就记录一次会议来说，要围绕会议议题，记录会议主持人和主要领导同志发言的中心思想以及与会者的不同意见或有争议的问题、结论性意见、决定或决议等，就记录一个人的发言来说，要记其发言要点、主要论据和结论，论证过程可以不记。就记一句话来说，要记这句话的中心词，修饰语一般可以不记。要注意上下句子的连贯性、可读性，一篇好的记录应当独立成篇。

3. 省，即在记录中正确使用省略法。如使用简称、简化词语和统称。省略词语和句子中的附加成分，比如"但是"只记"但"，省略较长的成语、俗语、熟悉的词组，句子的后半部分画一曲线代替，省略引文，记下起止句或起止词即可，会后查补。

4. 代，即用较为简便的写法代替复杂的写法。可用姓代替全名；可用笔画少且易写的同音字代替笔画多且难写的字；可用一些数字或国际上通用的符号代替文字；可用汉语拼音代替生词难字；可用外语符号代替某些词汇；等等。但是，在整理和印发会议记录时均应按规范要求办理。

【例文】

# ×××有限公司办公室会议记录

时间：20××年××月××日　星期×

会议地点：×××

会议主持人：×××

会议记录人：×××

出席人：公司各部门人员

缺席：×人

会议内容：

公司召开了业务会议，为了公司的良好发展，提出了以下内容：

×××经理提出：

1. 关于公司人员的重新分配。从今天开始，×××着重投入于网络的优化，做好网页的宣传，而新入职的办公室助理则接手×××之前担任的行政工作内容，其他人继续做好自己的岗位工作。

2. 严格管理业务部。业务是最重要的模块，要加大投入力度。

3. 严格执行考勤制度。一个月内迟到两次要相应地扣除工资；遵守打卡制度，如有特殊情况，须提前通知请假，且请假的员工须在次日到梁经理处补名。

4. 有关座位的重新编排。把业务部的人员规划在一起，让公司有一个严谨、规范的形象。

5. 最后，规范一个专门对外接受咨询的qq。每天专门由×××一人负责登录，然后分派给业务员，到月末统计网上咨询了解公司产品和信息的客户人数。这样有利于决定加大还是保持公司的投入力度。

总经理××提出：

1. 加强生产、销售，销售是重点，需要用心做。另外，还提议员工多走车间，这样可从中更好地了解产品的参数和构造。

2. 对商品的投放力度要加大，努力完成网站的优化。

3. 尤其外贸部这一模块，需对其进行更详细的细化、整理。最后，×××总结出做业务最重要的是快和专业。

×××提出：

1. 由于下班时办公室没有业务员的情况下仍然有电话打进，×××建议将电话转接到业务员的手机，以便能够及时接到电话。

2. 办公室的形象要靠大家一起树立，细至每一个人的座位，大至公司的财产保护，要尽力改善公司的形象，让别人看到公司的规范。

3. 同事之间应该互相提出建议，做到一起进步和努力。

最后，×××总结了今天的会议内容，每一个员工都需要用心投入，付出与收获是成正比的，公司的发展离不开每一位员工的努力。


**思考与练习**

1. 会议方案的特点有哪些？

2. 请拟写一份关于召开毕业生就业问题的会议通知。要遵循会议通知的要求，结构完整，条理清晰，表述明确。

# 第三章 宣传类应用文

## 第一节 消 息

【案例导入】

### 福建省"网上工商应用平台"全面对外开放

（新华网福州 9 月 30 日专电）福建省工商系统"网上工商应用平台"日前全面对外开放，全省各类企业的名称核准、设立、变更、注销登记、年检等几乎所有工商部门业务项目都将在互联网上实现。

福建省"网上工商应用平台"主要内容包括两个方面：一是涉及行政审批的项目 20 项，包括各类企业名称核准、设立、变更、注销登记，广告经营资格审批，烟草广告审批，固定形式印刷品广告登记，外商投资广告企业设立分支机构审批，外商投资广告企业项目核准，户外广告登记，商品展销会登记等。二是非行政审批的项目 17 项，包括各类企业年检，商标代理机构备案，著名商标认定，驰名商标推荐，广告服务价格备案，公益广告发布备案登记，企业动产抵押物登记、变更、注销、拍卖备案等。

据福建省工商局介绍，福建省"网上工商应用平台"从 2006 年起就开始试运行，试运行以来，福建省各级工商部门运用网络这一高科技手段，不断丰富内容，不断创新，服务效能明显提高，受到社会各界的普遍赞扬。为此，福建省工商局决定将"网上工商应用平台"全面对外开放，实现所有业务项目都上网。

这条经济消息的第一段是导语部分，交待了最重要的新闻事实——福建省的"网上工商应用平台"全面对外开放；第二段属于新闻部分的主体，是对该平台的具体介绍和说明，是稍次要的事实；第三段是消息的结尾，交待了建设这一网络平台的基本情况，同时也是对第二段内容的补充。从这条消息的结构的重要性来看，一段比一段次之，形成了一个"倒金字塔"的形式。

从以上的范例可以看出，"倒金字塔"式结构按事实的主次进行排序，各部分之间的内在逻辑关系明确，读者只要读了或听了第一段就能了解主要事实。

### 一、消息的概念

消息是对新近发生或发现的有新闻价值和社会意义的事实进行迅速及时、简明扼要的报道。因其在新闻诸文体中使用频率最高、使用数量最多，是新闻报道中最常用的文体，故人们常把消息称为新闻。

新闻这一概念有狭义和广义之分。狭义的新闻指消息；广义的新闻指消息、通讯、报告学、特写、评论，等等。

## 二、消息的特点

消息主要有三个特点，消息要用较小的篇幅、简练的文字来叙述事实、传达信息，要求内容集中，言简义丰。

### （一）及时性

消息在反映现实的速度方面居于各种文体之首，实效性强是消息又一突出特点。它必须迅速及时地把最新的事实报告给读者，延误了的信息就失去了新闻价值。

### （二）真实性

真实性是消息最基本的特征。消息必须完全真实地反映客观事实，用确凿的事实来教育影响读者，绝不允许虚构和添枝加叶。

### （三）准确性

无论是构成消息要素的时间、地点、人物、事件和结果，还是所引用的背景材料、数字，都要完全准确可靠。

## 三、消息的种类

消息的种类可以从不同角度区分。从报道内容上可分为政治新闻、经济新闻、文教新闻、军事新闻、体育新闻、法制新闻、社会新闻，等等；从新闻和事件的关系上可分为事件新闻、非事件新闻；从反映的对象上可分为人物新闻、事件新闻；从篇幅长短上可分为长消息、短消息、简讯、一句话新闻、标题新闻，等等。消息的种类大致分成四种：动态消息、综合消息、典型消息、述评消息。

### （一）动态消息

动态消息是新闻媒介中最常见的一种消息，它是指报道当前发生、发现或正处于运动状态的具体事实的一种形式。动态消息又可以分为事件性和非事件性两种，前者是指报道一个单独的突发性事件，后者是指时间性相对较弱的新成就、新情况、新动向、新问题，等等。大量的非事件性新闻是我国新闻传播的一大特点，许多记者的高明之处就在于赋予非事件性消息以事件性，从而使新闻具有强烈的动感和可读性。

### （二）综合消息

顾名思义，综合消息不是一事一地式的报道，它是一种报道面广、材料丰富、时效性较差的非事件性新闻。它反映的是全局性的情况、成就、趋势、动向和问题，"点""面"结合、善于分析、把握全局是这一消息形式的特点。

### （三）典型消息

典型消息也称典型新闻，这是对某一部门或某一单位的典型经验或成功做法的集中报道，用以带动全局，指导一般。

### （四）述评消息

述评消息也称新闻述评，它除了具有动态消息的一般特征外，还往往在叙述新闻事实的同时，由作者直接发出一些必要的议论，简明地表明作者的观点。记者述评、时事述评就是其中的两种。

### 四、消息的写作格式

消息的结构比较固定、简单，大多数消息的结构都是"倒金字塔"式的，即最重要的材料放在开头，次要材料放在后面。消息的结构一般包括四个部分：标题、导语、主体、结尾，并在文中穿插背景材料。

#### （一）标题

消息的标题必须简明、准确地概括消息内容，帮助读者理解报道的事实。消息标题有主题（正题）、引题（眉题）、副题（次题）三种。

主题：概括与说明主要事实和思想内容。

引题：揭示消息的思想意义或交代背景，说明原因，烘托气氛。

副题：提示报道的事实结果，或作补充说明。

#### （二）导语

导语是指一篇消息的第一自然段或第一句话。它是用简明生动的文字，写出消息中最主要、最新鲜的事实，鲜明地提示消息的主题思想。

导语的要求，一是要抓住事情的核心，二是要能吸引读者看下去。要做到第一条，必须具备训练有素的分析能力；要做到第二条，则要有写作技巧。

#### （三）主体

1. 主体的含义

主体是导语之后消息内容的具体展开部分，又称"主题"，是新闻的中心部分。

消息的主体通常是导语的具体化，它要承接导语，阐述生动、具体的事实，使导语的事实更加清楚、更加详细。它要解释、深化导语所表示的主题思想，或回答导语所提出的问题，使导语中没有提到的其他有关新闻主题的事实得以补充，以保证新闻的完备性。

2. 主体的写作要求

写消息主体，一般有两种形式：

一是按照事实发生发展的顺序安排层次，它的好处是可以使读者对事件的来龙去脉有一个鲜明完整的印象。

二是根据事物之间的逻辑关系安排层次，这种写法的好处是有助于反映事物之间的内部联系，有助于揭示事物本质。常见的四种形式：主次关系、并列关系、点面关系、因果关系。

#### （四）结尾

消息的结尾，即消息收束部分的句、段。它有时是消息的最后一句话，有时则是消息的最后一段或最后一个层次。

关于消息结尾的问题，新闻界有着不同的理解。有人认为，消息不存在结尾的问题，而有人则把消息结尾强调到很重要的地位，认为舍掉它，全文就要失色一半！

#### （五）消息的背景

所谓消息的背景，就是有关新闻事实历史和环境的材料。一般有三类：说明性背景材料、注释性背景材料和对比性背景材料。

新闻背景的作用主要表现在以下几个方面：

1. 为读者所不熟悉的新闻事实作注释。

2. 帮助读者理解新闻事实的意义。

3. 便于作者表达本人的观点。

4. 使新闻的内容充实饱满，富有立体感，并增强新闻的情趣、感染力和说服力。

运用背景材料要做到为主题服务，不能节外生枝，冲淡消息主题；要为读者着想，要考虑读者的接受程度和理解能力；要灵活穿插背景材料，因稿制宜，要根据主题和读者心理来决定，位置安排不宜固化，应多种多样。

## 【例文】

## 重庆市市长：让年轻人工作十年就能买房

当有记者问及备受关注的打黑行动时，王鸿举表示，平安重庆的构成有三个系列：

一个是依法惩治各种犯罪活动；第二是大量人民内部矛盾要处理，我们用干部大下访方式解决过去群众多年申诉应该解决而未能解决的问题；第三方面是交通安全、生产安全、社会安全问题。

### 谈打黑——拔出萝卜带出泥

"打黑除恶属于第一个领域，违法犯罪都在我们的惩处之列。"王鸿举说，经济社会发展到一定程度的时候，比如国际上公认人均收入在2000—5000美元阶段，是各种社会矛盾高发期。在这个高发期，经济社会发展迅速，而制度管理、体制建设尚未跟上，就可能出现黑恶势力。

"打击黑社会必然'拔出萝卜带出泥'"，对于黑恶势力，我们是见黑就打，露头就打。王鸿举介绍，到目前为止，已查出五十多个司法干部涉黑，其中包括少数厅局级干部。凡是被带出的"污泥"，重庆都会依法惩处。

### 谈宜居——工作十年能买房

"用8000亿元进行宜居重庆的打造。"王鸿举表示，"五个重庆"的建设，正在全面建设，宜居重庆是其中非常重要的一部分。打造宜居重庆，就是要让老百姓有房子住。特别是年轻人经过自己的努力，十年内能买到称心的住宅，让近乎百分之百的人都住在带有厨房和卫生间的房子里，周边也有理想的环境。

"需要8000亿元来完成，其中政府投入3000亿元，其余5000亿元主要通过市场化的方式来实现。"王鸿举介绍，政府投入的3000亿元资金中，中央拨付的专项资金占一半。

### 谈外资——重庆有独特优势

"去年重庆投资环境差不多翻一番，实际利用外资是27亿美金。"王鸿举表示，今年可望突破36亿美金。

王鸿举认为，重庆有三大独特优势能吸引大企业。一是重庆享受西部大开发的政策支持；二是重庆的水、电、气、土地等生产要素成本大体上相当于沿海地区的60%，而且供应比较充分；三是作为西部地区，重庆有一个特殊优势就是母亲河——长江，重庆水运成本低廉，而且库区通航后，重庆到宜昌的水运时间缩短了一半。

谈健康——重庆人的平均寿命达到 76.3 岁

"已提高了四次。"王鸿举表示，还将继续提高我市的医保水平。他称，重庆人的寿命高于全国 73 岁的平均寿命，达到 76.3 岁，但孩子的身高不足。现在，我市出台相关政策，把学生的体育课，由每周两节，增加到每周四节，让孩子每天有 1 小时的体育活动时间。

（选自《重庆晚报》2009 年 11 月 9 日版）

**【简析】**

这篇消息针对社会热点问题——买房问题设置标题，引用重庆市市长王鸿举的言论：年轻人工作十年就能买房，惹人眼球，达到吸引读者的目的。导语主题鲜明，直指平安重庆涉及的三个问题：依法惩治各种犯罪活动的问题、处理人民内部矛盾的问题，以及交通安全、生产安全、社会安全问题。主体部分围绕四个小问题展开，而且每个问题都设置一个小标题，每个小标题均概括了重庆市市长王鸿举谈话的重点，这则消息结构明了、思路清晰，堪称综合消息的典型。

# 第二节 通 讯

**【案例导入】**

## 第二届"悉商杯"主持人大赛圆满结束

值上海大学"金话筒"主持人大赛进行之际，10 月 20 日晚，第二届"悉商杯"主持人大赛在上海大学嘉定校区图书馆报告厅精彩上演，悉尼工商学院党委书记陆翠兰老师出席当晚比赛。

本次比赛共设置"风采展示""妙语连珠""模拟主持"三轮环节来展现参赛选手的综合水平。在首轮展示中，选手们多以朗诵的方式表现自己，各具风格；在"妙语连珠"环节中，其话题涵盖了政治、娱乐及各社会热点，如此贴近生活的演讲赛题有利于选手们轻松自如地阐明自己的观点。

在最为精彩的"模拟主持"环节，随着轻快音乐声的响起，第一组选手轻松地将现场的观众带入"迎世博"的情境中；第二组选手更是神奇地将圣诞节的来临提前，有趣的问答互动使全场的欢愉气氛不断蒸腾；而第三组选手巧妙地"就地取材"，邀请了评委老师担任情境中的辅导员一角，展现了极强的临场应变能力。比赛间隙，特邀嘉宾们的精彩献唱以及奇幻魔术表演，更为此次主持人大赛增添了无穷的魅力。最终经过评委们的激烈讨论，来自金融专业的胡柳明同学智夺"金话筒奖"。（内容提要，可挑选最精彩的一个环节）

此次主持人大赛活动旨在为学生搭建一个展现才华的舞台，从中选出表现优异者组成学院主持人的后备军，为同学参加校级以上的比赛提供成长通道。本届主持人大赛丰富了同学们的课余生活，参赛选手也从中得到了历练，相信在师生的共同努力下，悉商校园文化将更加丰富多彩！（悉尼工商学院团委）

这是一篇比赛类的通讯稿，文中写明了主办单位、参赛者、评委、嘉宾，以及比赛结果，内容完整，条例清晰。

## 一、通讯的概念

通讯是一种比较详细深入地报道客观事物和情况的新闻体裁，它以叙述描写为主，综合运用抒情、议论等表达方式，迅速、具体、生动地报道有新闻意义的人物、事件和情况。它是报纸、广播电台、通讯社常用的文体。

## 二、通讯的特点

通讯作为报刊、电台等媒体主要使用的体裁之一，新闻性显然是其基本的特征。而新闻中，真实、时效、思想性及典型意义构成了它的不同层面。除去真实、时效的新闻性特征，通讯的主要特点有：

### （一）生动性

消息在表达上主要是平面的叙述，语言追求简洁、明快、准确。通讯则较多借用文学手段，可以使用描写、抒情、对话，可以用比喻、象征、拟人等写作方法。因此，通讯在语言和表达方法上都具有一定的文学性，它在报道真实的人和事的过程中，善于再现情景，平添许多生动的形象，给人以立体感、现场感。

### （二）完整性

通讯须相对完整、具体地报道人物或事物的过程。消息侧重写事，叙述简明扼要，一般不展开情节。通讯可写人物也可写事件，其材料比消息丰富、全面，其容量比消息厚实、充足。它要求详尽、具体地报告事件的经过、演绎人物的命运，充分展开情节，甚至描写细节和场面。这些既是生动性的表现，同时也是内容完整性、具体化的要求。

### （三）评论性

通讯须运用夹叙夹议的方法对人或事作出直接的评论。消息是以事实说话，但述评消息一般不允许作者直接发表议论。通讯则要求在报道人物或事件的同时，表露记者的感情与倾向。然而，通讯的评论不同于议论性文体的论证，它须时时紧扣人物或事件，依据事实作适时、恰到好处的评价点拨。因此，这是一种运用通写、叙述、抒情等表达手段进行的议论，它的特点是以情感人、理在情中。

## 三、通讯的种类

按报道的内容来划分，通讯的种类最常见的有四类。

### （一）人物通讯

人物通讯以报道先进人物、新闻人物为主要对象，报道的目的是反映他们的先进事迹，展示人物的崇高品质，为社会树立榜样。像领导干部的好榜样——焦裕禄、孔繁森、李素丽、张云泉等人物的报道都是属于这一类。

### （二）事件通讯

事件通讯集中反映现实生活中具有典型意义的事件，通过描写典型事件来刻画一代新人的"群像"，表扬先进，歌颂社会新风。

### （三）工作通讯

工作通讯是我们在新闻报道中要经常面临的，对提升一个地方的工作水平，总结经验、指导工作、宣传政策很有帮助，它能够较全面、较直观地反映本地区、本单位的工作。

### （四）概貌通讯

概貌通讯主要反映现实生活中的新风貌、新气象、新变化，这种通讯由于经常用于介绍游览名山大川、名胜古迹，因而经常被称为旅游通讯。

## 四、通讯的写作要求

### （一）选好典型，确立主题

典型是通讯的筋骨，主题是通讯的灵魂。选好典型、确立主题对通讯来说十分重要。

### （二）写好人物

写好人物是通讯写作的重要任务。不论是人物通讯还是事件通讯，都要把人物写好。写人离不开写事，所以写人必写事，写人物自己所做的真实的事，写能揭示人物内心世界的事。同时，写人物还要用人物自己的语言、行为、活动来表现人物；人物要写得有血有肉，有音容笑貌，有内心活动；写事要具体形象，有原委，有情节。

### （三）安排好结构

纵式结构是按时间顺序、事物发展的顺序或作者对报道事物的认识展开的顺序来安排结构。在这种结构里，时间发展的顺序、情节展开的顺序、作者认识事物的顺序成为行文的线条。在采用这种结构时，要详略得当，布局巧妙，富有变化，避免平铺直叙。横式结构是指用空间变换或按照事物性质来安排材料的。这种结构概括面广，要注意不同空间的变换，恰当地安排通讯所涉及的各方面的问题。

【例文1】

## 怀念中，铭记英雄大义大勇

江水依旧，斯人远逝。英雄群体的故事让许多人扼腕叹息，也让无数人由衷感佩，全国各地素不相识的人通过电话、网络等方式向英雄们表示哀悼和敬意。

连日来，在古城荆州，大批学生和市民自发来到事发江边，焚香献花寄托哀思。在荆州殡仪馆，手捧鲜花，自发前来吊唁的市民络绎不绝。在逝去伙伴的课桌旁，同学们摆上菊花、水果和饭菜，摆放好他的衣物、书籍。

10月27日晚，长江大学校园变成了一片璀璨的烛海。上千名学生自发聚集起来并燃起了3000多支蜡烛。所有悲伤伴随着天上飘落的细雨，化为熟悉的旋律，追忆祭奠他们心中的"真心英雄"……

何东旭所在班级40多名同学流泪发誓："今后一定要做得更好，勤奋学习，将何东旭舍身救人的精神发扬下去。"

冬泳队员、今年61岁的杨天林老人流着泪回忆当天的情景时说："孩子们是这么热情、善良、勇敢，我们感到万分欣慰和感动。很可惜没有时间再去救人，要不拼了老命也要把能救的人救上来。下水救人的学生，不管活着，还是不幸牺牲，都是英雄，都值得大家学习。"

**【例文2】**

## 点点滴滴见真情，怀念同窗泪满襟

遇难英雄陈及时来自湖北省通山县，他特别勤快，寝室里的脏活累活他都抢着干。他的上铺同学熊蒋说："陈及时曾说，县城没有多少有风格有特点的建筑，希望自己将来成为一名建筑工程师，为家乡建造更多漂亮的建筑。他还表示，汶川地震中许多房子倒塌，许多同胞遇难，希望能建造地震震不倒的房子。"

"陈及时平时就乐于助人。"室友钟学成说："有时晚上被子掉了，他都会捡起来帮我再盖好。一次我打篮球脚崴了，是他背着我到医务室；生病感冒时，也是陈及时主动帮忙买药。他真的就像兄长一样。"

遇难英雄何东旭是班上的篮球队队长，酷爱篮球的他最崇拜的是美国NBA球星科比。他喜欢打篮球，也喜欢教同学们打球。参与救人的徐彬程对他的印象是"会鼓励大家团结一致去打球，输球时又会把责任往自己身上揽，也很会调节气氛，有他在的地方总是笑声一片"。同学高阳回忆道："他每天早上催我们起床，还经常买水果给大家吃。他喜欢买书看，还爱把一些好的词句摘抄记录下来。""至今记得，东旭为准备学校的大学生论坛演讲比赛，收集了许多科比的资料，还做幻灯片一直到深夜。"

同学袁亚峰说："东旭还喜欢演讲，曾参加过学校的演讲比赛，演讲题目是《瞧，科比这个人》。每次演讲他都积极参加，给大家带来激励。"

宽容、豁达、善良，是同寝室的伙伴对方招最简单的描述。性格开朗的他一直都有一个深藏在心里的明星梦。他一进学校，就通过激烈竞争成为校园青春剧《霹雳阿傻》的"男二号"。同学徐彬程说："为了这个角色，认真的方招对着镜子一遍遍练习台词、琢磨人物……"

青春剧还没开拍，主角已远去。

**【知识拓展】**

## 通讯与消息的区别

1. 从内容上看，消息主要以报道事件为主，向人们报道新近发生的事。通讯报道的是人，写人的思想及实践活动。即使是事件通讯也要事中见人，因为事情是人做出来的，围绕着事件，刻画出与事件有关的人物的形象，通过写事来写人，表现人的思想、感情和精神世界。消息只简单地报道发生了什么事，不多写情节。通讯比较详细，具体报道前因后果，展示情节。从篇幅上来说，消息较短，简洁明快；通讯具体、细腻、形象。

2. 从结构来看，消息为了吸引受众，往往把最主要、最新鲜的内容放在前面，把最精彩的内容放在导语里，呈"倒金字塔"结构。通讯则不一样，围绕主题，把材料串起来，有故事情节，有细节材料，从头到尾都一样，全部都一样重要。可以按时间来写，也可以按因果关系来写，还可以纵横交错。

3. 从新闻时效上说，消息强调的是迅速、快。通讯在时间上的要求则没有这么严格。信息量上消息单薄一点，通讯丰满一点；信息深度上，消息简单一点，通讯深一点。

**思考与练习**

1. 消息的种类有哪些？

2. 通讯的特点有哪些？

3. 列举一下你所在学校近几个月来新近发生的一些新鲜事件，比较一下，选出一个能写成消息的事件，然后试着列出几个标题来，看一看哪一个更好，并说明一下理由。

# 下编

# 口才训练

# 第一篇 口才理论基础

## 第一章 口才基础

### 第一节 口才综述

#### 一、口才的含义

什么是口才?《现代汉语词典》的解释为:名词,说话的才能。

有学者将口才更加明确地定义为:在口语交际的过程中,表达主体运用准确、得体、生动、巧妙、有效的口语表达策略,达到特定的交际目的,取得圆满交际效果的口语表达的艺术和技巧。

另外一种观点对口才的定义为:人们运用声音和态势语言对自身或他人的思维进行扫描和表达的综合能力。根据这种观点,口才已经不仅仅是"口"上的能力,还包含了身体语言、观察能力和思维能力。

一般来说,我们认为所谓"口才"即指一个人的口头表达能力,也就是"说"的才能。因此,我们研究口才必须由口头表达入手,去准确把握它的内在要素及系列特征。

#### 二、口才的价值

人类接受信息和进行思想交流,必须具备四种能力:听、说、读、写。而说的能力,则是最基本的能力。国外一些学者认为,口头表达能力是现代复合型人才所应具备的基本素质,思维敏捷、能言善辩是个人寻求发展机会的重要条件,也是事业成功的保证。就目前而言,立足于高速运转的现代社会,口才在一定程度上发挥着比文采更加重要的作用,也越来越受到人们的重视。

很早以前,我国杰出的文学家、教育家叶圣陶先生就曾说过:"不妨看看咱们的社会主义社会,在工作中,在交际中,说话的机会超过过去时代何止十倍百倍,谁的说话能力差,不仅是他个人吃亏,往往间接又会造成社会的损失。"口才也是生产力,表达与演说同样可以创造巨大的价值,在当今的中国,这一点从马云、李开复、俞敏洪等许多人的身上都得到了淋漓尽致的体现。

#### 三、口才的特征

要深入研究口头表达能力,首先应当区别口头语言和书面语言的不同。

（一）口头语言和书面语言的区别

二者的不同主要表现在以下五个方面：

1. 对象不同。口头语言的对象是听众，说话的针对性比较强，随时都可以了解到听者的反应。它要求说话的人要边讲述、边观察、边判断，有时还要听取意见，综合分析，十分敏捷地作出相应的回答。这与把自己要说的话写成文稿，让读者去阅读是截然不同的。口头表达是人与人面对面的交流，而书面表达则是看不见对象的有距离的交流。

2. 口头语言需要借助声音和表情等手段表达复杂的情感。说话人不仅运用声调和节奏强调词语的意义，而且借助表情、手势、姿势等体态行为表情达意。这些辅助手段可以说是口头语言的重要组成部分。因此，口头语言是一种立体式表达，它所描绘的生动的形象、情景和它所收到的效果，是书面语言无法达到的。

3. 口头语言表达时间短促，过程不可逆转。它从接收处理信息、确定思路、组织语言到调整气息，一旦转化为连续的发声就是最终的形式，看似极为复杂的过程，却是在电光石火之间，转瞬即逝，不能修改。这一特征决定了说话人必须思维敏捷，反应迅速，判断准确，善于调动语言资源，迅速将思维加工成恰当的言词，组织出语意清晰连贯的句子，随机应变，脱口而出。书面语言就不同了，人们在写作时一般都有较为充足的时间构思、推敲、修改。

4. 口头语言是一种"有声语言"。它直接将思维诉诸受话者的听觉。而且说话的人自身也要通过视觉和听觉同时接受现场信息，及时调整思维，更准确地表达自己的思想，形成交流的互动。书面语言是一种"无声语言"，它主要是将思维诉诸观者的视觉，其交流形式是间接的，不存在现场的互动。

5. 口头语言使用的范围广、频率高。和书面语言比较起来，口头语言具有更大的广泛性和群众性。在日常生活中，口头语言是人们交流思想的主要工具。任何一个人总是要说话的。对于本民族的口头语言，就是不识字的人也都能完成正常的交流。而书面语言相对来说，使用的范围就小多了。

（二）口头表达的特点

1. 靠声波传递信息。思维内容和思维形式通过声波的振动传递给他人。没有声波做媒介，口头表达就不能实现。

2. 易懂是交流的前提。话是说给别人听的，让别人能听懂，表达才有意义。一个不懂英语的中国人和一个不懂汉语的英国人碰在一起，两人究竟如何交流，结果可想而知。

3. 语言容易消失。口头语言没有形状、没有颜色、没有味道，也不能留下自然的痕迹，它随着声波的振动而发出，随着声波的消失而消失。除非通过外在条件，如别人的片段记忆、录音等做有限的保留。

4. 说话具有个性。每一个人说话的音质、频率、声调都有自己的特点，语言运用水平更是千差万别。这与先天生理条件、成长环境及后天所接受的教育等因素密切相关，后天可以通过学习、锻炼提高表达质量，但一些个性化的特点不会轻易改变，甚至无法改变。

（三）口头表达的要求

口头表达是一种面对面的交流方式，使自己的思想能得到准确表达，所说的话使人便于理解、便于接受是它的基本要求。具体来说，应做到以下几点：

### 1. 清晰

说话清晰是口头表达的第一要务。首先，语言必须标准化。浓重的方言、乡音是口头交流的障碍。除非讲话时特别需要，否则尽量要避免使用方言和俚语，提倡讲普通话。其次，要口齿清晰、字正腔圆。要注意发音的部位、方式和声调正确，原则是让人能听清。再次，要声音洪亮，声波的传递要覆盖现场的所有受话对象，必要时可以借助扩音设备，要求能让人听得见。此外，清晰还有一层含义就是说话的意思要通俗明了，是什么、为什么、怎么样，能让人听得明明白白，绝不能含糊其辞。总之，清晰就是要让人能听清、听懂。

### 2. 准确

不论是叙事还是说理，任何一件事情、一个看法，都应当符合事实或真实情况。说话如果与事物的本来面目有出入，与客观情况不相符，就会降低交流的可信度，甚至导致处事错误。实事求是是准确的基本前提。一个负责任的人，应当言必由衷，经得起实践的检验，经得起时间的考验。因此，说话审慎是不可忽视的，话一出口，覆水难收，君子一言，驷马难追。

### 3. 恰当

恰如其分而且完整地表达说者的意思是非常重要的。会说话的人绝不会口无遮拦，随心所欲。什么话能说，什么话不能说，什么话说到什么程度，是很有讲究的。这既是一个修养问题、经验问题，也是个素质问题。在现实生活中，被人们形容的所谓"蠢话""冒失话""不识深浅的话""出格的话""没有分寸的话"，甚至胡说八道的话，的确屡见不鲜。只因为"不过脑"就说出来，不是伤害了别人，就是自己把事情办砸，严重者则祸从口出，惹出麻烦，引起是非。

### 4. 严密

说话要讲逻辑性，不能在结构上违背思维规律，层次上颠三倒四，内容上不知所云，语意上模糊不清，用词上产生歧义。严密有赖于思维缜密，头脑清醒，阅历丰富，思考成熟。所谓头头是道、句句在理、滴水不漏、金口玉言、一言九鼎，都是对慎思谨言的要求。

### 5. 流利

说话要通顺畅达，做到一气呵成，干净利落，不能吞吞吐吐、断断续续、结结巴巴，让人听得费劲、听得着急。流利不只是表达功能问题，更重要的是思维的连贯性问题，思维"断流"，不免言辞枯竭。因此，口头交流一定要保持思维的活跃和敏锐，不求口若悬河，但切忌在交际场上笨嘴拙舌。

### 6. 口语化

口头语言同样追求"文采"，但有一个原则，要掌握口语的特点：易懂、好听。一方面，说话要避免使用可能产生听觉困难的书面语言。譬如这样一句话："某某老师为教育事业呕心沥血，其精神令人怅触。"作为书面语言，这样写当然可以，但作为口头语言就应当采用大家都能听懂的表述方法。例如："某某老师为教育事业呕心沥血，他的精神让人感动。"另一方面，不要使用不规范的、令人摸不着头脑的简约语言。例如，"在抗非抗禽的斗争中，广大村民意志坚强。""抗非抗禽"是抗击非典型性肺炎和抗击禽流感两大瘟疫的简称，但这种简称是不规范的，无疑会给听众带来理解上的困难。再一个是要善于掌握口语的语法结构和表现手段，以增强口语的表现力。例如，这样一句书面语言："随着一阵马蹄声，一位将军自远而近，只见他马鞭一甩……"在评书中，却成了这样的一个句子："只听得哒哒哒哒一阵响，叭！一甩马鞭，一位将军来到了眼前……"这里与书面语言的表述方法完全不同，却很生动、形象。

以上这些只是口头语言的基本要求，在此基础上，要进一步追求讲话的生动性、形象性、技巧性，从而提高口头语言的感染力和说服力，使我们的思维活动能通过言语的表达取得最佳效果。

## 第二节　口头表达的要素

### 一、口头表达的三要素

口头表达由语言、对象、表情三大要素构成。

语言作为交流思想的工具，它主要分为两部分：一个是意义，一个是声音。口头表达就是通过声音揭示事物的内在本质、客观规律以及表达人的主观情感的过程。

对象是表达思想的目标、说话的客体。任何人说话都得有人听，自言自语不叫思想交流，没有对象，就不会发生口头表达，口才也就没有用武之地。口头表达的对象可以是一个人，也可以是一群人。

表情是面部和身体其他部位伴随着说话发生的面容和姿态变化，并由此展示出说话者内心丰富的思想感情。恰当的表情是增强口头表达感染力不可缺少的组成部分。

这三个要素在进行口头表达时有不同的要求，为了表述的方便同时也为了更能体现口头表达的特性，我们把声音从语言中分开来介绍。

#### （一）语言

口头语言应当做到平易、丰富，富有感情色彩，同时讲究语序。交际的目的是使要说的内容能准确表情达意，所以我们在说话的时候，首先应当追求让人便于听懂、便于接受，甚至能成为听众的一种享受，在此基础上，能使人有所启迪、有所收获。"听君一席话，胜读十年书"，说的就是这个道理。

##### 1. 平易

说话平易，首先要求采用大众口头语言。一方面如前面说的那样，尽可能不用色彩浓重的方言、俚语，避免生僻词。例如，把"打扮"说成"捯饬"，把"打瞌睡"说成"打盹儿"，一般南方人就可能听不明白。另一方面，不能为了显示水平高而把话讲得文绉绉的，或者堆砌名词术语，自以为出口不凡，实乃曲高和寡。

其次，要尽量用短句子，或者合乎人们说话习惯的层次较少的单一句；避免那些叠床架屋式的、大句子里头套小句的话。譬如这样一句话："关于这个同志的诸如脑子灵活、工作扎实、团结同事等方面的优点都是应该充分肯定的。"不如分成几个短句："这个同志有优点，比如脑子灵活、工作扎实、团结同事，等等，都应该充分肯定。"这样既朴实自然，又通俗易懂。

再次，尽可能少用那种书本味道很浓厚的词。例如，"马上"说成"即刻"，"很好"说成"颇佳"，听起来就不顺耳。再如，"'世卫'专家来我省考察"这样一席话，如果写出来，通过阅读，当然能理解是世界卫生组织的专家来我省考察，但口头说出来就可能听不明白了，尤其是文化层次不高的人，可能听成"侍卫专家"，也可能听成"示威专家"，或市委来的专家，无疑令人费解。

最后，用数量词说明事物的大小或者多少时，最好能用常人熟悉的事物比较一下。例如说：某地建了一个花园，占地多少亩，再补充一句"有四五个篮球场大"，更容易使人明白。

2. 丰富

使语言表达更加丰富有很多种方法。

一是用词不要单调，不要千篇一律。汉语言的词语有很多可以找到它的同义、近义、反义词。我们说话时如果充分发挥这一优势，能使语言变得生动有趣。比如，"看"这个词的意思，就可以根据不同的需要选用瞧、瞅、观、盯、瞥、瞄、窥、注视、观察等近义词来表达。譬如："下面请欣赏魔术：您将看到的是大变活人。瞧，魔术师上来了；一位英俊的男士进入了道具箱，手脚被捆起来了；注意观察，可得盯紧点儿；魔术师正在发功，大家密切注视是什么结果。哇，太神奇了，男士变成了一位靓丽的小姐！"

如果把带下划线的词全换成"看"字，并非不可以，但语言的趣味性就大打折扣了。

再如这样一句话："我们遇事要考虑周详，分个高低，知个深浅，识个好歹，看个方圆，想个远近。"连用了五组反义词，形成一种起伏之势。

二是引用名言警句、民谚、成语、歇后语，可以使语言更加活泼。例如："学习要循序渐进，不能投机取巧，欲速则不达，想一口吃个胖子，那只能是幻想，搞不好竹篮打水一场空。"这里用了三句成语、两句俗语，增强了语言的生动性。

3. 感情色彩

口头表达不仅是交流思想，同时也是沟通感情。因此，追求语言的感情色彩也是不可忽视的。感情色彩不是靠修辞来装饰，而是靠内心的真诚，只有情真意切，交流才能达到预期的目的。例如，邓小平同志说的，"作为一个为共产主义事业和国家独立、统一、建设、改革事业奋斗了几十年的老党员和老公民，我的生命是属于党、属于国家的"，"我是中国人民的儿子，我深情地爱着我的祖国和人民"。（《西藏日报》2004年9月18日）这些话听起来朴实无华，却寄托了邓小平同志对祖国、对人民的深厚感情。

4. 语序

语序是指词语组合的次序。它既反映了一定的语言习惯，又反映了事物间的逻辑关系。语序有时可以决定语义，变更语序后语义会发生很大的变化；有时语序变更后虽不改变语义，但却可以改变语言的表达效果。因此，无论从语法和逻辑的角度看，还是从修辞的角度看，语序的正确安排都是很重要的。

正确安排语序，应注意"四性"：

一是尊重语序的习惯性。词中的语素、词组中的词，其先后次序有许多都必须按约定俗成的习惯排列，否则人们就不易接受。譬如表达方位时，习惯上称"东西南北"，就不能随意变为"西东北南"。再如说人，三个一群，两个一伙，用"三三两两"来形容，但如果把次序倒过来"两两三三"，听起来就很别扭。又如，"救火""救灾""抢险"，看上去不合逻辑，却不能纠错，因为通过人们长期的口头流传已成定式。

二是注意事理的逻辑性。语言的次序是客观事物内部规律的反映，因而是安排语序的主要依据。例如："这个宣传片很有教育意义，它能引人深思，促人猛醒，催人奋进。"如果把位置调整一下，"这个宣传片很有教育意义，它能催人奋进，促人猛醒，引人深思"，就不合逻辑了。因为事物的发展过程是由思考到醒悟，再到进步。再如："他天一亮就起床，吃完饭，洗了脸，穿好衣服，出门去了。"这不符合人们的生活习惯，可能有个别人是这样做的，但恐怕是特殊例子。应当按普遍的习惯来表述："他天一亮就起床，穿好衣服，洗了脸，吃完饭，出门去了。"

三是注意语序的强制性。语序既然受语言习惯、事理逻辑的制约，也就具备了强制性。例如，某厂有工人到政府机关上访，信访办的工作人员向领导汇报时说："几个工厂的工人来机关反映奖金不兑现的情况。"这话就有歧义，他的原意是"几个来自工厂的工人"，但听起来却像"几个工厂的工人"都来了，传递给领导的信息比实际情况严重得多。应当把"几个"放在"工人"前面，"工厂的几个工人来机关反映奖金不兑现的情况"。可见，类似这种情况不能按照自己的表述习惯说话，而必须严格遵守语序的要求。

四是注意语序的选择性。从局部的和具体的情况看，语序的强制性中又有一定的可选择性，只要不出现语法错误，不改变语义，对词语的位置作一些调整，也可能取得更佳的表达效果。据说，曾国藩的部下在给朝廷起草奏折时，说与太平军作战很艰难："屡战屡败"。曾国藩把它的语序调整一下，改成："屡败屡战"。反映的情况是相同的，但意义却大不一样。前者给人的印象是湘军无能，后者却反映出湘军的坚忍不拔。

**（二）声音**

声音要讲究声调的张弛、急缓、断连和起伏。声调的变化，或是慷慨激昂，如疾风暴雨；或是娓娓道来，如潺潺小溪。它感染听众的感情，撞击听众的心灵，是提高口头表达效果一个非常重要的方面。因此，我们在说话时就不能不注意声音张弛、急缓、断连和起伏的技巧了。

**1. 张与弛**

较长时间的说话，如演讲、发言、汇报等，要善于张弛结合，以提高讲话效果。松弛可以使听众精神放松一下，减轻疲劳；紧张可以刺激听众的听觉神经，使听众处于兴奋状态。因此，讲话要做到时而语调和缓如春风拂面，时而情绪高昂如疾风骤雨，有张有弛，张弛结合。

**2. 急与缓**

急与缓，首先是语言表达的速度问题。说话的速度，反映说话人喜、怒、哀、乐的情绪，而这种情绪又会直接感染听众。一般讲述喜、乐、怒、险的事情，速度应快一些；讲述悲哀、痛苦、艰难、绝望的事情，速度要慢一些。另外，要注意发挥声音特质效用。声音特质包括嗓音的音质、音调、强度和节奏。恰当使用声音特质能加强语言的说服力和感染力。提高音调和声音强度，或者降低音调和声音强度、放慢节奏等，都能起到强调语言内容的作用。

**3. 断与连**

书面语言可以通过标点符号和换行，起到辅助表示语意、传达思想的作用。而口头语言只能通过什么地方停顿、停顿时间的长短来反映说话人语言的意义。因此，讲话时的断与连，对于准确表达思想是十分重要的。有这样一个故事，古代一个县官让他的师爷为自己的儿子请了个私塾先生，私塾先生对酬金没有异议，只是对伙食提出了要求，他写了一张纸条，让师爷带给县官。纸条是这样写的："无鸡鸭亦可无鱼肉亦可一碟青菜就够了。"师爷拿着纸条回来回话，他把纸条念给县官听："无鸡鸭亦可，无鱼肉亦可，一碟青菜就够了。"县官听了很高兴，就把事情定了。但是，私塾先生就任以后看到只有素菜而没有荤菜，便提出抗议。县官说那是你自己写在纸上的，怎么反过来却有意见呢？私塾先生说："是呀，我写的很明白——无鸡，鸭亦可，无鱼，肉亦可，一碟青菜就够了。"县官一看纸条，实在是无话可说，只好责怪师爷没有说清楚。再譬如讲述一次球赛，有这样一句话："韩国队赢了中国队战胜了日本队。"就可以作两种理解：

韩国队赢了中国队｜战胜了日本队。

韩国队赢了｜中国队战胜了日本队。

上述两例说明，停顿的地方不同，表达的意思会完全不同。其次，说话的停顿，对于表达感情和增强语言表现力起到强调、提示作用。此外，适度的停顿也是调动听众注意力或观察对方反应的一种技巧。

4. 起与伏

"文似看山不喜平"，是说写文章要有蓄势，跌宕起伏，不宜平淡。讲话也是一样，有疾有徐，有峰有谷，起伏跌宕，高低错落，听起来才有吸引力。讲话的起伏，可以从四方面努力：

一是注意表现技巧，运用设问句、反问句、排比句、对偶句、感叹句、谐音句等来增强表现力。例如：

谁是我们的敌人？谁是我们的朋友？这个问题是革命的首要问题。（设问）

吃要讲营养，穿要讲高档，住要讲宽敞。（排比）

双桥好走，独木难行。（对偶）

文章拟题目，一要立意好，二要字数少，三要构思巧。（谐音）

二是通过声调的变化，增强声音的高低强弱、语气的轻重平急。

例如这样一句话：

我代表全校师生员工，向来自祖国各地的莘莘学子，向来自大江南北的新同学，表示最热烈的欢迎和亲切的慰问！

这句话的语气应当是逐渐加重的，尤其是"表示热烈的欢迎和亲切的慰问"一句，必须提高声调才能体现出激情，并调动听众情绪。

三是通过讲话速度的快慢和缓急加强节奏感，提高表达效果。下面这段话如果用同一种频率和同一种速度说出来，无疑会显得平淡、生硬；如果把前面的话用稍缓的速度说出，从"但是"开始速度逐渐加快，省略号之后再度减缓，其效果肯定不一样。

他们没有出众的外貌，没有诱人的权力，更没有令人羡慕的家财，但是他们有一颗真诚的心！他们用真诚把我们带出黑暗，用知识点亮我们的前程；他们以朴实无华的本质指导人，以沉稳扎实的学问吸引人，以亲切和蔼的态度打动人，以诲人不倦的毅力培养人，以默默无闻的精神奉献人……

"笔尖耕耘桃李地，汗水浇开智慧花"，跨世纪人才如雨后春笋。而他们燃烧的却是自己蜡烛般的生命，从顶燃到底，一直都那么光明绚丽，令人称颂。

四是运用悬念、设置疑问，以及把握内容的语感而突出感情色彩，形成表达过程的波澜。例如：

"'五四'运动以来，中国青年们起了什么作用呢？起了某种先锋队的作用，这是全国除了顽固分子以外，一切人都承认的。什么叫做先锋队的作用？就是带头作用，就是站在革命队伍的前头。"

### （三）对象

作为表达的对象，即听说话的人，不仅外表上千姿百态，而且内在的接受能力、心理需求、性格特征等诸多方面更是差异很大。同时，不同的条件还会产生不同的心情。因此，说话不仅要注意人的区别，同时要考虑环境、场合和气氛的协调。因人而异，情景交融，语言得体，恰到好处，才能提高交流的效果。

**1. 说话对象要区别六种不同的人**

一是生与熟的区别。熟人说话相对来讲可以自然一些、随便一些，关系好的开开玩笑还可以制造亲密、活泼的气氛；但不熟悉的人说话就应当委婉些、客气些，语言的表达要慎重，有分寸。

二是长与幼的区别。与长辈交流，要有分寸、有耐心，说话彬彬有礼，言辞谦逊恭谨，特别注意不要涉及衰老、死亡、患病一类的话题。与晚辈说话，既不要摆架子，盛气凌人，也不可太随便，有失庄重，有失长辈身份，应能平等相待，平易近人。

三是男与女的区别。说话的确要注意"男女有别"。跟男同志能说的话，跟女同志不一定能说；跟女同志能说的话，跟男同志也不一定能说。譬如在非正式场合，都是熟悉的男同志，把上厕所方便说得直白一些也无妨。但是，若有女同志在场，就只能说"对不起，我去趟洗手间"。再如，男女同事同席喝酒，其中某女士申明"身体不适不能喝"，但某男士不肯放过，硬要刨根问底，弄得别人很尴尬。

四是文化层次的区别。和文化程度较高的人说话可以适当使用一些所谓的"文词"，用些专业术语也无妨；但与文化程度较低的人说话则要注意通俗浅显，要考虑对方能不能听懂。你对一个只有小学文化程度的人畅谈"诗词歌赋"或者"石墨烯"、"超级电容器"，自然难以沟通。

五是个性特征的区别。人的性格、背景、职业、生理等各有不同，说话时一定要考虑对方的情况，避开别人的短处和弱势，切不可戳人家的伤疤。譬如，我们平时评论自己无拘无束，说"和尚打伞，无法（发）无天"，也许很生动，但如果旁边有一个谢顶的人，一定会以为是讽刺他。有一位班主任，在班上批评一个迷恋网上游戏的学生时说："你父母离婚了，没人管你，你奶奶把你托付给我，你看我为你操多少心！"这样的话会给学生的心灵造成很大的伤害。

六是心情好坏的区别。人的情绪不免有波动，对方心情好时说话容易投机，办事也爽快；心情不好时则容易引起对立，交谈的效果可能适得其反。

**2. 说话的场合要考虑三个区别**

一是公开和私下的区别。属于公事、涉及群众共同利益的事，要公平、公正、公开，正所谓"背人无好事，好事不背人"。而涉及别人的尊严、缺陷、隐私、秘密，却不可口无遮拦，不顾场合；即使是可以不避开人的事，也要考虑对方的感受。譬如批评人，有时在公开场合下可能引起抵触，而个别交谈却容易沟通。

二是正式和非正式的区别。正式场合对说话的"得体性"要求较高，说什么，怎么说，事先要想好，来得及的话要打好腹稿。把握不大的话和容易引起误解的话，绝不可信口开河，须知"祸从口出"的道理。有的人因为说话不当而挫伤听众的积极性甚至导致对立情绪，效果适得其反者不乏其例。2003年美国发动伊拉克战争后，小布什在回答记者提问时把"这是一场反恐战争"说成"这是一场宗教战争"，触动了阿拉伯世界的敏感神经，后来驻伊美军遇到的麻烦，不能说与小布什的口误没有关系。

三是严肃与活泼的区别。严肃的场合不能说俏皮话，甚至不能用幽默语言；活泼的场合却又不必一本正经，生硬呆板。

3. 说话的环境气氛要注意三个不同。

一是喜庆与哀伤的不同。在别人的婚礼上祝贺新人相敬如宾，白头偕老，是令人高兴的。但是，把话题扯到一些人对婚姻不负责任，把离婚当儿戏，就很是离谱了。参加某人的追悼会，见到一个久违的朋友，当众大谈相见之喜、阔别之情，搂搂抱抱，笑语喧哗，是缺乏修养的表现。

二是热烈与安静的不同。在气氛热烈的场合说话可以声调高一些、节奏快一些、风格豪放一些；而在诸如图书馆、科技馆、博物馆等安静的场所，则应轻声细语，甚至多用体态语言来传情达意。

三是紧张与轻松的不同。在双方争执不下时，说话要冷静；在谈判桌上意见相左时，要能用巧妙的话语打破僵局；在遇到突发事件时，说话要镇定自若。切不可语无伦次而影响别人情绪，贻误大事。

## （四）表情

表情要坦诚、自然，表里如一，情为心动。既不可夸张做作，也不能呆板无神，麻木不仁。

表情是人的一种自然功能，是一种无声的语言。国外一位心理学家曾得出一个惊人的结论：人们全部有效的信息表达中，有55%来自面部表情。实际上表情并不光是来自面部，除了面肌、眼神的变化外，手势、姿势、脚步（如来回走动）等，都能起到传达思想感情的作用。因此，身体的动作又叫体态（态势）语言。

体态语言的运用，应当与说话和谐统一。

1. 表里如一

动作和表情要能准确表达思想活动。一方面，要克服心理障碍。有的人本来想说一件很好的事情，但由于胆怯、害怕，说话的时候不知手往哪里放，低着头不敢看人，话未出口脸就红了，说着说着掉下了眼泪。另一方面，不能虚伪、做作。假笑、假哭、点头哈腰、假装热情、假装谦虚，这都是对内心活动的一种掩饰，虽然不是演员，却特别会演戏。要克服一些习惯性的动作，有的人说话总爱龇牙咧嘴，摇头晃脑；还有的人离别人很近，扶人家的肩膀，拍人家的后背，弄得人家很不自在，甚至令人生厌。

2. 坦诚相待

体态语言的坦然与真诚，能增强交流的生动性和亲切感。

一是要注意目光的运用。在倾听对方说话时，目光要相对集中，既是礼貌的表现，又是自信的表现。但是，也不能长时间注视对方的眼睛，因为凝视会使人感到不自在，容易引起对方的心理防御，妨碍彼此真诚交流。在发表意见时，眼睛要看着对方，目光不可游移不定，否则会使人感到难以捉摸，降低自己的影响力。

二是注意形体姿势和空间距离。倾听对方说话时，身体应稍微向前倾，空间距离宜小一些，表示你很关心，很有兴趣；发表意见时，身体应坐端正并稍微向后仰，显得自信；空间距离也要适中，太远给人一种隔阂感，太近则给人一种压抑感。

三是注意手势的运用。说话时适当的手势也能起到强调内容的作用。但是，要注意两点：一是手势不能太频繁，幅度也不能太大；二是不要摆手。

四是注意头部动作的运用。听对方说话时轻轻点头是表示对对方的赞许，可以获得对方的好感；但不要摇头，即使不同意对方的说法也不能摇头，摇头容易引起对立情绪。

3. 体态恰当

有的人有一些习惯性的肢体动作，而这些动作并不代表其内心活动，但会影响与人交流的效果，甚至会产生副作用、反作用。例如：

摇头晃脑，表示什么事都不同意，什么事都反对；也可能给人的印象是不实在，处事轻浮。

皱眉，表示厌恶、烦恼、否定、担忧。

鼓眼，表示愤怒、仇恨，抑或给人以暴躁、好斗、缺乏修养的印象。

目光斜视，表示不屑一顾、心不在焉，抑或给人挑逗异性、心怀不轨的印象。

捂脸，表示害羞、痛苦，或不接受别人的意见。

晃腿，表示不屑一顾、心不在焉，或轻视别人。

拍肩，表示亲热、鼓励、爱护；但如果对象与场合不合适，就会给人不庄重、不尊重，甚至被骚扰、被侮辱的感觉。

双臂抱胸，表示自信。但是，也很容易给人自负、傲慢、拒绝、不合作的感觉。

乱打手势，给人印象是说话力不从心，缺乏条理，思维紊乱。

在口头表达的过程中，既要运用体态语言增强感染力和生动性，又要克服不恰当的表情和动作，以追求最佳的表达效果。

# 第三节　如何提升口才

## 一、口才的好坏，主要取决于五个方面

第一，锻炼敏捷的思维和清晰的思路。思维敏捷，来自于人的丰富的知识结构。一个人如果博学多识，阅历丰富，讲话的时候自然会思维活跃，反应敏捷；因为各种知识会使你触类旁通，左右逢源，毫无思维阻塞的感觉。因此，要多读书读报，多参加社会实践活动。

思路清晰，一是来自于对所要讲的事物的熟悉，正所谓世事洞明皆学问，人情练达即文章；二是掌握思维规律。一个人讲话，所要表述的不外乎三个环节：是什么、为什么、怎么样。这两点既在于平时的锻炼，也在于临场发挥中能抓住根本，做到万变不离其宗。

第二，掌握足够的词汇量。讲话不论长短，都是由词组成的，一个人掌握的词汇量大，讲起话来就可以选择更准确、生动、鲜明的词语，就不会出现由于词语贫乏而语塞的现象。词汇量的增加有两点很重要：一是平时阅读时多加留意，可以做点笔记，对不甚理解的词语要及时查阅词典；二是多留意别人说话，从群众语言中吸取营养。

第三，要调整好情绪。情绪对讲话的效果影响很大，一方面，情绪不稳定，诸如胆怯、

紧张、害羞等，会直接影响讲话的效果，成功的可能性较低；另一方面，虽然有讲话的临场经验，但情绪调动不起来，缺乏激情，甚至精神萎靡不振，讲话效果同样不会理想。调整好情绪要注意三点：一是讲话前和讲话中都要有充足的自信，要以饱满的热情面对每一次讲话；二是要熟悉讲话的内容，事先要理清思路，并且设计好表达技巧；三是平时要多讲多锻炼，在实践中不断总结经验教训，不断提高自己的口头表达水平。

第四，要把握口头表达的个性。首先，个性是指每一个讲话的人，要注意逐步形成自己的语言特色和表达特色，这要在表达技巧上和语法结构上下工夫。其次，要把握不同口头语体的个性。例如，主题演讲与面对公众的讲话、报告情况与介绍情况，虽然都是口头表达，有相通之处但也都有各自的特点。传递信息的要求和表达思维的方式以及语气、语调等是不一样的。这些将在后面作具体的介绍。

第五，要把握口头表达的特性。口头表达除了要讲清主题，明确表明是什么、为什么、怎么样之外，还应当注意六性，即讲话的目的性、缘由的根据性、观点的明确性、层次的清晰性、语言的生动性、表达的技巧性等。

## 二、练好口才，还要注意克服一些常见的问题

一个人要把话说好，说得有水平、有艺术，所谓掷地有声、绕梁三日、回味无穷，的确是要下工夫的。但是，有的人不能把话说好，却容易把话说坏，或者让人见笑，或者让人厌烦，总之表达的毛病比较突出。因此，我们要把话说好，倒不如从克服把话说坏开始，把常见的问题克服了，对把话说好无疑会取得不可估量的效果。

口语表达十戒：

一戒陈词滥调

陈词滥调就是陈旧而没有新意的话，人云亦云，套话连篇。有首歌叫《都是月亮惹的祸》，本来有些新意，但被人反复套用，什么"都是合同惹的祸""都是星球惹的祸""都是种子惹的祸""都是螺钉惹的祸""都是手机惹的祸"……简直俗不可耐。前外交学院院长吴建民先生曾说过，我国一些商务代表团到国外招商引资时，在交流中念稿："我们正深入贯彻邓小平理论和'三个代表'重要思想，在全面建设小康社会的道路上阔步前进。我市是一块投资的热土，商机无限。我们会采取平等互利原则，实现双赢……"国内约定俗成的语境、语言却让法国人听得一头雾水。他们不知道"三个代表"是什么，热土是什么含义，商机怎样无限，平等互利的内容和双赢的目标又是什么。如此没有共鸣的交流等同无效交流。

二戒语义不清

语义不清大多有三个原因：一个是自己不求甚解、概念不清，譬如有人在讲某地的发展、变化时说，"旧貌变新颜，面目全非"，结果留下了笑柄。另一个是思路不清晰，事先没有把要讲的内容理出头绪来，颠三倒四，不得要领。还有一个就是没有讲究表达技巧，讲话之前没有考虑怎样才能使自己的意思说得更清楚、更明白、更能为听者所理解；或者表述概念和术语时生搬硬套，缺乏深入浅出的表达能力。

三戒啰嗦重复

啰嗦重复有四种表现：一是事无巨细，不着边际，没有节制地发挥，张口千言，离题万里，十分钟能说完的事，没有半小时甚至一小时下不来。二是重重复复，一个事说了一遍又一遍，竟然津津乐道。三是炒现饭，这次说了的事下次又说，再下次还说，别人听过几十遍

了，他却念念不忘。四是拖泥带水，同语反复，正如"二郎者，大郎之弟，三郎之兄，老郎之子也"、"人说树在庙前，吾独谓庙在树后"之胡言，古人讽刺的这种现象在现实生活中并不少见，说"夹生饭"式的废话不乏其人。

四戒咬文嚼字

有的人讲话故作高深，卖弄自己的功底，爱用一些半文半白的、生僻的，或者专业性过强的词语唬人，来显示自己的本事，炫耀自己的层次，结果活脱脱一个孔乙己，满口之乎者也，叫人半懂不懂的，效果适得其反，听众产生逆反心理，或者嗤之以鼻，或者充耳不闻。

五戒字词错误

一个人在讲话之前，对一些读音和表意没有把握的字、词，要翻阅字典、词典。如果在讲话时出现错字、别字、白字，其后果不仅影响听众情绪，令人倒胃，情况严重者听众的注意力完全转移，讲话的主要内容被错误的字、词所抵消。诸如把"抚恤金"说成"抚血金"，把"酗酒"说成"凶酒"，把"蜕变"说成"脱变"，把"掣肘"说成"制肘"，把"披荆斩棘"说成"披荆斩刺"，把"高屋建瓴"说成"高屋建瓦"等。

六戒言不由衷

说话要言为心声，不能小和尚念经，有口无心。有一则笑话：某人求友办事未遇，便在友人家等候。忽一老鼠窜出打翻油瓶，其衣服被溅污。正恼火间，主人归，其反赔笑道："敝人在此恭候尊友，因一时疏忽，惊动尊鼠，尊鼠慌急之下撞翻油瓶，造成损失，抱歉之至。"这当然是虚构的故事，但却讽刺了那些表里不一、虚情假意的人。

七戒油腔滑调

讲话提倡幽默生动，但不能以庸俗的语言取悦听众；口齿伶俐但不能巧舌如簧、哗众取宠；特别是不要讲脏话痞话；借助辅助手段时不能摇头晃脑。否则，必然给人留下轻浮、粗俗、低级趣味、缺乏教养的不良印象。

八戒语无伦次

讲话如果颠三倒四，东一榔头西一棒子，前言不搭后语，就容易把听话的人搞糊涂。克服这种毛病主要是做好两条：一是事情要一件一件地说，一件事没有说完不说另外一件事；二是即便说的是一件事，也要分清主次、分出先后，确定先说什么、后说什么，做到有条不紊。

九戒不得要领

不得要领就是脱离了讲话目的，抓不住中心。一般来说讲话都有一个动机，或赞扬人或批评人，或鼓动人或说服人。讲话的过程实际上是从动机到目的的语言组织过程，在这个过程中，说话的人心里要有一根主线，并能紧紧扣住，不要枝蔓横生，并且，讲出来的话要句句都是为动机和目的服务的，要把话说到点子上，做到表意集中、纲举目张。

十戒咄咄逼人

说话要想达到自己的目的，首先要考虑让别人愿意接受，因而很重要的一条就是说话要"中听"。不论是在劝说、批评人的时候，还是发生口角、争论的时候，都应以理服人、以诚感人、谦逊耐心。切不可语言尖酸刻薄，语气盛气凌人。既要奉行"有理走遍天下，无理寸步难行"的准则，又不可得理不饶人，逼人太甚，这也是口头表达中需要时刻注意的问题。

**思考题**

1. 什么是口才？练好口才有哪些意义？

2. 口头语言与书面语言有何区别？

3. 结合实例，谈谈你对口头表达的各种要素的理解。

4. 你在口头表达方面存在哪些不足，应当如何克服？

# 第二章 演 讲

## 第一节 演讲综述

### 一、演讲的含义

善于演讲是好口才的重要标志，也是 21 世纪优秀人才的必备素质之一。习惯上我们把演讲又称作讲演或演说，一般是指在公众场所，以有声语言为主要手段，以体态语言为辅助手段，针对某个具体问题，鲜明、完整地发表自己的见解和主张，阐明事理或抒发情感，进行宣传鼓动的一种语言交际活动。

通俗地说，演讲就是演讲者在特定的场合（如庆祝活动、纪念活动、就职演说或专门的主题演讲会等）面对特定的听众，就某一方面的问题，用慷慨激昂的语言充分阐明自己的认识、观点和见解的口头表达行为。它以宣传、鼓动或引导听众的思想情感为目的。

### 二、演讲的分类

演讲，从动机上看，有说服人的演讲、鼓动人的演讲、激励人的演讲；从方式上看，有照读式演讲、背诵式演讲、提纲式演讲、即兴式演讲；从内容上看，有政治、经济、教育、军事、宗教等方面；常见的有竞聘演讲、就职演讲、销售演讲、学术演讲等。

所谓"说服人"，就是通过阐明道理去引导听众的思想，影响听众的观点和信念，让听众信服和接受自己的见解。这种演讲的特点是以道理启迪人。

所谓"鼓动人"，就是通过演讲者的宣传提倡，去影响听众的举止行为，使听众明白什么事自己应该去做，义不容辞，责无旁贷。使人产生为某种理想、事业的实现而有所作为的欲望。这种演讲的特点是以感情打动人。

所谓"激励人"，就是通过感人的事例、真诚的情感与听众沟通，给人以希望和力量，激发斗志，振作精神，摒弃假丑恶，追求真善美，使人放眼未来，朝着一个健康的目标前进。这种演讲的特点是以能量传导人。

不同形式的演讲，难易程度有天壤之别。

#### （一）照读式演讲

照读式演讲亦称读稿式演讲。演讲者拿着事先写好的演讲稿，走上讲台，逐字逐句地向听众宣读一遍，其内容经过慎重考虑，语言经过反复推敲，结构经过精心安排，话讲得非常郑重。它比较适合在重要而严肃的场合使用，如大会报告、纪念重大节日的领导讲话、国家重要机关发布的声明等。它的缺点是照本宣科，影响演讲者与听众之间思想感情的交流。

### （二）背诵式演讲

背诵式演讲亦称脱稿演讲。演讲者事先写好演讲稿，反复背诵，背熟后上讲台，脱稿向听众演讲。这种演讲方式比较适合于演讲比赛和初学演讲者，可以在一定程度上培养和检验演讲者的演讲能力。它的缺点是不便于演讲者临场发挥，使听众觉得矫揉造作，一旦忘词，就难以继续，往往会当场出丑。据说，英国首相丘吉尔曾有一次因背不出讲稿而栽倒在讲台上。因此，运用这种演讲方式，必须做好充分准备，语言尽量口语化，表达自然，切忌有表演的痕迹。

### （三）提纲式演讲

提纲式演讲亦称提示式演讲。演讲者只把演讲的主要内容和层次结构按照提纲形式写出来，借助它进行演讲，而不必一字一句写成演讲稿，其特点是能避免照读式演讲和背诵式演讲与听众思想感情缺乏交流的不足。演讲者根据几条原则性的提纲进行演讲，比较灵活，便于临场发挥，真实感强，又具有照读式演讲和背诵式演讲的长处。事先对演讲的内容有充分准备，可以有一定的时间收集材料，考虑好演讲要点和论证方法，但不要求写出全文，而是提纲挈领地把整个演讲的主要观点、论据、结构层次等用简练的句子排列出来，作为演讲时的提示，靠它开启思路。这是初学演讲者不断提高演讲水平的行之有效的一种演讲方式。

### （四）即兴式演讲

即兴式演讲指演讲者预先没有充分准备而临场发挥所发表的演讲，它是一种难度最大、要求最高、效果最佳的演讲方式。它要求演讲者根据现场实际情况，针对听众的普遍心理和特别需要，灵活机动，迅速调动语言的一切积极因素，以滔滔不绝的悬河之口、生动直观的体态语言以及发自肺腑的情感表达，给听众带来强烈的视觉冲击和巨大的心灵震撼，这是其他各种演讲方式都无法比拟的。使用此种演讲方式需要演讲者在德、才、学、识、胆等诸方面都具有很高的修养，拥有非凡的记忆力、丰富的想象力、敏捷的思维能力、大量的语言和材料储备……如果不具备这些条件，即便使用这种演讲方式，也不会取得理想的效果。相反，往往还会出现信口开河、漫无边际、逻辑混乱、漏洞百出的现象，结果适得其反。尽管即兴式演讲有一定的难度，但每个演讲者都应将其作为努力的方向，争取掌握这种演讲方式。相信只要下苦功，肯定是能够学会的。

为帮助大家提高口才，我们将在接下来的章节中分别就即兴演讲、竞聘演讲和销售演讲作详细阐述。

## 第二节 演讲稿的撰写

### 一、演讲稿的特点

演讲稿是为了演讲而准备的书面文稿或腹稿。它是演讲的基础。实际上，书面文稿最终应变成腹稿，因为带着一摞稿纸到台上去念，演讲的效果无疑会大打折扣。

演讲稿除了具有议论文观点的鲜明性、表述的逻辑性等共性特点外，它还有其自身的特殊要求。

### （一）讲题的针对性

讲题，就是演讲要阐明的中心问题。有了讲题，演讲稿就有了"灵魂"，演讲就有了明确的目的。演讲者虽然在台上占有主导地位，但演讲的内容是受听众制约的，如果只凭自己的好恶，想讲什么就讲什么，这样的演讲是很难成功的。一次成功的演讲，关键在于讲题的针对性。讲哪方面的问题，讲什么样的主题，要有明确的目的，要有的放矢。

讲题的"针对性"主要从三个方面考虑：

一是讲题应是听众最关心或是当时社会最热门的话题。演讲与作报告的最大区别在于，作报告可以"灌输"，而演讲则不能与听众的兴趣风马牛不相及，应当紧扣听众的关心点，直面现实，"借题发挥"。因此，演讲之前要做的一件非常重要的事就是了解听众的关心点。

二是讲题要与演讲的具体场合、环境和气氛相协调。例如：同是毕业晚会，面对一批工作已经落实、情绪高昂的毕业生，与面对一批就业困难、情绪消沉的毕业生，讲题肯定是不一样的。

三是讲题要与听众的具体情况相适应。要提前了解听众的社会背景、文化背景、受教育程度、身份、年龄、民族、信仰等，进而决定该讲什么、不该讲什么。

### （二）内容的可听性

提高演讲的可听性，关键是在内容上要做到三新，即观点新、材料新、语言新。

一是观点新。观点新就是对事物的理解、对问题的看法，要有与众不同的认识，有自己独到的见解，或者能找到不同的观察点、不同的思维角度。譬如"天下兴亡，匹夫有责"这样一句格言，很多人用来作为自勉和励人的信条，但台湾一所学校的校长高震东却提出"天下兴亡，匹夫有责"等于大家无责。"匹夫有责"要改成"我的责任"。这是一个逆传统的见解，不能说没有道理。文学大师王瑶先生评价鲁迅是真正的知识分子，"什么是知识分子？他首先要有知识，其次他是'分子'，有独立性"。这是对事物深入研究得出的认识，让人耳目一新。

二是材料新。材料新就是演讲中引用的事例、要新鲜、有新意。像爱国学者钱学森、人民公仆孔繁森、贪官污吏王宝森之类的大众式的材料是很难达到预期效果的。只有多数人没有听到过或者很少听到过的事例，才是新鲜的。这要靠平时广泛涉猎，善于积累。另外，事例虽然是大家熟悉的，但如果反映出来的意义与众不同，或者换一个角度理解，也可能挖出新意来。某报载：2002年四川某化工厂一工人不慎掉进100℃高温的碱水池，王某凭着逃生的信念，奋力挣扎两分钟后终于保住了性命。记者的主旨在于探究人的应急潜力。后来有人提出了相反的观点，认为把一场恶性安全事故从残忍的角度来报道，显示了记者法制观念的淡薄和缺少应有的人道主义精神及保护弱势群体的意识，并对企业的安全生产标准提出了质疑。应当说后者对材料实质的把握是准确的。

三是语言新。语言新就是演讲的词语要有感染力，或愉悦，或煽情，或震撼，能引起听众心灵的共鸣，给人以美的享受。

第一，能把抽象的道理形象化。而不是像议论文那样诠释概念，像说明文那样介绍定义。例如，要告诉听众什么是"友谊"，可以用这样的话说，"友谊是黑暗中一缕不灭的灯光，是长途跋涉时紧紧相随的拐杖，是彷徨时十字路口伫立的路标，是泥泞中一只搀扶的手，是成功时一杯苦涩的清醒剂，是绝望时沙漠中的一片绿洲……"

第二，能把具体的事物理性化。就是把生活中平凡的事物上升到一定高度，使之具有智慧的理性。例如说怎么做人，"我们要做一个高尚的人，一个纯粹的人，一个脱离了低级趣味的人，一个有益于人民的人。我们要做一个有理想、有道德、有文化、有纪律的人。我们要做高瞻远瞩、肩负民族大任、振兴祖国未来的社会主义事业接班人！"

上述两点可以看出演讲语言的特点，即抽象的道理必须形象化而不应概念化，具体的事物必须理性化而不应感性化。

第三，能充分调动大脑语言库中的资料。每一个人的记忆中都可能存在大量的语言信息，如名言、民谚、格言等，以及多种多样的修辞手法。要想语如源开，言如泉涌，关键是要有激情，要使自己的思维处于兴奋状态，这样才能找到开启语言库的钥匙。

（三）表达的鼓动性

演讲的鼓动性有赖于严密的逻辑性、说理的充分性和情感的丰富性。只有逻辑上严谨周密，才能使人信服，达到引导思想、启迪心智的目的。说理的充分首先要求作者对自己的见解、观点充满自信。它不像议论文那样通过推理加以论证，而是通过生动的事例来说明道理，因而要求有理有据，说服力强。丰富的情感是演讲以情动人的基本要求。要使听众激动一分，演讲者自己首先要激动十分。从某种意义上说，演讲稿是用感情写出来的，更是用激情、汗水和泪水写出来的。因此，要想写好演讲稿，必须先调动自己的感情，特别是激情。

## 二、确定讲题

每一次演讲，都应当有一个中心问题。对演讲的中心问题的确定，除前面讲到的有关针对性之外，还要考虑以下三点：

一是要与时代精神合拍。要从高处着眼，既要反映当前形势的主流，又要蕴涵事物发展的前景。把握时代脉搏，显示时代气息。

二是选择一个角度。一般要把大题目变小，做到小中见大。例如，"热爱祖国"的题目很大，而"我是中国人"不仅题目比前者小，角度比较新，也容易展开。

三是讲题要单一。不能一篇演讲稿有几个中心问题，中心多了反而会讲不透。

## 三、演讲稿的写法

演讲稿的写作，包括开头、主体、结尾三个部分。

（一）开头部分

演讲稿的开头，也就是人们常说的"开场白"。开场白开得好不好，直接关系到整场演讲的成败。一般开场白既要求开门见山，张口切题，同时又要能出言不凡，在上台的瞬间，控制住听众的情绪，吸引住听众的注意力，起到"镇场"的作用。

因此，只有匠心独具的开场白，睿智、新颖的诉求，才能给听众留下美好的第一印象，从而为接下来的演讲做好铺垫。

常见的开场白有：

1. 反弹琵琶，出人意料

譬如，某班主任在欢送毕业生的晚会上致词："我原来想祝福大家一帆风顺，但仔细一想，这样说不恰当。"这句话一下就把大家镇住了，同学们平心静气地听下去——"说人生一帆风顺就如同祝某人万寿无疆一样，是一个美丽而又空洞的谎言。人生漫漫，必然会遇到许多艰难困苦，比如……"最后得出结论："一帆风不顺的人生才是真实的人生，在逆风险浪中拼搏的人生才是最辉煌的人生。祝大家奋力拼搏，在坎坷的征程中，用坚实有力的步伐走向美好的未来！"真是反弹琵琶，扣人心弦。

**2. 风趣自嘲，幽默铺路**

老作家萧军在一次作家代表大会上演讲，第一句话就是"我叫萧军，是一个出土文物。"幽默中带着沉重，自嘲时留下疑问，引人深思。胡适在一次演讲时这样开头："我今天不是来向诸君作报告的，我是来'胡说'的，因为我姓胡。"话音刚落，听众大笑。这个开场白既体现了演讲者的谦逊，又活跃了场上气氛，拉近了与听众的距离。

**3. 借题发挥，巧妙过渡**

以眼前的人、事、景为话题，引出讲题，把听众不知不觉地引入演讲之中。譬如说，在教师节庆祝大会上，那天恰好天气阴沉沉的，你不妨这样开头："今天天气不太好，阴沉昏暗，但我们却在这里看到了一片光明。"接着转入讲题，讴歌教师燃烧自己、照亮他人的奉献精神，为人类的未来缔造光明。

**4. 引述故事，顺水推舟**

用形象性的语言讲述一个故事作为开场白会引起听众的莫大兴趣。但是，选择的故事一定要短小，有意味，能发人深思，并且紧扣讲题。1962 年，82 岁高龄的麦克阿瑟回到母校——西点军校。校园的一草一木，令他眷恋不已，浮想联翩，仿佛又回到了青春时代。在授勋仪式上，即席发表演讲，他这样开的头："今天早上，我走出旅馆的时候，看门人问道：'将军，你上哪儿去？'一听说我到西点时，他说：'那可是个好地方，您从前去过吗？'"这个故事情节极为简单，叙述也朴实无华，但饱含的感情却是深沉的、丰富的。它说明了西点军校在人们心中非同寻常的地位，从而唤起听众强烈的自豪感，也表达了麦克阿瑟对母校深深的眷恋之情。接着，麦克阿瑟不露痕迹地过渡到"责任—荣誉—国家"这个主题上来，水到渠成，自然贴切。

**5. 运用设问，引人入胜**

1947 年 8 月，著名女革命家蔡畅在一次演讲中是这样开头的："一个女人能干什么呢？我的回答是：'能干，什么都能干，不干，什么也不能干，能干又不能干，不能干又能干'。"这个开头富有哲理，一下子就吸引了听众，让人感觉非听下去不可。接着她释疑解惑："要确定女人是否能干，既要看环境，又要看个人努力。环境恶劣，即使个人非常努力，也不能干；环境好，自己不努力，只靠人家解放，那就什么也不能干。"

演讲稿的开头方法有很多，如用悬念吸引听众，用设问制造气氛，用比喻描绘形象，用修辞抒发感情，用哲理表明观点，等等。无论采用何种方法都应服从讲题和场合的需要。

开场白有两点应当特别注意：首先要用简短的语言与听众沟通感情，拉近与听众的思想距离，排除听众的不在乎心理甚至逆反心理，增强听众的信任感和亲近感。其次要告诉听众演讲的主题或演讲哪方面的问题。切不可堆砌闲话，更不可故弄玄虚。例如，鲁迅的《无声的中国》的开头："以我这样没有什么可听的无聊的讲演，又在这样大雨的时候，竟还有这许多来听的诸君，我首先应当声明我的郑重的感谢。我现在所讲的题目是：无声的中国。"不仅亲切感人，意图明确，而且对要讲的内容又设了一个悬念。

（二）主体部分

1. 主体部分的层次安排

对于初学写演讲稿的人，不妨分五步走：

第一步，先确定一个讲题。

第二步，找三五个新鲜的事例（即我们所说的材料），或更多一些，以供选择。

第三步，对事例进行分析，看它能反映出什么意义，对自己要讲的事情有多大的作用。要注意的是，每一个事例的意义应当不同，但又都要符合讲题的要求。

第四步，把选中的事例的中心思想标出来，然后按照提纲进行排列。

第五步，完成演讲稿的写作。

从表面上看，演讲稿有一个中心讲题，然后围绕中心讲题从不同的侧面来阐述自己的认识，很有议论文的味道。但是，它与议论文不能相提并论，在写法上完全不是一回事。演讲是一种感慨的抒发，它通过叙事、抒情、描写、议论、说明等多种方式，来表达演讲者的主张和思路；它不是靠逻辑的论证和推理说明问题，而是用生动形象的、有感染力的、鲜为人知的事例烘托出演讲者对事物的认识、理解，进而达到思想的升华。

2005 年 4 月，前国民党主席连战在北京大学做了一次演讲。看看他演讲的基本思路是什么。

讲题：坚持和平，走向双赢

材料 1：北京大学，母亲的学校。中国现代新思潮的发源地。引出题意："循思想自由的原则，取兼容并包之意。"

材料 2：我的母校台湾大学与北京大学的关系。引出题意："自由的思想"，"系出同源"。

材料 3：回顾中国近百年以来整个思想的发展。引出题意："自由主义思想在中国的坎坷，自由主义所代表的一个深刻理念。"

材料 4：对中国的未来的思考。点明讲题："坚持和平，走向双赢。"

主张：两岸的对话与和解，大家的相互合作。他指出合作具备的条件：（1）国共两党都以中国的富强、康乐为目标；（2）邓小平、蒋经国促进了经济和民主；（3）民心所向，应当多元包容。

结论：互惠双赢，坚持和平，是我们的历史责任。

纵观通篇演讲，连战先生紧紧扣住一个基本理念：坚持和平，走向双赢要以多元包容的"自由思想"为基础。我们不去评价其局限性或进步性，单从演讲的结构看，是有借鉴意义的。

2. 主体部分写作应注意的问题

一是紧扣讲题，和谐完美地组织观点和材料，使二者结合得不露痕迹。如果观点归观点，材料归材料，则演讲起来零散、繁杂，就会使人感到生硬僵化。听众就不可能留下深刻印象，也就难以实现演讲的目的。

在组织观点和材料的时候，要注意句与句之间的紧密衔接，以及段与段之间的巧妙过渡。衔接是指把演讲中的各个内容层次联结起来，使之具有浑然一体的整体感。由于演讲的节奏需要适时地变换演讲内容，因而也就容易使演讲稿的结构显得零散。衔接是对结构松紧、疏密的一种弥补。它使各个内容层次的变换更为巧妙和自然，使演讲稿富于整体感，有助于演讲主题深入人心。

二是跌宕起伏，张弛有间，富有节奏。演讲稿切忌平铺直叙，要写得时而如疾风骤雨，时而如缓缓细流。通过抑扬顿挫的表述，环环相扣，层层深入，紧紧抓住听众的心理。演讲稿结构上的节奏，主要是通过演讲内容的变换来实现的。演讲内容的变换，是在一个由中心讲题统领的内容中，适当地插入幽默、诗文、逸事等内容，以便听众的注意力既保持高度集中又不因为高度集中而产生兴奋性抑制。优秀的演说家几乎没有一个不善于使用这种方法。演讲的节奏既要鲜明，又要适度。平铺直叙，呆板沉闷，固然会使听众紧张疲劳，而内容变换过于频繁，也会造成听众注意力分散。因此，插入的内容应该为实现演讲意图服务，而节奏变换的频率也应该根据听众的心理特征来确定。

三是层次一定要清晰。层次是演讲稿思想内容的表现次序。它体现演讲者思路展开的步骤，也反映了演讲者对客观事物的认识过程。演讲稿结构的层次是根据演讲的时空特点对演讲材料加以选取和组合而形成的。由于演讲是直接面对听众的活动，所以演讲稿的结构层次是听众无法凭借视觉加以把握的，而听觉对层次的把握又要受限于演讲的时间。

怎样才能使演讲稿结构的层次清晰明了呢？根据听众以听觉把握层次的特点，显示演讲稿结构层次的基本方法，就是在演讲中树立明显的有声语言标志，以此适时诉诸听众的听觉，从而获得层次清晰的效果。此外，过渡句和设问的运用，也是使层次清晰的有效方法。

### （三）结尾部分

结尾要简洁有力，余音绕梁。结尾是演讲内容的自然收束。言简意赅、余音绕梁的结尾能够使听众精神振奋，并促使听众不断地思考和回味；而松散拖沓、枯燥无味的结尾则只能使听众感到厌倦，并随着事过境迁而被遗忘。怎样才能给听众留下深刻的印象呢？美国作家约翰·沃尔夫说："演讲最好在听众兴趣达到高潮时果断收缩，未尽时戛然而止。"这是演讲稿结尾最为有效的方法。在演讲处于高潮的时候，听众大脑皮层高度兴奋，注意力和情绪都由此而达到最佳状态，如果在这种状态中突然收束演讲，那么保留在听众大脑中的最后印象就会特别深刻。

## 四、演讲稿写作的要求

### （一）要讲真话、摆真事、抒真情、传真理

讲真话，就是演讲稿的内容要如实反映现实生活，敢于触及实际中的敏感问题，不回避矛盾，不搞"假大空"，不说违心话，不哗众取宠。

摆真事，就是列举的事例是实际生活中确实存在的，而且准确、客观、公正，不凭空编造，不加工拔高。引述的理论依据和间接材料要有根有据，不断章取义，要忠实于原意或原貌。

抒真情，就是演讲稿要以真诚的热情之火使听众激动。真情来自于演讲者爱憎分明的情感。整篇演讲稿既要有鞭辟入里的分析、富有哲理的概括，又要有热情的鼓励、感人的抒情；既有所怒，又有所喜；既有所憎，又有所爱。入情入理，情理交融。

传真理，就是要宣传习近平新时代中国特色社会主义思想，宣传党的路线、方针、政策。坚持用历史唯物主义和辩证唯物主义的观点去认识、分析和解决问题。

（二）要言之有理，言之有物，言之有序，言之有文

言之有理，就是演讲者所说的是有道理的、可信的。向听众阐发某种道理是演讲稿写作的根本目的，如果通篇都是些空洞的口号，演讲就没有意义，只会浪费听众的时间。因此，把道理说充分，是演讲稿写作时要特别注意的。但是，演讲稿主要不是用道理说服听众，而是要用道理启迪听众。

言之有物，就是道理的阐发是以材料来支撑的，演讲是通过对材料的评价阐发作者见解。只有材料本身具有说服力，道理才会有说服力。如果演讲缺乏应有的材料，空洞无物，就只能是干巴巴的说教，收不到好的效果。

言之有序，就是要思路清晰、层次分明，结构的逻辑性强。演讲稿写好之后最终要用嘴说出来，如果言而无序，听众就难以把握，理解不了你所表达的意思，甚至感到困惑，也就听不下去。

言之有文，就是语言要生动活泼，富有文采。能把抽象的东西具体化、概念的东西形象化。既通俗易懂，可听性强，又有声有色，给听众留下美好的印象。

（三）要举新鲜之例、用典型之材、说感人之事

例、材、事，是指出现在演讲稿中的材料、事例。

新鲜，就是列举的事例是别人很少用过的，甚至是没有用过的。这需要靠平时多收集、多积累；或者虽然别人用过，但作者能赋予它新的含义。这需要善于挖掘材料的意义。新鲜的事例才能提炼出新颖的主题，才能带给听众耳目一新的感受。这是演讲稿具有吸引力的一个重要条件。

典型，就是用于说明问题的材料的代表性最强，最有分量，能以一当十。用到演讲稿中的材料要注意比较，做到百里挑一、优中选优。典型的材料不仅说服力强，而且能增强演讲的气势，避免句子冗长。

感人，就是叙述的事情要能感染、打动听众。没有感人的事例，就说不出感人的道理。另外，作者在写作和演讲时，都要投入真挚的感情，没有真挚的感情，就不能调动听众的情绪，引起听众的共鸣。

【案例】

## 我是中国人

同学们：

今天，能有幸在国旗下演讲，我感到无比自豪！这种自豪感之所以油然而生，不是因为别的，就是因为我是中国人！

历史，凝结了华夏古国五千年的奋斗和希望，也积淀给炎黄子孙太多的沉重与屈辱。但是，"儿不嫌母丑"，爱国将领吉鸿昌就不以祖国贫穷落后为耻。1931年他在美国纽约遭到邮局职员冷遇后，竟自制了一块小木牌，上面书写着"我是中国人"五个大字，无论赴宴还是参观，他都佩戴在胸前。闻名世界的大科学家钱学森，20世纪四十年代就担任美国空军科学顾问团火箭组主任，但仍然每时每刻都没有忘记为贫穷落后的祖国效力，他对朋友们

说："我是中国人，我的事业在中国，我的成就在中国，我的归宿在中国。"

就是这样一大批高喊着"我是中国人"、高唱着"把我们的血肉，筑成我们新的长城"的志士仁人们，是他们的呕心沥血、舍生忘死、前赴后继、勇往直前，使得中华民族在炼狱之火的磨难里，在新生与腾飞的追求中，迎着世界激荡的风云，终于昂起了坚强的头颅！看吧，这面鲜艳的五星红旗可以作证，她象征着革命，象征着胜利，象征着团结，象征着奋进，象征着我们中华民族的扬眉吐气！难怪北京女中学生梁帆 1990 年 5 月应邀去荷兰参加联谊活动时，看见高悬在宾馆门前的 50 多个国家的国旗中没有五星红旗时，立即对外国人说："一定要升起中国国旗，因为我在这儿，我是中国人！"

"我是中国人。"这句极为朴实、极其平常的话语，却又是多么的含义深刻、铿锵有力！它是民族自尊的真实写照，它是民族自强的真情流露，它是民族自爱的高度概括，它是民族自信的生动体现！它是我们中华民族最美的语言，它是我们中华民族最强的音符！

同学们，引以自豪吧！因为我们都是中国人。为了 21 世纪中华民族的腾飞，让我们无比自豪地面对五星红旗宣誓吧！让我们发自内心地高呼：我是中国人！我是中国人！！我是中国人！！！

谢谢！

（选自王广清《学生演讲稿写作指导及构思示范》《应用写作文体》2001 年第 5 期）

# 第三节　即兴演讲

## 一、即兴演讲的含义和特点

即兴演讲是常规演讲的一种。区别在于演讲者是在没有准备或没有充分准备的情况下，面对一定范围的听众，应会议（也可以是某种活动、某种仪式）主持人的要求，或者自己感受所至的一种临时性表达行为。

即兴演讲有三个特点：

一是即时性。与会之前没有准备或者没有充分准备，也就是说事先并没有讲话的打算，全靠演讲者临场发挥和快速反应。

二是制约性。演讲的讲题受到活动主题的制约，也就是说不能离题发挥。

三是简短性。因为即兴演讲只是某一活动程序的一部分，甚至只是一个插曲，所以演讲的时间宜短不宜长，一般要在几分钟之内结束。

凡是参加集体性社交活动的人，都有可能碰上即兴演讲的机会。因此，学会即兴演讲的技巧是十分有意义的，它是一个人观察能力、应变能力、分析能力、思维能力和表达能力的综合反映。学会即兴演讲并不难，只要掌握了技巧，有说话的勇气，经过一定的锻炼，就能提高即兴演讲的水平。

## 二、即兴演讲的组成部分

### （一）称谓

称谓就是向与会者或参加活动的人打招呼。这既是表示礼貌，也是"镇场"的开始，暗示大家我要演讲了。因此，在打招呼时声音要洪亮，要有一点突发性。

（二）开头语

开头的话要能引起听众的兴趣，不可平铺直叙，要做到语出惊人、先声夺人，其方法很多。例如：

1. 谈古论今。如毕业生晚会，班主任即兴演讲的开头："孔夫子很悲哀，弟子三千，贤人七十二。我呢？四十八个人带了四年，个个都是贤人，所以我很幸运，很自豪。"对比中实际是赞扬自己的学生，使听众在慰藉中倾听下文。

2. 借景生情。如国民党主席连战 2005 年 4 月 29 日在北京大学的演讲的开头："……我的母亲三十年代在这里念书，所以今天来到这里可以说是倍感亲切。……台湾的媒体说我今天回母校，母亲的学校。这是一个非常正确的报道。"情真意切，而且富有幽默感。

3. 突出题意。如校长跟学生讲遵纪守法，这样开头："我作为校长，你们应不应当服从我？不，我不要你们服从我，我要你们服从法律、服从纪律。"通过设问，同时造成悬念，从而把题意凸显出来。

4. 借题发挥。例如："刚才这位先生关于交通安全问题有独到的见解，我想列几个数字证明这个问题的严重性。大家不要以为我说得吓人，这些数字却是完全真实的。"虽然是借话说话，却又暗示了自己讲题的分量。

开场白有两项任务：一是"建立说者与听者的同感"；二是"打开场面，引入正题"。因此，几句短短的开场白就要开门见山，单刀直入，直截了当地导出讲题，拐弯抹角绕圈子是令人生厌的。

即兴演讲与常规演讲、竞聘演讲一样，开头要讲究艺术，而方法则多种多样，讲得多了自然熟能生巧。

（三）主体部分

主体部分一般讲三个层次。

第一层，向听众交代"你们为什么要听我的演讲"。也就是告诉听众我为什么要讲这个问题，它的重要性在哪里。演讲时要求准确、鲜明、毫不含糊地摆出自己的观点。例如，谈社会道德问题，你应该把听众摆进去，与你同步振荡，使其动情动魄。听众只有了解他们同你讲话主题的利害关系，才会集中注意力捕捉你发言的主旨。

第二层，举例予以证明。就是用形象的事例阐发讲题，以激起听众的兴趣，有助于理解意图，深化记忆。这里要注意三点：

一是举例一定要新鲜，能愉悦人们的听觉，而不是人们非常熟悉的那种事情。例如，用"中国古时候有个文学家叫做司马迁的说过：'人固有一死，或重于泰山，或轻于鸿毛。'"的名言，引出"为人民利益而死，就比泰山还重；替法西斯卖力，替剥削人民和压迫人民的人去死，就比鸿毛还轻"的道理来，不仅让人耳目一新，而且事与理之间顺水推舟，很有说服力。

二是所举的例子必须与你的讲题有密切的关系，对你的讲题能起到证明作用。例如："你说的办法对人民有好处，我们就照你的办。'精兵简政'这一条意见，就是党外人士李鼎铭先生提出来的，他提得好，对人民有好处，我们就采用了。"（毛泽东《为人民服务》）观点和事例得到了和谐的统一。

三是举例应该简洁明了，不要拖泥带水，东一榔头，西一棒子。上述毛泽东的《为人民服务》中的两例，既简洁明了，又让人一听就懂，这种举例方法是很高明的，是值得学习的。

第三层，告诉听众应该怎么办，也就是提出解决问题的办法。这是演讲的归宿。如果你讲了半天，听众得不到任何启示，那必然是失败的。"怎么办"言不在多，但要合情合理。譬如说："今后我们的队伍里，不管死了谁，不管是炊事员，是战士，只要他是做过一些有益的工作的，我们都要给他送葬，开追悼会。这要成为一个制度。这个方法也要介绍到老百姓那里去。村上的人死了，开个追悼会。用这样的方法，寄托我们的哀思，使整个人民团结起来。"（毛泽东《为人民服务》）这可是改变几千年丧葬陋习的好办法，是合情合理的。

**（四）结尾部分**

即兴演讲的结尾恰恰要求不留尾巴，最好在达到高潮时戛然而止，回答了"怎么办"，演讲的任务完成了，目的达到了，话也到此为止了。这样必会强化听众的印象，使之有回味的余地。

### 三、如何应对即兴演讲

即兴演讲具有突然性，演讲的效果如何，全凭快速反应。当然，"突然性"也不是绝对的，一般在会议或活动开始之前主持人会跟你打招呼，你仍然会有一个短时间打腹稿的机会。在短时间内你要确定五个问题：一是我讲什么；二是我怎么开口；三是我为什么要讲这个问题；四是我用什么事例说明；五是这个问题怎么解决。我们可以进一步简化为：讲什么—开口—为什么—举例—怎么办。

讲什么，就是要赶快确定要讲什么问题，也就是确定话题。话题的确定有三条原则：一是自己熟悉的；二是选好一个角度，不可泛泛而谈，像毛泽东在张思德追悼会上的演讲，从死的价值这样一个角度引出为人民服务的话题；三是不重复别人的，要有新鲜感。

怎么开口，就是设计一个能抓住听众注意力的开场白。

为什么要讲这个问题，就是说明"这个问题"的重要性，有力地阐明自己的观点和主张。

用什么事例，就是选择新颖的、有说服力的、简洁明了的例子证明自己的观点、主张。

问题怎么解决，就是向听众指明前进、努力的方向。

### 四、即兴演讲要注意的问题

第一，要把一次即兴演讲看作是一次展示自己才华的机会，要相信自己一定会讲得很出色。

第二，缓解紧张状态，专心致志，不受外在环境影响。可以恰到好处地使用不醒目的辅助器具，如铅笔、卷起来的小纸棒等。

第三，演讲中发生语言阻塞时不要着急，记住自己讲到了哪个层次，注意临场发挥。

第四，表情轻松愉快，手势适度，注意目光与听众的交流。

第五，语言口语化，速度适中，声调抑扬顿挫，说话不重复，尽可能有点儿幽默感。

第六，注意控制时间，有话则长，无话则短。有时话多了容易"言多必失"；话少，只要精妙，却能使人终生难忘。北伐战争开始时，瞿秋白应邀到广州向全军政工人员演讲，他郑重登台，却只讲了一句话："宣传关键是一个'要'字，鲁智深三拳打死镇关西，拳拳打在要害上。"说完拱手而退。全场愕然，寂静几秒钟之后，全场掌声雷动。

**【例文】**

# 为人民服务

我们的共产党和共产党所领导的八路军、新四军，是革命的队伍。我们这个队伍完全是为着解放人民的，是彻底地为人民的利益工作的。张思德同志就是我们这个队伍中的一个同志。

人总是要死的，但死的意义有不同。中国古时候有个文学家叫做司马迁的说过："人固有一死，或重于泰山，或轻于鸿毛。"为人民利益而死，就比泰山还重；替法西斯卖力，替剥削人民和压迫人民的人去死，就比鸿毛还轻。张思德同志是为人民利益而死的，他的死，是比泰山还要重的。

因为我们是为人民服务的，所以，我们如果有缺点，就不怕别人批评指出。不管是什么人，谁向我们指出都行。只要你说得对，我们就改正。你说的办法对人民有好处，我们就照你的办。"精兵简政"这一条意见，就是党外人士李鼎铭先生提出来的；他提得好，对人民有好处，我们就采用了。只要我们为人民的利益坚持好的，为人民的利益改正错的，我们这个队伍就一定会兴旺起来。

我们都是来自五湖四海，为了一个共同的革命目标，走到一起来了。我们还要和全国大多数人民走这一条路。我们今天已经领导着有九千一百万人口的根据地，但是还不够，还要更大些，才能取得全民族的解放。我们的同志在困难的时候，要看到成绩，要看到光明，提高我们的勇气。中国人民正在受难，我们有责任解救他们，我们要努力奋斗。要奋斗就会有牺牲，死人的事是经常发生的。但是我们想到人民的利益，想到大多数人民的痛苦，我们为人民而死，就是死得其所。不过，我们应当尽量地减少那些不必要的牺牲。我们的干部要关心每一个战士，一切革命队伍的人都要互相关心，互相爱护，互相帮助。

今后我们的队伍里，不管死了谁，不管是炊事员，是战士，只要他是做过一些有益的工作的，我们都要给他送葬，开追悼会。这要成为一个制度。这个方法也要介绍到老百姓那里去。村上的人死了，开个追悼会。用这样的方法，寄托我们的哀思，使整个人民团结起来。

（毛泽东1944年在中共中央警备团追悼张思德同志的会上所作的即兴讲演。《毛泽东选集》第三卷）

# 第四节 竞聘演讲

## 一、竞聘演讲的含义和特点

竞聘演讲也叫竞职演说，它是指参加竞聘者为了实现竞争上岗，就自我竞聘条件、未来的施政目标和构想所发表的公开演讲。事先为这种演讲写成的书面材料就是竞聘演讲辞。竞聘演讲越来越有实用价值，引起了越来越多领域的重视。要想在竞争的大潮中实现自我奋斗目标，竞聘演讲的水平是竞聘成功的关键。所有参与竞聘的人必须重视竞聘演讲辞的准备。

竞聘演讲有如下三个特点：

一是目的的明确性。竞聘演讲有明确的目的和特定的范围。竞聘者向评审人员和听众演讲时，必须把握两条：一要讲清自己的应聘条件，突出自己的优势，并且这种优势足以胜任应承担的职务和工作；二要说明"若在其位，如何谋其政"。要在规定的时间内把这两个方面表述清楚，演讲的内容应当紧紧扣住演讲的目的，即如何做好（所竞聘的）岗位职务工作。切不可开口千言，离题万里。

二是内容的竞争性。竞聘演讲的内容就是竞聘者对未来岗位工作施政的方针（指导思想）、目标、措施等方面的陈述。演讲的过程，实际上是评审人员和听众对所有竞聘者提出的施政方案进行比较与选择的过程。竞聘者除了要具备基本的素质条件之外，更重要的是施政方案的竞争。因此，在竞聘演讲的准备过程中，要突出自己施政方针、施政目标、施政措施的明确性、可行性、先进性、创造性，讲出自己的特色来。这是竞聘成功的关键。

三是演讲的技巧性。竞聘演讲是演讲的一种，同样有演讲的技巧问题。它除了要求演讲者在自信、气质、不亢不卑的态度、良好的心理素质、谦和专注的神情、清晰的语言表达能力等方面有良好的表现外，更为重要的是理直气壮而又不失风度、大胆而巧妙地表达"相比之下唯我能行"、"我才是这个岗位的最佳人选"的诉求。既要积极推销自己，又不能有贬低别人之嫌。需要特别注意的是，应当充分考虑竞争对手与听众的心态、情绪，以及临场状况等多种因素，做到"攻心为上"，"知己知彼，百战不殆"。

## 二、竞聘演讲辞的写作格式

竞聘演讲，由标题、称谓、开头、主体、结尾五个部分组成。在演讲时，一般从称呼开始，不要把标题念出来。

下面介绍称谓及其他几个部分的写法。

### （一）称谓

称谓，即对评委或听众的称呼。例如，"尊敬的评委、同志们、朋友们"；或"尊敬的评委、女士们、先生们、朋友们"；或"各位领导、各位代表（在职代会代表参加的情况下）"，等等，要视具体情况而定。最好不要加问候语，有的人喜欢来一句"你们好""下午好"之类的话，反而让人感到不自然。

### （二）正文

1. 开头

同样要设法"镇场"，要给听众留下良好的"第一印象"。千万不要别人怎么说我也怎么说，落入俗套，一上台就让人感到乏味。可考虑从以下几个方面引入话题：

一是借助名人名言。例如："小平同志教导我们要抓住机遇，我今天是抓机遇来了。"既幽默又坦率。

二是从自己的感受说起。例如："昨晚一宿没睡好，为什么？心里紧张。面对实力强大的对手，面对评委和同志们的高标准严要求，怎么不紧张呢？不过我还是鼓起勇气上来了。我想，给自己一个机会吧！"这是一种是先抑后扬的技巧，看似贬自己，实际上传达的是自己的决心与信心。

三是借助现场气氛。例如，"大家的掌声如此热烈，这是对我的鼓舞。我衷心感谢大家对我的信任和支持。谢谢。"肯定听众的情绪，形成一种先声夺人之势。

四是借助会场环境。例如："今天的竞聘会既紧张又热烈，大家对竞聘者寄予了厚望。我不知道自己能不能交上一份满意的答卷，但愿能给评委和在座的各位能留下一个好印象。"自己不确定却又期望听众认可，诉求时的"提醒"为听众留下了评价的空间。

2. 主体

这是竞聘演讲的基本内容，一般从以下几个方面来展开：

（1）简要介绍个人的基本情况。基本情况主要包括两个方面：一是竞聘者的自然情况，如姓名、年龄、学历、政治面貌、健康状况等。这种介绍，在简洁的前提下，语言要尽可能活泼一点。二是自己的工作经历。要特别突出与所竞聘的岗位有联系的工作经历和资历。介绍时要详略得当，重点突出，切忌繁琐冗长，记流水账，避免让人听起来乏味。

（2）说明竞聘条件。竞聘条件主要包括道德品质、政策水平、业务能力以及才、学、胆、识等诸方面的条件。竞聘条件是决定竞聘者能否被聘任的重要因素之一，应该强调重点，切忌夸夸其谈。要结合实践经验来写，如自己曾做过什么相关的工作，绩效如何。譬如，在管理某一个部门时，这个部门曾经获得上级什么样的评价或者获得过什么奖励，或者经济效益明显提高，等等。多用事实和数据说话，不要下结论，如"成绩突出""办事能力强""经验丰富"这一类的话不要从自己口里说出来，要让评委和听众去下结论。

（3）提出施政方案。这是最重要的部分，要认真说明自己如果从事这个岗位的工作，将采取什么样的施政方针（指导思想），达到什么样的工作目标，有什么样的施政构想。

写这一部分时要注意四点：

一是政策性。施政方案要与国家的大政方针与政策法规保持一致，不能闯"红灯"，踩"边线"。

二是可行性。既要体现岗位的特点，更要体现客观实际，办不到的事、实现不了的目标不要说。

三是先进性。要有时代特征，要有超前意识，要有科学含量，同时要将定性与定量相结合，能量化的尽量量化，以便评委和听众进行比较、评估。

四是独特性。应围绕人们较为关注的焦点、难点和重点问题，能对你要竞聘的岗位的工作提出与众不同的思路，实现目标的措施要有自己的特色。

3. 结尾

结尾一是表示自己做好未来岗位工作的决心和信心；二是表明自己一颗红心两种准备的态度；三是对大家听自己的演讲表示谢意。结尾要简短有力，千万不可画蛇添足。

### 三、竞聘演讲辞的写作要求

竞聘演讲辞最终展示的不仅仅是竞聘者的文字水平，也是其政治素养、理论水平、业务能力等多方面素质的综合反映。因此，在写作过程中除了要观点鲜明、内容充实、语言通顺外，还要注意以下问题：

第一，坚持实事求是。介绍自己的情况不能说假话，要避免出现自褒自夸；要避免贬低其他应聘者；对未来工作的设想一定要切合实际，要让人感到实在。

第二，注重调查研究。事先要切实弄清楚竞聘岗位相关情况的历史、现状，尤其对于当前存在的焦点、难点问题以及根本原因要问清查透，力争找到解决问题的最佳途径，以便在演讲时有根有据，切中要害，从而获得竞聘的成功。

第三，诚恳、平和、礼貌、得体。只有给人以谦虚、诚恳、平和、礼貌的感觉，才能被认可和接受。因此，竞聘演讲辞十分讲究语言的分寸，表述既要生动，有风采，能打动人心，又要诚实可信，情感真挚。演讲过程中有五忌：一忌信口开河，杂乱无章；二忌狂妄自大，目空一切；三忌妄自菲薄，过分谦虚。四忌吐词不清，含混模糊；五忌服饰华丽，神态不端。

【案例】

# 竞聘教务处处长演讲辞

尊敬的各位评委、各位职工代表、同志们：

我还没有感受过这么热烈的掌声，很受感动、很受鼓舞。我衷心感谢大家对我的信任和支持。谢谢。

我的个人情况大家都熟悉，姓名没改，性别也没变（笑）。我这次报名竞聘教务处处长岗位。不少同志对我要离开组织人事处处长这一岗位感到难以理解，其实我的主要原因是觉得自己还是适合搞教学。我参加工作18年，其中15年任教，与教学工作结下了不解之缘，对教学的一切我有着太多的眷恋和深厚的感情，并且积累了一定的教学和管理经验，在最接近教学第一线的教务处处长岗位上，自己的专长和优势可以得到充分的发挥；而相比之下，我对组织人事工作的经验和业务熟悉程度还有一定的不足。因此，竞聘教务处处长岗位，是我的最佳选择。

我的经历比较简单，1984年本科物理专业毕业，1999年学校送我到北京师范大学进修教育心理学一年。有五年班主任工作经验，三年教务处副处长工作经验，三年组织人事处处长工作经验。现在的技术职称是副教授。光阴荏苒，蓦然回首，参加工作以来，可以说我最美好的年华是在教学岗位上度过的。我放弃了两次调往重点本科院校的机会，因为我眷恋我们的学校，我不愿离开熟悉我、了解我的领导，我不愿离开关心我、支持我的同事，我愿为我们学校教育事业的兴旺发达效犬马之劳。

下面谈谈我竞争教务处处长岗位的条件和工作设想。

一、竞聘的条件

（一）有较好的思想品德修养

我为人处事的原则是：正派为人，扎实办事，愉快生活。平时注重个人品德素质的修养，努力做到待己严格、待人宽容。这些年上下合作比较愉快，群众基础较好。思想上要求上进，工作上计划性强，注重到位，注重落实。连续五年被评为优秀共产党员，连续三年被评为学校先进个人。2001—2004年聘任期满考核优秀。

（二）有较高的专业水平

多年来我坚持收集物理学术资料，积极参加各级物理学术会议和学术讲座，不断了解专业领域的新进展和新成果，使自己的专业知识得到进一步充实、更新和拓展。先后在国家级、省级学术刊物或汇编发表学术和教研论文 20 篇，参与编写高教出版社出版的教材两本。

1998 年参加省里的高校教育心理学协会，2001 年被选为副理事长。

（三）有较强的教学能力

从选择教师这一职业的第一天起，我最大的心愿就是做一名受学生欢迎的好老师，为了这个心愿，我一直不懈努力，要求自己做到牢固掌握本学科的基本理论知识，熟悉相关学科的文化知识，不断更新知识结构，精通业务，精心施教，把握好教学的难点和重点，认真探索教学规律，钻研教学艺术，努力形成自己的教学特色。近十年来，我的教学考评结果一直保持在 90 分以上，我的教学风格和教学效果普遍受到学生的认可和欢迎。2002 年被评为全省优秀教师。

二、工作设想

如果这一次竞聘得到领导和同志们的支持，有幸担任教务处处长职务的话，我对新岗位的工作是这样设想的：

一是认真贯彻执行党的教育方针和学校党委的各项决定，站在为祖国的强大育人、对民族的未来负责的高度，努力探索高职教育的规律，注重学生的综合素质培养，注重学生的上岗能力培养，教育学生既会做人又会做事。其中，要以教师队伍的建设为主导，进一步提高老师的事业心、责任心和使命感，着重解决老师自身的动手能力和知识结构问题，加大"双师"型教师队伍建设。力争在任期内，使上述两个方面有一个根本性的转变，使我校的教学工作、人才培养工作形成自己的特色。

二是合理地、科学地、规范地进行教学管理，加强教学质量监控，做好教学检查和教学质量分析，开展教学专题研究，及时反馈、总结和交流教学经验，改进教学薄弱环节，保证不断提高教学质量。

三是组织开展目标明确、有针对性的教研活动，强化教师的教研和科研意识，创造条件组织进行科研项目申报立项，带动教研室科研和教研工作的进步。这项工作打算第一年启动，第二年运作，第三年见成效。

四是加强制度建设。对部分已经不适应高职教育特点的教学规章制度进行修订完善。这项工作在上任之初，就要作为一件大事来抓，通过制度建设规范管理，提高教学工作的有效性和科学性。

五是加强特色专业建设，抓紧做好迎接国家级评估的准备工作。争取第一年通过两个专业的评估，第二年和第三年各三个，四年内通过十个以上专业的评估。

我虽然自己觉得能胜任教务处处长这一岗位的工作，但我也知道其他同志同样很优秀。如果领导、评委和同志们选择了我，我一定努力实现自己的目标，如果我落选了，我也决不气馁，无论在哪个岗位，我都会兢兢业业地工作，是煤炭就要发热，是金子就要发光。

谢谢各位领导！谢谢各位评委！谢谢同志们！谢谢！

（作者：赵醒民）

## 第五节 销售演讲

### 一、销售演讲的含义和特点

这里所说的销售演讲，是指工商企业的专业销售人员，在产品展销会、订货会或其他场所，通过较系统的介绍、沟通客户，促成其认同产品，从而实现销售目标的诉求过程。

销售演讲有如下五个特点：

一是专业性。演讲者要求是熟悉营销业务，掌握产品性能、功用、特点、规格、技术参数等知识的专业人员。

二是鼓动性。演讲的动机是促销产品，因而演讲者应当善于运用推销技巧、演讲技巧和广告诉求技巧，调动顾客或用户的购买欲望，促使其产生购买动机。

三是多重性。销售演讲与常规演讲不同，常规演讲的内容是单一的，销售演讲一方面很可能同时推销几种产品或一个产品系列，另一方面顾客要求了解的问题也是不一样的，所以演讲的内容具有多重性。

四是互动性。销售演讲特别需要演讲者用自己的目光读懂顾客的无声语言，通过表情观察掌握顾客的心理需求，从而不断调整讲话内容的针对性；同时顾客常常会当场提出问题，演讲者与顾客的对话就是最直接的互动。在很多情况下，演讲可能会出现一对一或一对多的状况。

五是应变性。现场的情况有时并不在预料之中，预先准备的内容可能与顾客的需要有出入，有时甚至大相径庭，演讲者必须临机应变，满足听众的心理需求，绝不可以使听众失望。

### 二、销售演讲的准备

不管销售演讲面对的是三五人，还是上百人，都要做好充分准备，要让每一位拿出宝贵时间听介绍的人都有所收获。

销售演讲的准备包括下述内容：

#### (一) 熟悉推销目标

每一个演讲者都有具体推销的产品，不论是单个产品、多个产品还是产品系列，对其功用、性能、特点、规格、优势、科技含量、技术参数及相关的知识都要有相当的了解。

#### (二) 掌握客户信息

在做销售演讲之前，一定要充分收集客户资料。客户资料大体分为四大类：

1. 背景资料。例如，客户来自哪个地区、使用某一产品的历史、目前的实力等。

2. 竞争对手资料。客户使用其他企业同类产品的情况，如数量、价格及相关费用，以及竞争对手的市场占有率、产品的优势与劣势、价格、售后服务、销售方式等情况。

3. 项目资料。客户某些项目的投资状况、发展动态、发展势头、需求量及采购意图等。

4. 客户个人资料。包括与采购相关的人员的资历、地位、性格、心态以及与本企业及竞争对手的交往历史等。

### （三）制订销售演讲计划

客户的采购流程大体上分为四个阶段：看货——从直观上了解产品；听介绍或询问——深入了解产品；比较评价——对产品的选择；订货或购买——完成采购流程。

客户基本上可以从三个方面进行分类：从采购量来看，有大、中、小之分；从双方关系来看，有新、老和潜在客户之分；从购买行为、购买动机、购买心理来看有理性与感性客户之分。

销售演讲计划的制订，要针对产品采购流程阶段的不同以及客户的不同来进行。销售演讲计划与销售演讲内容是统一的，换句话说，销售演讲内容要体现计划性，缺乏计划的演讲是盲目的演讲，也可能是失败的演讲。

销售演讲计划包括以下内容：

1. 推销策略。考虑各个采购流程阶段和不同客户特征所采取的推销方针、推销技巧和推销艺术。

2. 推销目标。推销目标包括猎获更多的和业务量更大的用户，以及产品的定购量增幅大。

3. 推销途径。推销途径指"猎获"用户的具体方法，展开宣传攻势的措施。并非一次推销产品演讲就能征服所有用户，须知演讲的过程既是本次产品推销的机会，也可为日后推销产品打下基础。因此，制订推销计划自然要考虑怎样扩大潜在用户，这就要注意收集用户信息，以便在未来的销售中获得更大的主动权。

4. 推销步骤。不同销售阶段有不同的演讲内容，开始阶段介绍公司概况，看货阶段介绍产品，询问阶段突出产品特色和科技含量，评价阶段介绍营销方案等。

另外，推销步骤还应当考虑以下因素：

一是认真设计第一印象。一开口就要让客户有好感，并能吸引对方耐心地听你的介绍。

二是认真设计结束印象。不论成交与否，都要让客户对你充满信心。即便对方没有选择你，也要把良好的印象留在客户的记忆中，买卖不成仁义在，须知今后还有机会。

三是认真设计精彩的情节。例如，将某些用户使用本公司产品的故事，或者本公司售后服务的动人事迹，巧妙地穿插在销售演讲中，不仅使表述更加生动，而且能增强可信度。

四是认真设计思维的转换。销售演讲要适应现场的变化，善于巧妙过渡产品不同优势的介绍。对于不利的提问能及时扬长避短。

五是认真设计重复的技巧。为了加深客户的印象，对某些内容需要重复介绍，但要讲究艺术，语言的巧妙是很重要的。

## 三、销售演讲的技巧

### （一）用精彩的开场白吸引客户注意力

销售演讲面对的场面一般比较嘈杂，开始如何"镇场"是关键。和谐而又不失醒目的着装，出场节拍的把握，借鉴戏剧"亮相"技巧但不做作，洪亮、清晰的声音，巧妙的语言等，这是开场白的要领。

### （二）简要介绍企业

最好能拿出有分量的事件提起话题。例如，"大家知道占领欧洲三分之一市场的××产品来自哪里吗？它来自中国的××省，我们就是生产××产品的企业……"。所介绍的企业内容要严格选择，紧扣为产品推销服务这一根本目的，重在企业的实力和产品的国际国内地位。内容要简洁，不要冲淡主题。

### （三）介绍产品

介绍的内容它包括产品概况，如获得过何种大奖，市场占有情况、服务信誉，以及本产品有哪些系列，技术上达到什么水平；在同类产品中是否具有出类拔萃的优势；产品特点，主要是功能特色，给用户带来的好处；产品规格，重点介绍各类产品的不同用途，相关的技术参数；产品原理及适用范围等。

销售演讲中产品介绍与产品说明书的内容要一脉相承，但表述方式和表述重点却不一样，它要有生动的语言，并且讲究表达技巧。有些内容要用现实中的事例来说明，而且介绍时何处详、何处略，受制于用户和顾客的心理需求。一般属于技术进步的和提高使用效果的应当重点介绍。

### （四）为客户释疑

销售演讲很重要的一个问题是，演讲者不能无休止地滔滔不绝，相反应当在产品介绍的过程中巧妙而不露痕迹地运用转换技巧促使听众提问，这种问和答的过程实际上是一种推销技巧的转换，因而要十分重视。提问得越多，说明关心产品的客户越多。听众提问时，一定要明确问题的真正含义，没有弄清楚之前不要轻易回答，以免答非所问。同时，也可以向提问人询问，以了解客户的动机和需要。

释疑要注意以下技巧：

第一，以亲切的目光注视对方，用友好的手势和礼貌的语言请客户提问。

第二，赞许客户的动机，对客户的问题表示兴趣。

第三，当客户对于产品的好处表示怀疑和误解时，出示证据以证明自己介绍的真实性，让客户明白你是值得信任的。

第四，当客户指出的缺陷真实时，巧妙地一言带过，重提产品的益处，以淡化缺陷，如果有好的例证，可以进一步举例。避免与客户争论，避免陷入被客户纠缠的境地。

第五，对于偏激的客户，可以讲一段关于产品的动人的故事以引导听众。既不可无原则退忍，更不能针锋相对，此二者都可能导致演讲的失败。

### （五）向倾听演讲的客户致谢

演讲接近尾声时，要感谢客户对企业的支持、对产品的信任。

### （六）引导客户订货并签订协议

对已经有了明确采购意图的客户，要带领他们到预定的地点与负责人具体谈妥订货的数量、规格及质量指标等具体事宜，并签订有效合同。这是销售演讲的最终目标。

## 四、销售演讲的要求

一是要充满自信。演讲者如果自己都底气不足，就不可能打动客户。自信来自对企业的信心，来自敢于竞争的勇气，来自良好的心理素质，来自对产品前景的正确分析和对同类产品的恰如其分的判断。

二是要有为客户排忧解难的姿态。销售演讲不是一种强制推销，"王婆卖瓜，自卖自夸"未必能取得客户信任。要能站在客户的角度，帮客户提出问题，帮客户分析问题，帮客户解决问题，达到感情上的互动、心灵上的沟通。

三是要熟悉产品。要了解有关产品的全部知识，以及国内和世界上同类产品的发展水平，这既是生动介绍产品的需要，也是为了避免在客户提问时"江郎才尽"。同时，对本产品以往的市场状况要了如指掌，特别是要收集那些感人的事例。

四是要有良好的表达能力和技巧。口齿流利，语言幽默风趣，表达抑扬顿挫，体态语言配合自如。这都是销售演讲要具备的基本功。还有，对内容的驾驭与对听众情绪的驾驭要处理得恰到好处，能掌握推销的主动权。

**【案例】**

某省邮电管理局准备上一个计费的项目，有厂家来投标，几家公司提供的产品都差不多，时间安排也非常紧，几个厂家介绍下来，客户就开始打呵欠，一点精神都没有了。最后一天，是一个礼拜六，客户都懒洋洋的了，很多人准备离开，这时来了一个厂家的女代表。她到主讲台上一站，先用目光扫视全场，她的目光传达了这样一个意思：我都站在这里了，你们还不听我讲话？客户们就开始注意她，场面刷地静下来。她一口气介绍了三个小时，客户不但没有离场，而且情绪完全被调动了。结束的时候掌声雷动。随后，客户们就针对这个女代表介绍的数据库产品进行了评估，当场拍板确定了 50 万美元的订单。

为什么客户会当场为 50 万美元的订单拍板呢？这个公司不仅关心客户的产品，还关心客户的需求。50 万美元的需求，一定是一个迫在眉睫的问题，如果不是有非常大的压力，不会花 50 万美元来解决。她不仅给出了一个产品，还给出了一个解决方案。她的介绍非常专业，首先提出问题，让每个客户都很发愁，再让客户想办法，然后又一步一步地把解决方案呈现在客户面前，客户觉得这个就是我要的产品、我要的方案。

（周朝晖主编《财经应用写作文体》，中国商业出版社）

**思考题**

1. 演讲稿有何特点？写演讲稿有哪些要求？
2. 怎样确定演讲的讲题？演讲的开头有何技巧？怎样写好演讲稿的主体？
3. 竞聘演讲辞有哪些特点？怎样写竞聘演讲辞？写竞聘演讲辞有何要求？
4. 如何应对即兴演讲？即兴演讲要注意什么问题？
5. 怎样做好销售演讲的准备？销售演讲有哪些技巧？释疑有哪些技巧？

# 第三章 发　言

## 第一节　发言综述

### 一、发言的含义和特点

发言是在会议或某种集体活动中开展讨论时，针对某一个问题发表自己的认识和看法。

发言与提意见不同。发言的场合是特定的，如讨论会、座谈会、课堂或某些集体活动。发言人只是其中的与会人或参加者。与提意见的独立性行为不同，发言不要求达到预定的目的，它追求的只是效果和影响力；而提意见事先有预定的目的，它要为达到目的而努力。

发言有如下特点：

一是"自由"。发言虽然一般是有要求的，有时甚至被人"点将"，但它并不带有强迫性，你可以在一堂讨论或座谈会中多次发言，也可以一言不发；另外，发言的内容也是自由的，只要在会议主题范围之内，可以"知无不言，言无不尽"。

二是"议论"。一般的发言都是"议事"，对某个事情认为可行还是不可行，是赞成还是反对，是褒扬还是贬低，为此提出自己的看法、主张，发表议论。

三是"限时"。发言的整体时间由主持人掌握，一般要照顾发言的面，因而每一个发言者的发言不能太长，必须给别人留时间。有时主持人甚至明确规定发言时间不得超过几分钟。

### 二、发言的技巧

怎样发言？发言人面对的有两个问题：一是选题，就是选择要讲什么问题；二是技巧，就是怎么讲才能引起别人的兴趣，给别人留下深刻的印象，产生一定的影响。

事实上发言要经历两个阶段，即准备阶段和表述阶段。

#### （一）准备阶段

有些会议可能会事先告诉与会者讨论的议题，使与会者有足够的时间做准备，这时可以充分酝酿发言的内容并列出发言提纲。有些会议或活动事先并不知道主题，甚至不知道自己将要发言。这种情况的发言就很仓促了，但尽管如此，仍然要在"临场"状况下做三方面的准备：

一是认真听清楚会议或活动的主讲人是如何表述的，所讲的中心问题是什么，主要观点是什么。方便的话尽可能做好笔记。

二是根据主讲人的观点先作出自己的判断，考虑该赞成还是该反对、该肯定还是该否定、该发挥还是该补充，思考出自己的认识和想法。

三是快速思考如何表述自己的观点。可能的话列个提纲。表述自己的观点要注意抓住三个环节：我对这个问题是怎么看的—我为什么这么看—我觉得这个问题应当怎么办。

### （二）表述阶段

表述阶段就是正式发言，一般可分为三个层次：

第一层，提起话题。发言要开门见山，直接进入话题。切忌先说形势如何好，我们坚决贯彻什么精神，或说一通某某的发言如何高明，再说"我也说点想法"，兜一个大圈子，让人生厌。但是，开门见山不等于不讲技巧，相反，巧妙地提起话题有助于吸引听众。

第二层，发表看法。发表看法就是对自己所说的这件事作出评价。

先要说明你说的是哪一方面的事，这件事现在是什么情况，到了什么程度，影响面多大；然后说明你对这件事是关切还是担忧、是肯定还是否定、是赞扬还是批评，把自己的认识说出来，明确表示自己的态度。例如说："最近，有一些年轻的同志乘公交车带一个塑料袋子，不仅把自己的纸屑果皮装在里面，还把别人丢的也装进去，下车时再送进垃圾桶。这是一种新风尚，成为都市里一道亮丽的风景线，有关部门应当因势利导，把它发扬光大。"

如果是专题讨论发言，即只能围绕主持人指定的题目发言，可以先对某方面的事情作出"是"和"非"的判断，以表明自己的观点，然后分几个方面对观点予以说明。可用一、二、三来表示，问题讲完，简单概括一下即告结束。例如说："两年内把我市建成全国文明城市，这个想法很好，但从时间上来看不现实，原因有三：第一，……；第二，……；第三，……。因此，我认为这个目标表要重新调整。"

第三层，表明主张。就是对出现的某种情况或某种问题，计划下一步应当怎么办，提出自己的想法和意见。主张应当具有实际意义，并且是合理的、可行的。

表明主张是发言的主要部分。它不仅要说明应当怎样做，而且要说明为什么要这样做。事实上，"为什么要这样做"是对"应当怎样做"的必要性和可行性的分析，是说服别人接受自己的主张的基础。因此，"为什么要这样做"要说得有理有据，既要对现实情况有很强的针对性，又要具有长远发展的独到眼光。

据《史记》记载：西汉初期，刘邦针对都城建在哪里的问题向大臣们征求意见。讨论中大臣们提出了两种不同的方案：一种是建都关中，这是刘敬提出的方案，刘邦听后犹豫不决，没有表态；另一种是建都洛阳，这是其他大臣们的意见。这些大臣都是华山以东六国的人，他们不愿国都西迁。他们找出的理由是："洛阳东边有地势险要的城皋，西边有险要的崤山、渑水，背靠黄河，面对伊河、洛河，这种牢固的地势十分坚固易守。"留侯张良是同意迁都关中的。他通过对洛阳和关中做的详细比较，发表了自己的看法："洛阳虽然有这些天然的险要，但它的腹地太小，方圆不过几百里，况且土地瘠薄，如果敌人从四面包围，这不是打仗用武的地方。至于关中，左边有崤、函的险要，右边有陇、蜀的大山区，肥沃的土地有千里，加上南面有巴蜀的富饶农产，北方有可放牧的大草原。从军事防守看，凭着西、南、北三面而防守，只用东方一面控制诸侯即可。从交通控制看，如果诸侯安定，利用黄河、渭水运输天下物资，供应西方的京城所需；如果诸侯有叛乱，大军顺流而下，黄河、渭水足够承担运输任务。这就是人们所说的金铸的千里城池、天然府库。"正是由于张良的主张是在分析比较的基础上得出的，因而有明显的合理性、可靠性，具有采纳的价值。刘邦最终决定建都长安（今陕西西安）。

（三）表述技巧

在讨论会、座谈会上，我们经常会看到这种现象，与会者有时面面相觑，谁都不说，有时是你说一通，我再重复一通，多数情况下是老调重弹，没什么新意，有时发言者又不讲究说话技巧，这样就很容易把会议搞得枯燥无味。因此，发言一要话题新颖；二要注意表述技巧。

1. 话题新颖主要是把握两个方面：一是看法、认识有新的角度；二是能说出别人没有想到的问题。讨论发言有时容易被某一个方面的问题所吸引，而不知不觉中忽视另外的重要问题。你如果能说出人人心中皆有、人人口中皆无的问题来，那也不失为一种高明，不失为独具慧眼。

2. 注意表述方法的选择。讲究表述技巧的目的是引起别人重视，促使别人集中注意力。我们前面几个章节中讲到的一些口头表达的技巧，在发言中都可以灵活运用。除此之外，发言如何提起话题的技巧也很重要。我们以青年文明志愿者的事迹为例，看下面提起话题的方法：

（1）悬念法。例如："今天早晨在车上，一个很帅气的小伙子弯腰捡起别人丢掉的桔子皮，一车人几十双眼睛唰唰唰扫过去，你说这小伙子怎么样？"

（2）先抑后扬法。例如："你说，大学毕业，有文化，身体又好，干什么不行？捡垃圾——今天早上我在车上就碰到两个⋯⋯"

（3）卖关子法。例如："我说一件事，事不大，却真称得上细微之处见风尚啊！"

（4）提问法。例如："最近有一种现象不知大家注意到没有⋯⋯"

（5）故事法。例如："今天早上，我下车以后碰到一位姑娘，站在路边东张西望，样子还挺焦急，我以为她丢东西了，过去一问，'姑娘你怎么啦？'她回答我：'我找不到垃圾桶⋯⋯'"

再看下面的范例：

某市人代会，讨论建设文明城市的问题。政府工作报告中对旧城改造、各类企事业单位的规范布局、花园式建设，以及市民的行为规范提出了较为详尽的方案。代表们在讨论时大都表示赞成或提出了一些补充意见。但是，有一个代表却独树一帜："报告所提的方案是不错，但树立市民的文明意识是一个很重要的问题，报告没有考虑。要使市民爱我城市，才会有积极为建设文明城市做贡献的主动性。而要让市民爱我城市，市政府应当在这个城市值得爱上下工夫，而目前我市在过桥收费、环境卫生、交通秩序、经商秩序等方面都不同程度地存在问题，这些问题恰好是市民反映比较强烈的问题，市政府只有认真解决这些问题，市民的热情才会激发出来，才会与市政府同心同德。否则，文明城市的建设就会失去群众基础。"

这个代表的意见不仅得到了全体与会同志的认同，后来也被市政府所采纳。

**三、发言的要求**

一是集中讲题。发言由于自由性很强，场合相对随便，容易把话讲散。有的人一开口就是关于产品销售问题、关于安全生产问题、关于职工收入问题，等等，说一大堆问题。结果既没有说透也没有说清，说的人费了力，听的人不耐烦。有个单位的财务科科长在会上介绍他们所做的工作，一口气说了十八项，会后做了个调查，结果除几个做了笔记的人，其他人竟不知道他说了些什么。

二是观点鲜明。对问题持什么看法，要明确表态，不能闪烁其词。观点明确是"发言"的基本要求。对尚未认识清楚的问题，要实事求是地说明，不要含含糊糊、模棱两可。

三是条理清楚。发言最忌颠三倒四，让人听起来如坠五里云雾。说出自己的看法，并予以分析并尽可能有事例作为说明，提出怎么办的主张。一层一层，清楚明了。发言要令人信服才有价值。

四是语言简洁明了。发言是直接面向听众，发言的语言一定要简洁明了、干净利索，避免冗长。另外，不要使用一些深奥难懂的词句，话要说得准确、通俗易懂。

五是不要附和别人的意见。发言最忌一开口就是我同意张三的意见，我赞成李四的观点，王五讲得很好，马六的说法有道理，之后把人家的话重复一遍，等于放录音。只有讲出与众不同的观点和主张才是发言要追求的目标。

六是要讲熟悉的问题。发言要讲自己最熟悉的内容，回避那些一知半解和道听途说得来的材料。同时，平时要多了解情况，多研究、思考问题。独特的观点和主张不是凭空想出来的，是靠平时掌握情况多研究问题进而归纳和总结出来的。

# 第二节　表达意见

## 一、表达意见的含义和特点

表达意见，通俗地讲就是平时说的提意见，即把自己对某些事情的看法与想法向一定范围的人说出来。

表达意见有五个特点：

一是主动性。一般是心里有事放不下，要找某个人说出来，一吐为快。这是一种主动行为。

二是灵活性。时间和场合的确定没有严格的限制。早一天提，晚一天提，上午提，下午提，办公室提，家里提，路上提，当面提，电话里提，只要对方有空就行。

三是针对性。提出的意见要有具体的事实、有明确的对象。不能没事找事，也不是见了谁都可以提。所谓"无事不登三宝殿"说得就是这个道理。

四是说服性。提意见不见得一定会被人接受，但在动机上是为了说服别人，具有设法让人接受的主观准备。

五是实用性。提"意见"不是发牢骚、泄私愤。"良药苦口利于病，忠言逆耳利于行"，给人以帮助，是提意见的根本目的。

意见一般可分为两种：

一种是建议性意见。一般是提意见的人通过对某件事情或某项决定的观察、了解和思考，认为应当怎样做更为合理、更为有效，或者认为应当予以制正、予以终止，为此而说出自己的想法，提出自己的主张。建议性意见只是供他人或上级参考，根据实际情况可能被采纳，也可能不被采纳。

另一种是批评性意见。批评性意见就是指出别人的错误和缺点并作出评论。批评的对象不受限制，可以是组织，也可以是个人；可以是熟悉的，也可以是不熟悉的。

## 二、怎样表达意见

### (一) 表达意见的准备

表达意见应做三项准备：

一是弄清情况。你所看到的不足，你所发现的问题，到底是怎么一回事？不能光凭表面印象就下结论，要做详实的调查。有时表面的东西与实际情况有很大差距，甚至相反。如果不弄清情况，"意见"就可能盲目。即使确实有问题，也要搞清根本原因在哪里，有哪些制约因素。这样你的意见才更准确、更有针对性。

二是想出办法。解决问题要结合实际情况，从采取什么策略、达到什么目标、采取什么措施等方面考虑清楚，这样意见才有价值。

三是打好腹稿。腹稿应包括四个层次：

第一，怎样提起话题。提意见不免给别人"揭短"的印象，所以委婉入题，话说得中听是很重要的，不要一开口就引起对方的对立情绪。

第二，要说什么问题。有了委婉的开头，就要尽快进入正题，不要唠叨半天不知道到底要说什么。应先简单地说说某个事情的现状，巧妙地把问题摆出来。

第三，分析解决问题的必要性。诚恳地说出自己的看法，目的是使对方对存在的问题引起重视。分析应当有根有据，立场客观，说理透彻，令人信服。这是意见能否被人采纳的基础。

第四，提出解决办法，明确你的主张。包括某件事情应当采取的策略与思想定位、应当达到的目标、采取什么样的措施等。这些应体现提意见者看问题的高度，具有前瞻性，新颖而不脱离实际。

### (二) 表达意见的方法

1. 适事。意见必须是紧急的事、重大的事、上级需要知道的事；工作发生错误、疏漏，以及需要纠正、补救的事；或者自己反复思考认为确实要解决的事。

2. 适时。发表意见要抓住时机。一方面，重大的事、紧急的事不要犹豫、等待，尤其是不要雨后送伞，当事后诸葛亮，以免贻误工作；另一方面，有些事情需要选择领导不忙的时候或心情比较好的时候去说。

3. 适地。发表意见要看场合。有些事情适宜在公开场合说，有些事情则只适合在个别场合说。如何选择场合，应首先预测一下效果，这是非常重要的。

4. 适度。提意见要注意分寸，适可而止。并非所有的人都开明，都胸怀豁达；而且你的意见也未必一定完全正确。对实在听不进意见的人绝不可纠缠，可以等待机会，千万不能动火动气。

【案例】

某单位工会主席向党委书记提意见，"某科长跟他爱人闹别扭，时间长了只怕会影响工作，这事党委要重视才是"。

书记回道："这是我的事吗？"

工会主席说："这事找厂长不合适吧？可不是厂长管的事。"

书记说："我要你找厂长了吗？你是干什么的？"

工会主席满腹委屈，悻悻而出。

党委书记说话是生硬了一些，但工会主席犯了一个错误：一是事情的性质够不上找领导的程度；二是调解职工家庭矛盾本来就是工会的事。因此，他的意见被挡了回来。

### 三、表达意见的要求

一是要有善意。意见有很强的心理因素，有时甚至是因为自己对某件事情"不满"而引起的，它与情绪密切相关。提意见要与人为善，使他人"利于行"。该不该提，有没有必要提，是利己还是利人，必须冷静权衡。

二是要态度平和。说话的态度对提意见的效果是至关重要的，彬彬有礼，坦诚相待，口气温和，委婉入题，设身处地，这些都是非常重要的态度。出言不逊，盛气凌人，强词夺理，是缺乏修养的表现。

三是要有耐心。有的人不善于听取别人的意见，话还没说完就把你顶回来，甚至说你是找茬，这都是常有的事。这时尤其要有耐心，先听对方把话说完，再解释对方的误解，对自己的技巧作些调整后继续说下去。当然，要是碰上那种不可理喻的人，就没有必要坚持，否则会引发对立情绪，造成双方难堪。

四是要见好就收。意见说完了，要赶紧结束。切不可因为别人对你的意见表示赞赏，你就兴致大发，节外生枝，滔滔不绝地说下去，这样既会耽误别人的时间，又会冲淡你前面的主题。

五是要选择机会。俗话说："出门观天色，进屋观颜色。"对方情绪不好的时候，对方正忙的时候，对方休息的时候，不要强人所难。一般要预约一下，如果是打电话提意见，要先问一下对方现在方不方便。选准了机会，也许你就成功了一半。

**思考题**

1. 发言有何技巧？有何要求？

2. 表达意见有何要求？

## 第三节　领导讲话

### 一、领导讲话的特点

领导讲话是领导参与公务活动的一种方式，是实施领导职能的重要途径。无论是高级领导还是基层领导，无论是机关领导还是企事业单位领导，只要做领导工作，就离不开讲话。在某些场合，领导即兴讲话不需要讲话稿，但在正式场合，为了提高讲话质量，需要事先写好稿子或提纲。

领导讲话有四个基本特点：

一是政策的鲜明性。既要与宪法及相关法律、党和国家以及上级机关的方针政策相一致，又要与本单位的内部政策相统一。这是领导讲话的最重要的原则。

二是目的的明确性。或动员或指挥，或疏导或宣传，或总结或号召，或传达或贯彻，或要求或布置，如此种种，每一个讲话都有明确的目的。根据这一特点，起草讲话稿的时候要摸清领导要讲什么，将产生什么样的效果和作用。有了明确的目标，在起草工作中才能具有较强的自觉性、针对性、主动性和科学性，减少和避免盲目性和不确定性。

三是口径的统一性。不论是正职领导还是副职领导讲话，其口径都要与整个班子的认识一致，不能各吹各的号、各唱各的调。

四是风格的个体性。每一个领导讲话都有自己的个人风格、个人特色，在写讲话稿的时候应当考虑这种"个性化"。

## 二、领导讲话稿的高度

既然是领导，讲话当然要有高度，这实际上是职业要求。所谓高度，就是思考问题、分析问题时能高屋建瓴、高瞻远瞩。因此，在领导讲话稿的起草过程中应把握以下几点：

### （一）正确领会领导的意图

这是写出高度的前提。起草人事先应与领导沟通，讲什么、怎么讲，先听听领导的意见，并做好笔记。特别是领导提出的一些观点、思路，要一一记下来。在动笔之前列一个提纲送给领导看看，以便对领导的意图掌握得更加准确。初稿出来以后送给领导的审阅，根据领导意见再做修改。

### （二）精心加工和提炼材料

领导讲话稿的立意来自材料，讲话中又要引用大量材料来说明问题，起草人要写好讲话稿，就必须充分调动已掌握的政策信息、现实情况和历史资料，以便把领导讲话写得有血有肉、生动实在，有特色、有分量。

1. 认真分析材料

分析材料主要考虑两点：一是这个材料反映的是个别现象还是普遍现象，是暂时现象还是代表着一种趋势；二是材料所反映的是什么意义，要善于从材料中升华观点，形成新思想、新理念。

2. 对材料进行比较、筛选

选择具有典型意义的、有代表性的事例、数字，从而增强讲话稿的说服力和逻辑性。

3. 对材料进行核实

领导讲话一旦说出口就会产生影响，说对了是正面影响，说错了是负面影响。正因为政策性很强，所以要避免把话说错。一般来说，现在的领导大都具有较高的文化水平，语言上不大可能出错，要错就错在材料上。因此，起草人一定要把材料核实准确，保证万无一失。

### （三）追求创新

创新本身就是高度的体现，观点陈旧、认识肤浅、思想僵化、套话连篇的讲话是不可能有高度的。创新可以从以下三个方面考虑：

1. 源于实践，高于实践

思维是对实践的反映，但这种反映不应该是机械的映像，而应当是对实践感性认识的升华。

2. 力排众议，澄清是非

领导讲话必须是非清晰、观点明朗、旗帜鲜明，这样才能起到导向的作用、指导的作用。20世纪90年代初期，我国关于"姓资姓社"的问题一直争论不休，邓小平在1992年南巡讲话的时候，力排众议，澄清了这个问题。他说："要害是姓'资'还是姓'社'的问题。判断的标准，应该主要是看是否有利于发展社会主义社会的生产力，是否有利于增强社会主义国家的综合国力，是否有利于提高人民的生活水平。"邓小平的这段讲话，使长期以来困扰人们的这一重大理论问题，如驱云见日，清新明朗。

3. 反思传统，引领未来

传统的东西有很多精华，需要我们去继承和发扬，但传统的思维定式中也有糟粕和错误。领导者的责任是坚持和宣传真理，而不是盲目地做历史的传声筒。一个高明的领导应当审时度势，弃旧扬新，敢开先河。1942年毛泽东同志在延安文艺座谈会上的讲话，正是对过去文艺舞台上和文学作品中多是帝王将相、才子佳人唱主角这一延续了几千年的现象的反思，提出了文艺为人民大众服务，以及文艺如何为人民大众服务的根本问题，即著名的"两为"方针，为我国的文艺工作的发展指明了前进方向。

### 三、领导讲话稿的谋篇布局

谋篇布局，就是谋划讲话稿的篇章结构。谋篇，要围绕主题，也就是根据领导主要讲什么问题来展开内容。讲话稿的主题通常是由领导来定的，起草人要做的是依据这个既定的主题谋划篇章结构。有的领导既交代主题，又交待篇章结构，在这种情况下，起草人员要积极地参谋，予以具体设计和完善。

一般来说，领导讲话稿可分为五个部分，即标题、称谓、开头、主体、结尾。这里重点介绍主体部分的谋篇布局。

主体部分通常按照"提出问题—分析问题—解决问题"这一思路来组织结构，提出问题就是要讲什么？这个问题目前是个什么情况。

分析问题则可以从三个方面展开：第一，为什么会发生这样的问题；第二，出现这样的问题是好还是不好；第三，存在这样的问题有什么影响、有什么后果。

解决问题就是回答怎么办，也就是提出解决问题的办法。

领导讲话的结构形式有三种：

#### (一) 层次组合式结构

层次组合式结构，即将讲话分为几个部分来写，在视觉上看层次分明、醒目。具体又有几种不同情况：

1. 以小标题分层次

例如，1979年3月30日，邓小平在党的理论工作务虚会上关于《坚持四项基本原则》的讲话，以三个小标题分成三个板块：

(1) 形势与任务；

（2）实现四个现代化必须坚持四项基本原则；

（3）思想理论工作的任务。

2. 以顺序号分层次

例如，1980年8月18日，邓小平在中央政治局扩大会议上作《党和国家领导制度的改革》的讲话，以一、二、三、四、五将全文分为五个层次。

3. 以分块分层次

不加小标题也不用序列号做标志，但几大块仍然很明显，如总结工作和工作部署一类的会议报告，一块是前一阶段的工作总结，一块是下一阶段的工作方针和任务。一般每一大块中又分若干小块。

（二）逻辑推导式结构

一是依照内在的逻辑关系来安排内容。例如，1985年3月7日，邓小平在全国科技工作会议上作了《改革科技体制是为了解放生产力》的讲话之后，又即席作了《一靠理想、二靠纪律才能团结起来》的讲话，记录整理出来的讲话分四个自然段，具有很强的逻辑性。

第一段提醒大家要做到"四有"，并强调理想和纪律特别重要；

第二段专门讲理想；

第三段主要讲纪律，谈理想和纪律的关系；

第四段强调共产党员一定要严格遵守纪律。

整个讲话紧紧扣住团结的主题，着重阐述理想与纪律对团结的重要性。

二是按照由浅入深的思维特征安排内容。例如，1978年12月13日，邓小平在中央工作会议闭幕会上所作的《解放思想，实事求是，团结一致向前看》的讲话，四块小标题分别是：

（1）解放思想是当前的一个重大政治问题；

（2）民主是解放思想的重要条件；

（3）处理遗留问题为的是向前看；

（4）研究新情况，解决新问题。

四个部分明显地表现出层层递进、步步深入的关系。

（三）并列式结构

并列式结构，即几个板块之间没有递进关系，只是并列关系。常见的也有两种形式：

1. 标题式并列

例如，1979年11月2日，邓小平在中央党、政、军机关副部长以上干部会议上作《高级干部要带头发扬党的优良传统》的报告，讲了三个问题：

（1）高级干部的生活待遇；

（2）认真选拔接班人；

（3）切实关心群众生活。

这三个问题之间显然是并列关系。

2. 提示性并列

围绕一个主题，从多个方面进行阐述。一种是每一个问题的开头都用介词"关于"，以示要讲什么问题；另一种是每个问题开头有一个主题句，形成独立的角度，但总体上又不脱离主线。例如，1949 年 3 月 13 日，毛泽东在中共七届二中全会上所作的关于《党委会的工作方法》的讲话，通篇 2700 字，讲了 12 个问题。

上述三种结构形式究竟采用哪一种，在实际中一般遵循两条原则：一是根据主题的需要；二是根据领导的意图。

### 四、起草领导讲话要注意的问题

#### （一）要树立正确导向

1. 领导讲话要体现党和国家的意志、人民的意志，看人看事不能带偏见，下结论不能带个人情绪。立党为公，执政为民，这是一条基本原则。

2. 要用历史唯物主义和辩证唯物主义的方法分析问题，绝不能宣传唯心主义。林彪讲"中国几千年才出现一个天才"，什么思想的"顶峰"，"一句话顶一万句"，都是典型的唯心主义。有一个基层单位的领导说，我们厂的办公楼要建在坡上，这样单位的发展才会走上坡路。可见其缺乏马克思主义的基本常识。

3. 要有高度、有风度。领导讲话的意义在于鼓舞人、启迪人，任何时候都不能流露出灰心丧气的情绪，即使是遇到很大的困难，也要坚持鼓舞士气，用有说服力的道理和事实给群众指出光明的未来。同时，领导讲话要出言谨慎，注意分寸。特别是不可激化矛盾，加深对立情绪。2005 年 10 月 27 日，法国巴黎北郊克利希苏布瓦镇的两名男孩在躲避警察时不幸触电身亡，该市数百名青少年上街抗议。在这个时候，法国内政部长萨尔科齐在讲话中称他们为"暴民"，并表示要用"铁腕"手段来平息暴乱。媒体认为，萨尔科齐的极端言行引起了郊区移民居住区居民的不满，给事态火上浇油，乃至骚乱波及多个城市，纵火、抢劫等破坏行为嚣张一时。

#### （二）要紧紧扣住一个中心

一般来说，领导讲话一次只讲一个主题。有的领导常常一次讲话要讲多个主题，东拉西扯，问题一大堆，让人听得心烦意乱，会议一散什么也没记住。这是领导讲话之大忌。

#### （三）宜短不宜长

有话则长，无话则短，这是领导讲话要特别提倡的。有的领导一张口就不着边际，大话、套话、炒现饭的话，一耗就是两三个小时。浪费时间、浪费精力，也影响工作。对这种现象，解决的办法是要做到"四不"：不讲与主题无关的事，不讲大家耳熟能详的事，不讲过去讲过的事，不讲没有意义的事。在这方面我们不妨学学西方有些国家开会计算会议成本的办法。

#### （四）语言要生动活泼

语言生动活泼，才能增强讲话的吸引力，可以考虑下面一些技巧：

1. 引用典故。毛泽东同志讲话善用典故，信手拈来，挥洒自如。例如，用"愚公移山"的典故，讲排除万难去争取反帝反封建斗争的胜利；讲"农夫与蛇"的典故，号召"将革命进行到底"，等等。让人听得津津有味，不知不觉从典故中得到启迪，明白道理。

2. 运用比喻。毛泽东同志在《抗日战争胜利后的时局和我们的方针》一文中，在讲到抗战的胜利果实应该属于谁时，以种桃树、浇桃树、摘桃子做比喻，说明胜利果实是属于抗战军民的，既形象生动，又深刻有力。

3. 巧用古语。在讲话中适当选用一点古语来帮助说明观点，效果也很好。例如，某同志在"企业评政府"的讲话中引用了《梁史》中"屋漏在上，知之在下"这句古语，简洁、深刻地说明了"企业评政府"、"下评上"的意义，与会者听后留下了深刻的印象。

4. 采用群众语言。群众语言是生动形象的，通过加工提炼选用到领导讲话中来，不仅通俗易懂，而且可以增强亲切感。例如，某领导同志在讲发展农村经济时提出通过出口创汇"赚洋钱"，推广"骑着黄牛奔小康"的经验等，这样的群众语言无疑增强了讲话的感染力。

【例文】

## 改革科技体制是为了解放生产力

（一九八五年三月七日）

我们今天到这里来，是祝贺你们会议的成功，是表示对科学技术、对知识的尊重。

七年前，也是三月份，开过一次科学大会，我讲过一篇话。主要讲了两个意思，两句话。一句叫做科学技术是生产力；一句叫做中国的知识分子已经成为工人阶级的一部分。当时，之所以要讲这两条，是因为有争论。七年过去了，争论已经解决了。结论是谁做的？是实践做的、是群众做的。

我很高兴，现在连山沟里的农民都知道科学技术是生产力。他们未必读过我的讲话。他们从亲身的实践中，懂得了科学技术能够使生产发展起来、使生活富裕起来。农民把科技人员看成是帮助自己摆脱贫困的亲兄弟，称他们是"财神爷"。"财神爷"这个词，不是我的用语，是农民的发明。但是，他们的意思，同我在科学大会上讲的话是一样的。

我也很高兴，科技界的同志这几年做了很多工作。我们国家的经济搞得不错，光景一年比一年好。人民是满意的，全世界是公认的。这里面，有你们的一份功劳。中央要求科技界面向经济建设。你们是出了大力的。同志们不仅创造出了很多科技成果，而且以主人翁的态度，为国家出了许多很好的主意。我们的科学家、教授、工程师，走到工厂，走到地方，到处都受欢迎，到处都请你们谈战略、谈远景、谈规划。科学技术专家这样广泛地参加经济、社会决策活动，是我国几千年历史上从来没有过的。科技专家在我们国家里的政治地位和社会地位已经同过去大大不同了。你们的工作做得越好、越有成绩，就会使全国人民越加懂得知识的可贵，推动大家都来尊重知识、学习知识、掌握知识。人们正在通过你们的工作，来评价科学技术在现代化建设中的地位，评价科学技术人员的作用。

现在要进一步解决科技和经济结合的问题。所谓进一步，就是说，在方针问题、认识问题解决之后，还要解决体制问题。去年，中央作了经济体制改革的决定。全世界都在评论，认为这是中国共产党的勇敢的创举。现在，中央还要作科技体制改革的决定。你们这次会议为中央作出科技体制改革的决定作了准备。这个决定草案，我看是个好文件，这个文件的方向，同整个经济体制改革的方向是一致的。经济体制、科技体制，这两方面的改革都是为了解放生产力。新的经济体制，应该是有利于技术进步的体制。新的科技体制，应该是有利于经济发展的体制。双管齐下，长期存在的科技与经济脱节的问题，有可能得到比较好的解决。

改革经济体制，最重要的、我最关心的，是人才。改革科技体制，我最关心的，还是人才。人才问题，别的不说了，今天就讲两点。第一，能不能每年给知识分子解决一点问题，要切切实实解决，要真见效。第二，要创造一种环境，使拔尖人才能够脱颖而出。改革就是要创造这种环境。人才是有的。不要因为他们不是全才，不是党员，没有学历，没有资历，就把人家埋没了。善于发现人才，团结人才，使用人才，是领导者成熟的主要标志之一。这两点，请各单位讨论一下。

我们奋斗了几十年，就是为了消灭贫困。第一步，本世纪末，达到小康水平，就是不穷不富，日子比较好过的水平。第二步，再用三、五十年的时间，在经济上接近发达国家的水平，使人民生活比较富裕。这是大局。我们在国际上要争取和平的环境，在国内要排除一切干扰。我们这些人能做的工作，只是为大家创造条件。有了干扰，就排除它一下。发现有什么东西束缚了大家，帮助大家想点办法，解放出来。工作还是要靠大家去做。希望大家放开手脚，把经济搞上去，把生产力搞上去。

（邓小平同志在全国科技工作会议上的讲话，《邓小平文选》第三卷）

**思考题**

1. 领导讲话有哪些基本特点？怎样写出领导讲话稿的高度？
2. 领导讲话应怎样谋篇布局？起草领导讲话稿要注意哪些问题？

## 第四节 致 词

国家机关和企事业单位为了加强合作、拓展业务、增进友谊，其重要的交往活动就需要举行仪式；一些公民有时也要参加庆典活动。在这些活动中主要人物的致词，就成了不可或缺的内容。

所谓致词，就是在举行某种仪式时，或者在某种礼仪交往中发表的口头或书面的文辞。它对沟通宾主的情感，点明活动的主题，突出仪式的意义，烘托现场的气氛，有着重要作用。使用频率最高的致词有欢迎词、欢送词、答谢词、祝贺词等。

### 一、迎宾词

**（一）迎宾词的功用**

迎宾词是在迎宾仪式上，由主人对来宾表示欢迎所作的致词。

**（二）迎宾词的格式**

迎宾词主要由标题、称呼、主体、结尾语和落款五个部分组成。如果要将迎宾词作为一种存档依据，则应在拟写的文稿中加标题和落款，只是在宣读欢迎词的时候，并不念出来。

1. 标题。一般写法是：在欢迎×××仪式上的致词。

2. 称呼。称呼是当面招呼所有来宾用的表示彼此关系的名称，如"尊敬的××先生及夫人，女士们、朋友们"，其位置在标题以下空两行，顶格写。

3. 主体。即表示欢迎的话，要表达四层意思：

第一层，对来宾表示欢迎。通常要点明主要来宾的单位、姓名，在姓名后面加上职务或者"先生"、"女士"之类的称呼。对来宾的同行者也要概括性地打招呼。

第二层，对双方的关系作出评价。对双方合作以来关系如何、业务领域是否得到发展等方面予以概括性的说明。评价要有客观的、积极的、向前看的态度。

第三层，说明来宾到访的意义。叙述来宾的这次访问，对双方未来的发展前景将带来怎样的影响。

第四层，表示礼貌性的挽留和加强合作的希望。

4. 结尾语。对来宾表示祝愿，也祝愿这次访问获得成功。

5. 落款。即致词人的职务、姓名和致词日期。这些内容主持人会有说明，在致词仪式上致词人无须念出来。

【案例1】

## 在欢迎×××先生宴会上的致词

尊敬的×××先生及夫人，女士们、先生们、朋友们：

今天，我们在这里隆重地举行宴会，宴请我们的老朋友——来自××国××公司的总裁×××先生及夫人一行。首先我代表本公司董事会，对远道而来的贵宾表示热烈的欢迎和诚挚的敬意。

××国××公司与本公司已经有六年合作的历史，六年来，我们不仅是合作伙伴，同时也是事业上的朋友，我们之间有了很好的信任，建立了亲密的友谊，对此，我们双方都是十分满意的。

×××先生这次率团来访，必将拓宽我们的业务领域，扩大我们的合作空间。我真诚地希望，×××先生及夫人一行能在这里多逗留一些时间，为我公司的发展提出更多宝贵的意见，传授更多宝贵的经验。

预祝×××先生的访问取得圆满成功！祝各位贵宾身体健康、旅途愉快！

××××公司董事长×××

2004 年×月×日

【案例2】

下面这篇迎宾词的背景是：某地区百货公司的百货大楼装修一新，该公司精心策划，开展一系列旨在提高知名度、塑造良好形象的公关活动。其中的一项是：每天早晨开业时，统一着装的营业员列队迎接来宾，同时播放迎宾词。其迎宾词如下：

# 迎宾词

女士们、先生们：

早上好！东方的一抹晨曦宣告着崭新一天的开始，伴随着轻爽的晨风，沐浴着雨露和晨光，踏着优美动听的乐曲，你们来到安康师大的零售企业——金都商厦。一日之际在于晨，谢谢您把这一天中最美好的时刻留在这里，我们金都商厦的全体员工为此对您的厚爱和支持表示衷心的感谢和热烈的欢迎！

无论昨天、今天还是明天，无论您是商场的老朋友还是初相识，不管您是我生命中匆匆的过客，还是驻足光顾的购物者，只要您走进金都的大门，您就是我们的上帝。这里的购物环境为您设置，这里的服务为您提供，我们的理想就是使您乘兴而来，满意而归。

这篇迎宾词，毛病甚多，具体分析如下：

1. 称谓不够亲切。对顾客称"女士们、先生们"虽有尊重之意，却存有一种距离感。若在这个称呼之后，再加上"亲爱的顾客朋友们"，其韵味和效果就大不相同，更显出亲切、热情。

2. 切题显慢。开头段主要是向顾客表示欢迎和感谢，而此文却在说了许多"晨风"、"晨曦"之后，才点明意思，节奏慢半拍。

3. 迎宾词最后一段，虽点明了顾客即是"上帝"之意，但未能以简短、优美的语言将企业精神体现出来。

4. 应有结尾而未写，给人言犹未尽之感。应补写一个言已尽而意无穷的结尾，给顾客留下些回味。

修改如下：

# 迎宾词

女士们、先生们，亲爱的顾客朋友们：

早上好！

金都商厦全体员工热烈欢迎您的光临，并向您致以崇高的敬意！

早晨的一切都是美好的，感谢您把这一天中最美好的时光留在金都。

无论您是谁，无论您来自哪里，只要您步入"金都"，就是我们的朋友，就是我们的"上帝"，我们都将竭诚为您服务，向您献上我们的真诚和爱意。今后，您若工作繁忙，只需拨打一次电话，我们就会按照您的吩咐，把温暖送到您的家里。

女士们、先生们，亲爱的顾客朋友们，再一次感谢您把最美好的时光留在我们金都商厦！

（选自《秘书》1994 年第 4 期）

**【分析】**

修改后的迎宾词的确比原来的好多了，但对任何文章的修改，大都是见仁见智的。文章的改法也有多种，不能强求统一。就这篇修改过的迎宾词，也还存在着不尽如人意的地方，如：

（1）到这所商厦来的除女士和先生外，还会有孩子，开头的称谓中只称女士和先生是不完全的。

（2）尽管这篇迎宾词是早晨播放的，但只强调"把一天中最美好的时光留在金都"，局限性太大了。当然，一早就去商厦的人很多，但其他时间去的人也不在少数，那是不是只有早上去的顾客才受欢迎呢？

（3）在原稿中并未提到电话购物，是修改者自己强加上去的，这项服务若是没有，则有欺骗之嫌。

## 二、会议欢迎词

### （一）会议欢迎词的功用

会议欢迎词，是在扩大经贸领域的交流而举行的邀请性会议、某种专题性论坛、有必要举行仪式的会议的开幕式上，主办单位的主管领导人对与会者所做的欢迎性致词。

### （二）会议欢迎词的格式

会议欢迎词的格式与迎宾欢迎词基本相同。

1. 标题。一般写法是：在×××会上的致词，这也是仪式上无须念出来的。

2. 称呼。就是向与会者打招呼，如"尊敬的××先生及夫人，女士们、先生们"。其位置在标题以下空两行，顶格写。

3. 主体。这一部分通常分为四个层次：

第一层，介绍参加会议的主要人物、介绍与会的代表来自哪些方面（不必具体到人，如今天到会的有学生代表、工人代表、农民代表），并表示欢迎。

第二层，简要说明会议的背景，也就是这次会议是在什么前提下召开的。

第三层，说明举行本次会议的重要性和必要性。这是会议欢迎词分量最重的部分，但也要注意概括，不能过于具体。

第四层，对会议作预见性的评价。

4. 结尾语。对与会者表达祝愿，也祝会议成功。

### （三）致欢迎词要注意的问题

1. 语气热情、友好、温和、礼貌，是欢迎词的基本要求。

2. 语言简洁、精练、口语化。欢迎词的语言基调是礼节性的，一般事务性内容不出现在欢迎词里，可以写入"会谈公报"、"会谈纪要"等文件中。

3. 要巧妙地表达自己的原则立场。欢迎者与被欢迎的人，都各自代表自己的单位或国家讲话，在某些场合，既要表示友好，还要通过婉转的方式巧妙地表达己方的原则立场。

4. 要尊重对方的风俗习惯，不讲对方忌讳的内容。

【案例】

# ××××××××会议欢迎词

各位领导、各位专家、各位朋友：

大家早上好！

由国家×××××委员会和××省人民政府等发起组织，××省发展改革委员会、××省经济委员会、××省科技厅和××××大学等部门和单位承办的全国××××会议，今天隆重开幕了。首先，我代表××××大学，对本次学术会议的召开表示热烈的祝贺，并向参加会议的各位院士、国家有关部委和有关部门领导、各位专家学者及会议代表表示热烈的欢迎！

全国××××会议在我校召开，探讨风力机空气动力学问题，交流国内外风能利用和风电产业发展情况，共商我国风电产业发展大计，不仅将有力地推动全国，尤其是××省的风能利用和风电产业的发展，也必将大大促进我校风能技术研究中心建设，推动我校风能技术学科的发展。在此，我代表××××大学，对×××××委员会、×××有关机构和××××学会等全国性学术组织在我校举行如此重要的学术会议表示真诚的谢意！向给予本次会议指导帮助并亲临会议的领导表示衷心的感谢！

××××大学是我国西部地区一所办学历史悠久、学科门类较全、社会影响广泛的理工科院校。学校前身是创立于××××年的××××，作为一所西部高校，能够承办本次学术会议，是促进我校学科建设再上高水平的一次良好机遇。我们真诚感谢各位院士、各位领导和专家学者对本次学术会议的支持和参与。我们将认真做好会议组织和接待工作。真诚地欢迎各位院士、各位领导和专家学者对我们的工作多提宝贵的意见建议。

预祝本次学术会议圆满成功！

谢谢大家！

×××× 年 × 月 × 日

## 三、答谢词

### （一）答谢词的功用

答谢词是在某些社交场合中主人致欢迎词或欢送词之后，客人为了对主人的热情接待和访问期间的精心安排表示感谢，所发表的致词。

### （二）答谢词的格式

答谢词的格式与其他致词大体相同。

1.称呼。先跟主人及主人方面的在场人员打招呼，如"××总裁，女士们、先生们"等。

2.开头。应对主人所做的各项安排给予高度评价，对主人的盛情及有关方面做的工作表示感谢。

3.主体。一般包含三个方面：一是对这次访问取得的收获和留下的美好印象给予肯定；

二是说明这次访问的意义、将产生的影响；三是对双方关系今后的发展提出自己的看法和希望。

4. 结尾。最好是主体部分的意思表达清楚就结束，用再次表示感谢收尾。

**（三）致答谢词应注意的问题**

1. 凡是致词都要注意口语化，要让人容易听懂，答谢词也不例外。

2. 答谢词同欢迎词一样，要巧妙地表达自己的原则立场。

3. 答谢词的篇幅应尽量短小，致词的时间不应比主人致词的时间长。

【案例】

# 连战在与胡锦涛会见时的答谢词

（2005 年 4 月 29 日）

胡总书记、各位女士、先生：

今天本人跟内人以及中国国民党三位副主席，率领很多的朋友，大家一起应胡总书记的邀请能够来访问大陆，我要在这里首先表示最由衷的感谢。

诚如总书记刚才所讲，今天的聚会是国民党和共产党六十年来的头一次，也是两岸这个情况之下五十六年来党和党见面交换意见最高层次的一次，难能可贵。

我也很坦诚地来跟各位提到，那就是这一趟来得并不容易。我一再讲台北、北京，台北、南京距离不远，但是因为历史的辛酸，让我们曲曲折折，一直到今天才能够见面。所以我说，有点相见恨晚的感觉。

当然，中国国民党、中国共产党，我们过去曾经有过冲突，我们都知道这些历史的过程。但是历史毕竟已经是过去的事情，我们没有办法在此时此刻再来改变历史，但是未来却是掌握在我们的手里。

当然，历史的进程不会是很平坦的，但是这个不确定的时代，不确定的未来，尤其给我们提供了很多很多的机会，假如我们都能够以正面的态度勇敢地来面对，以迎接未来这种主导的理念，来追求未来，我相信"逝者已矣，来者可追"。

我个人觉得，两岸今天形势的发展，实在是让我们非常遗憾。各位都知道，在 1992 年经过双方的努力，不眠不休、日以继夜的努力，当时参与的很多位都在场，我们终于能够建立一个基本的共识。在那个基础之上，我们在 1993 年进行了辜振甫先生和汪道涵先生的会谈，打破了四十多年来的一个僵局。两岸的人民同声叫好，对未来充满了希望。我那个时候主持行政的工作，也是全力地配合，表达我个人以及国民党坚定的一个意向。辜汪两位先生会谈之后，事实上带来两岸大概有八年之久的非常稳定的、发展的、密切交流的时间，非常正面的发展。

但是遗憾的是，过去这十多年来所发生的事情，大家都很了解。离开我们这样一个共同塑造愿景的进程受到了很大的挫折。但是，我也感到一个非常令我们欣慰的事情，那就是胡总书记在一两个月前所提到的对和平的一个呼吁，和平的一个愿景，可以说给我们一个很大的正面的思考方向。

今天，我个人虽然是国民党的主席，也是带着一份人文的情怀，一种和平的期盼，同时也是身为民族的一分子，来到这个地方。

我觉得我们来到这里，有几项意义，可以跟各位做一个报告：

第一，今天有人还只在从五十年前甚至于六十年前国共之间的关系、思维、格局来思考这个问题，来评断我们的访问，但是我觉得，我们已经远远超越了那个时代，已经远远超越了那个格局。

今天诚如刚才总书记所讲，我们是以善意为出发，以信任为基础，以两岸人民的福祉为依归，以民族长远的利益作目标。我相信，我们在这样的基础之上，绝对应该避免继续对峙、对抗，甚至于对撞，要的是和解，要的是对话。所以，我们也相信，这样的做法有民意的基础，有民意的力量，我在这里不必再麻烦大家举很多的数据。

第二，和平都是大家所希望的，但是和平必须要有沟通，沟通必须要有架构。什么是架构？国民党跟中国共产党，在1992年提到了"一中各表"的基础，我们也希望能够继续在这样的基础之上建构两岸共同亮丽的未来和远景。

第三，我想借这个机会特别指出，现在是我们可以总结过去历史的一个契机，让我们把握当前，让我们共同来开创未来。

所以，在这样的一个理念之下，我非常盼望，过去那种恶性的循环不要让它再出现，我们尽我们的力量能够建立一个良性的循环，从点到面，累积善意，累积互信，我相信这种面的扩充会建立一个非常坚实的基础，而不是像这种恶性的循环，怨怨相报，由点而线而面，其结果互信完全崩盘，善意不再，结果是我们大家都受到损害。

所以，今天我以这些心情很坦诚地跟总书记和各位女士、先生提到我个人亲历的一个历程。

这次五十六年以来头一次国民党主席和各位副主席以及党的干部能够到南京紫金山中山陵向中山先生致敬，心情感伤、复杂，但是我们也非常地感谢。中山先生弥留的时候一再要大家和平奋斗来救中国，和平奋斗事实上不是那个时候的一个专利，而是大家要共同努力，一直到今天，我都信奉不渝。

秉持这样的精神，我都相信双方假如继续加强我们相互的理解和信任，我相信一定会给我们两岸所有的人民带来更好的、更多的安定，更好的、更多的繁荣，同时更重要的是给两岸带来亮丽光明的希望和未来，这是我今天在这里首先跟总书记和各位表达的一些意见。谢谢！

（选自《握手在春天——连战、宋楚瑜应邀访问大陆》）

## 四、欢送词

### （一）欢送词的特点

欢送词是主人在某种较为隆重的场合，向即将离别的来宾和与之同行的亲友发表的致词。欢送词最显著的特点：一是惜别性，主人舍不得客人或亲友离开的情感溢于言表；二是期盼性，字里行间有希望客人一路平安、希望友谊长存的感情流露。

### （二）欢送词的格式

欢送词的格式同欢迎词一样，由称呼、表示欢送的话和结尾语三个部分组成。

表示欢送的话应当分为四个层次：

第一层，说明现在是为了什么人举行欢送仪式，主人是以什么身份、代表谁向宾客表示欢送的。

第二层，回顾和阐述来宾访问期间，双方在哪些问题上达成了一致的立场，取得了哪些进展；陈述加强合作和交流给双方带来的益处，阐述其深远的历史意义。如果是私人欢送词，则应注意回顾双方良好的过去、深厚的情谊，展望以后的情感会怎么样。

第三层，表达主人对今后双方合作愉快、合作领域扩宽的希望；欢送个人的则希望双方以后如何加强联系、加深友谊；希望对方事业发达、前程似锦以及希望对方身体健康等。

第四层，表示祝愿，祝对方一路平安和日后健康。

（三）致欢送词要注意的问题

1. 欢送词的抒情意味很浓，但要注意感情基调不要过于低沉，要给人以鼓舞，尤其是公务的交往更应把握好言辞的分寸。

2. 一定要注意了解来宾来访期间的活动情况，访问所取得的进展（如交换意见，形成共识，签署了什么样的联合公报，发表了什么样的联合声明，有哪些科技、贸易、文化及其他方面的合作等）。只有掌握了这些情况，欢送词的内容才会丰富、准确。

【案例】

## 中台办主任陈云林在北京首都国际机场
## 欢送亲民党大陆访问团一行致辞

（2005 年 5 月 13 日）

亲民党大陆访问团的全体成员、各位朋友：

今天，北京的各界人民和台商代表在这里欢送亲民党宋主席、张副主席以及全体访问团的成员，今天北京的天气是"东边太阳西边雨，道是无晴却有晴"，真道是"天若有情天亦老，人间正道是沧桑"。

访问团的所有的成员，在这短短的九天里，从西安到南京，从南京到上海，从上海到长沙，最后到北京，这九天里融入在我们两岸兄弟一家亲的亲情之中，九天的时间虽然暂短，但是瞬间可以创造历史，这九天的瞬间已经在两岸关系史上留下了历史的永恒。

在改善两岸关系的漫长道路上，我们还会遇到几多的波折，几多的艰辛，宋主席、张副主席和亲民党的各位朋友还可能几经磨难，但是不管有多大的磨难，我们坚信人民会终于理解我们。

亲民党反对分裂我们共同家园的斗争，请你们相信，你们的背后将永远站立着包括台湾同胞在内的 13 亿我们的兄弟姐妹、父老乡亲。飞机已经启动，各位就要登程，我们衷心地感谢亲民党、宋主席、张副主席以及各位在九天的访问里，留给了我们大陆所有同胞难忘的记忆，带来了台湾同胞对大陆同胞的深情厚意，我们也借此机会希望亲民党代表团的所有成员，带去我们对海峡彼岸我们的骨肉同胞深厚的情谊和良好的祝愿！

我们相信宋主席和张副主席率领的亲民党大陆访问团的"搭桥之旅"必将架起我们海峡

两岸心灵沟通的彩虹!

（选自《握手在春天——连战、宋楚瑜应邀访问大陆》）

## 五、祝词

### （一）祝词的功用

祝词是在庆祝节日、举行庆典等社交活动时，领导人向合作单位或公众表示祝贺的致词。

祝词适用的范围十分广泛。国际交往、国内各种场合的集会、宴会、喜庆活动等，都经常用祝词来表达祝愿之情。祝词的运用，可以促进不同国家之间、政党和组织之间的友好往来，起到沟通思想、联络感情、增进友谊、促进交流和加强合作的作用。

常见的祝词有：祝贺词、祝寿词、祝酒词等。

### （二）祝词的结构

祝词由称呼、开头、主体、结尾、落款五个部分组成。

1. 称呼。称呼是对被祝贺对象的称谓，写作要求与前面几种致词相同。

2. 开头。开头有两种写作方法：一种是表明对某种活动或者某种庆典的祝贺之意，这是开门见山的方法；另一种像演讲一样开头，运用一些技巧。

3. 主体。主体部分要尽可能生动，有激情，有新意，最好能选择一个角度，围绕一个中心话题发表自己的见解。可以分三个层次来写：

第一层，对被祝贺单位所取得的进步表示欣慰和祝贺；

第二层，陈述对方的发展对自己或自己所代表的单位的意义；

第三层，对对方光明前景的展望。

4. 结尾。用一句话祝愿对方拥有一个美好的未来。

5. 落款。致词人的单位和致词日期。由于主持人已经作了介绍，就不必念出来。

### （三）致祝词要注意的问题

1. 要充满诚意，情感炽烈，富于启发性、鼓动性和感染力。

2. 要短小、精悍，紧凑有力。

3. 祝词属于演讲词的范畴，无论是口头语言还是体态语言，都应当讲究技巧。

【案例】

## 谨祝各位圣诞快乐

[英] 温斯顿·丘吉尔

各位为自由而奋斗的劳动者和将士：

我的朋友、伟大而卓越的罗斯福总统，刚才已经发表过圣诞前夕的演说，已经向全美国的家庭致友爱的献词。我现在能追随骥尾讲几句话，内心感到无限的荣幸。

我今天虽然远离家庭和祖国，在这里过节，但我一点也没有异乡的感觉。我不知道，这是由于我本人的母系血统和你们相同，抑或是由于本人多年来在此地所得的友谊，抑或是由于这两个文字相同、信仰相同、理想相同的国家，在共同奋斗中所产生出来的同志感情，抑或是由于上述三种关系的综合。总之我在美国的政治中心地——华盛顿过节，完全不感到自己是一个异乡之客。我和各位之间，本来就有手足之情，再加上各位欢迎的盛意，我觉得很应该和各位共坐炉边，同享这圣诞之乐。

但今年的圣诞前夕，却是一个奇异的圣诞前夕。因为整个世界都卷入一种生死搏斗之中，使用着科学所能设计的恐怖武器来互相屠杀。假若我们不是深信自己对于别国领土财富贪图的恶念，没有攫取物资的野心，没有卑鄙的念头，那么我们今年的圣诞节，一定很难过。

战争的狂潮虽然在各地奔腾，使人们心惊胆战，但在今天，每一个家庭都在宁静的、肃穆的气氛里过节。今天晚上，我们可以暂时把恐惧和忧虑抛开、忘记，而为那些可爱的孩子们布置一个快乐的晚会。全世界说英语的家庭，今晚都应该变成光明的和平的小天地，使孩子们尽量享受这个良宵，使他们因为得到父母的礼物而高兴，同时使我们自己也能享受这种无牵无挂的乐趣，然后我们担起明年艰苦的任务，以各种的代价，使我们孩子所应继承的产业，不致被人剥夺；使他们在文明世界中所应有的自由生活，不致被人破坏。因此，在上帝庇佑之下，我谨祝各位圣诞快乐。

（选自《世界名人演说精粹》）

这是丘吉尔于1944年访问美国时所作的一段圣诞祝词。祝词从共同的血缘、文字、信仰出发，将自己同美国人民的心联结在一起，把自己融化在听众之中。这种精心求同的演讲策略使双方的情感一下子拉近，这是一篇构思充满智慧的祝词。

**思考题**

1. 怎样致迎宾词和会议欢迎词？应注意什么问题？
2. 致答谢词要表达哪三个方面的内容？应注意什么问题？
3. 欢送词的主体要表达哪四个层次的内容？应注意什么问题？
4. 祝词要写清哪三个层次的内容？应注意什么问题？

# 第四章　沟　　通

　　假如人际沟通能力也是同糖或咖啡一样的商品的话，我愿意付出比太阳底下任何东西都珍贵的价格购买这种能力。

——［美］洛克菲勒

　　沟通是信息交流的重要手段，它就像一座桥梁，连接着不同的人、文化和理念。良好有效的沟通能让交流的双方充分理解彼此的意愿，达成共识。

　　美国著名未来学家奈斯比特曾指出，"未来竞争是管理的竞争，竞争的焦点在每一个社会组织内部成员之间及其外部组织的有效沟通上"。管理者与被管理者之间的有效沟通是一切管理艺术的精髓。不同的沟通方式，会产生迥异的沟通效果。

## 第一节　　沟通综述

　　在人类的生存活动和社会活动中，沟通是一项不可或缺的内容。我们只要多留心周围的事情便会发现，任何情侣、夫妻、亲属、邻里之间以及商业、社交、公务、管理等活动都离不开沟通。

　　婴儿从出生开始，就要通过学习与父母沟通来认识世界；幼儿通过与伙伴沟通，进行游戏和玩耍；学生必须与教师沟通，才能获得知识；青年必须与异性沟通，才能获得爱情；下级应该与上级沟通，以获得理解和支持；老板必须与下属沟通，以完成经营目标；商家必须与客户沟通，以改善经营；政治家必须与民众沟通，以获得支持。事实上，人在醒觉状态时约70％的时间都在做这样或那样的沟通，与人交谈、读书看报、上课听讲、看电视、听广播、上网聊天等都属于沟通。既然沟通与我们的生活如此密切相关，那么我们就有必要掌握一些沟通的知识，让沟通架起一座人与人之间交流的桥梁。

### 一、什么是沟通

　　美国著名学府普林斯顿大学对一万份人事档案进行分析时发现，"智慧"、"专业技术"和"经验"只占成功因素的25％，其余75％取决于良好的人际沟通；哈佛大学就业指导小组调查结果显示，在500名被解职的员工中，因人际沟通不良而导致工作不称职者占82％。企业执行力不好，其中最大的问题源自于沟通不畅，也就是说，执行者没有搞清楚事情的来龙去脉就开始执行操作，会使出现失误的概率大幅提高。

　　那么，究竟什么是沟通呢？关于沟通的解释，可谓众说纷纭、莫衷一是。一般认为，沟通是指为了实现设定的目标，把信息、思想和情感在个人或群体间传递并最终达成协议的过程。

## 二、沟通的特点

### (一) 沟通必须有发起方

沟通必须有发起方，即要有一方主动去沟通。例如，教师给学生上课，教师就是发起方；下属找上级汇报工作，下属就是发起方；上级找下属谈话，上级就是发起方。

### (二) 沟通是有目的的

沟通都是带有目的的。例如，教师上课是为了把知识传授给学生；下属找上级沟通，通常是为了向上级汇报工作情况、寻求理解或支持；上级找下属沟通的目的通常是表扬、批评、提拔或者调整下属的工作岗位等。

一般来讲，沟通的目的主要包括：

1. 向被沟通者寻求支持或理解；

2. 与被沟通者达成协议或谅解；

3. 向被沟通者介绍、汇报情况；

4. 向被沟通者宣传观点、理念等；

5. 在被沟通者处寻找工作、销售等机会；

6. 向被沟通者销售产品等。

### (三) 沟通是信息的传递

沟通的实质是信息的传递，我们可以通过语言、表情、姿势、动作、文字、图片等各种手段传递信息。

### (四) 沟通时不仅要传递信息，还要被对方理解

沟通过程中，信息发送者首先要把传送的信息"编码"成符号，接受者则进行相反的"解码过程"。如果信息接受者对信息类型的理解与发送者不一致，则会导致沟通障碍和信息失真。例如，如果一位导弹专家向非导弹专业的大学生介绍导弹的特点、性能指标、最新技术等情况，应尽量使用通俗易懂的语言，少讲术语，多用比喻。如果使用太过专业化的语言，大学生很可能理解不了，自然对其介绍的内容也失去了兴趣。

### (五) 沟通是一个双向、互动的反馈和理解过程

我们每天都在进行沟通，但这并不表明我们是一个成功的沟通者。沟通不是一种纯粹单向的个体行为，而是一个双向、互动的活动。例如，你告诉了对方你所要表达的信息，但这并不意味着对方已经与你沟通了。因为沟通的目的不是行为本身，而在于结果。如果对方并未对你发出的信息作出反馈，那就没有达成沟通。

## 三、沟通的类型

一般来说，沟通可分为口头沟通和书面沟通。沟通中的绝大部分信息都是通过口头传递的。口头沟通方式灵活多样，既可以是两人之间的娓娓深谈，也可以是群体中的雄辩舌战；既可以是正式的磋商，也可以是非正式的聊天；既可以是有备而来，也可以是即兴发挥。口头沟通是所有信息沟通中最直接的方式，其优点是快速传递和即时反馈，其缺点是信息在传递过程中存在失真的可能性。

　　书面沟通是指通过书面记录进行沟通的方式。如通过书信、电子邮件、报刊、图书等方式进行沟通。书面沟通时，信息发送者与接收者双方都拥有沟通的记录，且沟通的信息可以长期保存，可作为法律证据等。此外，如果对信息的内容有疑问，完全可以过后查询，这一点对企业来说尤为重要。书面沟通记录的信息，也可以促使他们对自己要表达的信息更认真地进行思考。

　　我们后面所研究的几种沟通方式均为口头沟通。

## 四、常见的沟通障碍

### （一）沟通障碍的主要来源

　　沟通障碍主要来自三个方面：发送者的障碍、接受者的障碍和信息传播通道的障碍。

　　1. 发送者的障碍

　　在沟通过程中，信息发送者的情绪、倾向、个人感受、表达能力、判断能力等都会影响信息的完整传递。其障碍主要表现在：

　　（1）沟通目的不明确；

　　（2）表达能力不佳；

　　（3）信息传送不全；

　　（4）信息传递不及时或不适时；

　　（5）知识经验的局限；

　　（6）对信息有意识或无意识的过滤。

　　2. 接受者的障碍

　　从信息接受者的角度看，影响信息沟通的障碍因素主要有如下几个方面：

　　（1）信息译码不准确；

　　（2）对信息有意识或无意识地筛选；

　　（3）对信息的承受力不佳；

　　（4）心理上的障碍；

　　（5）受主观因素或现有认识的影响；

　　（6）受情绪影响。

　　3. 信息传播通道的障碍

　　沟通通道的障碍也会影响到沟通的效果，主要有以下几个方面：

　　（1）选择沟通媒介不当。例如，对于重要事情而言，口头传达效果较差，因为接受者认为"口说无凭、随便说说"而不加重视。

　　（2）几种媒介相互冲突。当信息以几种形式同时传送时，如果相互之间不协调，便会使接受者难以理解传递的信息内容。例如，领导表扬下属时如果面部表情很严肃甚至皱着眉头，就会让下属感到迷惑。

　　（3）沟通渠道过长。组织机构庞大，内部层次多，从最高层传递信息到最低层，或从低层汇总情况到最高层，中间环节太多，就容易使信息损失较大。

　　（4）外部干扰。信息沟通过程经常会受到自然界各种物理噪音、机器故障或其他事物干扰，甚至双方距离太远，沟通效果都会受到影响。

## （二）克服沟通障碍的主要方法

针对前面各种常见的沟通障碍，可采用如下方法加以克服：

### 1. 沟通要有认真的准备和明确的目的性

沟通者自己首先要对沟通的内容有正确、清晰的理解。重要的沟通最好事先征求他人意见，每次沟通要解决什么问题、达到什么目的，不仅沟通者清楚，而且要尽量使被沟通者也清楚。此外，沟通不是下达命令、宣布政策和规定，而是为了统一思想、协调行动，因而沟通之前应对问题的背景、解决问题的方案及其依据和资料、决策的理由和对组织成员的要求等做到心中有数。

### 2. 沟通内容要确切

沟通内容要言之有物，有针对性，语意要确切、准确，要避免含糊的语言，更不要讲空话、套话和废话。

### 3. 沟通要有诚意

有人对经理人员的沟通做过分析：他们一天中用于沟通的时间约占 $90\%$，其中撰写占 $9\%$，阅读占 $16\%$，言谈占 $30\%$，聆听占 $35\%$。但一般经理都不是一个好听众，效率只有 $25\%$。究其原因，主要是缺乏诚意，这大多发生在自下而上的沟通中。因此，要提高沟通效率，必须诚心诚意地去倾听对方的意见，这样对方才能把真实想法说出来。

### 4. 提倡平行沟通

所谓平行沟通，是指车间与车间、科室与科室、科室与车间等在组织系统中同一个层次上的相互沟通。有些领导者整天忙于当仲裁者的角色，而且乐于此事，想以此显示自己的权威，这是不明智的。领导的重要职能是协调，主要是对目标和计划的协调，而不是对日常活动的协调。日常活动的协调应尽量鼓励在平级之间进行。

### 5. 提倡直接沟通、双向沟通及口头沟通

美国曾有人对经理人员进行过调查，请他们选择良好的沟通方式，结果有 $55\%$ 的经理认为直接听口头汇报最好，$37\%$ 喜欢下去检查，$18\%$ 喜欢定期召开会议。另外一项调查是：部门经理在传达重要政策时认为哪种沟通最有效，共调查了 57 人，其中，选择召开会议口头说明的有 28 人，亲自接见重要工作人员的有 18 人，在管理公开会上宣布政策的有 6 人，在内部备忘录上说明政策的有 5 人。这些都说明，倾向于面对面的直接沟通、口头沟通和双向沟通者居多。

### 6. 设计固定沟通渠道，形成沟通常规

常规沟通渠道的形式很多，如定期会议、报表、情况报告、相互交换信息等。

总之，克服沟通障碍不只是工作方法问题，更根本的是管理理念问题。发达国家的现代企业流行"开门政策"、"走动管理"，是基于尊重、了解实情、组成团队等现代管理理念，沟通只是这种理念的实现途径。因此，如何克服沟通障碍以及如何建立高效、通畅的沟通，应站在管理理念和价值观的高度，妥善地加以处理。

## 五、大学生沟通技巧与艺术

### （一）大学生掌握沟通技巧的重要意义

一般说来，具有良好人际关系的学生大都具有开朗的性格和热情乐观的品质，从而能够

正确认识、对待各种现实问题，化解学习、生活中的各种矛盾，形成积极向上的优秀品质，迅速适应大学生活。相反，如果缺乏积极的人际交往，不能正确地对待自己和别人，心胸狭隘、目光短浅，则容易形成精神上、心理上的巨大压力，难以化解心理矛盾。严重的还可能导致心理疾病，如果得不到及时的疏导，可能形成恶性循环而严重影响身心健康。

孔子曾说过，"独学而无友，则孤陋而寡闻"。沟通可以帮助我们加深对自身以及对别人的认识。在沟通的过程中，彼此从对方的言谈举止中认识了对方；同时，又从对方对自己的反馈和评价中认识了自己。交往面越宽，交往越深，彼此的认识越完整，越深刻。只有对他人认识全面，对自己认识深刻，才能得到别人的理解、同情、关怀和帮助。沟通是协调集体关系、形成集体合力的纽带，同时一个良好的集体能促进青年学生优良个性品质的形成。如正义感、同情心、乐观向上等都是在民主、和睦、友爱的人际关系中成长起来的。良好的沟通还能够增进学生的集体凝聚力，成为集体中最重要的教育力量。

一项针对大学生职业适应能力的调查显示，有41.98％的学生认为沟通能力的训练是"找工作时对自己特别有帮助的教育内容"，大大超过了专业能力训练（14.9％）、基础知识与技能的训练（17.5％）和心理素质教育（17.5％）等其他知识能力。而在回答"通过择业，你感到自己特别欠缺的素质是什么"时，大学生选择沟通能力的比例最高，达34.8％，排在分析与解决问题的能力（28.8％）、操作技能（25.9％）、基础知识（4.6％）之前。

良好的社交心理素质与沟通技巧不是与生俱来的，只有在社会化过程中不断地接受系统训练才能获得。而目前，沟通能力的培养恰恰是教育教学内容中的薄弱环节。

### （二）大学生沟通处事的技巧建议

1. 看穿但不说穿。很多事情，只要自己心里有数就好，没必要说出来。

2. 高兴就笑，让大家都知道。悲伤，就假装什么也没发生。

3. 在不违背原则的情况下，对别人要宽容，能帮就帮，不要把人逼到绝境。

4. 快乐最重要，和让自己快乐的人在一起，远离让自己伤心的人和事。

5. 不要总在别人面前倾诉自己的困境，袒露自己的脆弱。

6. 没有十全十美的事物，没有十全十美的人。关键是要弄清楚自己到底想要什么，得到想要的，肯定会失去另外一部分。如果什么都想要，只会什么都得不到。

7. 在某些情况下，善忘是一件好事。它可以使人变得宽容和大度，而不是终日拘泥于一些微不足道的小事。

8. 两个人同时犯了错，站出来承担的那一方叫宽容。

9. 对自己不喜欢的人，可以报之以沉默、微笑。

10. 不要做刺猬，尽量不与人结仇，有些事情也没必要记在心上。

11. 学会妥协的同时，也要坚持自己最基本的原则。

12. 不要停止学习。不管学习什么，语言、厨艺、各种技能等。

13. 钱很重要，但不能依靠别人或父母，自己一定要有自力更生的能力。

14. 不要太高估自己在集体中的力量，因为选择离开时就会发现，即使没有自己，太阳照常升起。

15. 过去的事情可以不忘记，但一定要放下。

16. 即使输掉了一切，也不要输掉微笑。

17. 不管做了什么选择，都不要后悔，因为后悔也于事无补；人生就是不断地在做选择题，不断地后悔只会带来无尽的烦恼。

18. 不要因为冲动说一些过激的话。

19. 不要轻易许下承诺，做不到的承诺比不承诺更可恶。

20. 不要觉得不了解也会有爱情。在不了解的时候，仅仅是喜欢；当彼此的缺点暴露出来以后，很多时候喜欢也就结束了。

21. 多数情况下说话可以很直接，直爽总比虚伪好。

【小测试】

你是否受人喜欢？对下列题目做出"是"或"否"的选择。

1. 在匆忙行走的路上，别人向你打招呼，你会停下脚步同他聊聊吗？

2. 与朋友交谈时，你是否总是以自己为中心？

3. 聚会中不到人人都疲倦时，你不会告辞吗？

4. 不管别人有没有要求，你都会主动提出建议，告诉他应该如何去做吗？

5. 你讲的故事或轶事是否总是又长又复杂，别人需要耐心去听？

6. 当他人在融洽地交谈时，你是否会贸然插话？

7. 你是否经常会津津有味地与朋友谈起一些他们不认识的人？

8. 当别人交谈时，你是否会打断他们的谈话内容？

9. 你是否觉得自己讲故事给人听，比别人讲给你听有意思？

10. 你要朋友信守诺言，常提醒他"你记得吗？"或"你忘了吗？"，如果他们忘记了，你是否会坚持说他们一定记得？

11. 你是否坚持要朋友阅读你认为有趣或值得一读的东西？

12. 你是否打电话时说个没完，让其他人在一旁等得着急？

13. 你是否经常发现朋友的短处，并要求他们改进？

14. 当别人谈到你不喜欢的话题时，你是否就不说话了？

15. 对自己种种不如意的事情，你是否总喜欢找人"诉苦"？

评分规则：每题答"是"记1分，答"否"记0分。将各题得分相加，统计总分。你的总分如果低于5分，说明你很受人喜欢。

【案例】

## 沟通中的角色问题

著名的英国女王维多利亚与其丈夫阿尔伯特相亲相爱，感情十分和谐。但是由于维多利亚是一国之君，成天忙于公务，出入于社交场合，而她的丈夫阿尔伯特却和她相反，对政治不太关心，对社交活动也没有多大的兴趣，所以两人有时会闹一些别扭。

有一天，维多利亚女王又去参加社交活动，而阿尔伯特却没有去。当女王回到寝宫时已是深夜，只见房门紧闭着。于是女王走上前去敲门。

房内，阿尔伯特问："谁呀？"

女王回答道："我是女王。"

但是门没有开，女王再次敲门。

阿尔伯特又问道："谁呀？"

女王略带气愤地说："维多利亚。"

门还是没有开。女王徘徊了半晌，又上前敲门。

阿尔伯特仍然耐心地问："谁呀？"

女王温柔地答道："你的妻子。"

这时，门开了……

**【分析】**

每个人在生活中都扮演着多种角色。例如，我们是老师眼中的学生，长辈眼中的晚辈，同学眼中的同学，朋友眼中的朋友。那么，我们应该根据沟通对象的不同，把握好自己的角色定位。在本例中，维多利亚虽贵为女王，但对于丈夫而言，她的角色是妻子。因此，她应站在妻子的角度理解丈夫的所思所想，与丈夫进行沟通。

# 第二节　工作交流

## 一、工作交流的定义

这里说的工作交流，简单地说，就是与工作相关联，彼此以口头形式进行的沟通行为。它包括机关、企事业单位的工作人员，在从事办公、生产、经营及其他业务活动时，因指挥、执行而发生的上传下达和情况反馈，也包括个人与组织、组织与组织之间的相互沟通。

工作交流实际上是信息的收集、加工、整合与利用的重要形式之一。实物和文献在传递信息时都有各自的局限性，而口头信息对这种局限性的弥补具有重要意义。口头信息在学术研究、科技活动和经济建设中有不可低估的作用。一个企业所需的信息，不一定都能从文献中得到，美国一些公司的档案系统就保留着口述档案供分析研究用。

## 二、工作交流的特点

由于工作交流使用的是职场语言，责任是交流的核心标志，所以"公事公办"是工作交流语言的基本特征。具体而言，它具有以下特点：

### （一）交流的严肃性

工作中不论是指挥、安排、督促，还是汇报、反馈情况，都必须对讲话的内容负责任，因为所说的话会产生不同的后果，所以，说什么、怎么说都必须严肃、准确、慎重、规范。

### （二）内容的明确性

内容明确，意思清楚，才能使听话的人准确掌握情况，作出准确的判断，以利于正确决策并执行，确保工作顺利开展并取得良好效果。工作交流不允许语言含混不清，模棱两可，让人不知所云。

### （三）表述的简洁性

为了提高工作效率，工作交流必须语言简洁、内容精练、时效性强。正所谓"时间就是金钱，效益就是生命"，也应当在工作交流上体现出来。有的西方国家的企业开会要计算会议成本，限制员工发表意见的时间，这是值得借鉴的。

### （四）语言的适应性

国家推广普通话，交流时提倡采用普通话，这是华夏民族语言的发展方向。但让十三亿人都用普通话交流，肯定要有一个过程，甚至是一个漫长的、艰巨的过程。因此，在现实生活中，要达到顺利沟通的目的，就要求沟通的双方能够互相适应对方的语言，说出来的话、做出来的体态动作要让对方能够完全明白。若不然，就会影响工作，造成交流障碍。

## 三、工作交流的特殊要求

口头的工作交流，表达是否科学、准确、恰当和到位，直接关系到工作效果如何。在实践中我们应当掌握其特殊要求。

### （一）要直率，但不能粗率

因为工作过程始终追求的是目标的实现，每一个环节都有很强的时效性，同时又具有风险性，无论是指挥者还是执行者，表达时必须表里如一，直言相告，不能吞吞吐吐，否则可能贻误时机，严重的会造成工作的损失。但是，直率不等于盲目、冒失，不经思索，不合时宜，不分对象，只图说得出口，那就变成粗率了。例如，有一个煤矿，主管安全的领导下基层检查工作，他走到井口的时候，正好赶上一批工人准备下井。他当着众人的面对其中的采煤队长说："你们要时刻把安全放在第一位呀，昨天××县一个小煤窑瓦斯爆炸，死了十几个人，知道吗？所以你们绝对不能违章作业！"他说这话本来是善意的提醒，但工人下井的时候最忌讳说"死"字，结果由于这件事导致工人情绪不稳定而影响了一个班的生产。在现实生活中，这种事可以说屡见不鲜。粗率不仅可能在工作中产生负面影响，还有损于说话者的形象。

### （二）要平易，但不能失态

这一点对于领导者尤其重要。布置任务，安排工作，不能总是用命令的口气，在很大程度上要通过语言的技巧调动下属的积极性。特别是领导在做思想说服工作和疏导工作时，说话谦和，不摆架子，平易近人，创造一种和谐的人际环境，使下属在愉悦的氛围中开展工作。但什么事情都有一个度，过于随意，口无遮拦，甚至插科打诨，那就有失领导身份，轻则冲淡交流主题，重则有损个人和组织形象。例如，有一个上司给下属安排工作，希望他把事情办好，最后却说了一句："在家靠父母，出门靠朋友，这事就全靠你帮忙了。"这个上司给人的印象是在搞江湖义气，很不严肃。还有一个基层单位的领导，给下级作指示时爱用歇后语，但由于他用的歇后语大多很粗俗，每次只要他说话，女同志便纷纷离场，十分尴尬。

体态语言的运用也要得体，有的人不分男女老幼，总喜欢手往人家肩膀上搭，往人家身上拍，常常引起别人的反感。因此，不失态是工作交流时应当特别注意的问题。

### （三）要谦逊，但不能虚伪

谦逊是一种美德，也是一种风度。自以为是，把别人当作说教的对象，这是工作交流的大忌。谦逊的标志是诚实、实在，但谦逊过了头就是虚伪。一个说话虚伪的人，只会失信于人，只能让人产生警惕心理，交流的效果可想而知。某单位的一位领导，准备把一名中层干部调到一个艰苦的岗位上去，但找他谈话时不是从工作需要、能力胜任和服从安排的要求上做工作，而是一开口就说："这事考虑来考虑去我也不好找别人，我们之间兄弟一样的，有事不靠兄弟靠谁？所以你看在老兄的面子上，把这个担子担起来。"谁知这个中层干部是个急性子，根本不买账，一句话顶了回去："别老是讲兄弟一样的，我都听厌了。你不跟哪个都是讲兄弟一样的吗？我担当不起，这事我也干不了，你另请高明吧。"结果两人不欢而散。如何掌握谦逊与虚伪的区别呢？我们在开口说话之前，要先想一想自己是否出自真心，是否持有诚意，只要内心是坦诚的，说出话来就不会给人虚伪之感。

**（四）要谨慎，但不能含糊**

实际生活中的工作交流，有领导给下级作指示、上司给下属布置工作、下级向上级报告工作、相互之间介绍情况等形式。工作交流是很严肃的事情，开口之前一定要考虑成熟，想想自己的话符不符合客观实际，符不符合政策和本单位的实际，说出来有什么作用，有什么后果。所谓慎思、慎言，深思熟虑，三思而后说，这都是争取少出错或不出错的重要前提。但如果为了避免不说错话而过于谨小慎微，瞻前顾后，什么事都是"研究研究"、"考虑考虑"、"再说吧"、"再看吧"，那就等于什么也没说，听的人不知所云，执行起来无所适从。有个街道办事处的领导向县政府领导汇报，说他们那里垃圾堆在马路边上，既堵塞交通又影响居民环境，群众反映强烈，希望县里投资建个垃圾站。那位县领导只说了三句话"是一个问题"、"你们的想法不错"、"绝不允许交通和居民环境受影响"，就再没有了下文。这事后来被媒体曝光，那位县领导反过来责怪办事处对他的指示贯彻不力，让人啼笑皆非。在现实生活中更有甚者，就是耍滑头，撂担子，不作为，明哲保身，但求无过，这是最不可取的。

# 第三节　领导指示与布置工作

## 一、领导怎样向下级作口头指示

### （一）口头指示的特点

向下级作口头指示，一般是领导人在当面听取下级的汇报以后，或者通过其他途径掌握了下级的情况后，及时提出的一种指导性、表态性意见。口头指示一般有当场指示和电话指示两种。

口头指示有三个特点：

1. 表态性。就是对下级的汇报表明态度，对下级所做的工作作出客观的评价。

2. 政策性。虽然是一种口头表态，但因为是代表上级机关说话，所以所讲的内容必须体现党和国家的方针政策，体现上级组织或管理部门的统一意志。

3. 指导性。根据下级前段工作的情况，提出有高度、有见地、符合政策、符合实际、切实可行的努力方向。

### （二）口头指示的内容

口头指示一般由两部分组成，一是对下级汇报的情况表态；二是对今后的工作提出指导性意见。其中，第二部分是指示的重点，一般要分条表述，既便于自己能说清楚，也便于下级作记录。

1. 对下级汇报的情况表态。表态要体现"一分为二"的辩证思想，既肯定成绩，又指出问题。首先，对下级取得的成绩中具有特色的部分、值得借鉴的做法、创造性的经验，要予以充分肯定，目的是给下级"打气"，使下级继续努力。其次，要提醒下级对那些趋向性的、影响全局的问题引起重视，以便其吸取教训，改进工作。

2. 对今后的工作提出指导性意见。主要针对三个方面：一是下级在贯彻上级和管理部门的政策、意图上没有引起重视或重视不够的问题；二是下级当前存在的主要问题；三是下级虽然做了工作，但力度不够的问题。

### （三）口头指示要注意的问题

1. 注意准确性。只有准确，指示才有分量，否则下级将无所适从。一方面，领导在下级汇报的时候要集中精力，认真倾听，最好能边听边记；另一方面，在可能的情况下，领导不妨事先走走看看，做些调查。在这一基础上，领导要明确提出下级应当从哪些方面努力，而不是模模糊糊或脱离实际，使下级感到困惑，造成执行上的困难。

2. 注意针对性。一定要就事论事，有的放矢，抓准问题，把话说在点子上。如果问题比较多，则要突出主要问题，抓大放小，有的领导由于对情况掌握不全面，或者对业务不熟悉，常常对一些次要问题过于强调，而对可能影响大局的问题却轻描淡写，一句带过，本末倒置。

3. 注意概括性。指示要简明扼要，提纲挈领，对下级汇报的成绩和问题只是扼要地点一下，不要照葫芦画瓢重复一遍。领导作指示时要注意条理化，清清楚楚，以便下级能理解、能记住。

4. 要注意"度"。不论是肯定成绩还是指出问题，领导都要注意分寸，恰到好处，以起到鼓舞和鞭策下级的作用。

【案例】

## 对晋绥日报编辑人员的谈话

同志们是办报的。你们的工作，就是教育群众，让群众知道自己的利益，自己的任务，和党的方针政策。办报和办别的事一样，都要认真地办，才能办好，才能有生气。我们的报纸也要靠大家来办，靠全体人民群众来办，靠全党来办，而不能只靠少数人关起门来办。

……善于把党的政策变为群众的行动，善于使我们的每一个运动，每一个斗争，不但领导干部懂得，而且广大的群众都能懂得，都能掌握，这是一项马克思列宁主义的领导艺术。我们的工作犯不犯错误，其界限也在这里。当着群众还不觉悟的时候，我们要进攻，那是冒险主义。群众不愿干的事，我们硬要领导他们去干，其结果必然失败。当着群众要求前进的时候，我们不前进，那是右倾机会主义。……这些问题有许多同志还不懂得。我们的报纸要好好地宣传这些观点，使大家都能明白。

报纸工作人员为了教育群众，首先要向群众学习。同志们都是知识分子。知识分子往往不懂事，对于实际事物往往没有经历，或者经历很少。……要使不懂得变成懂得，就要去做去看，这就是学习。报社的同志应当轮流出去参加一个时期的群众工作，参加一个时期的土地改革工作，这是很必要的。在没有出去参加群众工作的时候，也应当多听多看关于群众运动的材料，并且下功夫研究这些材料。……报社的同志也要经常向下边反映上来的材料学习，慢慢地使自己的实际知识丰富起来，使自己成为有经验的人。这样，你们的工作才能够做好，你们才能担负起教育群众的任务。

《晋绥日报》在去年六月的地委书记会议以后，有很大进步。内容丰富，尖锐泼辣，有朝气，反映了伟大的群众斗争，为群众讲了话。我很愿意看它。但是从今年一月开始纠正"左"的偏向以后的这一时期，你们的报纸却有点泄气的样子，不够明确，不够泼辣，材料也少了，使人不大想看。你们现在正在检查工作，总结经验，这样很好。总结了反"右"反"左"的经验，使头脑清醒起来，你们的工作就会有改进。

经过检查工作、总结经验以后，我相信，你们的报纸会办得更好。应当保持你们报纸的过去的优点，要尖锐、泼辣、鲜明，要认真地办。我们必须坚持真理，而真理必须旗帜鲜明。我们共产党人从来认为隐瞒自己的观点是可耻的。我们党所办的报纸，我们党所进行的一切宣传工作，都应当是生动的，鲜明的，尖锐的，毫不吞吞吐吐。这是我们革命无产阶级应有的战斗风格。我们要教育人民认识真理，动员人民起来为解放自己而斗争，就需要这种战斗的风格。用钝刀子割肉，是半天也割不出血来的。

（选自《毛泽东选集》第四卷）

## 二、上司怎样向下属口头布置工作

### （一）口头布置工作的特点

口头布置工作就是上司向下属当面交代任务的一种安排性发言。它有四个特点：

1. 权威性。既然是交代任务，就是必须执行、必须完成的，它具有很大的"命令"成分。

2. 明确性。它要让下属知道做什么，怎么做，什么时候做完。

3. 可行性。布置工作要从实际出发，要考虑目前具备的条件，任务的轻重要考虑通过努力是能够完成的，应尽可能留有余地。当然也不能保守，任务太轻同样不利于调动积极性。

4. 实际性。布置工作虽然具有"命令"的特点，但又要给下属结合实际情况发挥创造性和主动性留有空间。

### （二）口头布置工作的方法

第一步，先跟下属打招呼，提示下属注意。口气尽可能热情一点，让人感觉亲切，如"各位朋友，早上好！"

第二步，说一句动听的话，进入话题。如"你们辛苦了。现在有一项新的任务要你们完成。"

第三步，交代工作内容。这是布置工作的主要部分，工作内容包括：

1. 要完成的任务。即具体工作项目、工作数量和要达到的标准等。

2. 对完成任务的要求。包括责任要求、时间要求、步骤要求、质量要求、安全要求、保密要求等。

3. 说明完成任务的措施。也就是通过哪些途径、采用哪些方法来确保任务按时完成。如技术力量的调整、工作时间的调整、设施设备的调度以及配套的安全措施、环境设施、经济措施等。

4. 简要分析完成任务的意义、面临的有利条件和存在的困难。目的是使下属心中有数，激发其主人翁意识，并且正确估计形势，树立完成任务的必胜信心。

第四步，提出希望。说一句鼓励的话，如"你们是最棒的，你们一定能出色完成这次任务！我等候你们的好消息。"

### (三) 口头布置工作的要求

1. 要明白、具体。口头布置工作与作指示不是一回事，它既不对前段做的事情表态，也不对今后的努力方向作原则性的指导，而是直接下达具体的工作任务，其性质是指令性的。因此，上司一定要把任务、要求、措施说明白，说具体，便于下属操作。

2. 要言简意赅。上司布置工作一般受到时间和地点的局限，常常具有紧迫性，因而切不可长篇大论，应当紧紧抓住做什么、怎么做、什么时候做完等问题作出清晰的交代。

3. "严格"与"尊重"相结合。对下属布置工作是讲原则的，是不容许下属抵触的。但作为上司，要尊重下属的智慧、尊重下属的人格，对下属提出的建议要认真倾听，绝不可独断专行，要善于调动下属的主动性和创造性，以便使其工作做得更好。

### 【案例】

孔明……聚诸将听令，先教云长："引一千军去白河上流头埋伏。各带布袋，多装沙土，遏住白河之水；至来日三更后，只听下流头人喊马嘶，急取起布袋，放水淹之，却顺水杀将下来接应。"

又唤张飞："引一千军去博陵渡口埋伏。此处水势最慢，曹军被淹，必从此逃难，可便乘势杀来接应。"

又唤赵云："引军三千，分为四队，自领一队伏于东门外，其三队分伏西、南、北三门，却先于城内人家屋上，多藏硫黄焰硝引火之物。曹军入城，必安歇民房。来日黄昏后，必有大风；但看风起，便令西、南、北三门伏军尽将火箭射入城去；待城中火势大作，却于城外呐喊助威，只留东门放他出走。汝却于东门外从后击之。天明会合关、张二将，收军回樊城。"

再令糜芳、刘封二人："带二千军。一半红旗，一半青旗，去新野城外三十里鹊尾坡前屯住。一见曹军到，红旗军走在左，青旗军走在右。他心疑必不敢追。汝二人却去分头埋伏。只望城中火起，便可追杀败兵，然后却来白河上流头接应。"

孔明分拨已定，乃与玄德登高了望，只候捷音。

（选自《三国演义》第四十回）

这是出自《三国演义》里诸葛亮火烧新野的故事。诸葛亮给下属布置工作，有明确的目标，有具体的任务，有清晰的分工，有如何执行的步骤，使下属知道做什么、怎么做、什么时候做完。他本人也把整盘棋如何走安排得井井有条。此战曹军损失惨重，成为诸葛亮的神来之笔。

# 第四节 下级向上级报告情况

## 一、下属向上司口头报告情况的特点和内容

### （一）口头报告情况的特点

下属向上司口头报告情况，是指对前一段时间的总体工作或者对某一个方面的工作的口头汇报。

它有三个特点：

1. 被动性。这样的报告一般是应上司的要求作出的，具有随机性和临时性。汇报哪一方面的情况，汇报哪一阶段的情况，是由上司临时决定的，因而它对下属来说往往处于"被动"状态。

2. 真实性。下属汇报的情况是上司行使管理方略的重要依据，因而它要求真实反映情况。任何不准确的、虚假的甚至错误的情况，都会造成管理的失策或者失误。

3. 价值性。不论是介绍情况还是分析问题，都应当是重要的、事关工作大局的、具有典型意义的事情，要有代表性和规律性，能为上司提供具有参考价值的信息。

### （二）怎样口头报告情况

向上司报告情况，是工作中经常遇到的情形。那么，究竟向上司报告哪些情况，说一些什么内容？这是由工作的具体性质决定的。

每一项工作都有不同的性质，报告的内容自然不一样。但不管具体内容是什么，概括起来说，一般要报告的主要是三种情况：第一种是前一阶段的工作情况；第二种是当前发生问题的情况；第三种就是对未来的某一情况进行预测的报告。

这三种情况，报告的侧重点是不同的，这就必须听清楚上司的提问，看上司要求你报告哪一方面的情况。上司要求你报告的，就应当有条理地说清楚，上司没有要你报告的，就不要节外生枝。

## 二、怎样报告工作情况

报告工作情况有两种类型。

### （一）专项性工作报告

所谓专项性工作，是指某一个具体项目的执行情况或进展情况，譬如说环境治理、学生减负等。一般要说明以下问题：

1. 这项工作或这个项目是从什么时候开始的，已经进行了多长时间，涉及哪些方面。

2. 目前进度如何。也就是工作进行的程度是否与事前计划的要求一致，是否符合预期目标，这是报告的重点。报告"进度"时要注意当前指标与计划指标的比较，尽可能用数据量化说明。

3. 如果工作效果明显，要抓住重点说明做得好是因为采取了哪些有效措施；如果进度没有达到预期目标，则要说明主要原因。

4. 下一步的工作打算。

（二）阶段性工作报告

所谓阶段性工作就是指过去一段时间进行的工作。这种报告常常是综合性的，一般应说明以下问题：

1. 首先要确定报告的时间段。是一周的、半月的、一月的，还是一季的，这是根据上司的要求确定的，如果上司没有说，可以很礼貌地问一下。

2. 开始最好用几个主要数据概要地说明基本情况。用诸如产量、质量、安全、利润等这样的基本指标，来反映前段工作的概貌，用以说明成绩是主要的还是问题是主要的，是前进了还是倒退了，是发展了还是停滞了，使上司对前段情况有一个整体印象。

3. 说明开展工作的主要做法。这是报告的重点。应当表述清楚两方面的内容：一个是工作方针、经营策略。例如，企业的产品销售"瞄准欧美市场，暂不开发国内市场"与"只销国内市场，不销国外市场"就是两种不同的方针。方针策略正确与否，直接决定着工作效果的好坏。另一个是工作措施。就是前段的工作是采取什么样的方法、什么样的途径进行的。要突出有意义的、有特色的、有创新的、效果比较好的来说，与"情况"无关的、意义不大的要省略。这实际上是回答你为什么能把工作做好。

4. 说明还存在什么问题，以及产生问题的原因是什么，下一步准备怎么解决存在的问题。这样能体现你诚恳的态度和实事求是的精神，以及你工作的主动性。

5. 简单说明下一步的工作打算。

【案例】

某电厂采购员小周被派去邻省参加煤炭订货会归来，科长让他直接向主管供应的夏副总汇报情况。小周遵命去见夏副总，敲门进去时，夏副总正伏案起草文稿，他犹豫了一下，还是说明了来意："夏总，我们科长让我来跟您汇报一下订货会的情况。"

"哦，你说吧。"夏副总抬起头来，但手里仍然捏着笔，思维还没有完全从文稿中跳出来。小周拿着热水瓶帮夏总把茶添上，递过去。夏总在接茶的当儿集中了精力，同时邀请小周坐下来。

"夏总，××省的煤炭价格正在往下跌。"小周提起话题。

夏总精神一振："价格往下跌？怎么回事？"

小周简单汇报了订货会的规模、与会的供需单位以及订货意向。然后强调"跌价是这次会议的热门话题……"

"为什么会跌价？"夏总表现得极为关心。

"我了解的原因主要有四个方面。"小周接着汇报，"一是该省煤炭产量增加，开始出现供大于求的现象；二是外省煤炭流入该省，销售形成了一种竞争态势；三是该省的钢铁企业压价；四是该省的发改委控制煤炭外流量。这次订货会上，有的产煤公司每吨煤已经降价15%。"

夏副总说："这对我们来说倒是个好事。你这个信息很重要。"

"夏总，我还有几点想法。"

"你说，说说你的想法。"

"会议期间我跟几家产煤公司进行了沟通，他们愿意卖煤给我们，发改委限量外销的问题由他们负责申报。我提了两个要求：一是购煤改预付款为货到付款；二是 50 万吨以上每吨煤在原价基础上降价 19%。对方对第一条表示同意，第二条可以商量。我建议我们加大该省煤炭进货量，既可以减轻流动资金压力，又可以降低成本。"

夏总说："你的意见很好，我们再研究一下。"

**【分析】**

小周的汇报有五个特点：

第一，开始小周以为科长事先跟夏副总约定了汇报时间，见面后才发现去得有些唐突。但他通过给夏副总添茶，既试探出了他这会儿是否愿意听汇报，又使他集中了精力；第二，说煤炭降价的事，引起了夏副总的兴趣，话题选得好；第三，主次分明，汇报的其他内容一般大同小异，是领导熟悉的，因而只是简单介绍了一下，重点放在降价的信息和降价的原因上，这样使汇报有了意义，而且又不占用领导太多的时间；第四，中间几次有意停顿，而不是一口气说完，这样既引起领导的重视，又给了领导思考余地，注意与领导互动，这种方法是值得借鉴的；第五，汇报之后附带提出建议，为领导决策提供了依据。

### 三、怎样报告发生问题的情况

这主要是指对突发事件和意外情况的汇报，通常要从以下五个方面来说明：

一是什么时候发生了什么问题。包括具体时间、地点、规模、过程、涉及的人员、所造成的损失或影响。这是报告的重点部分，既要清晰、扼要，又要准确、真实。

二是问题发生后采取了哪些措施。包括如何制止事态的扩大，如何挽回损失，如何加强管理等。同时应说明采取措施后有何效果。

三是发生问题的原因。如果原因还在调查中，就不能说得很肯定，只能说可能的因素供上级参考。

四是这次问题应吸取的教训。如果原因已经弄清楚，就要主动向上级表明自己应当吸取的教训。这既是敢于负责的表现，也是表明自己加强管理的决心。

五是下一步准备怎么做。即改进工作的具体措施。

### 四、口头报告情况要注意的问题

一是要注意自己所处的位置。因为面对的是上司，下属所坐的位置不能高于上司，也不能站着报告，形成一种居高临下的态势，但也不能使自己处于过于低矮的位置。如果是边走边谈的走动式报告，则要让上司走在自己右边稍前的位置。

二是不要慌张。"报告"往往是突然的，事先没有心理准备，下属要设法缓解自己的紧张情绪，对报告的内容要作出快速反应。可以通过给上司搬椅子、倒茶等办法来使自己镇定。

三要突出重点，抓住要领。应该简单的一定要简单，下属千万不可滔滔不绝，口若悬河。说话不要重复，可说可不说的话坚决不说。

四要条理清晰。下属一层层地讲下来，不可颠三倒四。

五要速度适中，吐词清晰。

六要注意表情。下属不可手舞足蹈，高声大笑；目光要正视，神态要自然；不可抓耳挠腮，左顾右盼。

# 第五节　当面交谈

## 一、交谈的含义和特点

### （一）交谈的含义

交谈，也就是互相接触谈话，是一方出于某种动机，在一定场合引发的双方或多方的一种思想交流。这里的交谈一般指的是当面交谈。

交谈大体上有三种形式：

1. 日常的对话。例如向别人打听某种事情；临时性地请人协助办理一件事情；为了消遣找人聊天；旅途中或某些场合因孤单寂寞想找人说话等。这种交谈一般不限对象，不限场合，事先没有明确的内容，常常是即事而谈，即兴而谈。

2. 谈话。就是通常说的做思想工作，做说服工作。谈话有确定的对象，事先有明确的内容，一般情况下场合也是确定的。它可以是上级与下级、老师与学生、长辈与晚辈之间引导性的谈话，也可以是平等关系的沟通性谈话；它可以一对一地谈，也可以多个人一起谈。

3. 属于社交行为的交际交谈。这样的交谈虽然内容不一定确定，但通常对象和场合是确定的，有当前的或潜在的目的。它可以是个别交际，也可以是群体性的交际。

### （二）交谈的特点

1. 目的性。交谈是为了沟通思想，解决问题；或者是为了增进了解，加深友谊；或者是为了表明思想，影响别人；或者是为了统一看法，达成共识，加强团结；或者是办理事情、了解情况；或者是寻找乐趣、消遣解闷；等等。总之，交谈是带有一定动机的。

2. 平等性。交谈不是发指示，下命令，它具有信息交流、情感沟通和参与功能。即使是做思想说服工作，也要有一种平等的心态。平等相待是交谈达到成功的基础。

3. 技巧性。交谈要做到使对方愿意听也愿意说，谈得拢，讲得来，而不是话不投机，白费口舌，这是需要讲究艺术和技巧的。

4. 互动性。说话方所说的话能引起对方的回应，并且让对方积极投入到话题中来，互相响应，才能共同把话题引向深入。

## 二、交谈的要素

不论是哪种形式的交谈，都具有三个要素，即话题、交谈顺序和交谈礼仪。

### （一）话题

任何形式的交谈都会有话题。即便是一般性的交谈或者某些情况下的交际交谈，可能会不断转移话题，但它每一个阶段必定有一个具体话题，如果没有话题就会无话可谈。而做思想说服工作的话题就更是具体单一的了。

### （二）交谈顺序

交谈是按照一定的顺序进行的，说者和听者双方互相配合才能使交谈顺利进行下去。即便是两个人对话，也应当是有问有答，或者是甲说—乙听、乙听了再说—甲听、甲听了又说……如此交互展开。多个人一起交谈时，譬如甲、乙、丙、丁、戊，五个人一起聊天，甲提起话题，乙回应，丙、丁、戊听而不说；甲再针对乙回应，乙又回应甲，丙、丁、戊还是不说话，因为他们插不上话，这样下去，这场聊天就变成了两个人的对话，剩下的三个人就成了多余的了。因此，多个人交谈就更应当照顾顺序，使每个人都有大致相等的机会和时间说话。如果冷落了别人，说的人最终可能处于难堪的境地。

（三）交谈礼仪

尊重别人是交谈最基本的要求，讲究礼仪是交谈能否顺利展开和发展的关键。下面这些礼仪用语是交谈时经常用到的：

经常见面说"您好"；初次见面说"久仰"；许久不见说"久违"；来了客人说"欢迎"；等待客人说"恭候"；陪伴客人说"奉陪"；邀请别人说"赏光"；别人应邀说"赏脸"；探望别人说"拜访"；别人来访说"光临"；中途退席说"失陪"；起身作别说"告辞"；让人别送说"留步"；与人分手说"再见"；征求意见说"指教"；请人指点说"赐教"；接受意见说"领教"；请人帮助说"劳驾"；托人办事说"拜托"；表示感激说"谢谢"……

## 三、交谈的要求

对交谈总的要求是谈吐有度、文明高雅。具体要注意以下两方面的问题：

### （一）重视交谈的修养

1. 避免高谈阔论。不论哪种形式的交谈，都应注意自我节制，不要以自我为中心，滔滔不绝，忽视他人的存在，不给别人说话的机会。尤其是某些社交场合，不要喧宾夺主。另外要注意声调柔和，不可大嗓门，说话跟吵架似的，手舞足蹈，唾沫横飞，既不礼貌也不雅观。

2. 注意专心倾听。听别人说话的时候不能三心二意，心不在焉。在认真听对方说话的同时，要不时地微微点头或轻轻"嗯"、"啊"回应，以示对说话人意思的理解或认同。

3. 态度热情友善。表情愉悦开朗、温和爽快，说话热情洋溢，这是交谈时应有的风度。切忌目光呆滞，紧张激动，冷若冰霜。

### （二）遵守交谈的规则

在人际交往中，交谈并非"知无不言，言无不尽"或者"无话不谈"。事实上交谈是有禁忌的，一般来说，交谈要做到"三谈"和"四不谈"。

1. "三谈"

一谈有意义的话题。一方面，从交谈的内容来说，不论谈什么，都应追求真善美，摒弃假丑恶；另一方面，从交谈的机会来说，不能没事找事图消遣，即便是朋友聊天也要看对方是否有空闲，"无端地浪费别人的时间无异于谋财害命"（鲁迅语）。

二谈有共同兴趣的话题。一要选择双方共同关心的话题；二要创造说话投机、感情投缘的气氛；三要照顾对方的文化层次、年龄段和职业特点，不要只顾自己兴致勃勃，而不顾对方是否明白或是否感兴趣。

三谈有思想境界的话题。家事、国事、天下事，能谈的事都可以谈，但一定要体现正确的世界观、人生观和价值观。

### 2. "四不谈"

一不谈有损国格、贬低政党、贬低单位、贬低他人的话题。爱谈这种话题的人往往是喜欢评头品足，缺乏务实精神的人。尤其是怨天尤人，伤时骂世，更是缺乏修养的表现。

二不谈涉及机密的话题。保守党和国家的秘密、单位的秘密，是每一个公民应尽的责任和义务。不论是对家人还是亲朋好友都必须谨言慎谈，绝不可口无遮拦、无所顾忌。对涉及秘密的话题即使是有人有意询问，也要巧妙回避。

三不谈拨弄是非的话题。谈论这种话题既不利于创造良好的人际关系，也是个人人格缺失的表现。遇到这种喜欢说东家长、西家短的人要有警惕性，"见人且说三分话，未可全抛一片心"，须知常说是非者，便是是非人。

四不谈敏感的话题。可能揭出对方短处的话、戳到对方痛处的话、有损他人自尊心的话、打击他人自信心的话、涉及异性生理的话、事关他人隐私的话、容易激发矛盾的话等，不能随心所欲、信口开河，还是"话到嘴边留半句，事到临头再三思"的好。

### （三）把握交谈的三个阶段

**1. 怎样开始交谈？**

（1）不应在有无关人员在场时开始交谈。如果你要找的人正在同别人说事，应当说一声："您忙吧，我一会再来。"以示你有事找他，然后礼貌地退出来并在一旁等待。而不应当横插一杠子进去"抢场"，会显得鲁莽无礼，给你后面的交谈设下了障碍。如果是别人找你，而你正在与人说话，应客气地安排对方到别的地方等一下，当你原来的交谈结束以后，再及时将后来的人请进来。

（2）交谈开始前要观察对方的情绪。如果你去访谈的人正在气头上或者心情不好，就不要继续你的话题，应当借故尽快离开，以待下次再找机会。正所谓"与人讲话，看人面色，意不相投，不须强说"。

（3）要委婉地进入话题。交谈与写文章"开门见山"不一样，张口入题，使对方没有思想准备，显得粗率、唐突，是有失礼节的。如果谈的是与对方意见相左的问题，不作些铺垫就脱口而出，有可能引起对方反感，造成话不投机的局面。

（4）从客气话开始。如"您最近很忙吧？""有一段时间没见您了。""您最近身体好吗？"等，制造出一种亲切和谐的气氛。

（5）某些时候要从自我介绍开始。一是没见过面的人，应当说："敢问您是某某先生吧？很冒昧来打扰您。"接下来要主动介绍自己的姓名、从业单位和职务，或在自我介绍的同时递上名片，然后再说明来意。二是虽然与对方见过面，但要考虑到对方对你印象不深，或者相隔时间太久而已经忘记，也应当作自我介绍，不然会使对方很尴尬，甚至因为记不清你是谁而对你保持警惕，必然影响交谈效果。

**2. 怎样展开交谈？**

（1）抓住交谈的三个环节

①打招呼。任何交谈都应当从"打招呼"开始。有的人找人办事开口就是"喂"，还有的人连"喂"都不说，把手一伸，就一句"给我拿本书"、"给我签个字"之类的话。既不礼貌也缺乏素养，给交谈造成障碍。

称呼应视对象而定。对熟悉的、辈分或职务比自己高的人，可按职务、辈分、职业等来称呼，如"科长""叔叔""老师""医生"等；对辈分或职务与自己相当的人，用尽可能亲近的称呼，如"同学""兄弟""先生""女士"等；对辈分比自己低、年龄比自己小的人，可称"小同志""小伙子""小妹妹""姑娘"等，关系较密切的也可直呼其名；对不熟悉的人，可估测对方的年龄称呼，前面最好加"您好"之类的问候语，如"您好，大叔""您好，阿姨""你好，先生""你好，女士"等。

②提问。一般交谈都是从提问引发话题的。熟人见面，问一件事情，交谈就开始了。例如"您出差回来了？""您最近很忙吧？""最近学习紧张吗？""您散步去了吧？""你们家又买新家具了？"等。生活中可提的问题很丰富，提问时不应过于呆板，尤其是朋友聊天，可以活泼一些。相声大师侯宝林与著名数学家华罗庚相交甚好，据传一天两位大师饮酒聊天，甚是开心。侯宝林问华罗庚："2＋3在什么情况下等于4？"华罗庚想不出"2＋3怎么会等于4"，一时语塞。侯宝林一本正经地说："你怎么糊涂啦，就是数学家喝醉酒的时候啊！"引得华罗庚哈哈大笑。

当然提问也要注意是否合适，面对不熟悉的人提问，要恰到好处。譬如接待客人时说"您常来郑州吗？""听口音您像是湖南人吧？"而不能说"我们郑州跟你们长沙比怎么样，大些吧？"或者说"你们湖南人说话不太好懂是吧？"在旅途中想和别人说话，你可以问"您刚从沈阳上的车吧？"而不宜问"您到哪里去？"有的人因为对你有所警惕而不愿意回答你。再如"姑娘你二十出头了吧？""你成家了没有？"这类问题很容易使人尴尬，最好不要问。总之，向陌生人提问的原则，一是别人便于回答的问题；二是别人愿意回答的问题；三是能引起别人兴趣的问题。

③自我介绍。自我介绍的目的是让人信任你，尽快缩短与他人思想、情感上的距离。自我介绍的内容也要视对象而定，跟陌生人一般应介绍自己的姓氏、来自什么单位、从事什么职业，如"我姓陈，来自辽宁，在一所大学当老师，教中文的，请多指教。"而熟人则不需介绍这些，可以就最近的某一件重要事情来介绍，譬如"我去了一趟张家界，感觉真不错"，或者说"承蒙您的关心，我高级工程师职称解决了"。这样的介绍还是属于没话找话，为了进一步引发话题。但如果是去找人办事，就可以直接一点，例如说："我申报了高级工程师，其他条件估计没多大问题，就是考英语有些困难，得麻烦你指点指点。"

（2）注意互动

①与人交谈不能以自我为中心，这是互动的前提。有的人一开口就是自己的水平如何、自己的能力如何、自己的家庭如何、自己的女朋友如何，如此这般眉飞色舞，津津乐道，只把对方当作聆听和诉说的对象。这是在交谈时要特别注意控制的自我陶醉心理。

②不能随意打断别人的谈话，打断别人的谈话是妨碍互动的关键。因为这样会扰乱人家的思路，使人家觉得扫兴而中止谈话。

③要善于引导别人说话。一是用适当的停顿来促使别人说话；二是请教别人的长处，以引发对方的兴趣。这是打破僵局的技巧。人都有一个特点，喜欢谈自己的事、自己的家庭、个人的某些能耐、某方面的爱好等。交谈时不妨投其所好，等话匣子打开以后再巧妙地转到正题上来。还有，由衷的称赞对调动对方的表达积极性也是行之有效的。人受到称赞以后，必然激发出兴奋情绪，说话就会情不自禁起来。总之，善于让人说话，而且善于让人说真话、实话，善于引起对方心灵的共鸣，保持互动态势，交流才有实质性意义。

（3）遵循思维习惯

**【案例】**

一个学生因交不齐学费去找班主任。

学生："老师，我只能交一半的学费。"

班主任："那怎么行？我们班就你一个人交一半，不行！"

学生："不是吧？×××不也没交齐吗？怎么就我一个？"

班主任："人家交的可不止一半，只交一半的就只有你。你交一半就不给你注册学籍，你自己考虑清楚。"

学生又急又气，又不知怎么说，抹着眼泪转身走了。交谈不欢而散。

**【分析】**

这里学生说的话省略了两个重要部分：一是为什么学费只能交一半，二是另一半什么时候交。另外，牵扯别人无助于问题的解决。班主任的回话同样太简单化，不问学生原因，不问学生的想法，就凭自己的主观判断下结论，未免太草率。

这个学生如果先说暂时只能交一半的原因（事实上他是想先交上学期的学费，因为母亲住院用了不少钱），把来龙去脉讲清楚，便于班主任了解情况，再说明余下的一半学费在下学期开学时交清，班主任完全可能同意（后来也是这样处理的）。由此可见，要说清一件事，应当按照"是什么、为什么、怎么办"这一顺序来表达，其效果就会大不一样。尤其是"为什么"——这是说事的理由，如果说得情真意切，有根有据，必定能打动对方。

人们了解一件事，从心理需求上说，就是要知道是什么、为什么、怎么样，这是一种客观的思维规律。我们进行思想交流，应当按照这样一种思维定式把事情说清楚。有的人说话没头没脑，不知道一件事从哪里说起，或者省略该说的内容，或者跳跃性很强，让人知其然而不知其所以然，甚至丈二和尚摸不着头脑，造成交流的障碍，这是交谈达不到目的的根本原因。当然，表述一件事情，也不能生搬硬套"是什么、为什么、怎么样"这样一种顺序，有时把位置颠倒一下，会显得更有艺术性。

3. 怎样结束交谈？

（1）不应在双方致力于某一问题的讨论时，因情绪失控而突然结束交谈。如果一时出现僵持局面，应设法把话题转移一下，待气氛缓和下来，或有礼貌地打住交谈，为以后的交谈留下空间。

（2）不要勉强把话拖长。当感到双方的言语渐趋减少，交谈内容较少时，应当马上道别。否则，软磨硬泡会把前面的交谈成果抵消。

（3）当对方发出结束交谈的信号时，要赶紧结束交谈。如果对方很忙，或失去交谈兴趣时，会用体态语言做出结束交谈的暗示，如心不在焉、游目四顾、看表、改变坐姿等，遇到这些情况应知趣地离开。

（4）要恰到好处地把握时间。在结束交谈之前，要有短暂的时间准备，话题应从容转向，不能匆忙离场，这样会给人以粗鲁无礼的印象。

（5）善意的笑容是结束交谈的最佳句号。因为最后的印象会久久地留在对方的记忆中。

（6）有时用一句美好的祝愿结束交谈会产生很好的效果。如果能引用一句名言或者格言将更显高雅。

### 四、几种常用的谈话技巧

#### (一) 与下属谈话的技巧

与下属谈话包括领导与下级谈话、老师与学生谈话、长辈与晚辈谈话等。

与下属谈话要贯彻三条原则:一是平等相待,不可居高临下,给对方造成心理压力;二是坚持"疏导"方针,循循善诱,入情入理,以达共识;三是出于诚意,这是谈话成功的基础,正所谓心诚则灵。要真正关心他人的进步,善意帮助他人提高思想认识,能换位思考,设身处地考虑对方的问题,不带偏见,不以偏概全。谈话的技巧有:

1. 选择地点。不同的环境对人的情绪有不同的影响,人们对情景的认知会影响他们的心理和行为。因此,谈话必须根据内容选择恰当的地点。

一般有些严肃的谈话,应选择在正式场合。如办公室、会议室等,以引起对方的重视。这里还要注意的是,上司的位置不宜偏僻,座位不应低于下属,双方距离要适中。疏导、安慰、鼓励性的谈话,可以在轻松的环境中谈,如散步时。期盼性的谈话,可以在登门拜访时谈,显示对对方的尊重与器重,如慰问遇到困难的职工、挽留要求调走的职工或希望某人承担某项工作等,要有一种礼贤下士的作风。

2. 婉转开头。谈话与书面写作不同,书面写作提倡开门见山,谈话则不宜直截了当。可以从拉家常或其他事情说起,在轻松愉快中慢慢引入到谈话中心。当然也要把握一定的"度",不要冲淡主题,不要把闲聊的时间拉得太长。

3. 针对问题。与下属谈话是因为有某方面的问题要解决,一方面要就事论事,不算旧账;另一方面又要直面矛盾,紧扣谈话目的。

4. 注意态度。要以尊重、信任为谈话的基调,营造平等、诚恳的氛围,使交谈在和谐、亲切的情景中进行。切不可以居高临下的态度、霸道的作风对待下属,也不应虚情假意、装模作样,要做到推心置腹、真诚相待。特别是涉及自己工作中的失误要勇于作自我批评,对对方的问题要实事求是地分析,对对方的要求要根据单位的政策和规定恰如其分地表态。谈话后要认真抓好落实,必要时给被谈话人反馈意见。

5. 善于倾听。谈话是信息的双向交流,认真倾听对方的意见既是上司风度的表现,同时也有利于准确、全面地掌握情况,对交谈的成功具有重要意义。认真倾听对方的意见还可以消除沟通障碍,提高沟通的水平。仔细倾听表示对对方的关注、兴趣和尊重,能激发对方发表意见的愿望,使对方敢于讲真话。如果对方不愿谈或不讲真话,那么谈话就达不到目的。

倾听时应注意以下两点:一是不要急于下结论。急于下结论会使对方感到你没有耐心或不愿意听取他的观点,从而影响了对方发表意见的积极性,使交谈陷入僵局。二是不要干扰、转移对方话题,否则谈话就不能深入、透彻。

6. 不吝啬赞扬。有时一句赞扬的话对于激发下级愉悦的情绪、调动下级的积极性比什么都重要,有的人吝啬赞扬,这也是谈话效果不佳的一个重要原因。

7. 结束谈话时要给对方留下好印象。如果达成了共识,要对对方说几句鼓励和肯定的话;如果谈得不理想,也要心平气和,劝导对方再考虑一下,以便为下一次谈话打下基础。

**【案例】**

某成人高校一学生干部在球赛时，与裁判（学生）发生争执，推搡中裁判负伤倒地被送医院，当时这事在全校造成很大影响。事后班主任找该生谈话，用公事公办的口气说了三条意见：撤销学生干部职务；给予纪律处分；赔偿伤者的全部医药费。该生虽然自知有错，但抵触情绪很大，提出"如果要赔偿医药费就不接受处分，如果要处分就不赔偿医药费"。这次谈话无果。

后来学生处长找该学生谈话。时间是晚上，地点在办公室。

处长：来啦，请坐。喝茶吗？来，我给你倒杯茶。

学生：（坐，接茶）谢谢。

处长：其实我们很熟悉。

学生：这回就更熟悉了。

处长：我是说过去就熟悉你。你是学生干部，为学校做了很多有益的工作，老师和同学对你的评价还不错呢。

学生：（掠过瞬间的振奋）这回一下就把事情搞砸了……

处长：这事可做得不好。当时要是冷静一点，不就什么事也不会发生？人都进医院了，还缝了针吧，是不是？

学生：其实我也很后悔。

处长：关键是勇于承认错误，敢于承担责任。听说你还想不通，把班主任给顶回去了。

学生：觉得对我不公平。我是说硬要这样处理，我大不了走人，不读书了！我是有单位的，我怕什么？！

处长：这不是解决问题的办法。你要不吸取教训，到单位就保准不再出这样的事？我猜你的想法是，因为是单位送你来读书、培养你，所以你害怕受处分后学校向单位通报，影响你的前途，于是干脆来个破罐子破摔。这话可能重了一点，但你是这个思想。对不对？

学生：（沉默一会）单位上要知道了，我这书就白读了。

处长：是不是向单位通报这不是关键，关键是你能不能认识错误。你不认识错误，向单位通报了也没有解决你的思想问题；如果你认识到错误了，诚心诚意改正，不向单位通报又有什么要紧？这事怎么处理，处理得公不公平，能不能消除不良影响，最终的结果，其实主动权就掌握在一个人手里……你知道是谁吗？

学生：我知道，是您！

处长：不对！这个人就是你自己。

学生：怎么会是我自己？

处长：你是个聪明人，又有工作经验，你先想想吧，如果你态度诚恳，能主动消除不良影响，学校不就好处理了吗？

学生：（思索了一会，突然地）处长，你不用说了。我明白你的意思了。

处长：好，我们暂时谈到这里。你还有想不通的，我们再找机会沟通。

（谈话结束）

第二天，该学生主动找到班主任，表示愿意接受全部处理意见。

第三天，他又主动在全校早操时作了公开检讨。过了两天，受伤的学生找到学生处长，强烈要求不给该学生处分。学生处处长同班主任商量后决定：该学生干部赔偿全部医药费

280 元，以辞职的方式不再担任学生会干部。因为达到了教育的目的，学校免予对该生的纪律处分。该学生与伤者化解了矛盾，二人均愉快地重新投入学习。

**【分析】**

学生处长与该生的个别谈话，时间、地点、沟通的方法都是恰当的，既肯定了他的优点，又批评了他的错误，指出了他的问题所在，并且帮他找到了解决问题的办法。以情动人，以诚服人，取得了较好的效果。

(二) 与上司谈话的技巧

与级别、地位、辈分比自己高的人谈话，也是生活中很重要的一个部分。一般应考虑的技巧有：

1. 要有明确的目的。跟上司谈话，具有明显的"请示""申请""进谏"性质。或者是工作上需要得到上级的支持，或者是因某些问题把握不准需要上级给予指示，或者是上级对某种重大问题认识不到位而"进谏"等。一定是有事非说不可，不说不行，否则不要轻易去打扰上司。

2. 要预约。与上司谈话不是说找就找，想去就去，这不仅是个礼貌问题，同时也是属下素质的体现。临时动议，贸然前往，必定影响上司的工作，甚至影响上司的情绪，自然也会影响谈话的效果。因此，预先约定，按上司规定的时间和地点去谈话，这是一个基本要求。

3. 见面时要不卑不亢。见到上司要态度诚恳、友好，仪表整洁，仪态大方；但不必过于谦恭，更不应畏首畏尾，神色慌张。不要主动跟上司握手，当上司伸出手来时，要热情地迎上去，但不可紧紧握着上司的手摇晃。

4. 要给自己找到一个适当的位置。上司站着时自己不能坐下，上司坐下后要在离上司不远的地方坐下来，坐在上司对面稍微侧一点。座位不能高于上司，但也不能太低，太低会造成心理压力。

5. 要先于上司说话。如果与上司不是很熟悉，要先作自我介绍，包括姓名、工作单位、职务等。如果很熟悉，就直接向上司说明来意，尽快进入正题。

6. 要简要说明情况。对要办的事说清来龙去脉，便于上司了解情况。说明情况要把握两点：一是条理清晰，重点突出，这要在见面之前理清思路，打好腹稿；二是要扣紧办事目的。说明情况实际上是申述办事理由的一部分，千万不要本末倒置。

7. 要着重阐述理由。理由要充分、恰当。要让上司觉得这事应该办、能够办。阐述理由的过程实际上是说服上司的过程。说服绝不是软磨硬泡，更不能纠缠，要使上司相信你说的确实很有道理，而且在他的权力和能力范围之内是可以解决的，这样才能达到办事的目的。因此，在与上司谈话之前，一定要把理由想好，同时在谈话的过程中要随机应变。

8. 要提出明确要求。要达到什么目的，问题要解决到什么程度，一定要明明白白说出来，切记不要含糊，模棱两可。

9. 要向上司致谢。不论事情办成与否，都应当向上司表示谢意。这既显示你的风度，也为以后办事打下基础。

【案例】

战国时期，赵国的赵太后刚刚执政，秦国就向赵国发起了进攻。赵太后向齐国求救。齐国说："一定要用长安君来做人质，援兵才能派出。"长安君是赵太后最疼爱的儿子，赵太后不肯答应，大臣们极力劝谏。太后公开对左右近臣说："有谁敢再说让长安君去做人质的，我一定吐他一脸！"

有个叫触龙的臣下决定去见太后。太后气冲冲地等着他。

触龙做出快步走的姿势，却慢慢地挪动着脚步，到了太后面前谢罪说："老臣脚有毛病，不能快跑，很久没来看您了。我私下原谅自己，但又总担心太后的贵体有什么不舒适，所以想来看望您。"

太后说："我全靠坐辇走动。"

触龙问："您每天的饮食该不会减少吧？"太后说："吃点稀粥罢了。"

触龙说："我近来很不想吃东西，自己却勉强走走，每天走上三四里，就慢慢地稍微增加点食欲，身上也比较舒适了。"

太后说："我做不到。"太后的怒色稍微消解了些。

触龙说："我的儿子舒祺，年龄最小，不成材；而我又老了，私下疼爱他，希望能让他递补上黑衣卫士的空额，来保卫王宫。我冒着死罪禀告太后。"

太后说："可以。年龄多大了？"触龙说："十五岁了。虽然还小，但我希望趁我还没入土就托付给您。"

太后说："你们男人也疼爱小儿子吗？"触龙说："比妇女还厉害。"太后笑着说："妇女更厉害。"触龙回答说："我私下认为，您疼爱燕后就超过了疼爱长安君。"太后说："您错了！不像疼爱长安君那样厉害。"

触龙说："父母疼爱子女，就得为他们考虑长远些。您送燕后出嫁的时候，摸住她的脚后跟为她哭泣，这是惦念并伤心她嫁到远方，也够可怜的了。她出嫁以后，您也并不是不想念她，可您祭祀时，一定为她祝告说：'千万不要被赶回来啊。'难道这不是为她作长远打算，希望她生育子孙，一代一代地做国君吗？"

太后说："是这样。"

触龙说："从这一辈往上推到三代以前，甚至到赵国建立的时候，赵王被封侯的子孙的后继人有还在的吗？"

赵太后说："没有。"

触龙说："不光是赵国，其他诸侯国君的被封侯的子孙的后继人有还在的吗？"

赵太后说："我没听说过。"

触龙说："他们当中祸患来得早的就会降临到自己头上，祸患来得晚的就降临到子孙头上。难道国君的子孙就一定不好吗？这是因为他们地位高而没有功勋，俸禄丰厚而没有劳绩，占有的珍宝太多了啊！现在您把长安君的地位提得很高，又封给他肥沃的土地，给他很多珍宝，而不趁现在这个时机让他为国立功，一旦您百年之后，长安君凭什么在赵国站住脚呢？我觉得您为长安君打算得太短了，因此我认为您疼爱他比不上疼爱燕后。"

太后说："好吧，任凭您指派他吧。"于是就替长安君准备了一百辆车子，送他到齐国去做人质，齐国的救兵才出动。

（选自《战国策·触龙说赵太后》译文）

**【分析】**

触龙在赵太后宣布拒绝听取意见并且已经动怒的情况下，冒险去跟赵太后谈话。他先从关心赵太后的身体开始，平息了她的怒气，拉近了两人的感情距离；然后假借请求赵太后关照自己的儿子引入话题，说明如何疼爱子女的道理，入情入理，以情动人；进而从长安君的未来考虑，阐述了应当让其建功立业、树立自己的威望，回避了类似"天下兴亡，匹夫有责"这样的大道理，站在对方的角度考虑问题，最终说服了赵太后。正所谓精诚所至，金石为开。

### （三）交际交谈的技巧

交际的实质是与别人保持良好关系以及如何影响别人。

交际是每一个人最基本的生活内容，无论是个人交往、社交场合或者是探亲访友，一个善于交谈的人，所表现的是随机应变的能力、处事的智慧和个人素养，不仅直接影响到交际效果，同时也关系到个人形象。交际交谈，实质上是一种情感的沟通和思想的交流，它要解决的是两个问题：一是说什么；二是怎么说。"说什么"是内容，是要办的事；"怎么说"是方法、是技巧。要把事办好，达到目的，说话的方法和技巧是非常重要的。

**1. 制造交谈气氛**

社交场合与不相识的人碰在一起，见面时先自报家门，主动告诉对方自己的姓名和职业，同时双手递上名片；待对方看过你的名片或点头之后，你应请对方首先入座；接下来很礼貌地询问对方的姓氏和职业，如"敢问您贵姓？""您在哪里高就？"总之通过你热情、友好的态度设法使气氛轻松愉快。

如果是熟人，就可以随便一点，但也最好从问候开始，譬如说"最近好吗？"、"这段时间忙不忙？"、"我们有一段时间没见面啊！"等。

**2. 善于打破僵局**

社交场合刚开始常常无话可说，场面比较尴尬，这时候你要设法打破僵局，找到话题。话题的选择不妨采取下述办法：

（1）扬长避短。谈别人擅长的话题。闻道有先后，术业有专攻，每个人总有某一方面的强项，不妨以请教的口吻引起话题。

（2）中心开花。围绕他人关心的、熟悉的、较为重要的事情引发话题。

（3）即景发挥。利用现场的景物、场地特点引发话题。

（4）投石问路。通过谨慎询问对方的情况引入话题。

（5）即兴发挥。从在场人员正谈论的感兴趣的事情引发话题。

**3. 掌握交谈分寸**

话题展开以后，谈什么、谈到什么程度、用什么方法谈，必须有所选择。一般要遵循三条原则：

（1）尊重为本。不能以自我为中心，把别人当成听众，要给别人说话的空间，并且认真倾听别人说话。交谈的过程也是自我素养展示的过程，要给别人留下好印象。

（2）明确目的，注意节制。交谈如果有预定的目的，就要选择机会说出来，并且很有策略地把道理讲清楚，设法说服别人接受你的意见。如果纯粹是一种礼节性的交往，就应当注意广交朋友，为拓展业务打下基础。但如果话不投机，内容涉及是非问题，交谈就要有节制。另外，对对方了解不多时，谨慎一些也是必要的。

（3）谨慎询问，出言优雅。交谈难免要相互询问对方情况，但一般不要涉及疾病、死亡、年龄、婚否、收入等私人生活方面的问题；与女性交谈不要涉及体态、保养之类的问题，正所谓"出言要顺人心"。对方不愿回答的问题不要追问，涉及对方反感的问题应表示歉意，或立即转移话题。谈话不议论他人，不议论别人单位的内部事务。不要随便议论宗教问题。

谈话中要使用礼貌语言，如您好、请、谢谢、对不起、打搅了、再见等。一般见面时先说"早上好""晚上好""你好""身体好吗？""见到您很高兴""请关照""请包涵"之类的话，切不可谈吐粗俗、插科打诨、出言不逊。

（4）态度坦诚，语言幽默。与人交谈不要做作、卖弄、张扬、说假话，要以诚恳、实在、谦逊、彬彬有礼的态度出现在社交场合。同时，说话要尽可能生动、幽默。幽默最好从自嘲开始，但千万不能损别人。

（5）在愉快的气氛中结束谈话。交谈结束时，如果本次交谈比较投机，或者对方有可能成为你的新的客户或者新的供应商，不要忘记留下对方的电话号码、通讯地址、电子邮箱，并表示希望经常联系；如果谈话中发生了不愉快，也不应计较，主动说一句"如有得罪，请多多包涵"，然后握手告别，以显示你的大度。

**【案例】**

吴建民先生说："我在国外任大使期间，有一次，我国民航总局要购买法国某公司的空管设备，可对方要价较高，大约1.3亿美元，而国内则明确规定价格要控制在1亿美元以内，怎么谈也谈不拢。后来，民航总局给我发来传真，希望我为此做一点工作。法国经济界对大使是很尊重的，我约见该公司老总，他就很客气地主动到使馆来见我。我对他说：做生意当然要赚钱，但你考虑一下大与小的问题及近期与远期的关系。假如你一次要赚很多，可能长远的钱就赚不到了。如果北京、上海、广州等地都买你的设备，请算一算中国有多少个机场？将来你的市场会怎样？所以，希望你们能把价格降下来。由于大使是代表国家的，大使的讲话在一定意义上就是一种国家行为。我与他谈话不久后，法方的价格就降了下来，与中方达成了协议。"

（选自《大地》2005年第18期）

**（四）面试谈话的技巧**

求职者应聘工作，一般要经过面试关，谈话成功与否，直接关系到应聘的结果。因此，面试谈话必须讲究技巧。

1. 怎样应对面试谈话

（1）先打招呼，自报家门，说明来意。如"×先生（女士）您好，我是××，是来应聘的"。

（2）如果对方伸过手来，你应赶紧迎上去握手，待对方坐下后，你再在他对面坐下来。

（3）要求对话明确、流利。面试一般是对方问话，自己答话。注意认真听清对方所提的问题，不要答非所问；回答问题的时候意思一定要明确，不要躲闪、回避；表述事情要流畅、利索。

（4）自我介绍要突出重点。对方往往会问到你自己认为适合做什么工作、能胜任什么工作，并且可能要你作一番自我介绍。你在回答提问或者作自我介绍的时候，一定要突出重点。

首先要针对用人单位的岗位需求来说自己的情况，这一点要特别把握好，就是你说的情况要让对方感到你恰好是所需要的人才，至少是能用的人才。

其次要设法把话题引到自己的能力和特长上来。所谓能力，一是既包括普通教育的学历，也包括接受专业培训的经历；二是社会实践活动和工作经历，如果有成果和收获的实例更好（包括值得一提的荣誉）。特长是指自己比较精通某一方面的知识，例如能说两门外语并且很熟练；或者具有与众不同的技能，例如记忆力特别好，语言感悟能力特别强等。不论是回答问题还是自我介绍，既要大胆推销自己，又不能让人觉得你张扬、自吹。

最后，把握好时间，言简意赅、条理清晰是很重要的，因为这本身就是一种能力的展示。

（5）注意语言的选择。慎用"最""绝对""非常""一贯"之类的形容词和感叹词；避免粗话和带脏字的口头禅；慎用专门术语。因为，一方面如果对方不熟悉，会产生被你捉弄的感觉；另一方面如果对方比你更专业，你就可能陷入尴尬的境地。

（6）不要打断对方说话。不要觉得与对方很投机就随意插话、抢话；对方说的情况不准确，也要让人家把话说完，然后心平气和地予以纠正。

（7）不要勉强拖延谈话的时间。当对方告诉你等候消息或认为你不合适时，不要纠缠，应当果断而礼貌地离开。对方的态度不明朗，但有看手表、频繁地改变坐姿，或游移视线等"体态语言"时，要知趣地结束谈话。

（8）在愉快的气氛中结束谈话。不论面试的结果如何，都要理智、冷静、轻松愉快。这样做，一方面可以给对方留下好印象，这也是给自己留有机会；另一方面，是对自己意志与心态的一次磨炼。

谈话结束时，若招聘单位面试人员让你提问，你不必客气，一定要问，否则对方会以为你对工作没有太大的兴趣或性格不够主动。但涉及薪水、待遇、职位等方面的问题不宜主动提出，提问要着重于招聘单位的经营方式、发展与前景等方面的问题。

2. 面试谈话要注意的问题

（1）要在面试前作好准备。面试前要对招聘单位作基本了解，同时对应聘的职位有所了解，要回忆在自己以往的工作当中，有哪一次是做得特别出色的，你有哪方面的工作经验等。

（2）在面试时不要说有意转职，或者说应聘单位比原来的单位好。

（3）应约面试要按时到达，不能迟到。

（4）要注意穿着整洁。男士避免穿带有花纹的衣服，女士亦以简洁大方为好；最好不要穿牛仔服。总之，穿着过于暴露、花里胡哨可能会给面试官留下不好的印象。

3. 面试谈话应避免的表述错误

在面试谈话中，由于表述不当而导致面试失败的例子屡见不鲜，下列错误是常见的：

（1）缺乏主见。没有明确的职业发展计划。这种人的口头禅是："你们招什么人，我就干什么活。"一位面试官问一位求职者："未来五年，你对自己的职业发展有什么计划？"面试者说："走一步看一步吧。"面试官马上在他的名字后面打了一个叉。一个没有目标的人很难有责任感和进取心，面试被淘汰是情理之中的事。

（2）自命不凡，目中无人。有的人因为文化层次较高，专业能力较强，常常端着一副"天之骄子"的架子，恃才傲物，却恰恰使面试官生厌。

（3）一开口就打听待遇。见了面试官就问"你们这里每月能拿多少钱，吃住怎么安排，有没有年终奖"的人，是最令用人单位反感的。一位人事经理说："求职者关心待遇的心情是可以理解的，但八字还没有一撇，一开口就讨价还价，是不成熟的表现，而且让人担心日后办事会斤斤计较。"

（4）贬低别人，抬高自己。这是所有错误中最令人难以忍受的，即使是别人真有把柄抓在你手里，这种做法也不会被面试官称道。

（5）卑躬屈膝，唯唯诺诺。有些人为了面试成功，极尽阿谀奉承之能事，甚至对无理的要求也照单全收。切莫以为这样面试官就会动心，公司招的是人才而非奴才。

（6）慷慨陈词，却言之无物。有的应试者大谈个人成就、特长、技能，一腔激情，振振有词，可是如果挤出语言中的水分，便会发现其实言之无物。结果留给面试官的印象是好高骛远，华而不实。

（7）超时演说。有的人不能在规定的时间内完成自我介绍，不把延时当一回事，绝不是好现象。主考官的结论是：说明你缺乏控制能力。这预示着你计划能力不强。一个办事没有计划的人是不受用人单位欢迎的。

## 【案例】

东汉末年有个叫祢衡的，才高性傲。

最初，他为了谋取官位，写好一份自荐书，来到都城河南许昌，却不知去找何人。因为，当时云集在许昌的人才，他一个也不放在眼里。即使对司空掾陈群和司马朗也不放在眼里，竟说："我怎么能够跟杀猪卖酒之人同在一起？"有人劝他参拜尚书令荀彧和荡寇将军赵稚长，他却说："姓荀的白长了一副好相貌，他的面孔只可借来吊丧用；而赵某则是酒囊饭袋，吃饭时可以做陪客。"孔融把他推荐给曹操，他不但托言不出，而且对曹操大骂一顿。曹操海量，不予计较，让他做了击鼓的小吏。有一天，曹操大宴宾客，让祢衡击鼓助兴。可万万没料到，祢衡一扫斯文，当着众人的面竟然一身脱了个精光，让曹操好没面子。曹操很生气，强行将他押送到荆州牧刘表处，想借刘表之手杀了他。

刘表和荆州的一些人士，知道他颇有才华，所以对祢衡十分赏识。祢衡到荆州后一直受到上宾的待遇。刘表让祢衡掌管文书，且说道："文章言议，非衡不定。"但祢衡并未因此而改掉他的老毛病，仍然目空一切，傲视他人。一次，正逢祢衡外出，刘表让其他秘书起草了一份文件，谁知待祢衡回来后，竟连看也不看，就将已经起草好的文件撕了个粉碎，然后，疾速写好一份公文给刘表。虽然得到了刘表的夸赞，可其他秘书却个个气愤，由此得罪了不少同僚。祢衡越来越张狂，他不但不把其他共事之人放在眼里，还经常说他们的坏话，就连刘表，他也常常话中带着讥讽。刘表本来就心胸狭窄，哪能容得下祢衡放肆，当然刘表也不愿意做这个恶人，于是把祢衡打发到江夏太守黄祖那里去了。

黄祖是个性情暴躁的人。祢衡到了江夏之后，黄祖也颇赏识他的才华，让他起草文件。

祢衡有才，文章写得也漂亮，再加上新到一处，干劲也很足。黄祖说经他手的文稿"轻重疏密，各得体宜"，"如祖腹中之所欲言也"。黄祖对他十分满意。他与黄氏父子的感情都很好。

可是，时间一长，祢衡的狂妄之态又显露出来。一次，黄祖于战船之上设宴款待宾客，祢衡当着宾客说三道四，全不顾黄祖的面子。黄祖阻止他，他却骂黄祖说："你这个死老头，少啰嗦！"黄祖哪里受得了这个，一怒之下，下令将祢衡拖出杖打。祢衡遭打，仍然狂骂不已。黄祖索性下令将其斩杀。黄祖手下的人早已恨透了祢衡，竟无一人劝阻。祢衡死于公元196年，年仅26岁。

## 【分析】

一个人即便才华横溢，如果不会交际，就如同背着一袋黄金在街上走，却没有零钱打电话。祢衡是交际失败的典型，谋一份职对他来说是十分困难的事情，几次被炒鱿鱼，最后连性命也丢了。

### 思考题

1. 大学生日常口头沟通要注意哪些问题？

2. 工作交流有何特殊要求？有何特点？

3. 领导给下级作口头指示要注意哪些问题？

4. 口头布置工作一般包括哪些内容？

5. 阶段性工作报告要说明哪些事项？

6. 口头报告情况要注意哪些问题？

7. 交谈怎样开始、展开、结束？什么叫"三谈"、"四不谈"？

8. 与下属谈话要讲究哪些技巧？

9. 与上司谈话有哪些技巧？

10. 交际交谈有何技巧？

11. 面试谈话要注意哪些技巧？

# 第五章 谈 判

## 一、谈判的含义和特点

谈判是合作双方或多方以达成协议为目标，为了解决某种重大问题的分歧，以使各方在利益上各得其所而进行的会谈。

它以语言交流为主要媒介，充分交换意见，努力争取对方认同自己一方的主张，以求达成最终的合作共识，并形成书面文书。当然，谈判也有无果而终的。常见的谈判有政治谈判、军事谈判、外交谈判、商务谈判等。而在日常生活中订立合同、发生某些借贷关系、市场上的讨价还价等，其实也是谈判。可以说只要有人与人的交往就会有谈判的存在，只是有些简单的谈判无须形成书面协议。

谈判的特点是：

### （一）合作性

双方应本着善意、谅解、协商的原则，为实现共同目标而努力。互惠互利，真诚合作，实现双赢，这既是谈判的基础，也是谈判的目的。

### （二）利益性

谈判双方都有各自的利益，谈判过程中都会为了使自己获得最大的利益而讨价还价，说服对方。比较复杂的谈判，如外交谈判，虽然不可能所有的问题都达成一致，但最终要体现互惠的原则。

### （三）技巧性

谈判免不了要争执，但谈判不能靠简单的争执解决问题，它要运用语言、心理、风度和情报掌握能力等综合素质斗智斗法。

### （四）原则性与灵活性的结合

谈判既要为维护本方利益坚持基本的原则，守住自己的底线，又要体现灵活性。适当的妥协和让步是正常的，反之，固执己见，铁板一块的谈判是不会成功的。

## 二、谈判的程序

完整的谈判一般要经过六个阶段。

### （一）导入阶段

此阶段主要是介绍参与谈判的所有人员，互相有个初步了解，一般以自我介绍较为合适。作为本方人员，应通过介绍，了解对方人员的姓名、职务、社会地位等背景情况，同时对其气质、性格、风度等作出感性的判断。

在这一阶段应制造一种轻松愉快的气氛，如聊聊社会新闻、旅途情况、风土人情等话题，但要把握时间，不宜谈得过长。

**（二）概谈阶段**

概谈就是各自介绍本方要达到的目标和基本意图。因为是初始阶段，概谈具有摸底的性质，所以要注意隐藏不想让对方预先知道的资料，不能把谈判的筹码一次性地和盘托出。

在交谈技巧上要掌握以下几点：

（1）创造软性环境。开始发言时，要用简短的语言沟通，拉近双方的感情距离。譬如说："今天我们共同研究××问题，我方有诚意与贵方合作，希望讨论的结果能够使双方都满意。"

（2）判断与比较对方意图。当本方概要介绍结束后，要请对方发表意见。对方说话时要认真倾听，观察其表情和预期的反应，并判断对方的意图和目标与本方有何差别。

（3）言辞适度，态度温和。说话要通俗易懂，不要引起对方的误解或令对方费解。语气和遣词造句要谨慎，千万不要一开谈就引起对方不快甚至激怒对方。

（4）把握时间，言简意赅。说话要吐词清楚，简单扼要，层次分明，一般用时不要超过30分钟。

**（三）明示或摊牌阶段**

谈判过程中，双方必然产生分歧，明智的做法是将不同意见及早提出来，直接摆到桌面上谈，使双方的意图逐渐明朗化。面对分歧，一方面，要维护本方的根本利益，另一方面，在不损害本方利益的基础上，为了达到预期目的，作一些适当的妥协和让步也是必要的。

**【案例】**

1971年，时任美国总统尼克松和国家安全事务助理基辛格访问我国，中美经过会谈准备发表联合公报。

2月24日，基辛格与我国外交部长乔冠华开始了关于台湾问题的实质性谈判。乔冠华提出的中国方案中，美方观点是"美国希望和平解决台湾问题；将逐步减少并最终从台湾撤出全部美国武装力量和军事设施"。基辛格对这一方案拒绝了，谈判没有取得进展。

2月25日下午，在乔冠华向周恩来汇报、基辛格向尼克松汇报之后，两人再次碰头，都拿出了新方案，双方都作了让步。尼克松、周恩来也参加了半小时谈判。

尼克松坦率地对周恩来摆出了公报在台湾问题上措辞过于强硬的难处。

周恩来表示可以考虑美方经过修正的论点。周恩来请示了毛泽东，得到了批准。尼克松也同意接受经过中方修正的论点。当晚基、乔再次会晤，商谈解决台湾问题的措辞问题，美方的表述是：

美国方面声明，美国认识到，在台湾海峡两边的所有中国人都认为只有一个中国，台湾是中国的一部分。美国政府对这一立场不提出异议。美国政府重申对由中国人自己和平解决台湾问题的关心。考虑到这一前景，美国政府确认从台湾撤出全部美国武装力量和军事设施的最终目标。在此期间，美国政府将随着这个地区紧张局势的缓和逐步减少它在台湾的武装力量和军事设施。

但是，在去杭州的飞机上，美国国务卿罗杰斯等专家向尼克松提出了一大堆意见，重要修改竟有15处之多。例如，对"在台湾海峡两边的所有中国人都认为只有一个中国"这句话，认为说得太绝对了，建议将"所有中国人"改为"中国人"。

无奈之下，尼克松让基辛格再找乔冠华谈。乔冠华明确告诉基辛格"现在离预定发表公报的时间不到24小时了，怎么来得及重新谈判呢？"

乔冠华暂停了会谈，去找周恩来总理请示。

周恩来说："冠华，公报的意义不仅仅在它的文字，而在它背后无可估量的含意。你想一想，公报把两个曾经极端敌对的国家带到一起来了。两国之间有些问题推迟一个时期解决也无妨。公报将使我们国家，使世界产生多大的变化，是你和我在今天都无法估量的。"

乔冠华恍然大悟："总理，我明白了。"

周恩来又说："我们也不能放弃应该坚持的原则。修改公报文本的事，还要请示主席。"

毛泽东听了汇报，口气十分坚决地回答："你可以告诉尼克松，除了台湾部分我们不能同意修改之外，其他部分可以商量。"主席停顿了片刻，又严厉地加上一句话"任何要修改台湾部分的企图，都会影响明天发表公报的可能性。"

于是，基辛格与乔冠华当夜再次会谈。最终，尼克松与周恩来草签了《中美联合公报》。

（选自《新中国外交谈判》）

**【分析】**

周恩来在原则问题上毫不含糊，但在语言表述上又表现出灵活性，既维护了祖国的尊严，又适度满足了对方的要求，而且其光明磊落的外交风格赢得了对方的钦佩。

**（四）交锋阶段**

由于谈判的对立状态趋于明显，双方都会为自己能获得最大利益而使出浑身解数，据理力争，甚至可能出现唇枪舌剑的论战场面。但越是如此，越要注意语言的文雅和科学，避免生硬和粗鲁的言辞。双方利益的冲突是谈判发展的命脉，意见分歧是正常现象。这时要特别注意的是：一方面，要立场坚定，不要被对方的气势所打垮；另一方面，面对对方的质询，甚至是出格的言辞，要有儒将风度，以柔克刚，争取双方都能有所让步，实现转机，达成共识，实现谈判目标才是目的所在。

**（五）妥协阶段**

通过交锋，双方对对方的要求有了更明确的了解，渐渐冷静下来，这时要考虑在不损害基本利益的前提下作出适度的让步。至于谁先让步，关键是看能否取得谈判的主动权，以便推动谈判的顺利进行，因势利导，求得整体平衡。要特别注意的是，如达不到谈判的目的，本方的根本利益受到损害，盲目作出让步，就不是成功的谈判了。

**（六）协议阶段**

谈判各方如果已经意见一致，实现了谈判目标，最后的程序就是草拟文书。对文书上的表述要认真推敲，字斟句酌，最后举行签字仪式，双方首席代表在协议书上签字，整个谈判过程结束。

### 三、谈判的应对

**（一）做好谈判前的准备**

做准备的目的是为了知己知彼，掌握谈判的主动权。

1. 分析对方情况。包括分析对方的强项和弱项，分析对方哪些问题是可以谈的，哪些问题是没有商量余地的，什么问题对对方来说是重要的，重要到什么程度；对方可能会反对哪些问题；对方会有哪些需求；对方的谈判会采取怎样的策略；什么问题是对方希望达成协议的等。

2. 分析自己的情况。这些情况包括：这次谈判要说的主要问题是什么；有哪些敏感的问题需要回避；应当先谈什么，采取什么样的顺序，什么样的策略；我们了解对方哪些问题；本方掌握哪些强项和优势，本方的弱势是什么；本方可以作哪些让步；本方希望对方作哪些让步等。

**（二）把握谈判的立足点**

谈判应该立足于寻求双赢。谈判并不是无休止地讨价还价，更不是蛮横不讲理。谈判没有胜败之定论，成功的谈判每一方都是胜者。谈判应是基于双方的需要，寻求共同最大利益的过程。在这一过程中，每一方都渴望满足直接与间接的需要，但必须顾及对方的需要，本着互惠互利的精神，谈判才能成功。把谈判对方称作对手，而不称为敌手，道理是显而易见的。

**（三）把握谈判的底线**

任何谈判肯定都会有让步，没有让步就不称其为谈判。但问题是在哪里让步，让到什么程度，这就必须清楚自己的底线，有了底线就有了底气。无原则的退让就成了屈服，那是不公平的谈判。

**【案例】**

据我国前世贸谈判首席代表龙永图先生回忆：上世纪末与美国进行世贸谈判时，在谈判的最后环节，中美之间只剩7个问题无法达成共识。在中美双方准备"后事"时，朱总理"板着脸孔"对大家说："今天一定要签协议，不能让美国人跑了，我跟他们谈。"结果，朱总理在谈判桌上让大家捏了一把汗。当美国人抛出前三个问题时，总理都只有一个回答："我同意。"我着急了，这不是要全盘放弃嘛！我不断给朱总理递条子，写着"国务院没有授权"，没想到朱总理一拍桌子说："龙永图，你不要再递条子了。"我当时真没面子。想不到，当美方抛出第四个问题时，朱总理说："后面四个问题你们让步吧，如果你们让步，我们就签字。"美方五分钟后同意了中方意见。

龙永图说："事实证明，后面四个坚持没有放弃的问题，如汽车贸易等是我们的底线，这就是对优先次序的判断。"

（选自《南方都市报》2000年10月21日版）

**（四）听是谈判的前提**

在谈判桌上，双方都要说明自己的情况，陈述自己的观点，都要为自己的利益说服对方。但值得注意的是，这种"说服"建立在听的基础上，甚至要少说多听。这是因为只有仔细听清了对方的陈述，才能获取对方的信息，摸清对方的底细，增加谈判的筹码。切记不可在对方意见表达不完整时急不可耐地予以反驳，这样做是愚蠢的，不仅容易使谈判陷入僵局，而且会丢失大量的信息。在谈判中，要尽量鼓励对方多谈他们的情况。而自己在这个过程中要边听边分析，不断向对方提出问题，确保自己完全正确地理解对方的观点。

（五）谈判中应重视提问

提问有两个意义：一是通过提问，不仅能获得平时无法得到的信息，而且还能证实自己以往的判断。这样有利于及时调整策略，包括调整谈判目标，争得谈判的主动权。二是通过提问，促使对方设身处地考虑本方的情况，在提问中巧妙地表明本方的观点和立场，让对方明白在某些问题上作出让步的必要性。这样做比直接反驳对方要巧妙得多，有利于谈判气氛的控制。

要注意的是，对对方的回答要认真做好记录，为后面的讨价还价做准备。

（六）讲究答复的技巧

谈判中对方同样会提出一些问题，怎样答复是需要讲究技巧的。一般来说不能对方问什么就答什么，被别人牵着鼻子走，误入对方设置的"语言陷阱"。

回答提问有四点技巧：

1. 要正确理解问题的实质，包括对方提问之中的弦外之音。在没有弄清对方的真正意图之前千万不要轻率回答。

2. 要掌握回答问题的要点。哪些问题不值得回答，哪些问题只需要回答一部分内容，哪些问题需要认真解答，都要做到心中有数。

3. 要善于回避问题。回避有很多方法，或故意使用模糊语言，或故意偷梁换柱，或找借口以搪塞，或干脆明言不在本人职权范围之内等，以避免对方纠缠、追问。

4. 要善于拒绝。当对方提出办不到的要求时，要巧妙地回绝，不能随便给对方许愿，也不能模棱两可，使对方还抱有不切实际的幻想。但是拒绝的态度要诚恳，措词要委婉，如有可能，可以从对方的角度来说明拒绝的利害关系。也就是说，之所以要拒绝，是为对方着想，对他有好处。总之，既要拒绝，又能使对方理解。

## 四、谈判要注意的问题

谈判要注意的问题包括以下方面：

一是举止端庄，注意风度。

谈判者代表的是单位形象，应当衣着整洁，态度温和，平易近人，性格开朗，外柔内刚；有气质，有风度，讲原则，不固执。谈判要高瞻远瞩，着眼未来，即使谈判失败，也要给对方留下好印象。

二是谈吐自然，说理到位。

做到业务熟悉，知识面广，逻辑性强。说话能抓住要领，切中要害；语言平稳朴实，不牵强附会，不强词夺理。

三是反应敏捷，洞察力强。

对对方的意图和对方谈判代表的特点，能准确判断。对对方的发言能临机应变，能准确分析对方的弱势，找准谈判的突破口。如果条件允许的话，谈判前尽可能掌握更多对方的信息，以便取得主动权。

四是善于合作，求同存异。

在摊牌以后，对本方的观点要以光明磊落的态度表达出来，对争执中相持不下的问题要求同存异；在谈判陷入僵局时不要气馁，要设法创造"柳暗花明"的局面。

**思考题：**

1. 谈判有哪些特点？

2. 谈判的各个阶段有何要求？

3. 怎样应对谈判？

# 第六章　辩　　论

## 一、辩论的含义和种类

### （一）含义

辩论，就是彼此用一定的理由来说明自己对事物或问题的见解，揭露对方的矛盾，以便最后得到正确的认识或共同的意见。

### （二）分类

1. 自由辩论。自由辩论是人们在社会生活中对某些事情与别人有不同看法而发生的争论。一般没有固定的规则，也不一定产生结果，多数情况下是不了了之。

2. 专题辩论。专题辩论是辩论中最基本、最有意义的形式。其特点是：有组织有准备，常常要按预定的程序展开；有明确的目的；通过辩论提高人们的独立思考能力，正所谓事实越辩越清，观点越辩越明。

常见的专题辩论有：法庭辩论、社交辩论、决策辩论、赛场辩论、谈判辩论、竞选辩论。

## 二、辩论的准备

辩论的准备分为无意识的准备和有意识的准备。无意识的准备是指并没有打算去参加某种辩论，但平时却能吸取多方面的知识，掌握一定的语言表达技巧，具备较强的逻辑思维能力，而一旦与人发生争论时，就可调动思维库中的积累，力争在争论中占上风，以显示自己说服人的能力。有意识的准备，是为了应对专题辩论所做的有针对性的准备工作。它应当包括以下几个方面：

一是揣测对方提出的基本论点和可能提供的证据，分析对方在这个问题上的观点的漏洞，完善自己驳倒对方的理由。

二是收集不利于对方而有利于自己的资料和证据，收集资料要围绕议题、围绕论点来进行，可以分三步走：抄写（或复印）、剪贴（按表达需要分别贴在各个分论点下面）、锤炼（对资料、证据精加工）。

三是分析对方和自己在表达时可能出现的错误。

四是考虑辩论的技巧。

五是理清表达的思路。首先要把道理想清楚，至少要通得过自己这一关，如果连自己都觉得勉强，辩论起来肯定没有说服力。事前越是对自己苛刻，整理出来的思路就越是经得起推敲和考验。这是非常重要的一环。同时要考虑表达层次，不能在逻辑上出现漏洞，成为对方攻击的把柄。

六是做到熟练。用"模拟对话"的办法检验一下效果，之后把"模拟对话"背诵下来。

准备工作的充分与否，是辩论成败的关键。"台上三分钟，台下十日功"，手中有"粮"，才能心里不慌。

## 三、临场辩论技巧举要

### （一）倾听对方发言，做好应战准备

倾听对方发言的目的是为了准确把握对方的立论、对方的基本论点。对此一定要听真切，弄清其说话的真实意义。这里要注意三个问题：

1. 准确判断对方论点

对对方论点的准确判断是至关重要的，误判、错判，只会使自己被动，所谓抓鸡不着蚀把米，反给对方抓住了把柄。

### 【案例】

2004 年北京市两会期间，代市长王岐山在某次座谈会上讲了这样一段话："政务公开需要大家有一个适应过程，过去我们习惯在事情已板上钉钉的情况下再公开。现在政务公开之后，有些事情公开时可能还不太成熟，有时难免出错。老百姓应允许官员有时说句错话，要不然政府工作人员一对着镜头就紧张，又去念稿，说话怎么会生动？美国总统布什还老说错话呢！说错后，新闻发言人再去纠正就是了！"

不料这番话，在网上出现了争论。有人认为，王岐山的意思是让老百姓允许政府官员说错话，因为"人非圣贤，孰能无过？"但也有人认为，既然是领导，就应该有着不同于一般老百姓的做事标准，如果允许领导说错话，是不是也允许领导说套话、空话、假话、废话呢？因为后者似乎还没有前者严重呢。

前者的理解有偏差，后者更是一种错误理解。其实王岐山同志所说的"老百姓应允许官员有时说句错话"，指的是个别官员的"口误"，是指个别官员在面对媒体的初期由于紧张而出现的"词不达意"的情况，而不是指允许官员说出反映其真实内心意思的"错误"来。网上的争论由于自己的误判而只能是无的放矢。

（选自《京华时报》2004 年 2 月 19 日版）

2. 不要错误推测对方论点的发展方向

对方论点初露端倪时，有时为了误导你而故意留一手，可千万不要上当，一定要设法让对方把论点明朗化，否则自己的论点就可能误入歧途。

### 【案例】

1993 年复旦大学队与台湾大学队在"人性本善"的辩论中，台大队对复旦队的立论作了一个错误的预测，二辩在陈词中把复旦队有关"恶"的阐述推测为人的本能和欲望。请看这段辩词：

好的，对方同学又指出了另外一点，说人的恶是因为人有欲望，人有这样的本质。那我

就不懂了，为什么欲望一定带来"恶"性呢？我今天喜欢一个女生，这个女生也喜欢我，我们都想跟对方结婚，我们组成美好的家庭，这是恶吗？再说嘛，人有本能，人肚子饿了就想吃饭，那人跟狮子不就是一样了吗？……

（选自《狮城舌战》（十年珍藏本））

事实上复旦大学队的观点是"恶是人的本能和欲望无节制的扩张"。这样一来由于预期和实际的偏差，导致了台大队的攻击总是不到位，因此便处于被动状态而节节失利。

3. 找出对方阐述问题中的错误

（1）立论错误。传说亚里士多德的一个学生告诉亚里士多德："我发明了一种能溶解一切物质的液体。"亚里士多德答道："那是不可能的。"学生肯定地说："事实就是这样。"亚里士多德问他："那么，你用什么容器来装这种液体？"学生哑口无言。亚里士多德是这样抓住他的错误的：既然能溶解一切，就没有一种容器可以装它，既然没有一种容器可以装它，这种液体就不存在。

（2）证据错误。包括证据不能说明问题和证据不足两个方面。譬如有人说屋漏雨，必须维修。那么，屋怎么会漏雨？那人说因为天花板有渗水的痕迹。可调查后发现是因为有人在楼上洗地板渗的水，而并非漏雨。证据不足是律师法庭辩论常用的武器。

（3）常理错误。对于前人已有科学定论的东西或者是国家法律法规明文规定的问题，却提出悖论。譬如说"你难道怀疑地球不是方的吗？""你难道相信相对论站得住脚吗？"

（4）逻辑错误。一是明显的与实际情况不符，譬如说"世界上每一个人都是爱好和平的""只要我们刻苦学习，就必然取得优异成绩"。二是表述不严密，"我的矛能戳穿任何东西，我的盾任何东西都戳不穿"，自相矛盾。还有概念不周延，譬如说"我们必须重视三农问题，九亿农民才是真正的劳动人民"。农民是劳动人民，但劳动人民不只是农民。如此种种逻辑错误是表述中最容易出现的问题。

（5）计算错误。一是计算方法的错误；二是对计算中的影响因素考虑不周全；三是忽视了长远利益。

【案例】

中美贸易逆差一直是美国各界纠缠的问题，朱镕基1999年访美时，指出了对方对数字不合理的计算：

……中美贸易逆差的数字被大大夸大了。根据美方统计，1998年美方逆差是569亿美元，而中方的统计是211亿美元，两者差距很大。美国斯坦福大学教授刘遵义作了深入的研究，认为这两个数字都不准确，原因是这些数字在计算进口时包括了运费和保险费，而在计算出口时都没有包括；其次，没有考虑到中美贸易很大一部分是从香港转口的，而在香港的附加值很高；此外，也没有考虑走私的因素。据此，这位教授估计，中美贸易逆差大约是365亿美元。

……中国对美国的出口绝大部分是劳动密集型、低附加值消费品，或者是资源性消费品。这些产品美国早在15年前就停产了。因此，这种出口与美国的产业并没有竞争，而是有利于美国的经济调整，有利于美国发展高科技产业的。如果美国停止从中国进口这些产品，而改从别的国家进口，美国每年就要为此多付出200亿美元。这个数字是根据世界银行报告所提供的数据推算出来的。

（选自《中国青年报》1999 年 4 月 16 日版）

**【分析】**

朱镕基不仅指出对方的计算缺乏科学性，而且从对方的角度考虑其利害得失，指出了发展中美关系美国是受益的，很有说服力。

**（二）科学阐述问题，形成先声夺人之势**

辩论不只是针对对方提出的问题来论高下，辨是非，同样要明确表述自己的主张、意图。例如在谈判桌上、在竞选辩论中、在答记者问的时候，常常如此。诸葛亮舌"战"群儒，他是以自己的基本主张为基础的，即吴、蜀两家必须联合抗曹，否则就有灭亡的危险。他所"战"的是反对这种主张的谬论。

在辩论中，要想取得辩论的主动权，就要抢在对方之前迅速集中有利论据，树立起有利于己方的论点，击中对方命题的要害，这样既可以使对方陷于被动，又能给听众一种"先入为主"的印象，创造心理优势。例如：

1. 开门见山

辩论发言一开始，就单刀直入亮出己方观点，这样既为发言者确立辩论中心，也便于听众分析思考。如：南京大学队与上海大学队进行的一场辩论赛，辩题是"实施环境保护，是否会降低经济增长速度"。正方对员一上场就声明：

我们是环境保护的坚定拥护者，我们希望既保护环境，又增长经济，但是鱼和熊掌不可兼得。为了人类的生存与发展，为了子孙后代的幸福，我们主张宁可适当降低经济增长速度，也要保护好环境。

2. 先亮敌论

就是先把对方的观点摆出来，然后进行反驳论证。这种方法以攻为主，目标明确，如辩论"常在河边走，哪会不湿鞋"可以这样阐述：

有些人散布这样一种奇谈怪论："常在河边走，哪有不湿鞋?"言下之意是：长期从事某项工作，借职务之便，谋点儿个人私利是难免的。在现实生活中，这种"河边湿鞋"者确有人在：以办户口之权索贿受贿；借人事管理之职为子女亲属招工提级；乘出国洽谈生意之机慷国家之慨换取外商"馈赠"；趁职务之便任意将公款装进自己的腰包。但这些人，毕竟是少数，不能代表社会的主旋律。事实上廉政奉公的事例是数不胜数的……

3. 正反比较

在辩论开始时，把己方论点和对方论点同时亮出，在鲜明的对照中甄别是非，分清真理和谬误。还是辩论"常在河边走，哪有不湿鞋"，亦可这样阐述：

现在有一种奇谈怪论，说是"常在河边走，哪有不湿鞋?"它的寓意是：长期从事某项工作，借职务之便谋取点私利在所难免，合情合理。果真如此吗? 不!"常在河边走"确有"湿鞋"的可能，但这只是可能，不是必然。

……

"常在河边走，哪有不湿鞋"是在为搞以权谋私等不正之风进行辩护的谬论。正确的说法应该是"常在河边走，贵在不湿鞋！"

### （三）运用多种技巧，果断明辨是非

辩论就是要指出问题孰是孰非，也就是通过自己的阐述来说明己方观点的正确、对方观点的错误。在临场辩论中，应运用多种技巧，果断地驳倒对方。辩论的技巧很多，现举例如下：

1. 正本清源

面对歪曲事实的论点，不可简单地指责对方，否则反而显得自己理亏。必须还以事物的本来面目，以正视听。

**【案例】**

朱镕基到日本访问，一个日本老人问他"对日本有人否认南京大屠杀如何看？""我们很多日本人认为南京大屠杀根本没有发生过，你对这件事怎么看？"

朱镕基明确说：南京大屠杀是历史事实，有充分的证据，是不能否认的。

历史是不能忘记的，忘记就意味着背叛。掩盖或者淡化历史是没有任何好处的。吸取教训，才能使两国人民世代友好下去。

（选自《中国青年报》2000 年 10 月 15 日版）

2. 智破诘难

有人提出莫名其妙的论点时，无法跟他讲道理，不妨用智慧语言把他挡回去，使他无话可说。

**【案例】**

一次，一个美国记者采访周恩来总理时，在他的办公桌上发现了一支美国产的派克笔，于是使用讽刺的口吻说：请问总理阁下，作为一个大国总理，你为什么还要用我们美国生产的钢笔？周总理机智地说：这是一位朝鲜朋友的战利品，是他作为礼物送给我的，我觉得这礼物也的确很有意义，就收下了。这个美国记者讨了个没趣，无言以对。

（选自《文萃报》2006 年 1 月 15 日版）

3. 顺水推舟

表面上认同对方观点，顺应对方的逻辑进行推导，并在推导中根据己方需要，使对方观点在所增设的条件下不能成立，或得出与对方观点截然相反的结论。

**【案例】**

2000 年 3 月，江泽民回答台湾记者的提问。

记者："请问江主席，两岸如果真的开战岂不是相煎太急？"

"你这个话是引用曹植的诗句，煮豆燃豆萁，豆在釜中泣。本是同根生，相煎何太急！"江泽民话锋一转，"如果有人搞'台独'，出现相煎何太急的局面，那是他们造成的。本是同根生，本是一个中国，为什么要搞'台独'？"

（选自《人民日报》2003 年 3 月 8 日版）

4. 借矛攻盾

也就是常说的以其之矛攻其之盾。对方以某种根据立论，表面上似乎很有力量，这时不妨顺着对方的意思说下去，然后反戈一击，用对方的根据推翻对方的论点。

【案例】

左宗棠率湘军出关收复新疆，军队所到之处，入侵者望风而逃。

眼看大英帝国扶植的阿古柏政权面临覆灭，英国公使威妥玛找到左宗棠，说："中华地大物博，以仁义立国，为什么容不下小小的阿古柏，非要斩尽杀绝呢？这未免太不人道了吧？"

左宗棠反讥道："贵国信奉天主，到处建教堂，讲人道，何不在英伦三岛上划块土地叫阿古柏立国活命呢？"威妥玛闻言哑言。

威妥玛以中国应仁义立国为由，要中国为依附英帝国的阿古柏政权留一块生存之地。左宗棠借用其仁义之矛反戈一击，要威妥玛所代表的英国发扬"人道"主义，在英伦三岛上划块叫阿古柏立国活命的土地。由于左宗棠要英国所做之事的理由正是威妥玛要中国所做之事的理由，所以威妥玛虽然心中一百个不愿意却又无法反驳，只得哑言不语。

（选自《演讲与口才》2005 年 7 月版）

5. 击其要害

对方本来就有软肋，却偏偏要诡辩，不妨抓住其要害，猛击一掌，戳其痛处。

【案例】

一位从广岛来的日本人说，他本人对日本在战争中的残酷行为深感内疚，但如果中国总是要求日本道歉，什么时候才能结束？

朱镕基说：客观事实是，日方直到现在也没有在正式的文件中向中国人民道过歉。我看这值得日方认真思考。

（选自《中国青年报》2000 年 10 月 15 日版）

6. 主动出击

用有力的论据、充足的理由，主动向对方发起进攻，迫使对方自认理亏，从而使自己处于不败之地。

7. 避轻就重

对方可能转移视听，诱导他人情感的变化而形成有利于他方的局面。这在法庭辩论中尤为常见，如青年李某故意伤害邻居小孩案件，辩护人往往阐述被告人平时表现如何好，并提出了其大量助人为乐的材料来证实，意图是想说明被告人主观恶性不深，应从轻处罚。旁听群众此时也表露出对被告人的同情。此时，公诉人不要就事论事去评价而进入辩护人的圈套，应抓住被告的犯罪后果这一重点问题，将注意力转移至被害这一方来。可用大量翔实的资料，向法庭介绍被害人平时是个非常懂事的孩子，在学校里也是好学生，由于被告人的犯罪行为造成被害人躺在病床上已近半年不能康复。不仅给被害人家里带来很大经济负担，而且更给被害人肉体带来巨大痛苦。此时，旁听群众对被告人的同情已经转化成了愤怒，法庭舆论朝着有利于公诉方发展。

8. 借力打力

有时候对方的论点尖酸刻薄，而且表面上看似很有力度，这时候回击不宜用"你没道理"、"你没有根据"这种简单的否定语。以硬对硬并不能解决问题，甚至可能引起无益的争执。最好的办法是抓住对方的逻辑错误，借力打力，也就是借对方的错误击倒对方。

【案例】

东汉时候有个孔融，十岁的那年跟父亲去拜访司隶校尉李庸元。李庸元为孔融的聪敏感到惊奇。把他的能言善辩介绍给后来入堂的太中士大夫陈韪。陈韪不以为然，对孔融说道："小时候十分聪明的孩子，长大了未必聪明。"孔融应声道："想必您小的时候也一定十分聪明。"陈韪被说得一时无言以对。

## 四、辩论要注意的问题

辩论需要注意的问题包括以下内容：

一是要拓宽知识面。

辩论要求立论新颖，思维敏捷，论据有力，论证合理。这就要求一方面要善于积累知识，掌握丰富的材料；另一方面要学点逻辑知识，有时间还可以读点《孟子》这类有哲理的书。另外，平时多注意别人是如何说理的，有机会听听辩论赛，听听法庭辩论，从中学习别人的辩论技巧。

二是要练好基本功。

辩论要吐词清楚，语言通俗，表意明晰；要多用短句，少用甚至不用难懂的专业术语。同时要注意风度，培养气质。

三是要有自己的辩论风格。

初学辩论可以模仿别人，但时间长了就应当形成自己的特色，个人的辩论风格对辩论效果有很大影响。

四是辩论时要善于沉着应战。

不论是何种场面，不论对方的问题怎样尖锐，都应当沉着、冷静，准确地判断对方的论点，回击要命中目标，切不可乱了自己的方寸。2004 年，美国总统竞选时，另一候选人克里在攻击布什的伊拉克政策时，用一句话形容："在错误的时间、错误的地点，发动了错误的战争。"由于布什紧张，他在回击克里时，竟然用克里"在错误的时间、错误的地点，发动了错误的战争"的话来做解释，结果闹出笑话，被媒体大肆渲染。

**思考题**

1. 辩论中怎样听对方发言？
2. 辩论有哪些技巧？
3. 辩论要注意哪些问题？

# 第二篇 口才训练

## 项目一 心理训练

不善长在众人面前讲话的人，原因是多方面的，但其中最主要也是最根本的原因就是心理障碍。究其根源，多是由于缺乏临场的心理训练。在此，我们给大家介绍一套简单易行的训练方法。

第一步：静立不语练习（练心）。练习者可互为听众轮流上场，也可让自己的几位朋友、同事、家人等做自己的听众。练习者站在高于听众之处，目视听众而不开口。此时，练习者要进入心理感受之中，进行心理体验。

这一步练习是练"心"，而不练"口"，每次站立 5～10 分钟。由于可以不开口说话，会减轻练习者的心理负担，直至练习到不觉得十分紧张为止。

第二步：随便说话练习（练口）。练习者已适应长时间在人前站立的心理之后，即可进入说话训练。这时的讲话从内容到形式上，不要给予任何规定和限制。练习者要随心所欲，讲自己最熟悉的话。这时练习者虽心理上已初步适应，但开口讲话还缺乏适应性训练，因此大脑或紧张或混沌一片，所以这一步练习只要练习者能开口就可以了，至于内容则可以比较随意。这一步是在练"心"的基础上练"口"，讲话时间 3～5 分钟为宜。练习者和听众可交流对话，轮流演练，直到练习者在人前讲话自如流利为止。

第三步：命题演讲练习（表达练习）。在前两步训练的基础上，练习者即可进入命题演讲练习。练习者和听众之间要反复交流，推敲练习者的有声语言、态势语言的力度、速度、表情等。此步练习以练习者在台上能让听众听不出是在背讲稿，也不是以"演"为目的，而是要让练习者能够真实自如、从容不迫地讲出自己的心里话。

第四步：即兴演讲练习（全面练习）。练习者的临场心理和讲话能力都有了一定提高以后，可以进行较高层次的即兴演讲练习。练习者通过抽签来确定演讲的题目和内容，定签后给练习者约 10 分钟打腹稿的时间。此时练习者的思维处于高速运转状态，这对于提高练习者的快速谋篇、遣词、炼句是很必要的。因为练习者的心理处于"排练"的气氛中，所以对"失败"并不十分惧怕，也就有利于其发挥出在正式讲话时难以全面发挥的内在潜力。

以上四步练习法侧重于实践，初学者如果再辅以一定的理论指导，心理训练的效果就会更加显著。

## 项目二 思维训练

心理学家认为，口头表达是受复杂的生理和心理活动制约的。嘴巴的讲和大脑的想存在着相辅相成、相互作用的依存关系。口才的发挥是藏之于内的无声语音（内部语言）向表之于外的有声语言（外部语言）的转化过程；人们思考问题必须凭借语言的帮助，思考的内容要通过有声语言表达出来。否则，谁也不知道你在思考问题，更不明白你思考的是什么问题。

在一般情况下，往往心里怎么想，嘴上就怎么说。想与说，思维与表达，相互之间交相传递循环往复，把无声语言变为有声语言，以此在社会活动中交流思想，交换意见，互通信息，传递意图。

由于口头表达随想随说的特点有别于书面表达，因此特别要求思维的敏捷和灵活，这就需要我们加强思维和口语表达的同步训练。

以下是几种思维的训练方法：

1. 快速表达。在日常生活、工作、学习中，遇上应对场合，反应灵活，随机应变，对答如流是思维敏捷的表现。要做到这一点，需要平时加强快速表达的训练。

2. 限时反应训练。在时间上设置一定的紧张度，经过激发思维，促成"急中生智"。训练时要求练习者在规定的时间里，完成某项内容的构思和表达任务。

3. 灵感触发练习。触发即撞击发动，一碰即发。它是由一件事物为触媒，突然心里一亮，引起某种反应，感悟到其他的事物。在文艺、科学活动中，由于有关事物的启发而突然产生的富有创造性的思路，称之为灵感。

我们平时可做这样的练习：一个人首先在数张纸条上，分别写上不同的题目，然后再以抽签的方式，让参与者每人抽出一张，并立即就纸条上的题目，发表1分钟即兴演讲。这样做，一是验证自己是否具有敏捷的思维能力，二是证实自己是否具有一定的口头表达能力。

4. 发散表达。为了使口语表达完美、严谨、开阔，思维就要学会连缀、拓展、生发，由此及彼，举一反三。

5. 知识博采练习。丰富的知识能开发智力，启迪思维。好口才是用知识的甘露滋润听众的心田，用知识的钥匙开启听众的心扉。要获取知识全靠平时积累、建立知识宝库。只要坚持日积月累，便可达到"胸藏万汇，口有千钧"的境界。

6. 辐射联想练习。人的思维是否发达，从某种意义上说，就要看他的思维是否能举一反三，源源不断。要想思维发达，就必须进行思维向广度发散的训练。它能使口头表达更开阔，更完整，更广泛，更紧密。

练习者可按"字——词——词组——句子——段落——篇章"的发散顺序，先写成书面文字，然后依次通顺流畅地口头表达出来。

7. 借题反出练习。借题反出，是指判断对方话题中隐含侵犯我方的恶意。此时，我方可借题发挥，予以反击。

8. 聚敛表达。思维的完整、严谨，除了要"一枝引来万花开"，还要"会当凌绝顶，一览众山小"。用一句通俗的话说，就是要"撒得开，收得拢"，既具有发散能力，又具备聚敛能力。

9. 延伸表达。口才训练，除了要学会思维的快速反应，发散表达，聚敛表达外，还应练习思维的延伸表达。即思考问题朝着纵深方向发展，从简单到复杂，由平面向立体转化，最后达到"柳暗花明"的境界。

总之，说话能力的高低，取决于思维能力的强弱。要提高说话能力，就必须学会科学的思维方法，经常进行思维和口语表达的同步训练。

# 项目三　思路训练

思路是思维的线索和脉络，无论叙事还是说理，必先确立一条思路。思维线索的展开和思维脉络的延伸，反映了说话者对现实的观察、理解、认识逐步深入的过程。

正确的思路反映了客观事物运动的程序性和规律性。思路正确，讲述才能层次清晰、组织严密。开口之前要先组织的思路，也是对讲述材料作顺序方式的构思。

思路训练有以下基本类型：

1. 分项列举式。讲述材料各层之间的并列关系，一条一条围绕一个统一的中心列举出来。比如学校的保卫处在教职工大会上宣布门卫制度和防火防盗措施时，可用这种方式。

2. 时间顺序式。即按事件发展的时间先后顺序排列材料，反映出事物运动过程的自然状态。例如导游在介绍一个历史传说时，就可按情节发生、发展、终结的顺序叙述。

3. 空间层次式。即按空间布局的顺序一层一层加以介绍，依据从外到内，从前至后，从上到下，从左至右的联结关系，用语言再现客观存在的空间事物，使听众对你所描述的情景获得清晰的印象。如导游向游客介绍某一景观建筑时多采用此法。

4. 联想过渡式。在现实生活中，我们常常由所见所闻，联想到另一件事，前后产生由此及彼的过渡关系。这里有相似过渡和对比过渡两种。相似过渡是因形和质相近产生的联想；对比过渡则是由形和质对比而产生的联想。

5. 演绎思维式。这是对讲述材料深入思考过程的反映，即指认识活动从一般到特殊的过程。讲述时先作一般论说，使听众先有一般的了解，然后再深入谈其中某一特殊的问题，引导听众获得更为具体的印象。

6. 归纳思维式。与演绎思维式相反，归纳思维式是由特殊到一般的思维过程，讲述时从个别特殊事物归纳出一般的结论。

7. 由果及因式。与演绎思维式相反，由果及因式先摆出结果，然后追溯导致这个结果的原因。讲述中必须强调结果，以引起听众的重视。

8. 先总后分式。即先讲解整体，然后逐步分解它的各部分。常用于对事物的分类或复杂理论的分述。如地理课上，讲解欧洲部分时，通常先讲方位、面积、人口、自然概况、自然资源等，之后再分别介绍欧洲的每一个国家。

9. 事理结合式。这是叙述事实和议论道理结合的构思方式。可以一事一理，先谈一件事例，然后再发表见解、观点；也可以一事多理或多事一理，在大量事例中探讨共同的事理。

10. 提问解答式。先提出问题，然后经过分析，陈述见解，举例证明，予以解答；阐述解决问题的根据、理由、方法。在演讲或报告中常用这种方式，集中阐明自己的观点和主张，也可以用来议论较为复杂的问题。

11. 先提出问题，简单解说论题意义，然后进行论证。如果问题较多，可以逐一提出，逐一解决，最后提出综合性论点，强调结论，加深听众的印象。

12. 推理论述式。论说较难理解的问题或事件时，应考虑听众的理解过程，按照由已知到未知，由浅入深，由表及里，由简单到复杂的层次进行论述或说明。

总之，客观事物的存在、联系和运动的形态是千变万化、错综复杂的，人们对其反映的方式和讲述的思路，也是多种多样、不拘一格的。进行思路训练时不一定限于单一类型，也可灵活交叉运用。

## 项目四　思辨训练

口语交流中的思辨，是一种直觉思维过程。它是在高度亢奋的情绪状态下，大跨度地超越思维的逻辑流程，对问题迅速作出合理的假设、推测与判断。这种机敏的直觉顿悟，也是口才训练的重要方面。

1. 听语辨析

【方法】

出示有一定思辨价值的语言材料（当场口述或播放录音），然后进行抢答。回答时语速过慢或拖泥带水表达不清者要扣分，如八秒钟内辨析，可根据题目难易而定。

（1）她边画边说："冬天过去了，春天来了，冰雪也融化了，热带鱼妈妈带着鱼宝宝游了过来。这些鱼都在吐水泡，你们看，大大的水泡浮到水面，越浮越小，多有趣呀！"

（2）北京亚运会期间，泰国对科威特的一场足球赛中，泰国队打得勇猛顽强，却光开花不结果，一直没有破门，但是到终场时，泰国队却以 2∶1 险胜科威特队，这真叫泰国队喜出望外了。

（3）四个学生上学时拾到一个钱包，同去送交老师。老师问："究竟是谁拾到的？"甲说，是丙拾的；丙说，甲讲的不对；乙说，我没拾钱包；丁说，是甲拾的。这四个学生有一位很憨厚，说的是实话。那么，钱包到底是谁拾到的？

【答案】

（1）材料中有两处错：冰雪初融，热带鱼不会游来；水下压力大，水泡只会越浮越大。（2）全场三个球都是科威特踢进的，有两个球是科威特误踢进自家球门。（3）是乙拾到的，丙说了实话。

2. 看态判意

【方法】

将 10 支粉笔请十个人收藏起来，另请两个人来猜。猜的人在任一收藏者面前站定，这位收藏者必须立即站起来，说一句不承认粉笔在自己这里的话，3 分钟一无所获者受罚。

【提示】

语态流露的大量信息靠直觉思辨去捕捉。但具有社会属性的人能支配或控制语态，让人造成错觉。"猜粉笔"就是训练对以假乱真的语态的直觉判断力。要注意定向探察、瞬间流露，尤其是眼神流露的信息。

3. 死里说活

"死里说活"指的是绝路逢生的独创性语智。当然"说活"要合乎逻辑的论证，并不是提倡诡辩。

【方法】

辨析语题，每个语题包括两个部分，左边为"活"即合乎常情的说法；右边为"死"，即似乎不合情理的说法。"静思"片刻后登台说。人人都是评委，认为可以打"优"的人举手，一人举手为一分，看谁得分高。

如：眼见为实——眼见未必为实

水火不相容——水火亦可相容

【提示】

说"活"的关键是多角度的审视（如"水火相容"，煤火中洒点水，火反而更旺了），要对话题作些必要的限制，方可自圆其说，言之成理。

# 项目五　记忆训练

要具备好口才，除了思维敏捷、灵活之外还必须做好充分的准备工作，而充分准备主要是指对说话内容的熟悉，这就不可避免地涉及记忆。不仅要记忆讲话的素材、语言，还要记忆你精心设计的讲话结构。只有从内容到形式都记熟了，才能有条不紊、脉络分明地表达出来。

在日常工作和生活中，有讲稿的讲话毕竟是不多的，无讲稿的即兴讲话倒是常有。比如座谈、讨论、论辩、会议等，常常突然让你讲几句话，发表点意见。面对这种情况怎么办？将大脑中储存的有关知识随手拿来，稍加组织，便为其所用。只要平时记住了大量的至理名言、作家作品、科学术语、成语典故、寓言故事、史地常识、奇闻轶事等素材，表达时就能得心应手，挥洒自如。因此，好口才无疑是借助于好记忆得以实现的。因为记忆是大脑的一种功能，是经历过的事物在人脑中的反映和再现。人通过记忆，可以储存信息，把有准备的讲话材料和无准备的素材知识铭刻在脑子里。因此，很多人即使没有稿子或抛开稿子上讲坛，说话也能行云流水，滔滔不绝。以下介绍几种常用的记忆方法。

1. 通读法。记忆讲稿时，一遍一遍地念，大声地读，直至倒背如流，烂熟于胸。人们接受外界信息时，由于接受的感觉器官不同，记忆的保持率也就不同。专家实验证明：在接受知识时，如果用眼耳结合的"视听法"，三小时后，能保持85％，三日后，可保持65％。可见诵读法能明显提高记忆力。

2. 纲目法。发表长篇讲话，可从主题和结构入手，列出讲稿纲目，即首先抓住主题，然后围绕主题，列出有逻辑联系的内容纲目，并用简明扼要的语言按顺序标出来，使之一目了然，以便进行提纲挈领的记忆。

3. 机械法。事物缺乏内在联系，靠简单重复和强记进行记忆的方法，叫机械记忆法。在一般情况下，记忆人名、地名、书名、日期、电话、门牌号、数学公式等，都是运用此法。在机械记忆中，也可自创一些方法，借以提高记忆效果，如对照法、顺序法、抓特点法等，还可以运用谐音、押韵、会意等方法，缩小记忆对象的信息量，灵活巧妙地进行记忆。

4. 口诀法。把本身联系很少的材料，根据其内容要点，编成整齐对称、偶句押韵、朗朗上口、便于记忆的语句，使之富于趣味性。这种记忆方法称为口诀记忆法。

口诀记忆法应用广泛，如农谚、节气歌、珠算口诀、乘法表等，都是采用此法，使人们能快速、方便地记忆，又不易忘记。

5. 重复法。遗忘使记忆痕迹不断淡漠或消失，采用重复记忆法，可以加深大脑皮层的痕迹。复习不仅有修补、巩固记忆的作用，还可以深化对知识的理解，促进记忆。通过重复能逐步达到知识的条理化、系统化。

记忆的方法很多，要提高口语的表达能力，就要不断加强增强记忆力的训练。

# 项目六　听力训练

现代社会是信息高速发展的社会。当代经济的飞速发展增进了人们之间的交流，人际沟通、贸易往来、对外谈判等社交活动日益频繁，这同时对人们的听话能力提出了更高的要求。因此，我们必须重视并加强听力训练。

能仔细地、不遗漏地听取对方谈话的内容，是听力训练的基础。只有排除无意注意力干扰，加强有意注意力自控能力，切实提高自己完整接受信息的能力，才能准确地反馈信息。

边听边概括对方谈话内容的要点，是听力训练的重点，只有努力提高在听取对方谈话的过程中及时捕捉要点的概括能力，才能较好地把握谈话要旨，有针对性地反馈信息。

在口语表达中，存在着杂乱无章、重复啰唆、中心不明的谈话内容，听者需要剔除无用部分，整理筛选有价值的信息，这是听力训练的另一个重要方面，其目的是加强整理筛选对方谈话内容能力。

能从对方谈话中鉴别、揭示出暗含其中的弦外音，是听力训练的重要课题。在许多特定场合，说话人运用"双关"、"影射"、"比喻"等旁敲侧击的方法，来迂回地传递信息，这就需要听者细心鉴别，排除假象，把握要旨。

听力训练是比较复杂的过程，它牵涉到思维的适用、语言的表达、训练材料的筛选等问题。训练听力的方法很多，一般可以针对自己的薄弱环节实施目标分解训练。

在听话过程中，有些人毫无言语或神态上的反应，显得很被动，缺乏积极参与谈话的交流愿望，也使说话的一方失去与之交谈的兴致。有礼貌地听人说话是尊重人、尊重自己的道德行为。在听力训练中，可有意培养下列几个方面的良好习惯：

1. 不随便打断别人谈话，不因为对方所讲的内容自己不感兴趣，或不符合自己观点就表示反感、不满，更不可以心不在焉或离开。

2. 在认真听讲的同时，还要热诚地看着对方的眼睛或做其他的态势表情，始终保持专注的精神和入神的姿态。

3. 在对方的话引起你感情上的共鸣时，应适当地点头、微笑，表示接受、同意、赞赏；或沉默不语、专心致志，表示思考、支持、同情，尽量给对方精神上的酬谢和慰藉。

4. 言语上应作积极的反应，或应答，或提问，或讨论，或承接，或提醒，或要求重申。如"对""是吗""嗯""是这么回事""后来呢""不错""再谈谈看"等应对语言，可根据听话内容、场合、气氛灵活地应对。

# 项目七　微笑训练

在交谈中，微笑可以使人精神放松，产生好感和亲近感。因此，微笑训练并不是可有可无的训练项目。那么，微笑训练都有哪些技术上的要求呢？这里介绍一个小小的决窍，发明人是我国著名电影表演艺术家孙道临，他说你只要在嘴上念声"茄子"就行了。

在做微笑练习时，应注意总结一下微笑的特点：看看口腔开到什么程度为宜；嘴唇呈什么形态，圆的还是扁的；嘴角是平拉还是上提。练习时可以两人一组结对进行。微笑练习的动作要领是：口腔打开到不露或刚露齿缝的程度，嘴唇呈扁形，嘴角微微上翘。结对练习时可根据上述归纳的重点重复练习，并互相印证，看看有什么问题。

微笑时容易有哪些不当之处，又应该如何纠正呢？

笑过了头，嘴咧得太大，给人一种傻乎乎的感觉。要是不想让人说傻，就要想法把嘴巴的开合度控制好，以"不露或刚露齿"为最佳。

皮笑肉不笑，看上去会让人觉得难受。当代心理学家根据最新研究成果已经找到了真笑和假笑的区别。如果你在交谈中能够以完全平等的态度对待对方，尊重对方的感情、人格和自尊，那么你的微笑就是真诚美丽的，具有强大的凝聚力、感染力。否则，你的微笑就是虚假的、丑陋的，你所能得到的也只能是逆反心理和离心力。

换句话说，要想解决"皮笑肉不笑"的问题，首先必须解决根本态度的问题。根本态度端正了，"皮笑肉不笑"的问题也就迎刃而解了，这是区别真笑假笑的内在依据。

我们再介绍一下区别真笑、假笑的外在依据，或者说是生理依据。就是当一个人在他发出真心微笑的时候，他眼球周围的环状眼肌就会将面颊和额头的皮肤牵向眼球，这种笑是装不出来的。根据当代心理学家的研究表明：真诚的微笑牵动大脑的区域不同于假笑。

总之，只要你努力端正对待交谈对象的态度，加强"态势语"——微笑，那么，你的微笑就一定会是真诚而美好的。

# 项目八　气息训练

气息是人体发声的动力和基础。在朗诵、演讲、论辩或其他口语表达中，气息的速度、流量、压力的大小与声音的高低、强弱、长短以及共鸣情况都有直接的关系。可以说，要控制声音，驾驭语言，就必须学会控制气息。

控制气息的一个关键环节，就是要学会胸腹联合呼吸法。人们生活中的本能呼吸是浅呼吸，即只作胸部呼吸。演讲或朗诵时，用这种本能的呼吸方法发言，时间一长，声带会疲乏，声音就会嘶哑。

胸腹联合呼吸法，是要求深呼吸，将空气吸入肺叶底部横膈膜处（即扎腰带的地方），一般采用口鼻同时吸气。吸入横膈膜的气，使肋骨自然向外扩张，此时感觉腹部发胀，小腹逐渐收缩；吐气时要保持横膈膜的扩张状态，这一点很重要，不要一吐气横膈膜就塌瘪了，一下子让气息泄掉，声音就失去了气息的支持，致使说出的头几个字还有气息支持，后面的字无气息支持，讲起话来就会前强后弱，上气不接下气。这样呼吸，不仅费力，而且声音难以持久。只有保持横膈膜的扩张状态，感觉气息是从小腹深处涌上来，推动声带发音，这样的声音才不仅宏亮有力，而且持久，能保持整句话的声音饱满圆润。

以下介绍几种气息训练的方法。

1. 闻花练气

（1）坐直，静心，躯干略前倾，头正，肩松，小腹微收，舌尖抵住上腭，如闻花般从容吸气，感觉气流好像沿脊柱而下，后腰部逐渐有胀满感，而肋骨向外扩张，小腹逐渐紧收，吸至七八成满；控制一两秒，然后缓缓吐气，气息均匀而缓慢地流出。反复进行上述练习，呼气时间要逐渐延长，以达到 25～30 秒为合格。

（2）用上述方法吸气，在呼气时反复从一数到十，使气息不断延长，一口气数 20 下。

（3）缓慢地吸气，然后慢慢地呼气。呼吸过程要慢而不僵，各部分器官配合协调，气息均匀。

（4）缩短吸气时间（急吸气），像要喊突然发现远方走来熟人似的急速吸气，两肋一下子提起，但动作不能让人有明显察觉，气息很快地进入肺部，然后相当缓慢地均匀呼出，每一瞬间使用的力量都应当是基本相等的。

2. 气息体操

【方法】由一人领操，大家双目微闭，以站立姿势为宜。整套体操共分 10 节：快吸快呼—慢吸慢呼—快吸慢呼—慢吸快呼—深吸浅呼—浅吸深呼—鼻吸鼻呼—口吸口呼—鼻吸口呼—口吸鼻呼。

【训练提示】1～6 节口鼻并用；可在早晨进行。

3. 气声数数

【方法】先吸足一口气，屏息数秒，然后以均匀的、低微的、带有气息的声音（如说悄悄话那样）数 1～100。在开始阶段可以少一点，数时尽量保持住气息（即吸气的状态）。

4. 压腹数数

【方法】平躺在床上，在腹部上压一摞书，吸足一口气，开始从一往后数。这是对气息输出作强制的训练，目的是增强腹肌和横膈膜的控气力度。开始阶段压的书可少些，逐渐增加，可利用睡前做这个练习。

5. 跑步背诗

【方法】平时跑步出现轻微气喘时，背一首短小的古诗。开始训练时可两人配合进行，并肩小跑，一句递一句地背下去。

【提示】激烈运动时不可进行此训练；要尽量控制不出现喘息声；一首诗背完后，要调节呼吸，然后再继续进行。

6. 软口盖练习

【方法】最常见的是"闭口打哈欠"，即打哈欠时故意不张开嘴，而是强制用鼻吸气、呼气。

7. 数葫芦抬米

【方法】吸足一口气，然后数下去。先做词组练习：一个葫芦、两个葫芦……再做短语练习：一只蚂蚁抬一粒米、两只蚂蚁抬两粒米……

【提示】以站立姿势为佳，训练前先将余气吐尽再吸气；从自然音高数起，字音强劲有力清晰，速度平稳均匀，富有节奏感；适可而止。

8. 偷气换气

【方法】选一篇或一段长句较多的文章，用较快速度读下去，在气息不足时，运用"偷气"技巧，读后确定最佳换气处。

【提示】换气宜口鼻并用，以鼻为主，掌握时间差，使气流充沛有力，偷气不要边发声边吸气，要用极快的速度，在不为人觉察时吸入部分气流。

# 项目九  共鸣训练

用气推声的发音方法虽可省力，但要发出抑扬顿挫、铿锵有力、响亮悠远的声音，还必须在用气推声的基础上，学会共鸣的发声方法。

生理学家告诉我们，声带产生的音量只占讲话声音的 5％，其他 95％的音量，则要通过胸腔、头腔、口腔、鼻腔所组成的共鸣器放大产生。

人的声道主要共鸣器官有口腔、胸腔和头腔，口腔共鸣能使声音结实清晰，胸腔共鸣能使声音浑厚宏亮，头腔共鸣能使声音高亢明亮。通过训练，可将这三种共鸣融为一体（即混合共鸣），发出来的声音才能响亮有力。

由于一般人没有进行过专业的共鸣训练，因而存在许多共鸣发音的弊病：

1. 白声。共鸣位置过分靠前，口腔没有充分打开，好像只用嘴皮子说话，因而声带发出的声音形不成共鸣。

2. 音包声。音位靠后，喉头张开得太大，俗称喉音过重，声音很响，但声母不清。

3. 鼻音太重。由于软腭下垂，舌根抬起，阻挡了咽喉与口腔的通道，声音大部分从鼻腔里出来，俗称齉鼻子。

以下介绍几种简单而实用的共鸣训练方法：

1. 口腔共鸣训练法。采用张口练习法，可用惊吓张口、半打哈欠、吞咽食物张口等感觉练习口腔张口，在气推声之前吸气和同时打开口腔立即发音，经过多次反复练习，可获得口腔共鸣的发音效果。

2. 头腔共鸣训练法。最简单的方法是练习"凝目远眺"（它可以使头腔共鸣器官——鼻窦、额窦、蝶窦等器官张开）并提小舌头，同时用气推声。多次反复练习即可获得头腔共鸣效果。

3. 胸腔共鸣训练法。最简单的方法是发音之前先做好闭口打哈欠的准备，在气推声的同时，胸腔打开（像雄鹰展翅的感觉或多做扩胸运动，体会胸腔打开——如同手风琴的风箱张开原理）。多次反复练习就能获得胸腔共鸣效果。

最后，要将三种共鸣方法融为一体，产生"混合共鸣"。混合共鸣的方法是在前三种方法的基础上，要求从肚脐到口腔保持气息的畅通无阻，头腔、口腔、胸腔一齐打开，用气推声的方法发音，就能获得"混合共鸣"的效果。

共鸣方法在具体运用时，应根据演讲或朗诵的具体感情的需要，在混合共鸣的基础上，有意识加强其中一种共鸣的成分。如表现热情需要加强头腔共鸣，表现沉痛要加强胸腔共鸣，一般叙述要加强口腔共鸣。

# 项目十 音色训练

音色又称音质，即人的声音本质，由于每个人的声带不同，其音色也不一样。有的人音色优美动听，音质好的人通过训练可能成为优秀的歌唱家、演讲家；音质差的人更要训练，变不利为有利，才能给人以美的享受。因此，音色训练对每个人来说都是极为必要的。

音色训练的方法有以下几种：

1. 音高与音低的练习

可选一首古诗，如用"离离原上草，一岁一枯荣。野火烧不尽，春风吹又生"来做练习。

（1）先用低音说起，一句句地升高，然后再一句句地降下。

（2）一句高，一句低，高低交替。

（3）每个字的音调由低向高，再由高向低。

2. 音强与音弱的练习

（1）小音量练习，要求音量虽小，但吐字清楚。

（2）中音量（正常音量）练习，要求吐字清晰，抑扬有致。

（3）大音量练习，要求气息量大，音色高亢响亮。

（4）三种音量，混声练习。

3. 实音与虚音练习

（1）实音练习。要求音色响亮、扎实、清晰度高。

（2）虚音练习。说话的气息强而逸出较多，音量则有所控制，注意字音的清晰。虚音多用于表示感叹、回味、夸张等情感的语句中。

4. 虚实结合练习

（1）明朗音色练习。这是我们说话常用的一种音色，要求轻松明快，朗朗上口。

（2）暗淡音色练习。暗声的气息深沉，共鸣点饱满而靠后，音色偏暗，多用来表达忧伤、抑郁的感情。

（3）明暗对比练习。通过明暗对比，更恰当准确地表达思想感情。

5. 刚声与柔声练习

（1）刚声练习。要求气息充足，音色响亮，铿锵有力，掷地有声。

（2）柔声练习。要求气息舒缓，音色柔美，如春风袭人。

（3）刚柔对比练习。声音能刚能柔，刚柔并济，使声音刚强中带有柔韧，柔韧中富于变化。

# 项目十一　语音训练

语音就是说话的声音，人们在说话时通过发音器官的运动，发出音高、音长、音强或音质都不相同的声音。这些声音在人们的长期劳动实践中被赋予了一定的意义，并以此来传达和接受信息，就形成了语音。

由于语言的产生是建立在人们约定俗成的基础上，所以音、义、符之间并无必要联系。某个声音表示某种意义是习惯使然，这就造成语言的地域性、民族性差异非常明显。仅在我国就有八种使用较广的方言。

口语信息的传达与接受的有效性，必须以声音准确无误地表达语义为保证，"说"或"听"都要具有对语音的准确使用和理解能力。那么，语音训练有哪些基本要求呢？

1. 掌握正确的发音方法

语音是人体发声器官运用的结果，声带发出声音后，口、鼻、喉、咽、胸产生共鸣传出声音，唇、舌控制气流而得到了各种不同的话音，而每个音素都有自己固定的发音方法。因此，我们必须准确地牢记每个音素的发音特点，掌握正确的发音方法，特别是使用方言的人，更要注意区分方言与普通话语音的发音区别。

2. 吐字清晰，干脆利落

吐字时由于时间短促，不可能把每个音素都发得那么彻底完整，一般在念字时口形主要落在韵母的元音上，声音处理应是字头短而有力，字腹圆润饱满，字尾和缓渐弱。整个音节干脆利落，不拖泥带水、含混不清。

3. 声调准确，注意区别

汉语的音节少，加上声调才使许多同音节字得以区分，特别是在口语中声调成为辨别字的主要成分，如 ma，可以有四个声调，各个声调表示了不同的概念。因此，口语表达不可忽视声调的准确性，否则会造成语意表达不准确，甚至全然相悖的结果。

4. 口齿灵活，自然流畅

说一段话需要连续发出许多个音节。要使语言自然流畅，又使每个音节清楚准确，需要我们训练口齿的灵活性。连续发音时，舌要在唇、齿、龈、腭等部位来回伸缩，舌尖、舌面、舌根要交替用力，唇要做出圆、扁、开、合、撮、闭等各种动作来控制气流的开放与阻塞，其运动频率是最高的。如果口齿呆滞、唇舌无力就会使语流含混，影响表达效果。锻炼口齿的灵活性可通过朗读规范文字作品的训练方式来实现，由慢到快，经常练习。

养成良好的发音习惯，音质对语言的意义表达和感情传递有很强的制约作用，音色的美感能产生强烈的吸引力，使语言富有魅力，要做到这一点必须培养良好的发音习惯。

发声时的正确姿势是：挺胸、收腹、提气，颈部、背部、腰部要自然伸直，胸肌放松，用力适中，便于气流畅通运行，以达到良好的共鸣效果，使语音深厚有力、轻松自然、清晰悦耳。

# 项目十二 语感训练

语感并不是指语言的感情色彩，而是指人对语言的感知和反应能力。当一连串的线性结构的语流，通过听觉或视觉传入你的大脑的时候，你能否迅速而准确地理解其含义和情味；当某种事物呈现在眼前，或某种意念产生于脑海，你能否迅速地找到适当而生动的词语，并将其连贯有序地表达出来。这就是语言的感应能力，或叫语言的触发功夫。

显然，敏锐的语感、机智的口才是以丰富的学识储备和良好的心理素质为基础的，但就即兴构思、随机应变的技能来说，对语言的触发是否敏锐就是关键所在了。尽管人们如今的交谈、答问、论辩和演讲很少是以对联或诗赋的形式出现，但对语言的感应之迅速、准确、恰当和简练，确实是一个人重要的实用本领。而且敏锐的语感、机智的口才也是任何有进取心的人都可以培养起来的，我们要坚定信心。

那么，如何培养和训练敏锐的语感呢？

1. 积累语言材料，多多益善

全部汉字有 60000 多个，实际常用的汉字只有 3000 多个。我们一般掌握了这 3000 多常用字，在日常生活中也就基本够用了。这个标准，对于任何具有高中以上文化程度的人来说是完全可以达到的。所谓积累语言材料，主要是指积累词汇。词汇的数量要比字数许多倍，难以估计。我们要培养敏锐的语感，首先注意积累词汇。

人脑不怕困，就怕空，其记忆的容量是无比巨大的，相当于全世界图书馆的信息储存总量，是数字电子计算机的 100 万倍。语言信息再多，正常的人也能装下，只要我们用心，积累大量的语言材料是毫无问题的。

2. 辨析词的特点，愈细愈好

词语的组合和运用，有一定的规律和习惯，要求人们在使用时必须遵循，同时还有许多灵活多变、微妙复杂之处值得人们特别注意。语感的敏锐意味着用词造句既快又准，这就必然要求使用者对每个词的词性、词义、程度、色彩及相互搭配的特点加以细致的分辨。

我们在辨析和使用词语上应当向古人学习，树立"推敲"意识。一字之差，意味不同。"敲"比"推"不仅意思更加确切，给人们的感觉也不一样：一个是幽静之感，一个是孤寂之意；一个是礼貌拜访，一个是莽撞闯入；一个是音节阻滞，一个是音节响亮。我们对词语的辨析就是要如此细致入微，才能取巧避拙，运用自如，具备敏锐的语感。

3. 注意词序、虚词，熟练编码

词序就是词或词组编排的次序。汉语的句子不论长短，不论简单还是复杂，对词序的格式总有一定的要求，总是遵循特定规律的。一句话总是先说什么人什么事物，然后再说怎么样或结果如何。有时词序更动，句子尽管照样讲很通，但意思却已经变了。因此对于词序，我们要有敏锐的感觉和正确的习惯。

虚词虽然不表示具体概念，没有实在意义，但在遣词造句中，特别是在比较复杂的语句中起着各种各样的然而也是至关重要的作用。许多语病正是由于虚词使用不当造成的。

总之，要发展自己的语言能力，特别是提高口语表达能力，一定要着意训练敏锐的语感。

# 项目十三　重音训练

重音也叫重读，说话人根据表达语意和感情的需要，故意把某句话、某个词组、某个词或某个字说得重一些，这就是重音。

重音在口语表达中是第三大要素，有人称它是口语表达中的第三张"王牌"。恰当准确地运用重音，对于增强语言的表达效果是十分重要的。

那么，如何在发言中确定重音之所在呢？

词的轻重音主要表现在音节上。双音节的词有"重轻"和"中重"两种，"重轻"即重音在前，轻音在后；"中重"即中音在前，重音在后。后一种格式在双音节词中是主要的。三音节的词，则以"中轻重"为主要格式。四音节的词，以"中轻中重"为主要格式。

句的轻重音，主要有两类：一是语句重音，是由词句结构自然表现出来的重音。"语句重音"一般不太重，只不过是在原来词的重音上稍稍加重而已。二是逻辑重音，也叫"强调"。这是一种特重音，音量比词的重音、语句重音都要强。它可以使词和语句中的重音进一步加强，也可以使词和语句中的"非重音音节"变成重音或特重音，以突出词句中的某个意念。

感情重音。在口头语言中，为了表达强烈的感情，对那些表达感情起决定作用的词语、句子，甚至整个段落，相应地加重音量，这就是感情重音。感情重音可使语言色彩更加丰富，情感饱满充沛，强烈地感染听众的情绪。

明确了重音的确定方法之后，还应懂得重音的表达方式。常用的重音表达方式有以下几种：

1. 加强音量法。即把重音读得重一些，响亮一些。

2. 拖长音节法。即把重音音节拖长，给以强调。

3. 一字顿歇法。即在要强调的字词前后都做必要的顿歇，使其语言更加清晰有力，深挚感人。

4. 重音轻读法。即把要强调的字、词或句子减少音量，拖长音节，同时加重气息。这种重音轻读法，常用来渲染意境，表达深沉凝重、含蓄内向的感情，听起来语轻音弱，而产生的效果犹如沉雷从心底滚出。

在学习运用重音法之前，要先学会取消重音。因为有些初学者常常滥用重音，还有些人在日常生活中形成了一些不正确的重音习惯，所以，要将这些有碍正确区分重音的习惯"清扫"出去，在此基础上，再恰当地选择好重音，这样才能清楚地强调出主要的词句。

# 项目十四 节奏训练

口头语言的节奏，是指因思想感情的起伏而引起的音势强弱、语速快慢的变化。

一般地说，语言的节奏速度同说话的思想感情是一致的。随着说话时的思想感情所呈现出来的不同状态，声音的节奏速度也不断变化，显现出不同的特点。有的轻快，有的凝重，有的高亢，有的低沉，有的急促，有的舒缓。

人们在表达欢乐、兴奋、惊惧、愤怒、激动的思想感情时，语流速度一般较快；在表达忧郁、悲伤、痛苦、失意或心情沉静、回忆往事的心理活动时，语流速度一般较慢。当然，也有例外的情况，如内心的思想感情是很紧张、很激动或很愤怒的时候，而语流速度表现出来是平缓的，而听众正是从说话者的平缓的节奏中，感觉到说话者内心的感情在强烈地激变。

节奏感强的、动听的、连贯的语言，同唱歌和音乐有许多很相近的特点和因素。有些词语需急速地念出来，就像音乐中的 8 分音符和 16 分音符；另有些词语必须表现得有分量些，必须拖长些，就像全音符和 2 分音符；而连贯一气的词语，就像是一连音或三连音。

字母、音节和单字——这就是语言中的音符，可以组成小节、一首歌或完整的交响曲。由于这种有节奏的语言，才使人们的讲话变得富有魅力。因此，要使自己的口头语言如同音乐般优美动听，就必须注意语言节奏。

语言节奏的处理，既是说话者感情的表露，也是说话者思想水平和涵养的表现。为了更好地进行语言节奏的训练，以下对语言节奏的类型进行简单介绍：

（1）轻快型。语调多扬少抑，语言多轻少重，语句多连少停，语流轻快活泼。如《荷花淀》中水生与媳妇们嬉戏的一段，就属于这种类型。

（2）凝重型。语调多抑少扬，语音多重少轻，语句多停少连，语流平稳凝重。如朱自清的散文《背影》就属于这种类型。

（3）低沉型。语调压抑，语言沉痛，停顿多而长，音色偏暗，语流沉缓。如《一月的哀思》就属于这种类型。

（4）高亢型。语调高而扬，语音响亮，语句贯通，语流畅达。如《白杨礼赞》、《最后一次演讲》都属于这一类。

（5）舒缓型。语调多扬，语言多轻，气息畅达，声音清亮轻柔，语流舒展，如峻青的《秋色赋》就是这种类型。

（6）紧张型。语调多扬少抑，语言多重少轻，语气强而短促，语流速度较快。如山东快书《武松打虎》就属于这一种。

要掌握语言节奏，首先要掌握通篇讲话或这次谈话的基本节奏，然后再根据讲话内容来调整节奏，使节奏同内容和谐一致，以便更好地表达思想感情。

# 项目十五　停顿训练

停顿，是语言交流中的第一大要素，恰当地处理语言交流中的停顿，不仅是表达说话意图的需要，而且是增强语言表现力的精确性的需要。

停顿是指口头表述中，词语之间、句子之间、层次之间、段落之间在声音上的间断。谈话、演讲如果不注意语言停顿，是无法传情达意的；如果停顿得不恰当，反而会造成表意的错误。因此，停顿是有声语言表情达意的必要手段。

适当的停顿，可以准确地表达语言内容和感情，同时，也给听者领会和思索的时间，还可以使说话者得到换气歇息的机会。停顿可分为以下四种：

（1）语法停顿。标点符号是语句停顿的主要依据。不同的标点符号包含着不同的内容，因而其停顿时间、方式也不一样。一般的说话，段落之间的停顿时间最长，句号、问号、感叹号停顿的时间次之，逗号、分号、冒号再次之，顿号的停顿时间最短。

（2）逻辑停顿。文字语言中有标点的地方一般需要停顿，但在一个句子中间，为了准确地表达语意，揭示语言的内在联系，可根据文意，合理地划分词组，做一些适当的停顿。词组之间的停顿千变万化，是停是连还须以表意准确清晰为出发点，做出适当的选择。

（3）感情停顿。又称心理停顿，是为了表达语言蕴含的某种感情或心理状态所采取的停顿。恰当地运用感情停顿，可使悲痛、激动、紧张、疑虑、沉吟、回忆、思索、想象等各种感情和心理状态的表达更加准确。感情停顿是一种极其重要的语言表达技巧，它能充分展现"潜台词"的魅力，使听众从"停顿"中体会语言的丰富内涵和难以言表的感情，从而使语言更加生动。

（4）生理停顿。即停下来换口气，一般来说，生理停顿是以上三种停顿结合在一起进行的。这种停顿必须服从语言、逻辑和事态的需要，一般不单独进行。

要掌握停顿艺术，还要把握停顿的疏密长短和停顿的气息处理。一般来说，句子越长，内涵越丰富，停顿就越多；句子越短，内涵就越少，停顿也越少；表现回味、想象等心理状态的凝重、深沉的感情，停顿较多，时间较长；表现明快的节奏和欢快的心情，停顿较少，时间也短。

停顿的气息处理，必须根据语言的内容合理控制，有时急停，有时徐停，有时强停，有时弱停。这种气息强弱急缓的变化，是停顿表情达意的必要手段。

停顿训练要从上述概念的理解和各种标点如何停顿的方法的介绍开始进行，逐步深入到个体语言现象的分析，归纳出语流中的间隙停顿的规律。在此基础上，进行语段训练，录音后逐句评析。

可根据要求做以下停顿设置练习：

（1）做领属性停顿练习："他当过营业员，在报社当过记者，还做过电工。"（在"他"后做比后面逗号更长的停顿）

（2）做呼应性停顿练习："现在播送中央气象台今天早晨六点钟发布的天气预报。"（在"播送"后停顿，以表明与"天气预报"的响应关系）

（3）做并列性停顿练习："过去我们没有被困难吓倒，现在我们也不会在困难面前畏缩不前。"（在"过去""现在"后面安排停顿）

（4）做强调性停顿练习："自古被称作天堑的长江，被我们征服了！"（在"被我们"后做较长停顿，以突出征服长江的英雄气概）

（5）做区分性停顿练习："中国队打败了美国队获得了冠军。"（若在"了"后停顿就会产生歧义，应在"美国队"后停顿）

（6）做情绪转换性停顿练习："满以为可以看到壮美的日出，却淅淅沥沥下起了雨来。"（在"日出"二字后延长停顿，表达热切希望心情的延续与情况突变的心理暗示）

（7）做回味性停顿练习："心灵中的黑暗必须用知识来驱除。"（这句名言在"暗"字处停顿，给人留有思辨回味的余地）

（8）做生理性停顿练习："我……丢了佛莱思节夫人的项链了。"（在"丢了佛莱思节夫人"后增设停顿，表现惊惧而口舌不灵）

# 项目十六  语调训练

语调是语言表达中的第二大要素，亦被人们称为语言表达的第二张"王牌"。什么是语调？即说话时的腔调，就是一句话里语音高低轻重的变化。每个句子都有语调，恰当地运用语调可以表达特定的语气和情感。

语调的作用是巨大的，它起着润色语言的作用，促进思想沟通，使语言表达更加清晰明确，从而增强语言的表现力。因此，学会运用语调，对于提高语言表达能力是很重要的。

形成语调的因素是多方面的，但起决定作用的是思想内容和感情态度。语调的起伏变化万千，很难找到完全相同的形式。为了便于练习，我们把基本相似和大体相同的语调归纳为以下几类：

（1）升调。情绪亢奋，语流运行状态是由低向高，句尾音强而向上扬起。一般用于提出问题、等待回答、感到意外、情绪惊恐、发布命令、进行号召等。

（2）降调。情绪稳定，语流运行状态由高向低，句尾音弱而下降。一般用于陈述句、肯定句、感叹句、祈使句等。

（3）平调。情绪沉稳，语流运行状态基本平直，句尾和句首差不多在同一高度。一般用于庄重严肃、踌躇迟疑、冷漠淡然、思索回忆等句子中。

（4）曲调。情绪激动或感情复杂，语流运行呈起伏曲折状态，或由高而低再扬起，或由低而高再降下，或起伏更大。多用于语意双关、言外有意、幽默含蓄、讽刺嘲笑、意外惊奇、用意夸张等语句中。

语调的变化，是在一种基本语调的基础上进行。一般来说，基本语调是在中音区进行，并在此基础上产生语调变化。另外还有两种情况值得注意：一种是表现高昂、激越、紧张、热烈、愤怒、仇恨等情绪的语调，在高音区进行；另一种表现低沉、悲哀、凄凉、沉痛等情绪，一般在较低音区进行。

# 项目十七　语流训练

口语一般是依靠前后连贯、相对完整的"语言链"来表达思想的。表达能力不强而又缺乏训练的人，出现吞吞吐吐、词不达意、前后脱节、说半截话等语流不畅或语流质量不高的现象，是不足为奇的。语流训练就是为了培养完整、准确的口语表达能力。因此，它包括储词、炼句和句式等方面的训练。

1. 储词训练

语汇是语流的"细胞"，语汇贫乏是造成语流阻断、语言无味、语无伦次的重要原因之一。储词训练可使你储备各方面富有表现力的词汇、短语，使语流更准确、更顺畅。

【方法】

（1）"滚雪球"。先提出储词范围，供大家商讨，后举手发言，其他人补充，最后讲评归纳。通过不断发现、补充新词语，使"雪球"越滚越大。最好准备一个"储词本"随时记录。

（2）"堆宝塔"。在出示储词要求后，一个人只准说一个词。第一人讲出给1分，第二人讲出给2分，依此类推。随着后面难度提高，得分越高。最后累计积分，评出优劣。

【题例】

（1）请用"ABB"的叠词方式表达欢乐、喜悦。

参考答案：喜洋洋、喜滋滋、兴冲冲、乐悠悠、乐陶陶、乐呵呵、乐滋滋、乐融融、笑嘻嘻、笑呵呵、笑哈哈、笑吟吟、笑盈盈……

（2）请讲出带有"步"字的短语。

参考答案：步伐矫健、步履蹒跚、步入疑阵、步履维艰、健步如飞……

【提示】

训练时不准翻字典、看笔记，要一口报出，以熟练、吐字准确为佳；经常进行训练，不断丰富积累，强化记忆。

2. 句式训练

句式训练的目的是培养运用多种句式推动语流畅通，增强表达效果的能力。重点训练长短句的交错和多重复句、插入、倒装等句式的运用，以及陈述、疑问、祈使、感叹句式的组合使用。

【方法】

说—评：即先提出句式要求，由各人准备，然后围绕一个话题互说互听互评。

听—议：听一段优秀演讲录音，进行句式的分析研究，指出各种不同句式的表达效果，展开讨论。

【题例】

请用"……不必说……不必说……也不必说……更不必说……单单是……就……"这个句型讲述一个人、一件事或一处景物。

3. 炼句训练

说话啰唆重复，语流质量不高的原因，在于说话前没想好，无法凝聚思维语言，言不及意。炼句训练能培养你简洁利索的口语表达习惯。

4. 反例评析

主持人故意讲一句或一段不精练的话，请大家记录下来，作为句子评析。如"在写作这篇作文的时候，字数最多不得超过 1000 字"。这里"写作"和"作文""字数"和"1000字"、"最多"和"不得超过"，均为不必要的重复。全句 21 个字，缩短成 10 个字就行了："写这篇作文，最多 1000 字。"

5. "一句话新闻"

让大家稍作准备，每人站起来，用一两句话说一条新闻。说完后，将录音重放一遍，先让说的人做句子分析，然后大家从准确与精练两个方面进行评析。

# 项目十八　情感训练

真正的好口才不仅要做到使人晓之以事、明之以理，而且更要使人动之以情，尤其是叙事、言志、抒情的语言更要与听众有感情地传递和交流。

人的感情来自客观事物的刺激，语言的感情依附于说话的内容。但感情并不是某种事物和哲理的本身所固有的属性，而是说话者通过对说话内容的直切感受，并用自己的语言和态势表现出来的与某种事理相联系的一种情态和倾向性。

如果你解决了要说什么的问题，那就需要再考虑怎么说的问题了，如果你有了非说不可的真情实感，那就需要以相应适当的方法与技巧相配合，这样才能做到心理相容，以情动人。

当你准备面对听众说话的时候，你应当考虑并明确自己与听众交流的方式。当你有了非说不可的真情实感，或是对你讲的事理有了真切的主观感受时，也就具备了情感动人，说话成功的前提和条件，但要切实做到，还要运用讲话的一系列方法和技巧，而关键问题就在于你怎样交流。

以情动人的基本方法是：

以真诚的态度开通心理相容的线路。讲话的开头应侧重于大众型的风格。讲话最好先把自己摆进去，与听者寻求共同点、相通处。普通平常，而不是居高临下，这样才能与听者心理相容，有效交流。

打开感情的门扉——具体事实和细节。心理相容不仅是一个前提，也是说话者必须始终遵循的一个原则，它贯穿于讲话的全过程，而不仅在讲话开始时起作用。这就是说，讲话者追求的不只是一个与听者心理相容的顺利开场，而且要用全部的思想内容、完整的表达情态去吸引听者的注意和兴趣，进入并打动听者的心灵。心理相容不仅仅以听者"听得懂"和"听到底"为最终目的。听者能听下去并坚持听到结束，常常是出于礼貌和其他原因。能听下去，不等于愿意听，从心理上讲，听者的反映有可能是消极的、被动的，这就谈不上以情动人了。

由此可见，心理相容的原理实际上还包含了表达与接受两个方向的心理转换过程。要使听者靠拢并参与讲话者的思想感情，达到双方心理的交相融合。这就是心理转换、心思的感动、感情的共鸣。这个潜移默化、感动心思的过程就需要在讲话时打开感情的门扉——用具体事实与细节去打动听众。

以情动人要求讲话者用富有个性的语言，将自己真情实感淋漓尽致地充分表达出来。讲话当然要讲求艺术性，但说话是性格的艺术，语言应当有个性。

既然情感是人对客观事物的主观体现和所持的态度，说话是性格的艺术，那么你在讲话中就要从内容出发，重视具体事实和细节，用你个性化的语言去表达你的真情实感。讲到爱，就要满腔热情地去爱，讲到恨，就要痛心疾首地去恨。唯有鲜明的爱憎和执着的追求，如有骨鲠在喉、不吐不快的冲动和激情，才能让听者和你一起感奋动情，眼热心颤！

# 项目十九　反馈训练

反馈训练就是要培养敏锐洞察对方的心理反应的能力。人际交流的"三要素"和"两重性"，不仅要求说话要看场合和对象，而且要求在交流过程中随时随地注意对方或是听众有些什么反应。对方不论是一个人，还是一个群体，都是一面镜子，而且是多棱镜，能从各个角度来反映说话者的形象和水平。这种根据对方的反应而做出相应反应的心理机制，从信息传播的角度来讲，就是反馈意识。

口才和交际能力之所以要有反馈意识，不仅因为表达者与接受者是双向交流、直接沟通的关系，而且因为表达者的自信心和吸引力必须通过反馈的效应才能得到实现。

强化反馈意识包括以下几点：

1. 注意获得并准确判断反馈信息。

人际交往、说话或演讲中，表达者的意识中心自然是在自己所要讲的内容和语言的编码上，但在意识中心的附近，仍保持一种接收并处理对方反应的心理活动。这就意味着，在正常情况下，表达者一般可以获得反馈信息，但要做到敏锐细致地洞察一切，就不那么容易了。所以我们强调"注意获得"而不能粗心大意。

人的心理过程具有外显性，可以通过言谈举止和神情表露出来。当然不一定都是毫无遮掩，十分明显地表露出来。人在某种情况下会掩藏自己的真实心理，控制自己的外部反应，而实际上又往往不能掩饰得"天衣无缝"、十分自然，总会通过某些隐秘的话语和体态露出来，尤其是奥妙的体态语言往往会泄露"天机"。这就需要我们细致洞察，认真揣摩，才能获得并准确判断对方的反馈信息。

2. 要注意研究对方的心理定势。

说话、演讲和交际之前，如果时间和条件允许，最好了解一下对方的心理定势。心理定势是人们一定的心理状态所形成的准备状态，决定了心理活动的趋势。人的心理定势不同，对同一种信息刺激的反应也不同。一个人说"不"的时候，整个身心处于收缩、紧张的状态，往往会一股劲地拒绝他人的意见；而当一个人说"是"的时候，身心处于松弛，开放的状态，容易接受他人的意见。

3. 对反馈的反应要机敏而恰当。

反馈的反应不是简单的投其所好和照顾情绪，也不能单凭主观意图去说服对方，而是要从场合、对象和实际出发，恰如其分地作出反应。对方感到疑惑时你要加以说明，解释明白；对方感到沉闷时你要调侃几句，活跃气氛；对方提出不同意见时，你要耐心听取，求同存异；如果听众兴趣正浓，情绪高涨，那就要趁热打铁，淋漓尽致地发挥；如果情况有变，发生意外，搞得你措手不及，陷入窘境，那你就要随机应变，说几句幽默的话，争取听众的理解与支持。

这种随机应变的能力，正是敏锐反馈意识的具体表现。所谓反应一定要恰当准确，就是要自觉而灵活地利用双向交流的纽带，让自己的言谈举止和双方的反应直接沟通，共同创造健康活跃的情绪氛围。

# 项目二十　择语训练

人的大脑是一座天生潜力巨大的记忆仓库，它可以储存大量的语言材料。这些材料的"因子"（即词或短语）较为活跃，在大脑中总是处于规则的游移状态，当迫切需要它们时，就难以快速提供或往往并不适用，这样就在很大程度上影响了表达的速度和准确性。

择语训练的目的，就是要增强对大脑语言材料的驾驭能力和控制能力，同时，对这些词汇的积累也有一定的帮助。

以下介绍几种择语训练的方法：

1. "火车挂钩"

这种训练就是利用游戏的吸引力，让大家在竞争的气氛中，触机即发，词随口出，培养择词的快速反应能力。

【方法】由一人主持，进行类似"拈连"修辞格的接词游戏。"火车"可不必挂得太长，除以限定的时间作控制外，还可以分成若干小组，让大家一个接一个地"挂"，周而复始地进行。如：

首字拈：自以为是，自食其力，自顾不暇……

末字拈：前所未有、有始有终……

首字数字拈：一步登天、二龙戏珠、三顾茅庐、四世同堂……

首字成句拈：刻不容缓、苦尽甘来、学而不厌、习以为常、为富不仁、四海为家、化整为零（各词首字成句："刻苦学习为四化。"）

2. 巧接话茬

将"接话茬"作为训练形式能够以动促动，用语意振波刺激被训练人的思维触角，训练出富有适应性的敏捷择语反应力。

【方法】

由主持人先讲两句"半截子"话，然后按序号每人迅速说一句与上句意思相承的话，要求简洁生动。如：雾蒙蒙的春雨下个不停/正是早春天气/气候乍暖还寒/但必竟是春回大地了/你看农民已牵牛下地了/这叫"人勤春早"啊……

主持人讲出一组排比句的前半截，每讲一句大家报出可以填入的适当的词。如：

金钱能买到伙伴，但不能买到（友情）。

金钱能买到权势，但不能买到（威望）。

金钱能买到躯壳，但不能买到（灵魂）。

3. 近义语描摹

这种训练就是培养我们用不同的词语短句去描摹事物的同一状态的能力，使我们的应对语言更富有表现力。

【方法】

在出示话题后，让大家准备1分钟，然后按座次每人用1～2句话，共同说明一个事物。

语意可不相连贯，但不能重复，要接得快，讲得生动、准确。如：

用近义词描摹"冷"："北风打着刺耳的呼哨，冷气直钻衣领，彻骨的寒"、"纸屑似的雪末飘洒在脸上，冰凉冰凉的"、"屋檐上挂着一尺多长的冰锥，闪着寒光"……

4. 对偶训练

【方法】由主持人提出上句，要求限定时间接对，从易到难，由浅入深，单人或多人抢对均可。如：本——末，荣——辱，山河壮丽——岁月峥嵘，生姜老的辣——笋子嫩的甜，门对千竿竹——家藏万卷书，嘻嘻哈哈喝茶——叽叽咕咕谈心。

用"对对子"训练择语反应力是一种传统的方法，作为择语训练不宜过分讲求工整，限制宜适当放宽。

# 项目二十一　应对训练

当今社会，正在形成一种以快节奏的应对为特征的富有时代色彩的口语交际风格，这是值得注意的口语发展趋势。进行应对训练可以增强口语表达的语境适应能力，对于良好口才的形成具有重要的推动作用。

应对训练一般具有如下要求：

触机即发，即兴而成，接对速度轻快迅捷。

句式短小，干净利落，句句说在点子上。

语态平和，平中显巧，挥洒自如。

应对训练的核心是一个"快"字。要快字当头，快中求新、求巧。应对能力的训练宜由易到难，分为"常式"和"变式"两个阶段进行。常式应对一般是怎么问就怎么答，答话紧扣问句的质疑之间；变式应对则不同，接对的角度、方式讲究变化，通过或顺或逆、或进或隐、或迂或避的对答，力争尽快赢得对话的主动。显然，常式应对是变式应对的基础，而变式应对则是常式应对的提高。

以下介绍几种应对训练的方法：

1. 自问自答。这是简单易行的常式应对自练形式，经常训练对口语表达能力的提高很有好处。

【方法】围绕一个中心话题，自己（也可请别人）拟一套难易适中、由浅入深的问题，先将问题逐一录音，问句中间留下答题所需的空隙时间，然后面对录音机的连续提问，做快速回答练习。

2. 限时答问。这种常式应对训练的目的是提高对突发性提问的接对反应速度。

【方法】设计一组互不联系的常识性问答题，例如：什么动物代表澳洲？（袋鼠）处于困境又遇生路可用什么成语表达？（绝处逢生）38 只青蛙有多少条腿？（152 条）……一人快速提问，另一个流畅快速作出回答。看看在限时 100 秒内能够正确回答多少个问题。

3. 快问快答。这是一种对突发性提问快接快对的专项训练手段。由于提问的内容广泛，问语角度富于变化，时空跨度跳跃，要答得快、答得巧，就必须具有较好的抽象概括能力和敏捷准确的应对能力。

【方法】从可以涉及的个人的各方面情况设计出一组快问快答的题目，一人问一人答，由近及远，由浅入深。问话步步逼近，由慢加快。答语要求短促、中肯、清晰、简洁，最好能含蓄风趣，富有哲思。

【训练题】

你的优点是什么？

你的缺点是什么？

你的爱好是什么？

你最珍惜什么？

你最讨厌什么？

你最喜欢的警句或格言是什么？

你最大的乐趣是什么？

你平时经常想的是什么？

你做人的信条是什么？

你最大的愿望是什么？

你怎样评价自己？

你如何看待别人对你的流言蜚语？

你如何看待"金钱是万能的"这句话？

# 项目二十二　快语训练

随着生活节奏的加快，拖泥带水的口语习惯常会使自己陷于被动。生活正在要求我们反应迅速、应变机敏，不仅能出口成章，而且还不时有精言妙语脱口而出。因此，无论从增强口语能力还是从时代要求来看，快语训练都十分必要。

那么，什么是快语训练呢？快语训练主要是锻炼自己能用口语迅速地、毫不走样地说出自己所见所闻所感的能力。

1. 快速复述

这个训练的目的是培养对书面文字迅速准确复述的能力。训练时要"快"字当头，"快"中求准，在迅捷的程度上从严要求。

【方法】提供一篇包含 4～6 个表述层次的文章，要求用较快的速度朗读或默读，时间根据材料长短而定。读 2～3 遍后，要求用略快于平时语速复述。录音后，从内容的把握和表述的质量两方面进行评议。

【提示】

（1）复述是对原材料的一种再创作活动，可以在详略剪裁、结构安排、语体变换上适当加工。

（2）训练宜从易到难，递次安排：概要复述—细节复述—扩展复述—变式复述。

2. 快速转述

【方法】听几段不同内容的讲述录音，录音材料不宜过于简单，应包含几个旨意要点或情节转换，让被训练者听后立即作分列式转述。然后，将原录音材料重放，进行评议。

【提示】听时要心力专注，以防听错听漏；转述的语流要顺畅。训练时，先提供条理性强、情节线索清晰的材料，有所提高后再逐步增加难度。

3. 快速讲述

【方法】就自己最熟悉的一件事、一个人或一本书，稍作准备就站起来面向大家滔滔不绝、口若悬河地说下去。讲足 3 分钟后，由大家根据录音进行评议。如《听我说说学校××届运动会》、《这可真是一本好书》、《这件事太有趣了》等。

【提示】

（1）快速讲述作为训练手段，不只是要说个不停，更重要的是说得有条理，不重复，不加口头禅。要求做到"一快三清"，即语速快，主旨清、条理清、口齿清。

（2）讲述的内容不要强求新颖。

（3）注意讲述的节奏，可以快中有慢、慢中显快，但总体风格仍是一个"快"字。

（4）训练初期可预先布置话题，水平有所提高后，再进行当场出示话题的快速讲述训练。

4. 快速口述

【方法】这是对"看"的速度进行控制的"看图说话"练习。使用投影仪在屏幕上闪现图像，闪现时间为 3～6 秒。然后，要求说出所看到和所想的内容。要求看得准而细，口述得快而清。

【提示】这是将视觉形象快速转换成直观口述能力的训练。从易到难的顺序为：

（1）解说式：说清单幅画面的直观内容（包括形态、色彩、方位、环境等）。一般可先用景物画、宣传画或寓意不深的漫画。

（2）描述式：轮廓性的介绍后即转入细节描绘，再观画面的形象神态和情节变化。一般可选用单幅或多幅故事性绘画。

（3）评价式：有述有评，重在揭示画面的含义和自己的想法。可选择意蕴深刻的主题画或针砭时弊的漫画。

# 项目二十三　论辩训练

各种论辩技巧都须靠一定的语言技巧来实现。一定的语言修辞方法本身虽不是论辩技巧的一部分，但一位雄辩者应该掌握如下几种常用语言修辞方法：

1. 无疑而问的技巧。发问，是论辩中一种进攻性语言表达方式，也是用得最多的一种语言修辞方法。在论辩中，它起到增强语势、归谬对方错误、转移论战战场、巧设陷阱等作用。因此，它不同于人们平时的解疑而问。若不知道这一特点，贸然发问只会让自己陷入窘境。

一般在论辩中，有以下几种发问方法：

（1）为增强语音气势的设问。

（2）揭露诡辩的质问。

（3）转移命题的反问。

（4）巧设陷阱的疑问。

2. 幽默语的运用。幽默语的构成，有多种方式，论辩中常用的形式主要有三种。一是归谬，将对方错误的逻辑推理，用形象生动的言语表达出来，让对方荒谬之处显露于众；二是悖境；三是抑扬落差造势。

论辩中恰当地运用幽默语，既可使语言生动，又可保持语言的进攻性，这是一个好的辩者必须掌握的语言基本功。

3. 场景语的运用。捕捉论辩中的各种具体场景作为语言材料，显出论辩者的机智、敏捷、应变能力，衬托出论辩者的素质力量，以此给对方造成心理压力。

4. 论辩中的语言角色。讲话，要注意身份，这是语言的基本要求。论辩中，双方由于是在对立观点之间，为求真理而辩，而在真理面前，我们人人平等。因此，一般的论辩，争辩的双方的地位往往也是平等的。

5. 犯上之辩。这种争辩，要注意对象身份的特殊性，因此要做到：真诚地劝谏，敢于说出不同的意见；少说抽象道理，多用事实说话；善于寻找说话的机会，当领导因某次决策不当，而急需要帮助提醒时予以劝说，让领导改变意见；若领导一时还不能接受，可分成多次劝说，不可急于求成；语言注意多用谦词，千万不能用讥讽、冷嘲热讽的语气，使人觉得你在有意贬低别人，抬高自己，要注意维护领导的威信。

6. 居中之辩。要做到求同存异，语言简短，切中关键，晓之以理，有时也可用少量调侃、幽默的话语，既保持不卑不亢，又指出对方的不足。

7. "言下"之辩。斥辩时，要注意避免使用居高临下的情绪性词语，要在询问缘由中夹批评，摆出事实中树立论，敦促下属做好工作，让下属感到因他们的失误造成了不良后果。

# 项目二十四 解说训练

解说即解释和说明，这里指口头性说明，或者把事先写好的解说词用口语生动地表达出来。在社会生活中，它的使用极为普遍，产品展览、文明陈列、书画展览、标本说明、园林介绍、影剧评说、人物介绍等，都要用到它。人们在各种场合，如展览馆、风景区、游乐园、工厂、商场，甚至在家庭都可以听到它。解说具有以下特点：

1. 知识性。解说涉及的对象非常广泛，若将其加以概括分类，则不外乎两大类：一类为实体事物，即具形有象，实实在在，看得见摸得着，或者听得见感觉得到的东西；另一类是抽象非实体事物，像围棋的棋道、桥牌的牌理，新闻媒体里反映的某种社会现象。两类解说的内容、方法不同，但目的和任务都是向观众或听众传播知识或知识性的信息。

2. 依附性。大凡解说，必定与事物相随，相配合。就是说，被解说的对象，都是直接呈现在观众面前，或者出现在听众耳际的事物。解说紧紧依附于事物，产生在观众看到什么或听到什么之后，它不能独立存在，也无法与解说对象分开。

3. 跳跃性。解说只能是一种解惑的行为，只出现在当观众或听众对事物对象看不明白听不懂的时候。因此，解说只能是启发式的点醒，而无须面面俱到地说上一大通。这样，解说就总是时有时无、断断续续，其前后上下之间存在明显的停顿和间歇。

进行解说，应注意什么呢？

1. 说出特点来。说出特点包括两层意思，一是客观；二是科学。客观，就是解说的内容全都来自被解说对象，其间没有解说人的好恶趣味，更没虚构加工，好处说好，坏处说坏，一是一，二是二。科学，就是解说反映的客观对象的实际，其形态的、性质的、社会的、时代的、民族的、地方的特点，确确实实是该事物的特异之处，是其本质属性，解说具有不可修正、不可补充的真理性。

2. 说得明晰些。解说其实就是口头创作说明文，把对象清楚地告诉观众或听众，使人一听就懂，不费力就能听明白。

（1）明晰得力于解说有方。解说以说服、叙述白描为主，有时兼用抒情和议论，具体到实践中，则形式各异。如下定义、做注释、列数据、打比方、举实例、引名言、做对比、讲史实、用描摹等。

（2）明晰又得力于解说有序。务必把事物的条理，按照其顺序、层次，分清其并列、先后、总分、主次、轻重、大小、隐显等各种关系，有步骤地一一道来。

（3）明晰又得力于口语化。解说用语，一定要考虑听的"一次性"，准确显豁、平易通俗、生动活泼，充分口语化，非口语化的语言不用。

3. 适当诗化。好的解说，是要调动观众或听众的感情，引发他们的联想，使他们产生共鸣，在获得知识和信息的同时，得到美的享受。

4. 诗化语言。好的解说词，语言概括凝练，优美生动，像诗，像优美的散文。

# 项目二十五　朗诵训练

朗诵训练是口语训练表达中不可缺少的重要环节。朗诵不仅可以提高阅读能力，增强艺术鉴赏力，而且可以陶冶情操，开阔胸怀，还能有效地培养对语言词汇细致入微的体味能力，以及确立口语表述最佳形式的自我鉴别能力。因此，要想成为口语表达和交际的高手，就不能漠视朗诵训练的重要作用。

如何把握朗诵训练的要领，以使自己取得循序渐近的进步呢？除了发声和朗诵的基本功训练外，朗诵训练还应当把握从艺术表现和感情抒发角度处理作品的要领。

朗诵的体裁一般多为诗歌、散文，对这类作品的案头处理，通常从总体和局部两个方面进行。从总体方面看，要朗诵好一篇作品，先要完成对作品基调的把握和角色体味的准备工作。对作品基调的把握包括创作的背景、作品的主题和感情基调等几个方面。把握作品的创作基调后，则可以进入对角色的体味。从宏观方面看，这一过程又可分为进入角色和进入情境两个具体环节。

首先，要进入角色，只有通过一番细细的揣摩和体味，朗诵时才能够做到感情真切、抒发自然，要把自己融入作品中的角色，让角色的生命在自己身上复活。其次，必须进入情境，即要进入作者创作时的情境，从这一角度对其进行更为深入、更为细致的体味。

从局部方面看，对角色的体味也可以分为两个主要环节：情感设计和情感揣摩。

首先，情感设计的目的在于把握作品的表述形式。通过感情的起伏、发展以及语言的色彩变化、节奏张弛，使得朗诵更富有语言的魅力，最终引导听众和朗诵者一起步入作品的感情境界。不同的人朗读，感情设计也应是不同的。

其次，情感揣摩主要侧重于"度"的把握。在形式上虽然更近于作品的细部设计，但其依据仍是离不开作品的主题和基调，从而可以较好地避免对作品主题的宏观把握不足，而出现"抒情过分"和"抒情不够"的情况。

# 项目二十六　当众训练

个人训练是为了打好基础，但如果只限于个人练习就不能有所突破，也难以求得别人的指导和支持。口才和交际能力终究是为了和人打交道，利用一切时机进行当众训练，经常面对听众，才能练出真功夫，达到锻炼口才的目的。

一个人如果有自信心、有进取心，他必定是一个抓紧一切时机、敢于自我表现的人，而不会以观望、等待的消极态度任凭各种机会白白丧失。而且，一个人只有敢于当众表达自己，才能更好地了解别人，去学会和别人做朋友，学习别人的长处，增强自己的技能。因此，抓紧一切机会当众训练，既是最好的训练方式，也是一条获得更多知识和信息的最佳途径。

当众训练，可以主动和那些能言善辩的人物接触、交往、相聚。起初，洗耳恭听他们的侃侃陈词，相互辩论；继而，琢磨自己该怎么说，寻找机会与他们交手切磋，在实践中锻炼自己的口才。

事在人为，贵在进取。一个人不下水，永远学不会游泳；一个人不敢当众表现自己，就无法训练出好口才。因此，你要取得成功，就必须坚持勤学苦练，坚持与别人交往。

居林习鸟音，比试长才干。让你的同学、家人和朋友做你的第一听众，抓紧时机当众训练，就为自己的成功创造了机遇和条件。

一个人不论日常说话、与人交际，还是参加辩论、进行演讲，都需要临场思维敏捷，具有敏锐的语言感应和即兴构思的能力。良好乃至高超的口才和交际艺术与其说是一种技能，不如说是一种智慧和修养。

我们要掌握语言，具有口才和交际能力，唯一的诀窍就是长期积累，自然得之。在学习和实践的过程中锻炼和提高心理素质。说到底，口才和交际能力这个无价之宝，只属于在自己土地上不断耕耘的人。

# 项目二十七 综合训练

为改变自身主要弱点的单项训练基本达到目的之后，就可以进行综合训练。所谓综合，主要是指把口语表达和各项基本功紧密联系起来，形成一体，使其具有一定的艺术性，能够比较准确、生动地传情达意。综合训练差不多了，还要主动进行当众训练，以便检验表达的效果。

口语训练主要是个人自觉进行的综合训练，在训练中依然可以把改变自身的某种弱点作为重点，但同时也要注重比较全面地掌握表达的技巧。

在训练中，最好能请人辅导，或与别人交流，甚至采取对手赛的方式进行，但还要以个人训练为主，因为个人训练比较方便，不受某些条件的限制，可以随时随地进行。

综合训练的方法有许多，可以自由选择，也可根据需要调整变换。其大体有这样几种方式：

1. 模仿复述。即通过模仿接受示范的信息，再经过复述练习，提高自己口语表达的意识和能力。比如，选择几段精彩的演讲、朗诵或播放的录音反复听，从重音、停顿、语调、节奏和语音的运用等方面充分感受、反复琢磨，并跟随练习。这样"耳听嘴练"地练习一个时期，你的口语表达就能变得流畅生动了。

2. 口头评述。这种练习方式内容很广泛。与人初次见面，做一番自我介绍；对亲友或同事讲述某个人或某件事，比如对某部影片或电视剧加以评述；为了说服别人，先打好腹稿，试讲几遍；嘱托别人办什么事，把事情、目的、要求、困难和意义等一一交代清楚；练习给别人讲故事；等等。

3. 演讲练习。演讲是一种练习口才的重要而有效的方式。演讲练习最好是事先写好稿子，然后像朗诵一样在口头表达上反复推敲，最后利用一切可能的机会当众脱稿演讲。如朋友聚会致辞、开会发言、主持仪式和其他活动等，都可以当作演讲练习去准备。这样既可以促进练习，又能发挥口语训练的实际作用。

4. 快速感应。快速感应是训练语感和口才不可忽视的一种方式，因为实用的口语艺术需要有即兴构思随机应变和对答如流的能力。这是一种对手赛的方式，其特点是在限定的短暂时间里训练快速感应的能力，如智力测验抢答、临时出题作即兴演讲、与对方就某个论题论辩等等。总之，这种快速问答和论辩的训练，是在较为紧张的情绪和氛围中完成，能有效地激发思维，提高即兴演讲的能力。